U0648925

2024 年全国监理工程师(交通运输工程)学习丛书

Jiaotong Yunshu Gongcheng Mubiao Kongzhi

交通运输工程目标控制

(Shuiyun Gongcheng Zhuanye Zhishi Pian)

(水运工程专业知识篇)

交通运输部职业资格中心　组织编写

人民交通出版社股份有限公司

北　京

内 容 提 要

《交通运输工程目标控制(水运工程专业知识篇)》为2024年全国监理工程师(交通运输工程专业)职业资格考试的参考用书之一。本书共十四章,主要介绍了水运工程质量控制的基础知识和质量监理工作;重点介绍了水运通用、码头、航道、疏浚与吹填、船闸、干船坞与船台滑道、水运机电等工程的质量控制和水运工程施工安全、环境保护监理,以及水运工程费用控制等内容,同时还增加了水运工程涉及法律、法规及交通运输部门规章、规范及文件等内容。

本书可供参加全国监理工程师(交通运输工程专业)职业资格考试的人员复习参考,也可作为建设单位、施工单位、项目管理(监理咨询)单位和高等院校师生的学习参考书。

图书在版编目(CIP)数据

交通运输工程目标控制. 水运工程专业知识篇 / 交通运输部职业资格中心组织编写. — 北京 :人民交通出版社股份有限公司, 2024.1

ISBN 978-7-114-19305-7

Ⅰ.①交… Ⅱ.①交… Ⅲ.①水路运输—运输工程—目标管理—资格考试—自学参考资料 Ⅳ.①U②U6

中国国家版本馆CIP数据核字(2023)第256661号

2024年全国监理工程师(交通运输工程)学习丛书

书　　名:交通运输工程目标控制(水运工程专业知识篇)
著 作 者:交通运输部职业资格中心
责任编辑:刘永超　周佳楠
责任校对:孙国靖　卢　弦
责任印制:刘高彤
出版发行:人民交通出版社股份有限公司
地　　址:(100011)北京市朝阳区安定门外外馆斜街3号
网　　址:http://www.ccpcl.com.cn
销售电话:(010)59757973
总 经 销:人民交通出版社股份有限公司发行部
经　　销:各地新华书店
印　　刷:北京市密东印刷有限公司
开　　本:787×1092　1/16
印　　张:26
字　　数:617千
版　　次:2024年1月　第1版
印　　次:2024年1月　第1次印刷
书　　号:ISBN 978-7-114-19305-7
定　　价:100.00元

2024 年全国监理工程师(交通运输工程)
学习丛书

《交通运输工程目标控制
(水运工程专业知识篇)》

编 写 人 员

主　编　周　河

副主编　文　韬　陈　南

成　员　周继辉　邵昌浩　韦建农　范滋胜
阮学成　陈海燕　陈　雷　李　扬

审 定 人 员

主　审　李明华

成　员　刘长健　张友利　徐建军　马立东
郑　健　韩道森　梁韶光

为满足广大工程技术人员复习参加监理工程师(交通运输工程专业)职业资格考试的需求,交通运输部职业资格中心依据《全国监理工程师职业资格考试交通运输工程专业科目考试大纲(2024年修订版)》,组织有关院校和企事业单位的资深专家,编写了这套全国监理工程师(交通运输工程专业)职业资格考试参考丛书(简称"本套丛书")。本套丛书共六册,包括《交通运输工程目标控制(基础知识篇)》《交通运输工程目标控制(公路工程专业知识篇)》《交通运输工程目标控制(水运工程专业知识篇)》《交通运输工程监理案例分析(公路工程专业篇)》《交通运输工程监理案例分析(水运工程专业篇)》《交通运输工程监理相关法规文件汇编(公路工程专业篇)》。本套丛书由章剑青(东南大学教授、江苏华宁工程咨询有限公司总经理)主编、周河(广西交航工程技术有限公司董事长)副主编,由李明华(中国交通建设监理协会副理事长)主审。

本套丛书有三个特点:一是结合质量强国和交通强国建设的需要,概述了建设平安百年品质工程目标,体现了新时代交通运输工程监理制度改革和转型的要求。二是突出政策法规的时效性和专业知识的科学性,将监理工程师职业资格考试交通运输工程专业科目的知识点分为基础知识篇、专业知识篇和专业案例篇;基础知识篇突出了公路工程、水运工程监理工作的共性知识点;专业知识篇按照不同的专业工程施工技术规范、质量检验评定标准等,突出施工工艺、施工技术和监理要求等内容;专业案例篇则结合公路工程和水运工程实际,突出解决生产实践问题的知识要点、技能和方法等内容。三是淡化概念和原理,突出交通运输工程监理工程师应具备的监理理论水平和专业技术素养等知识。

《交通运输工程目标控制(水运工程专业知识篇)》分为十四章。由周河主编,文韬、陈南副主编。周继辉、邵昌浩、韦建农、范滋胜、阮学成、陈海燕、陈雷、李扬等专家参加了编写修订工作。

本书审定时,李明华、刘长健、张友利、徐建军、马立东、郑健、韩道森、梁韶光等专家学者提出了宝贵意见和建议,在此表示感谢!

本书在修订过程中,虽经反复推敲,仍难免存在纰漏,敬请广大读者批评指正。

交通运输部职业资格中心

2024年1月

第一章

质量控制基础知识

第一节　水运工程质量检验及试验检测要点

1.《水运工程质量检验标准》(JTS 257—2008)对于水运工程质量检验的基本规定。

2. 水运工程质量检验的划分方式。

3. 水运工程质量检验的合格标准。

4. 水运工程质量检验的程序和组织。

5. 水运工程主要材料试验和现场检验抽样组批原则及检验项目。

6. 水运工程混凝土结构实体质量验证性检测要求。

一、水运工程质量检验的基本规定

(1)水运工程施工应按下列规定进行质量控制:

①施工单位应对工程采用的主要材料、构配件和设备等进行现场验收,并经监理工程师认可。对涉及结构安全和使用功能的,施工单位应按现行《水运工程质量检验标准》(JTS 257)的有关规定进行抽样检验,监理单位应按现行《水运工程质量检验标准》(JTS 257)的规定进行见证抽样检验或平行检验。

②各工序施工应按施工技术标准的规定进行质量控制,每道工序完成后,应进行检查。

③工序之间应进行交接检验,并形成记录。专业工序之间的交接应经监理工程师认可。未经检验或经检验不合格的不得进行下道工序施工。

(2)水运工程质量应按下列要求进行检验和验收:

①工程施工应符合工程合同和设计文件的要求。

②工程质量的检验应在施工单位自行检验合格的基础上进行。

③隐蔽工程在隐蔽前应由施工单位通知有关单位进行验收,并形成验收文件。

④涉及结构安全的试块、试件和现场检验项目,施工单位应按规定进行检验,监理单位应按规定进行见证抽样检验或平行检验。

⑤分项工程及检验批的质量应按主要检验项目和一般检验项目进行检验。

⑥涉及结构安全和使用功能的重要分部工程应按相应规定进行抽样检验或验证性检验。

⑦承担见证抽样检验及有关结构安全检验的单位应具有相应能力等级。

⑧工程的观感质量应由验收人员现场检查,并应共同确认。

二、水运工程质量检验的划分

水运工程质量检验应按单位工程、分部工程和分项工程及检验批进行划分。水运工程项目开工前,建设单位应组织施工单位、监理单位对单位工程、分部工程和分项工程进行划分,并报水运工程质量监督机构备案,工程建设各方应据此进行工程质量控制和质量检验。

(1)建设项目

按照同一个总体设计进行建设,全部建成后才能发挥所需的综合生产能力或效益的基本建设单位。

(2)单项工程

建设项目的组成部分,在施工图设计阶段一般具有独立设计文件,建成后能够独立发挥生产能力和效益的工程。

(3)单位工程

单项工程的组成部分,一般指具备独立施工条件,建成后能够发挥设计使用功能的工程,按工程使用功能和施工及验收的独立性进行划分。

(4)分部工程

单位工程的组成部分,一般指构成工程结构的主要组成部位。按工程的部位进行划分,设备安装工程可按专业类别划分分部工程。

(5)分项工程

分部工程的组成部分,一般指工程施工的主要工序或工种。按施工的主要工种、工序、材料、施工工艺和设备的主要装置等进行划分。施工范围较大的分项工程宜将其划分为若干检验批,检验批可根据施工及质量控制和检验的需要按结构变形缝、施工段或一定数量等进行划分。

(6)检验批

按同一生产条件或按规定方式汇总起来供检验的由一定数量样本组成的检验体。

主要水运工程的单位工程可按如下规定划分:

(1)疏浚与吹填工程的单位工程可按下列规定划分:

①港口工程中的航道、港池、泊位和锚地的疏浚工程各为一个单位工程。

②内河航道整治工程中的疏浚工程按河段划分单位工程。

③长度较长的航道疏浚工程按合同标段或节点要求划分单位工程。

④分期实施的疏浚工程按施工阶段划分单位工程。

⑤陆域形成的吹填工程按合同或设计文件划分的区域划分单位工程。

(2)码头工程的单位工程可按下列规定划分:

①码头按泊位或座划分单位工程。

②两侧靠船的栈桥或窄突堤码头按主靠船侧泊位划分单位工程。

③宽突堤码头的横头作为一个单位工程。

④长度超过 500m 的附属栈桥或引堤作为一个单位工程。

(3)防波堤和护岸工程的单位工程可按下列规定划分：

①防波堤、导流防砂堤和独立护岸按座或合同标段划分单位工程，长度较长时以长度 1000～2000m 划分单位工程。

②兼作码头的防波堤和独立护岸，其码头部分按码头工程的规定划分单位工程。

③码头、船坞、船台和滑道等工程的附属护岸作为所属工程的一个分部工程。

(4)堆场与道路工程的单位工程可按下列规定划分：

①港区堆场按设计单元划分单位工程。

②港区或厂区内的道路按设计单元划分单位工程。

③工程量较小的附属堆场与道路作为所属工程的一个分部工程。

(5)码头配套接卸及输送系统构筑物的单位工程可按下列规定划分：

①翻车机房按座划分单位工程，翻车机房地下廊道作为一个单位工程。

②输送转运机房按座或系统划分单位工程。

③输送廊道、刚架和设备与支架的基础按系统、结构类别或转运区段划分单位工程。

(6)船闸工程的单位工程可按下列规定划分：

①船闸主体作为一个单位工程。

②上、下游引航道及导靠船建筑物各组成一个单位工程。

③闸阀门制作与安装和启闭机安装组成一个单位工程。

④船闸的电气与控制系统安装组成一个单位工程。

(7)干船坞、船台与滑道的单位工程可按下列规定划分：

①干船坞、船台主体和独立滑道按座划分单位工程。

②坞门、防水闸门的制作与安装各组成一个单位工程。

③船坞、船台与滑道的设备安装工程各作为一个单位工程。

(8)航道整治工程的单位工程可按下列规定划分：

①堤坝、护岸、固滩和炸礁工程按座或合同标段划分单位工程。

②较长的整治建筑物按合同标段或以长度 2～5km 划分单位工程。

③分期实施的整治建筑物和炸礁工程按合同规定的施工阶段划分单位工程。

④长河段航道整治工程按单滩划分单位工程。

(9)航标工程的单位工程可按下列规定划分：

①灯塔、塔形岸标、灯桩和海区导标按座划分单位工程。

②杆形岸标、内河导标和立标、浮标、标志牌、信号标志和航行水尺等各组成一个单位工程。

③遥测监控系统按一个遥测监控中心及遥测终端组成单位工程。

(10)码头设备安装工程的单位工程可按下列规定划分：

①起重、装卸设备按台划分单位工程。

②输送设备和管道工程等按类别和系统划分单位工程。

③电气、控制、消防和环保设备等按系统划分单位工程，当工作量较小时，组成一个单位工程。

三、水运工程质量检验合格标准

(1)检验批质量合格应符合下列规定:

①主要检验项目的质量经检验应全部合格。

②一般检验项目的质量经检验应全部合格。其中允许偏差的抽查合格率应达到80%及以上,且不合格点的最大偏差值对于影响结构安全和使用功能的不得大于允许偏差值的1.5倍,对于机械设备安装工程不得大于允许偏差值的1.2倍。

(2)分项工程质量合格应符合下列规定:

①分项工程所含的检验批均应符合质量合格的规定。

②分项工程所含检验批的质量检验记录应完整。

③当分项工程不划分为检验批时,分项工程质量合格标准应符合检验批的规定。

(3)分部工程质量合格应符合下列规定:

①分部工程所含分项工程的质量均应符合质量合格的规定。

②质量控制资料应完整。

③地基与基础、主体结构和设备安装等分部工程有关安全、功能的检验和抽样检测结果应符合有关规定。

(4)单位工程质量合格应符合下列规定:

①所含分部工程的质量均应符合质量合格的规定。

②质量控制资料和所含分部工程有关安全和主要功能的检验资料应完整。

③主要功能项目的抽查结果应符合现行《水运工程质量检验标准》(JTS 257)的相应规定。

④观感质量应符合现行《水运工程质量检验标准》(JTS 257)的相应要求。

(5)建设项目和单项工程质量合格应符合下列规定:

①所含单位工程的质量均应符合质量合格的规定。

②工程竣工档案应完整。

(6)质量控制资料核查、安全和主要功能的检验资料核查、主要功能抽查记录和观感质量检查应符合现行《水运工程质量检验标准》(JTS 257)的相应规定。

(7)当分项工程及检验批和分部工程的质量不符合现行《水运工程质量检验标准》(JTS 257)质量合格标准的要求时,应按下列规定进行处理:

①经返工重做或更换构配件、设备的应重新进行检验。

②经检测单位检测鉴定能够达到设计要求的,可认定为质量合格;经检测鉴定达不到设计要求但经原设计单位核算认可、能够满足结构安全和使用功能的,可认定为质量合格。

③经返修或加固处理的分项、分部工程,虽然改变外形尺寸但仍能满足安全使用要求,可按技术处理方案和协商文件进行验收。

④通过返修或加固仍不能满足安全使用要求的分部工程和单位工程,不得验收。

四、水运工程质量检验的程序和组织

(1)分项工程及检验批的质量应由施工单位分项工程技术负责人组织检验,自检合格后报监理单位,监理工程师应及时组织施工单位专职质量检查员等进行检验与确认。

(2)分部工程的质量应由施工单位项目技术负责人组织检验,自检合格后报监理单位,总监理工程师应组织施工单位项目负责人和技术、质量负责人等进行检验与确认。其中,地基与基础等分部工程检验时,勘察、设计单位应参加相关项目的检验。

(3)单位工程完成后,施工单位应组织有关人员进行检验,自检合格后报监理单位,并向建设单位提交单位工程竣工报告。

(4)单位工程中有分包单位施工时,分包单位对所承包的工程项目应按现行《水运工程质量检验标准》(JTS 257)规定的程序进行检验,总包单位应派人参加。分包工程完成后,应将工程有关资料交总包单位。

(5)建设单位收到单位工程竣工报告后应及时组织施工单位、设计单位、监理单位对单位工程进行预验收。

(6)单位工程质量预验收合格后,建设单位应在规定时间内,将工程质量检验有关文件报水运工程质量监督部门申请质量鉴定。

(7)建设项目或单项工程全部建成后,建设单位申请竣工验收前应填写建设项目或单项工程的工程质量检查汇总表,报送质量监督部门申请质量检验。

五、主要材料试验和现场检验抽样组批原则及检验项目

水运工程主要材料试验和现场检验抽样组批原则及检验项目见表1-1。

水运工程主要材料试验和现场检验抽样组批原则及检验项目　　表1-1

序号	名称		试验或检验项目	抽样组批原则
1	混凝土胶凝材料	水泥	必检:安定性、凝结时间、水泥胶砂强度; 其他:细度、烧失量、三氧化硫、碱含量、氯化物、氧化镁	以同一生产厂家、同期出厂的同品种、同强度等级、同一出厂编号的水泥为一验收批。一批的总量:袋装水泥不超过200t,散装水泥不超过500t
		粉煤灰	必检:细度、烧失量、需水量比、三氧化硫; 其他:28d 抗压强度比	以连续供应相同等级的数量不大于200t为一批
		磨细矿渣	必检:比表面积、活性指数、含水率	
		硅灰	必检:二氧化硅含量、含水率、烧失量、细度检验	以连续供应相同等级的数量不大于20t为一批
2	混凝土用骨料	砂	必检:筛析、堆积密度、含泥量、泥块含量、氯离子含量; 其他:有害物质含量、坚固性、碱活性	以同一产地、同一规格、每400m^{3}或600t为一批,不足400m^{3}或600t也按一批计;当质量比较稳定、进料数量较大时,可定期检验
		碎石和卵石	必检:筛析、针片状颗粒含量、含泥量、泥块含量; 其他:有害物质含量、压碎指标、坚固性、碱活性	
3	混凝土拌和用水		必检:pH值、氯离子含量、硫酸盐; 其他:不溶物、硫化物含量、可溶物	当采用非饮用水时,定期检验

续上表

序号	名称		试验或检验项目	抽样组批原则
4	混凝土用外加剂	引气剂	必检:泡沫度、pH 值、密度或细度、含气量、氯离子含量、碱含量、钢筋锈蚀试验、固体含量	以同一生产厂家、每 5t 为一批,不足 5t 也为一批;对于松香热聚物型引气剂每 1t 为一批,不足 1t 也按一批计
		减水剂	必检:pH 值、密度或细度、减水率、氯离子含量、碱含量、钢筋锈蚀试验	以同一生产厂家的掺量大于 1% 的同品种、同一批号,每 100t 为一验收批,不足 100t 也按一批计;掺量小于 1% 的,每 50t 为一批,不足 50t 也按一批计
		缓凝剂	必检:固体含量、pH 值、密度或细度、混凝土凝结时间差、氯离子含量、碱含量、钢筋锈蚀试验	
		早强剂	必检:固体含量、密度或细度、1d 及 3d 抗压强度、钢筋锈蚀试验、氯离子含量、碱含量	
		速凝剂	必检:密度或细度、凝结时间差、1d 抗压强度、氯离子含量、碱含量、钢筋锈蚀试验	以同一生产厂家、同一品种、同一编号,每 60t 为一批,不足 60t 也按一批计
		防冻剂	必检:钢筋锈蚀试验、氯离子含量、碱含量; 其他:7d 及 28d 抗压强度比、密度或细度、减水率、氨释放量	以同一生产厂家、同一品种、同一编号,每 50t 为一批,不足 50t 也按一批计
		膨胀剂	必检:限制膨胀率、凝结时间、氯离子含量、碱含量; 其他:水泥胶砂抗压强度比、抗折强度比、细度	以同一生产厂家,同一品种、同一编号,每 100t 为一批,不足 100t 也按一批计
		防水剂	必检:pH 值、密度或细度、钢筋锈蚀试验、氯离子含量、碱含量	以同一生产厂家、同一品种、同一编号,每 30t 为一批,不足 30t 也按一批计
		泵送剂	必检:pH 值、密度或细度、坍落度增加值及坍落度损失、氯离子含量、碱含量、钢筋锈蚀试验	以同一生产厂家、同一品种、同一编号,每 50t 为一批,不足 50t 也按一批计

续上表

序号	名　　称		试验或检验项目	抽样组批原则
5	钢材	碳素结构钢	必检：拉伸试验、弯曲试验； 其他：断面收缩率、硬度、冲击、化学成分	以同一厂家、同一炉罐号、同一规格、同一交货状态，每60t为一批，不足60t也按一批计
6	钢筋、钢丝、钢绞线	热轧带肋钢筋、热轧光圆钢筋、余热处理钢筋	必检：拉伸试验、弯曲试验； 其他：反向弯曲、化学成分	以同一厂家、同一炉罐号、同一规格、同一交货状态，每60t为一验收批，不足60t也按一批计；允许由同一牌号、同一冶炼方法、同一浇铸方法的不同炉罐号组成混合批，但各炉罐号含碳量之差不大于0.02个百分点，含锰量之差不大于0.15个百分点。混合批的质量不大于60t
		低碳钢热轧圆盘条	必检：拉伸试验、弯曲试验； 其他：化学成分	以同一厂家、同一炉罐号、同一规格、同一交货状态，每60t为一验收批，不足60t也按一批计
		预应力用钢筋	必检：抗拉强度、伸长率、弯曲试验； 其他：屈服强度松弛率	以同一牌号、同一规格、同一生产工艺的钢丝，每60t为一批，不足60t也按一批计
		预应力用中强度钢丝	必检：抗拉强度、伸长率、反复弯曲； 其他：规定非比例伸长应力、松弛率	以同一牌号、同一规格、同一强度等级、同一生产工艺的钢丝，每不大于60t为一验收批
		预应力用钢绞线	必检：整根钢绞线的最大负荷、屈服负荷、伸长率、尺寸测量； 其他：弹性模量、松弛率	以同一牌号、同一规格、同一生产工艺的钢绞线，每不大于60t为一批
		预应力用低合金钢丝	拔丝用盘条必检：抗拉强度、伸长率、冷弯； 钢丝必检：抗拉强度、伸长率、反复弯曲、应力松弛	(1)拔丝用盘条：见本表“低碳钢热轧圆盘条”规定； (2)钢丝：以同一牌号、同一形状、同一尺寸、同一交货状态的钢丝为一批
7	预应力用锚具和夹具		必检：硬度、静载锚固能力； 其他：外观、疲劳荷载、周期荷载	以同一类产品、同一生产厂家、同一批原材料、同一生产工艺，每1000套为一批，不足1000套也按一批计；连接器每500套为一批，不足500套也按一批计；非定型产品每批不超过200套
8	抛回填和砌筑材料	砂	用于固结排水和倒滤层等，必检：筛析、含泥量、渗透系数； 用于回填：按设计文件要求	(1)用于固结、排水：以数量不大于5000m^3为一批； (2)用于回填：结合工程用量，以10000～30000m^3为一批，不足10000m^3也按一批计
		块石、料石	必检：表面风化、规格； 其他：岩石抗压强度、级配(设计有要求时)	(1)岩石强度：以每一产源为一批； (2)规格和级配：可结合工程用量，以5000～10000m^3为一批，不足5000m^3也按一批计

续上表

序号	名称			试验或检验项目	抽样组批原则
8	抛回填和砌筑材料	碎石		必检:筛析、针片状颗粒含量、含泥量	结合工程用量,以 2000 ~ 3000t 为一批,不足 2000t 也按一批计
		粉煤灰		必检:二氧化硅、三氧化二铝、三氧化二铁总含量,烧失量,粒径、含水率; 其他:氧化钙、三氧化硫	结合工程用量,以 1000 ~ 2000t 为一批,不足 1000t 也按一批计
		石灰	生石灰	必检:有效钙与氧化镁总含量; 其他:未消解残渣含量	生石灰以同一产地、同一批进厂,每 200t 为一批,不足 200t 也按一批计;生石灰粉和消石灰以同一产地、同一批进厂,每 100t 为一批,不足 100t 也按一批计
			生石灰粉	必检:有效钙与氧化镁总含量、细度	
			消石灰	必检:有效钙与氧化镁总含量、细度; 其他:体积安定性	
9	土工合成材料	塑料排水板		必检:纵向通水量、滤膜渗透系数、整带复合体抗拉强度、滤膜抗拉强度	以同一厂家、同一材料、同一生产工艺,每 10 万 ~ 20 万 m 为一批,不足 10 万 m 也按一批计
		土工织物		必检:单位面积质量、厚度、拉伸强度、撕裂强度、等效孔径、透水性能	以同一厂家、同一材料、同一规格,每 $10000m^2$ 为一批,不足 $10000m^2$ 也按一批计
10	沥青			必检:针入度、延度、软化点	(1)道路沥青以同一厂家、同一品种、同一标号,每 50t 为一批,不足 50t 也按一批计; (2)建筑沥青以同一厂家、同一品种、同一标号,每 20t 为一批,不足 20t 也按一批计
11	混凝土强度与耐久性			必检:抗压强度、抗冻等级、抗氯离子渗透性能; 其他:抗渗等级、抗折强度、劈裂抗拉强度、弹性模量	(1)抗压、抗折强度试块留置:一次连续浇筑超过 $1000m^3$ 时,每 $200m^3$ 不少于一组;一次连续浇筑不超过 $1000m^3$ 时,每 $100m^3$ 不少于一组;每工作班浇筑不足 $100m^3$ 时,也不少于一组; (2)抗冻、抗渗试块留置:每一单位工程,同一抗冻、抗渗等级,不少于 3 组; (3)抗氯离子渗透性能试块留置:每一配合比混凝土的取样不少于 3 组
12	砂浆			必检:抗压强度、抗冻等级	抗压强度试块留置:每 $250m^3$ 砌体不少于一组,每台班且不足 $250m^3$ 的也不少于一组

续上表

序号	名称		试验或检验项目	抽样组批原则
13	钢筋接头	闪光对焊	必检:抗拉强度、弯曲试验	以同一台班、同一焊工、同一级别的每300个接头为一批。当同一台班内焊接的接头较少时,按周累计,不足300个也按一批计;当工艺和焊接质量稳定时可减少抽检频率
		电弧焊		以同一级别、同一接头形式的300个接头为一批,不足300个也按一批计
		电渣压力焊		
		气压焊		以同一级别、同一接头形式的200个接头为一批,不足200个也按一批计
		承重预埋件钢筋T形接头		以同一级别、同一接头形式的300个接头为一批,不足300个也按一批计;连续焊接时按周累计计算
		机械连接接头	必检:原材料抗拉强度、单向接头抗拉强度	(1)工艺检验:同批钢筋、同种连接形式的接头试件不少于3件; (2)现场检验:以同一级别、同一接头形式的500个接头为一批,不足500个也按一批计
14	钢结构连接	焊接	必检:一级、二级焊缝无损检测	一级焊缝检验比例为100%;二级焊缝检验比例为20%。工厂制作时,按焊缝条数百分比计,且每条检测长度不小于200mm;现场安装时,按同一类型、同一施焊条件的焊缝条数百分比计,且每条检测长度不小于200mm。当焊缝长度不足200mm时,对整条焊缝进行检测
		高强螺栓	必检:大六角头高强螺栓连接副扭矩系数、扭剪型高强螺栓连接副预拉力、连接摩擦面抗滑系数	(1)大六角头高强螺栓连接副扭矩系数和扭剪型高强螺栓连接副预拉力试验:以进入施工现场待用的同一厂家、同一规格为一批,每批随机抽取8套; (2)连接摩擦面抗滑系数试验:以钢构件的同一工厂制造批,每2000t为一批,不足2000t也按一批计
		普通螺栓	最小拉力载荷试验(设计要求时)	按设计要求
15	混凝土路面块		必检:强度、吸水率; 其他:抗冻性	以同一块形、同一强度等级、每50000块为一批,不足50000块也按一批计

续上表

序号	名　称		试验或检验项目	抽样组批原则
16	回填土		必检:干密度、压实度、含水率; 其他:无侧限抗压强度(设计有要求时)	(1)干密度或压实度取样:码头、护岸后方施工水位以上回填,每层、每一施工段且面积不大于1000m²取一点;锚碇棱体,每层、每一施工段且面积不大于100m²取一点;道路与堆场底层和结构层,每层、每一施工段且面积不大于2000m²取一点; (2)无侧限抗压强度取样:每2000m²或每工班应取一组。每组试件的个数:$C_v \leq 10\%$时,取6个;$10\% < C_v \leq 15\%$时,取9个;$C_v > 15\%$时,取13个
17	水泥拌和体与搅拌桩		必检:取芯率、芯样试件抗压强度	(1)对水泥拌和体,垂直钻孔每10000m³加固体取1个,且每个单位工程不少于3个;斜钻孔每30000m³加固体取1个,且每个单位工程不少于1个; (2)对水泥搅拌桩,为桩总数的0.2%,且不少于3根
18	桩基	混凝土桩	必检:桩身完整性; 其他:承载力	桩身完整性检测数量为总桩数的2%~5%,且不少于5根
		灌注桩	必检:桩身完整性; 其他:承载力、取芯率、芯样试件抗压强度	桩身完整性检测的数量为总桩数的100%
		钢管桩	按设计要求	

注:表中试验或检验项目栏中的“必检”为工程施工过程中必须检验的项目;“其他”为可根据需要检验的项目。

六、水运工程混凝土结构实体质量验证性检测要求

1.一般规定

(1)混凝土结构实体质量验证性检测应在施工单位自检合格的基础上进行。

(2)混凝土结构实体质量验证性检测的部位应根据工程结构特点,由质量监督机构会同建设单位和设计单位选定。

(3)承担混凝土结构实体质量验证性检测的单位或机构应具有水运工程试验检测相应能力等级,并经质量监督机构认可或授权。承担检测项目的负责人应具有水运工程试验检测工程师资格。

(4)混凝土结构实体质量验证性检测除应符合现行《水运工程质量检验标准》(JTS 257)规定外,尚应符合国家现行标准的有关规定。

2. 混凝土强度检测

(1)混凝土结构主要构件实体混凝土强度验证性检测的抽查数量可按表1-2确定。

混凝土结构主要构件实体混凝土强度检测数量 表1-2

序号	构件种类	抽检数量
1	桩、梁、板	1%～2%且不少于5件
2	沉箱、扶壁、圆筒	5%～10%且不少于5件
3	闸墙、坞墙、挡浪墙	5%～10%且不少于5段

(2)混凝土强度检测宜采用超声回弹综合法或取芯法,其检测条件、检测方法和合格判定标准应符合现行《水运工程混凝土结构实体检测技术规程》(JTS 239)的有关规定。

3. 钢筋保护层厚度检测

(1)位于水位变动区和浪溅区的主要构件实体的钢筋保护层厚度检测的抽查数量可按表1-3确定。

主要构件实体钢筋保护层厚度检测数量 表1-3

序号	构件种类	抽检数量
1	桩、梁、板	1%～2%且不少于3件
2	沉箱、扶壁、圆筒	10%且不少于3件
3	闸墙、坞墙、挡浪墙	5%且不少于3段

(2)对桩和梁类构件应对全部主筋进行检测;对板类构件,应抽取不少于6根受力筋进行检测;对沉箱、扶壁、圆筒、闸墙、坞墙和挡浪墙等,应至少抽取6根受力筋进行检测。每根钢筋应在有代表性的部位测量2～3个点。

(3)钢筋保护层厚度的检测可采用非破损或局部破损的方法,也可采用非破损方法并用局部破损方法进行校准。当采用非破损方法检测时,所用的仪器应进行校准。其检测误差应满足表1-4的要求。

钢筋保护层测厚仪检测误差 表1-4

序号	设计保护层厚度δ(mm)	检测误差(mm)
1	$\delta<50$	±1
2	$50\leq\delta<60$	±2
3	$60\leq\delta<80$	±3

(4)桩、梁、板、沉箱、扶壁和圆筒等构件钢筋保护层实际厚度的正偏差不应超过12mm,负偏差不应超过5mm;现浇闸墙、坞墙、挡浪墙等构件钢筋保护层实际厚度的正偏差不应超过15mm,负偏差不应超过5mm。

(5)主要构件实体钢筋保护层厚度检测合格判定标准应符合下列规定:

①当全部保护层厚度检测的合格点率为80%及以上时,保护层厚度的检测结果应判定为合格。

②当全部保护层厚度检测的合格点率小于80%但不小于70%时,应再抽取相同数量的构件进行检测,当按两次抽样数量总和计算的合格点率为80%及以上时,钢筋保护层厚度的检

测结果仍应判定为合格。

③每次抽样检测结果中不合格点的最大负偏差均不应大于(4)规定偏差值的1.5倍。

4. 抗氯离子渗透性能的检测

(1)处于浪溅区和水位变动区的梁、板、沉箱、扶壁和挡浪墙等有抗氯离子渗透性能要求的构件应对抗氯离子渗透性能进行验证性检测。

(2)抗氯离子渗透性能验证性检测的试件应在构件上钻芯制取。预制构件宜按同类构件且混凝土数量不大于20000m^3抽检一次,每一次抽检钻取芯样试件的数量不宜少于3个;现浇构件的同类构件的芯样试件数量不宜少于3个。

(3)抗氯离子渗透性能试验芯样试件的尺寸、加工要求和试验方法应符合现行《水运工程结构防腐蚀施工规范》(JTS/T 209)的有关规定。

(4)当采用电通量法检测时,抗氯离子渗透性能试验的检验合格判定标准应符合下列规定。

①芯样试件的电通量平均值应满足设计要求。

②单块芯样试件的电通量值不得大于设计值的115%。

5. 混凝土面层厚度检测

(1)混凝土面层厚度验证性检测的数量应符合下列规定:

①道路宜按长度不大于1000m检测1处,且不应少于3处。

②堆场宜按面积不大于5000m^2检测1处,且不应少于3处。

(2)混凝土面层厚度的检测应采用钻芯取样用钢尺测量的方法。

(3)混凝土面层厚度检测合格判定标准应符合下列规定:

①检测的厚度平均值应不小于设计厚度。

②检测的厚度最小值不得比设计厚度小15mm。

第二节　水运工程交(竣)工验收要点

1. 港口工程交(竣)工验收要点。

2. 航道工程交(竣)工验收要点。

一、港口工程交(竣)工验收

根据《港口工程竣工验收规程》(JTS 125—1—2021)规定,港口工程建设项目验收工作应包括交工验收、竣工验收。

港口工程交工验收,是指港口工程建设项目合同约定的各项内容已建设完成,具备交工验收条件后,由项目单位组织勘察、设计、施工、监理、试验检测等单位,对合同履行情况、工程质量进行检查验收,评价合同执行情况、工程质量与技术标准和设计要求的符合性,明确交工验收结论，出具交工验收意见的活动。

港口工程竣工验收，是指港口工程建设项目完工后、正式投入使用前，竣工验收组织部门或单位成立现场核查组，对工程交工验收、执行强制性标准、投资使用等情况进行全面检查验收，对工程建设、设计、施工、监理等工作进行综合评价，明确竣工验收核查结论，形成竣工验收现场核查报告的活动。

港口工程交工验收结论应为同意交工或不同意交工。

港口工程竣工验收核查结论应为合格或不合格。

港口工程建设项目交工验收、竣工验收主要依据应包括以下内容：

(1)法规及相关技术标准、规范。

(2)项目审批、核准文件或者备案证明。

(3)项目初步设计、施工图设计、设计变更等批准文件。

(4)主要设备技术规格或者说明书。

(5)合同文件。

(一)交工验收

1. 交工验收的条件

(1)合同约定的各项内容已建设完成，未遗留有碍船舶航行和港口作业安全的隐患。

(2)施工单位应出具施工自检报告和施工总结报告，工程交工质量自检结论应为合格。

(3)监理单位应出具工程质量评估报告和监理总结报告，工程质量评估结论应为合格。

(4)设计单位应出具工程设计符合性评价意见和设计总结报告，工程建设内容和使用功能应满足设计要求。

(5)项目单位应组织交工验收工程质量检测，检测机构出具的检测报告结论应为合格。

(6)质量监督机构应出具交工验收工程质量核验意见，质量核验结论应为合格。

2. 交工验收的组织

港口工程建设项目交工验收工作应由项目单位组织，具体步骤如下：

(1)施工合同约定的各项建设内容完成后，施工单位应按要求组织交工验收质量自检，自检合格后，应编制施工自检报告、施工总结报告，填写“港口工程建设项目交工验收申请表”，连同所需附件提交监理单位，申请交工验收。

(2)监理单位收到交工验收申请后，应组织审核交工验收申请，审核通过后，监理单位编制监理总结报告及工程质量评估报告，连同施工自检报告和施工总结报告，提交项目单位审核。审核不通过的，要求施工单位整改，整改完毕后由施工单位重新申请交工验收。

(3)设计单位应根据交工验收工作安排，按要求组织编制工程设计符合性评价意见和设计总结报告，提交项目单位审核。

(4)项目单位应组织勘察、设计、施工、监理、试验检测等单位，邀请项目所在地港口行政管理部门等相关单位，通过集中讨论方式，对交工验收相关内容进行检查，形成交工验收结论。

(5)经过交工验收检查，认为合同已按约定执行、工程质量合格，交工验收结论应为同意交工；认为未按合同约定执行或工程质量不合格，交工验收结论应为不同意交工。交工验收结论为同意交工的，项目单位及勘察、设计、施工、监理等单位应签署“港口工程建设项目交工验收表”;结论为不同意交工的,项目单位应组织相关单位对存在问题进行整改,整改合格后重新组织交工验收。

3. 交工验收的主要工作内容

(1)检查项目单位与勘察、设计、施工、监理等单位所签合同的执行情况,核验工程建设内容与批复的设计建设内容是否一致。

(2)检查施工单位自检报告、施工总结报告及施工资料。

(3)检查监理单位工程质量评估报告、监理总结报告、独立抽检资料。

(4)检查设计单位出具的工程设计符合性评价意见和总结报告。

(5)检查交工验收质量检测、测量报告。

(6)检查工程实体质量。

(7)检查施工中出现的工程质量问题和质量事故处理情况。

(二)竣工验收

1. 竣工验收的条件

(1)已按照批准的工程设计和有关合同约定的各项内容建设完成,各合同段交工验收合格;建设项目有尾留工程的,尾留工程不得影响建设项目的投产使用,尾留工程投资额可以根据实际测算投资额或者按照工程概算所列的投资额列入竣工决算报告,但不超过工程总投资的5%。

(2)主要工艺设备或者设施通过调试具备生产条件。

(3)环境保护设施、安全设施、职业病防护设施、消防设施已按照有关规定通过验收或者备案;航标设施以及其他辅助性设施已按照《中华人民共和国港口法》的规定,与港口工程同时建设,并保证按期投入使用。

(4)竣工档案资料齐全,并通过专项验收。

(5)竣工决算报告编制完成,按照国家有关规定需要审计的,已完成审计。

(6)廉政建设合同已履行。

2. 竣工验收需提交的材料

项目单位向项目所在地港口行政管理部门申请竣工验收,应当提交以下材料:

(1)申请文件。

(2)竣工验收报告。申请或者组织竣工验收前,项目单位应当组织编制竣工验收报告,竣工验收报告应当包括以下内容:

①项目单位工作报告。

②设计、施工、监理等单位的工作报告。

③质量监督机构出具的交工质量核验意见。

④竣工决算报告(按照国家有关规定需要审计的,应当包括竣工决算审计报告)。

⑤环境保护设施、安全设施、职业病防护设施、消防设施已按照有关部门规定通过验收或者备案的相关文件。

⑥有关批准文件。

3. 竣工验收工作的主要内容

(1)检查港口工程建设项目按照国家规定的建设程序取得有关部门批准文件情况,检查港口工程建设规模与有关部门的批准文件是否一致。

(2)检查工程实体建设情况,检查交工验收阶段“港口工程建设项目交工验收表”签署情况,核查质量监督机构出具的交工质量核验意见。

(3)检查港口工程建设过程中出现的质量问题和质量事故的处理情况。

(4)检查设计、施工、监理各单位合同履约情况。

(5)检查工程执行强制性标准情况。

(6)检查项目单位和设计、施工、监理等单位工作报告。

(7)检查环境保护设施、安全设施、职业病防护设施、消防设施、档案等验收或者备案情况。

(8)检查竣工验收报告编制情况。

(9)检查廉政建设合同执行情况。

(10)对存在问题和尾留工程提出处理意见。

4.竣工验收的人员要求

(1)竣工验收现场核查组应当由验收组织部门或者单位、项目所在地港口行政管理部门、质量监督机构、项目单位人员和专家等组成,并应当邀请海事管理机构等其他依法对项目负有监督管理职责的相关部门参加。

(2)工程设计、施工、监理、试验检测等单位人员应当参加现场核查。

(3)竣工验收现场核查组成员应当为9人以上单数,其中专家不少于5人;竣工验收现场核查组组长由负责组织竣工验收的部门或者单位人员担任。对于建设内容简单、投资规模较小的备案项目,竣工验收现场核查组可以由7人以上单数组成,其中专家不少于4人。

(4)竣工验收专家应当具有一定的水运工程建设和管理经验,具备良好的职业道德,具有高级专业技术职称,且不得与项目单位以及勘察、设计、施工、监理、试验检测等单位有直接利害关系。

5.竣工验收的其他要求

(1)竣工验收现场核查组应当对照港口工程竣工验收主要内容,客观公正、实事求是地对工程进行现场核查,形成竣工验收现场核查报告。

(2)竣工验收现场核查报告应当全面反映竣工验收现场核查工作开展情况和工程建设实际情况,并明确作出竣工验收合格或者不合格的核查结论。

(3)竣工验收现场核查报告由竣工验收现场核查组全体成员签字。竣工验收现场核查组成员对核查结论有不同意见的,应当以书面形式说明其不同意见和理由,竣工验收现场核查报告应当注明不同意见。竣工验收现场核查组组长应当组织全体成员对不同意见进行研究,提出竣工验收是否合格的核查结论。

竣工验收现场核查组成员拒绝在核查报告上签字,又不书面说明其不同意见和理由的,视为同意核查结论。

(4)竣工验收现场核查报告明确竣工验收合格但提出整改要求的,项目单位应当进行整改,将整改情况形成书面材料存档;竣工验收现场核查报告明确竣工验收不合格的,项目单位整改后应当重新申请或者组织竣工验收。

二、航道工程交(竣)工验收

根据《航道工程建设管理规定》,航道工程建设项目应当按照法规和国家有关规定及时组织竣工验收,经竣工验收合格后方可正式交付使用。航道工程建设项目合同段完工后,由项目单位组织设计、施工、监理、试验检测等单位进行交工验收,并邀请具体负责建设项目监督管理工作的交通运输主管部门和质量监督机构参加。

航运枢纽工程在截流前、水库蓄水前、通航前、机组启动前等关键阶段,项目单位应当组织设计、施工、监理、试验检测、运行管理等单位进行阶段验收,并邀请具体负责建设项目监督管理工作的交通运输主管部门和质量监督机构,必要时邀请地方人民政府、其他负责监督管理工作的部门或机构、专家等参加。

(一)交工验收

1.交工验收应当具备的条件

(1)合同约定的各项内容已建设完成,未遗留有碍船舶安全航行和工程运行安全的隐患。

(2)项目单位组织对工程质量的检测结果合格。

(3)监理单位对工程质量的评定(评估)合格。

(4)质量监督机构对工程交工质量核验合格。

(5)设计单位、施工单位、监理单位已完成工作总结报告。

2.交工验收的主要工作内容

(1)检查合同执行情况,核验工程建设内容与批复的设计内容是否一致。

(2)检查施工自检报告、施工总结报告及施工资料。

(3)检查监理单位独立抽检资料、监理总结报告及质量评定资料。

(4)检查设计单位对工程设计符合性评价意见和设计总结报告。

(5)检查工程实体质量。

(6)对合同是否全面执行、工程质量是否合格作出结论,出具交工验收意见。

(二)阶段验收

阶段验收的主要工作内容如下:

(1)检查已完工程交工验收情况,工程质量、形象进度是否达到阶段验收要求。

(2)检查在建工程是否正常、有序。

(3)检查下阶段工作方案和待建工程施工计划安排。

(4)检查拟投入运行的工程是否具备运行条件。

(5)检查工程资料是否按规定整理齐全。

(6)对阶段验收是否合格做出结论,出具阶段验收意见。

(三)试运行

航道工程建设项目主体工程建成后,应当通过试运行检验工程效果和运行能力。项目单位应当在试运行前将试运行起止时间、试运行方案、应急预案等报告给负责建设项目竣工验收的交通运输主管部门。试运行应当符合以下条件:

(1)主体工程已按初步设计批准的内容建成,各合同段交工验收合格,其中航运枢纽工程各阶段验收合格，满足使用要求。

（2）航道尺度、通航条件已达到设计要求。

（3）主要机械设备或设施调试及联动调试合格，达到运行条件。

（4）航标等配套的导助航设施已经建设完成。

（5）航运枢纽、通航建筑物等工程建设项目环境保护设施、安全设施、消防设施等已按要求与主体工程同时建设完成，且已通过安全设施和消防设施验收或者备案，符合国家有关法规、标准规定的试运行要求。

航道工程建设项目试运行期限原则上为 1 年，对不能按期申请竣工验收的项目，项目单位应当向负责建设项目竣工验收的交通运输主管部门申请试运行延期，延长期限一般不得超过 1 年，对于建设内容复杂的航运枢纽项目延长期限不得超过 2 年。

试运行期满符合运行要求且符合竣工验收条件的航道工程建设项目，应当在试运行期满后 6 个月内申请竣工验收。

（四）竣工验收

1. 竣工验收负责部门

交通运输部负责中央财政事权航道工程建设项目的竣工验收。县级以上地方交通运输主管部门按照规定的职责，负责其他航道工程的竣工验收。

2. 竣工验收的条件

（1）已按照批准的工程设计和有关合同约定的各项内容建设完成，各合同段交工验收合格，其中航运枢纽工程各阶段验收合格；建设项目有尾留工程的，尾留工程不得影响建设项目的投入使用，尾留工程投资额可以根据实际测算投资额或者按照工程概算所列的投资额列入竣工决算报告，但不超过工程总投资的 5%。

（2）主要机械设备或者设施试运行性能稳定，主要技术参数达到设计要求。

（3）需要实船适航检验的，已选用设计船型进行了实船适航检验，各项检验指标满足设计要求。

（4）试运行期满足要求，工程效果和运行能力符合设计要求。

（5）环境保护设施，航运枢纽、通航建筑物等工程建设项目的安全设施、消防设施、水土保持设施等已按要求与主体工程同时建设完成，且已通过验收或者备案。

（6）竣工档案资料齐全，并通过专项验收。

（7）竣工决算报告已编制完成，按照国家有关规定需要审计的，已完成审计。

（8）工程运行管理单位已落实。

（9）廉政建设合同已经履行。

3. 竣工验收需提交的材料

项目单位申请竣工验收，应当提交以下材料：

（1）申请文件。

（2）竣工验收报告。项目单位申请竣工验收前应当组织编制竣工验收报告，竣工验收报告应当包括以下内容：

①项目单位工作报告。

②设计、施工、监理等单位的工作报告。

③质量监督机构出具的项目工程质量鉴定报告和质量监督管理工作报告。

④试运行报告。

⑤竣工决算报告(按照国家有关规定需要审计的,应当包括竣工决算审计报告)。

⑥按法规办理的各专项验收或者备案证明材料。

⑦有关批准文件。

4.竣工验收的主要依据

(1)法规及相关技术标准、规范。

(2)项目审批、核准文件或者备案证明。

(3)项目初步设计、施工图设计、设计变更文件等批准文件。

(4)主要设备技术规格或者说明书。

(5)合同文件。

5.竣工验收的主要内容

(1)检查工程执行有关部门批准文件情况。

(2)检查工程实体建设情况,核查质量监督机构出具的项目工程质量鉴定报告和质量监督管理工作报告。

(3)检查工程合同履约情况。

(4)检查工程执行强制性标准情况。

(5)检查按法规办理的各专项验收或者备案情况。

(6)检查竣工验收报告编制情况。

(7)检查廉政建设合同执行情况。

(8)对存在问题和尾留工程提出处理意见。

(9)对航道工程建设、设计、施工、监理等单位的工作作出综合评价。

(10)出具竣工验收现场核查报告,对竣工验收是否合格提出意见。

6.竣工验收的人员要求

(1)交通运输主管部门应当成立竣工验收现场核查组对工程进行现场核查。

(2)竣工验收现场核查组应当由交通运输主管部门、质量监督机构、项目单位人员和专家等组成,并邀请海事管理机构等其他依法对项目负有监督管理职责的相关部门参加。工程设计、施工、监理、试验检测等单位人员应当参加现场核查。

(3)竣工验收现场核查组成员应当为9人以上单数,其中专家不少于5人;竣工验收现场核查组组长由负责组织竣工验收的交通运输主管部门人员担任。对于建设内容简单、投资规模较小的航道疏浚、航道整治类建设项目,竣工验收现场核查组可以由7人以上单数组成,其中专家不少于4人。

(4)竣工验收专家应当具有一定的水运工程建设和管理经验,具备良好的职业道德,具有高级专业技术职称,且不得与项目单位以及勘察、设计、施工、监理、试验检测等单位有直接利害关系。

7. 竣工验收的其他要求

(1)竣工验收现场核查组应当对照航道工程竣工验收主要内容,客观公正、实事求是地对工程进行现场核查,形成竣工验收现场核查报告。

(2)竣工验收现场核查报告应当全面反映竣工验收现场核查工作开展情况和工程建设实际情况,并明确作出竣工验收合格或者不合格的核查结论。

(3)竣工验收现场核查报告由竣工验收现场核查组全体成员签字。

竣工验收现场核查组成员对核查结论有不同意见的,应当以书面形式说明其不同意见和理由,竣工验收现场核查报告应当注明不同意见。竣工验收现场核查组组长应当组织全体成员对不同意见进行研究,提出竣工验收是否合格的核查结论。

竣工验收现场核查组成员拒绝在核查报告上签字,又不书面说明其不同意见和理由的,视为同意核查结论。

(4)竣工验收现场核查报告明确竣工验收合格但提出整改要求的,项目单位应当进行整改,将整改情况形成书面材料报负责竣工验收的交通运输主管部门;竣工验收现场核查报告明确竣工验收不合格的,项目单位整改后应当重新申请竣工验收。

(5)对于一次设计、分期建成的航运枢纽、通航建筑物等航道工程建设项目,项目单位可以对已建成具有独立使用功能并符合竣工验收条件的部分航道工程提出分期竣工验收申请。

(6)航道工程建设项目有尾留工程的,项目单位应当落实竣工验收现场核查报告对尾留工程的处理意见。尾留工程完工并符合交工验收条件后,项目单位应当组织尾留工程验收,验收通过后将相关资料报负责建设项目竣工验收的交通运输主管部门。

第二章

质量监理工作

为了对工程质量进行有效控制,可按照施工准备期、施工期及缺陷责任期三个阶段对工程实施全过程进行全面质量控制。

一个水运工程建设项目通常包含若干个单项工程,一个单项工程包含若干个单位工程,一个单位工程包含若干分部工程,一个分部工程包含若干分项工程。施工准备工作根据的范围不同,一般可分为全场施工准备、单位工程施工准备和分部(项)工程施工准备。上文所说的施工准备期是指建设项目、单项工程、单位工程、分部工程、分项工程相应的施工准备期;施工期主要是指分部工程、分项工程施工过程和单位工程、单项工程、建设项目的交工验收。

第一节 质量监理的目标

1. 水运工程质量的特征和特性。

2. 水运工程质量监理的目标。

一、水运工程质量的特征和特性

水运工程项目属于国家基础设施。从投资和效益的关系出发,水运工程质量的特征和特性主要表现为:使用性能(适用性)、可靠性(稳定性)、寿命(耐久性)、安全性、经济性和与环境的协调性。

1. 适用性

指满足使用要求的功能,它表示水运工程的构筑物荷载等级,水陆域面积,航道的宽度、水深、曲率半径、水流条件等方面的技术指标,与它在设计使用年限内,实际所能担负的交通使用能力相适应。

2. 可靠性

表示已交付使用的水运工程构筑物对于保证船舶正常通航的可靠程度,即组成水运工程的各种建筑物和构筑物在使用过程中出现故障概率的大小。如通信、导航信号设施、靠船构筑物等是否容易出错或失去作用,一定时间内航槽的冲淤变化,两岸边坡发生坍塌引起断航、碍航次数的频率等都必须控制在规定的标准范围内。

3. 耐久性

指建筑物在正常的使用情况和维护保养条件下所能工作的年限。水运工程设计的工作寿命一般为50年,即在50年内应无须进行实质性的修理。要使水运工程满足工作寿命的要求,其承受各种交通荷载作用的次数及概率,抗震性能以及主体材料的抗蚀性、抗冰性、抗老化和抗疲劳的性能等都必须达到一定的标准。

4. 安全性

表示水运工程设施的完善程度及其对于突发性事故的防御能力,如结构物的防洪能力及抗震应达到规定的标准等。

5. 经济性

水运工程运行、养护和运输的成本应比较低,效益比较好。

6. 与环境的协调性

一是指构筑物布置、造型及外在观感自身协调,并与周围的自然风貌和城市规划环境相协调;二是指建筑物应与生态环境和地质水文环境相协调,不破坏生态环境,且在地质、水文等自然力作用下能生存等。

二、水运工程质量监理的目标

水运工程施工监理质量控制的目标就是通过有效的监理工作,在满足设计文件和技术规范与标准的前提下,确保构筑物和设施安全可靠,实现建设单位在施工合同中确定的质量目标。

第二节　质量监理的依据、特点和任务

1. 质量监理的依据。
2. 质量监理的特点。
3. 质量监理的任务。

一、质量监理的依据

监理工程师应依据下列文件和资料进行工程质量控制和监理。

1. 法律法规

有关水运工程质量监督和管理的法律法规主要有《公路水运工程质量监督管理规定》(交通运输部令2017年第28号)、《航道工程建设管理规定》(交通运输部令2019年第44号)、《港口工程建设管理规定》(交通运输部令2019年第32号)等。

2. 合同文件

各项工程质量的保障责任、处理程序、费用支付等均应符合依法签订的监理合同及施工合同等的相关约定。

3. 设计文件

全部工程应与经批准的工程设计文件符合,或符合监理工程师批准的变更或其他技术文件要求,或符合建设单位、设计单位、监理单位和施工单位在工程实施过程中有关的会议纪要和经确认的其他文字记载要求。

4. 技术规范

所有用于工程的材料、设施、设备及施工工艺,应符合合同文件所列技术规范或监理工程师批准的工程技术要求,如《港口工程竣工验收规程》(JTS 125—1—2021)。

5. 质量标准

所有工程质量均应符合合同文件中列明的质量标准或监理工程师同意使用的其他标准。

二、质量监理的特点

传统管理方式的质量控制采用承包单位内部管理的形式,在实施工程监理的条件下,工程质量控制通过由政府监督、监理工程师的质量监理和承包人的质量保证、生产自检活动构成的质量体系来实现。与传统的质量管理相比较,工程项目质量监理具有以下几个特点:

(1)监理工程师对工程质量的监理受法律保护。在承包人和发包人签订的承包合同中详细、明确地规定了监理工程师在质量监理方面的权力。

(2)工程质量监理是监理工程师对工程项目实行全过程、全方位、全天候的全面质量管理。

(3)工程质量监理强调对工程质量的主动控制和复合控制。

(4)工程质量监理与工程计量、支付挂钩。

上述特点表明,工程质量监理不是单一的技术管理,而是技术、经济与法律管理的统一体。

三、质量监理的任务

施工准备期审查承包人的施工组织设计、大型临时设施的设计,参加设计交底会,核查进场承包人(含分包)的资质、质保体系的建立与落实情况,核查施工船机设备的性能与数量,核查进场建筑材料及构件的品种、数量和质量,对不符合要求的禁止进场或责令清除出场。

施工期间,核查施工队伍资质情况,查看和抽验建筑材料与构件的质量情况,检查施工操作情况,质量检测的取样、测试情况,施工船机设备的运转情况,验收隐蔽工程、分项工程和分部工程,参与工程质量事故调查,协助审查质量事故的处理方案及其补救措施,并检查落实情况。

交工验收及保修期内,参与交、竣工验收工作,审核承包人对工程维护及缺陷处理的施工方案,检查其实施情况。

第三节　施工准备期质量控制的通用内容

施工准备期质量控制的主要内容。

内容精要

施工准备期质量控制的主要内容是对施工单位技术准备、现场准备、人员准备、材料(物资)和机械设备准备等情况的检查。

全场施工准备是以一个建设项目施工为对象而进行的各项施工准备,其目的和内容是为整个建设项目施工服务,它不仅要为全场的施工活动创造有利条件,而且要兼顾单位工程施工条件的准备。单位工程施工准备是以单位工程所进行的施工条件准备,其目的和内容是为单位工程施工服务,它既要为单位工程做好开工前的一切准备,又要为其分部(项)工程施工进行作业条件准备。各分部(项)工程准备是以分部(项)工程或一个施工季节所实施的工程为对象进行的施工条件准备。

一、建设项目、单项工程或单位工程施工准备期质量控制的通用内容

1. 技术准备情况的检查

(1)检查施工单位对施工图纸和施工环境了解情况、参加设计交底和图纸会审情况。

(2)审查施工单位的施工组织设计。

(3)审查施工单位的质量管理体系。

(4)审查施工单位的试验室。

(5)核验施工单位的测量控制网点或基线。

(6)审核签认施工单位的有关标准试验(如混凝土配合比试验)等。

(7)其他相关技术准备情况的检查。

(8)审查开工报告及按法规规定应办理的其他开工手续,把好开工关。

2. 机构与人员到位情况的检查

(1)审查施工单位施工和管理人员到位情况。

应检查施工单位是否按投标文件中施工组织模式建立项目经理部,项目经理、技术负责人、质量管理人员、安全管理人员等管理人员是否配齐,岗位证书是否齐全。

(2)施工队或分包队伍的人员资质状况。

(3)特殊工种或专业工种的工人是否持证上岗。

(4)各类岗位责任制度是否健全。

3. 材料(物资)采购进场与检验情况的检查

(1)检查施工单位的材料(物资)落实情况和采购计划。

(2)检查构配件的加工、制作或定做计划。

(3)对大型构件的加工预制场进行考察的情况。

(4)检查开工前一段时期内的材料、构件和物资的进场情况及检验情况,并审核签认施工单位提交的“材料/构配件报验单”。

4. 施工设备情况的检查

(1)施工设备进场情况及计划的检查。

(2)审核签认施工单位提交的“施工设备报验单”。

5. 场外协调及其他准备情况的检查

(1)检查施工单位负责的场地平整,道路和电力、给排水管网的铺设情况。

(2)检查施工临时设施(包括生产、生活、办公和物资材料存储设施)的建设情况。

(3)检查办理施工有关手续情况,如施工航行通告发布情况,砂石开采,特殊作业(水上施工爆破)等手续。

(4)检查施工区域各种告示牌设立情况,特别是危险区域警告牌等。

(5)审查施工单位开工条件,签署开工令。

二、分部工程、分项工程施工准备期质量控制的通用内容

1. 技术准备情况的检查

(1)审查施工单位的施工方案。

在分部工程、分项工程开工前,监理工程师应要求施工单位在总体施工组织设计的基础上,编制相应的分部工程、分项工程施工方案。如桩基工程施工方案中应对桩供应计划、沉桩船舶的进退场计划、沉桩船的锚位布置、沉桩顺序和沉桩控制方法等进行详细的叙述。重点审查施工方案和安全技术措施是否符合工程建设强制性标准。

(2)核验施工单位的施工放样资料,签认施工单位提交的“施工测量放样报验单”。

(3)审核签认施工单位的有关技术报告,如“试桩”等。

(4)审核有关应用新工艺、新技术、新材料、新结构的技术鉴定书。

(5)其他相关技术准备情况的检查。

2. 人员到位情况的检查

(1)审查施工单位施工和管理人员到位情况。

应重点检查施工技术人员、质量管理人员、试验检测人员、安全管理人员等是否到位。

(2)检查特殊工种或专业工种的工人是否持证上岗。

3. 材料(物资)采购进场与检验情况的检查

(1)检查施工单位的材料(物资)进场情况。

在工程材料(物资)进入工地前,审查施工单位提交的材料(物资)清单,对质量保证资料,如产地、厂家以及出厂合格证、检验合格证等进行核查,禁止不符合要求的材料进场。核查材料数量能否满足连续施工的需要。

(2)对进场材料(物资)按规定进行相关检验。

(3)审核签认施工单位提交的“材料/构配件报验单”。

4. 施工设备情况的检查

(1)施工设备进场情况的检查。

需要的船舶、机具是否到位,其数量与性能是否符合要求,能否有利于保证施工质量。

(2)审核签认施工单位提交的“施工设备报验单”。

5. 施工准备情况的检查

(1)检查施工现场布置。

主要检查施工临时设施布置和完成情况,施工道路是否畅通,水、电、通信设施是否到位,安全和消防设施是否齐备,生产设施是否与施工强度相适应。

(2)检查工程地质、水文气象、潮流潮汐、泥沙波浪等自然因素对工程质量的影响,检查施工单位有无预防措施。

(3)检查施工航行通告发布情况。

(4)检查施工区域各种告示牌设立情况,特别是危险区域警告牌等。

(5)审查施工单位开工条件,签署分部工程、分项工程的开工令。

第四节 施工期质量控制的通用内容

施工期质量控制的通用内容。

不同分部工程、分项工程在施工期有不同的质量控制内容,作为一个有经验的监理工程师,应在十分复杂的工作中,抓住主要矛盾,知要领而通全局,紧紧抓住影响工程质量的五大要素(人、材料、机械、方法、环境,即“4M1E”)进行质量控制工作。

对于重要工程部位和易产生质量问题的环节,监理工程师应随时检查,随时纠正不合规范的操作,及时纠正发现的质量问题。

在施工期,上道工序质量不合格或未进行验收,不得进行下道工序施工。

一、“4M1E”质量控制

1. 人员配备

检查施工单位人员的数量和结构,主要管理人员的资格与水平,试验检测人员的资格,一线人员的数量、素质与技能,特殊工种或专业工种的工人是否持证上岗。

2. 工程材料

审查原材料、半成品的数量、规格、材质是否符合标准或设计要求,是否按规定进行检验等。工程材料、构配件和设备应在施工单位填写“材料/构配件/设备报验单”,并经监理工程师审核合格后进场。

3. 船机配置

审查船机的数量、规格与进场时间是否符合合同约定,船机效率能否满足施工强度要求,保证施工过程船机设备的正常运转。

4. 施工工艺

审查施工方案、工艺流程和施工方法是否合理,施工质量措施是否可靠,施工安全是否有保证,现场操作存在什么问题。

5. 施工环境

即施工条件,主要有水电交通条件,场地布置,自然环境条件,工程地质、水文气象、潮流潮汐、泥沙波浪等自然因素给工程带来的影响。

二、交工验收质量控制主要内容

(1)审查施工单位的预验收申请报告。

(2)对全部完成或部分完成的工程进行预验收。

(3)审查施工单位的交工验收报告或中间验收报告及其他有关交工资料。

(4)审查施工单位工程保修期的质量保证计划。

(5)参加交工验收会议,并签认“交工验收证书”或“中间验收证书”。

(6)提交监理工作总结报告。

第五节　缺陷责任期质量控制的通用内容

缺陷责任期质量控制的主要内容。

水运工程缺陷责任期质量控制主要包括以下工作内容:

(1)检查工程质量情况。

(2)审查或估算修复费用。

(3)审查施工单位的补充资料。

(4)审查施工单位的工程保修终止报告。

(5)签认“工程缺陷责任终止证书”。

在缺陷责任期,监理单位应配备必要的监理人员,定期检查工程质量。监理工程师应对工程缺陷发生的原因进行调查。对因施工单位原因造成的工程质量缺陷应责成施工单位进行修复;对因非施工单位原因造成的工程质量缺陷,监理工程师应协助业主对修复工作进行费用估算。

第三章

水运通用工程质量控制

学习要点

1. 模板工程质量控制要点。
2. 钢筋工程质量控制要点。
3. 混凝土工程质量控制要点。
4. 预应力钢筋混凝土质量控制要点。
5. 钢结构工程质量控制要点。
6. 地基处理工程质量控制要点。
7. 水运工程墙后回填工程质量控制要点。
8. 停靠船与防护设施工程质量控制要点。

第一节 模板工程质量控制

混凝土模板及支架应根据工程结构形式、荷载大小、施工设备和模板材料等条件进行设计。模板应具有足够的强度、刚度和稳定性，并应与钢筋和混凝土施工工艺相适应。

大型承重模板安装和拆除过程必须保持足够的临时固定措施，并应设置必要的安全警戒区。

一、模板制作

模板及支撑应按模板设计图和工艺文件加工制作，模板及支撑的材料及结构必须符合施工技术方案和模板设计的要求，成品应经验收合格后方可使用。

1. 钢模板制作

(1)模板零构件下料的尺寸应准确，料口应平整；面板、肋、背棱等部件焊前应调平、调直。

(2)模板的组拼组焊应在专用工装和平台上进行，并采用合理的焊接顺序和方法。

(3)模板的焊缝应均匀，焊缝尺寸应满足设计要求，焊渣应清理干净，不得有夹渣、气孔、咬肉和裂纹等缺陷。

(4)模板面板应平整、无锈蚀，并应刷油保护；模板外表面应涂刷防锈油漆。

2. 模板的吊环

严禁使用冷拉钢筋。焊接式钢吊环的焊缝长度及焊缝高度应满足设计要求。

二、模板安装

1. 模板支撑质量

模板支撑的支承应稳定、坚固、可靠,应能抵抗在施工过程中可能发生的偶然冲撞和振动。支撑应支承在坚实的地基或者混凝土上,并应有足够的支承面积,斜撑不得滑动。当采用在下层混凝土中预埋锚拉螺栓作为上层模板支撑时,下层混凝土应具有足够的强度。桩帽或墩台等构件的模板,当采用夹桩木作为支撑时,应对夹桩木进行设计,安装后应对夹桩木的高程及稳固情况进行检查,在浇筑混凝土过程中不得产生松动。

2. 模板面板质量

面板表面应平整、光洁,接缝应平顺、严密、不漏浆,透水模板敷面材料应敷贴平顺。结构或构件竖向棱角和底部棱边处宜做抹角处理,模板与混凝土的接触面应涂刷脱模剂,脱模剂应涂刷均匀,不得污染工程结构和构件、钢筋、混凝土接茬部位。

3. 模板的起拱量

跨径大于4m的现浇梁、板构件的模板应起拱,当设计无要求时,起拱高度宜为全跨长度的1/1000~3/1000。

三、模板拆除

(1)模板拆除的顺序应按施工方案的要求进行。当无要求时,应按照先支后拆、后支先拆的原则。

(2)模板拆除时,结构或构件混凝土的强度应达到设计要求,当设计无具体要求时,应符合规范要求(表3-1)。水下和水位变动区结构和构件的模板拆除时间应适当延后。

混凝土结构拆模时所需混凝土强度 表3-1

序号	结构形式	结构跨径(m)	达到设计强度标准值的百分率(%)
1	板	<2	50
		2~8	75
		>8	100
2	梁	≤8	75
		>8	100
3	悬臂构件	≤2	75
		>2	100

注:混凝土设计强度标准值,系指与设计的混凝土强度等级相应的混凝土立方体抗压强度标准值。

(3)大型模板和承重模板拆除时,应按模板设计的要求,采取防止模板倾覆或坠落的措施。

(4)模板拆除后,应对遗留在结构或构件表面上的拉杆及拉杆孔眼进行处理。拉杆头保护层的厚度不得小于设计最小厚度,拉杆孔眼的封堵应密实、平整。

(5)对拆下的模板、支撑及配件应及时清理、维修,分类堆存妥善保管,钢模板应做好防锈。

(6)大型模板堆放时,应垫平、放稳,并应采取防止翘曲变形的措施;大模板竖立存放应满足自稳要求。

四、特种模板

充气胶囊芯模、整体弹性钢模板、永久性模板、人工块体模板等特种模板应符合相应规定。

第二节 钢筋工程质量控制

钢筋的质量必须符合现行《钢筋混凝土用钢 第2部分:热轧带肋钢筋》(GB 1499.2)等的有关规定。

一、原材料质量控制

1.原材料进场控制

(1)钢筋、钢丝、钢绞线、焊条、焊剂等原材料的品种、规格和性能应满足设计要求和国家有关标准的规定。

(2)钢筋进场时,应检查其产品质量证明文件,并按炉号、批次及直径分批验收。验收时,应查明标牌并进行外观检查。钢筋应平直、无损伤,表面不得有裂纹、油污、颗粒状或片状锈皮。

(3)钢筋在运输过程中,应避免锈蚀和污染。钢筋进场后,应分品种、牌号、等级、规格及生产厂家等堆存整齐,不得混杂,且应设立识别标志。

(4)环氧树脂涂层钢筋的包装、标志、搬运和存放应符合现行《水运工程结构防腐蚀施工规范》(JTS/T 209)的有关规定。

(5)预制构件的吊环严禁使用冷拉钢筋。

2.原材料抽样复验

(1)钢筋等原材料在使用前,应按国家现行相关标准的规定进行力学性能和重量偏差等检验。

(2)钢筋等原材料的验收批和抽样数量应符合有关标准的规定。钢筋重量偏差应符合相关要求;普通钢筋力学性能试验,当试样中有一个试验项目不符合要求时,应另取双倍数量的试件对不合格项目进行第二次试验;当仍有一根试件不合格时,则该批钢筋应判定为不合格。

(3)进口钢筋应进行化学成分检验和焊接试验,并应满足设计要求。

(4)钢筋施工中,当发现钢筋脆断、焊接性能不良或力学性能显著不正常等现象时,应对该批钢筋进行化学成分检验或其他专项检验。

二、钢筋加工及接头质量控制

1.钢筋加工

钢筋的弯钩或弯折应符合设计和规范要求。主要对弯钩(弯折)的形式、弯弧内径、平直部分长度、弯起钢筋弯折点处弯曲直径等进行控制。

2. 钢筋绑扎接头

(1)钢筋绑扎搭接最小搭接长度应符合现行《水运工程混凝土施工规范》(JTS 202)的相关要求。

(2)钢筋搭接处中心及两端应用铁丝扎紧。

(3)绑扎接头处钢筋的横向净距不应小于钢筋直径,且不得小于30mm。

(4)设置在同一构件中纵向受力钢筋的绑扎搭接应相互错开布置,钢筋搭接接头中点位于其他任一搭接钢筋接头连接区段时,应按同一连接区段计,钢筋接头连接区段的长度应为1.3倍搭接长度;同一连接区段,受力钢筋的绑扎接头面积占受力钢筋总面积的百分数应满足设计要求,设计无具体要求时,受压区不得大于50%,受拉区不得超过25%。

(5)当钢筋成束布置时,成束筋中单根钢筋的接头应错开,间距不宜小于40倍钢筋直径,搭接的接头长度应加长20%。

3. 钢筋焊接接头

(1)钢筋焊接接头的材料、焊接方法、外观检查及力学性能检验等应符合现行《钢筋焊接及验收规程》(JGJ 18)的有关规定。当采用单面焊时,有效焊缝长度不得少于10倍钢筋直径,双面焊有效焊缝长度不得少于5倍钢筋直径。

(2)设置在同一构件内的焊接接头应相互错开布置。在任一焊接接头中心至受力钢筋最大直径的35倍且不小于500mm的区段内,同一根钢筋不应有一处以上接头;在该区段内,有接头的受力钢筋截面面积之和占受力钢筋总截面面积的百分率应满足设计要求,设计无具体要求时,应满足下列要求:

①非预应力筋在受拉区不大于50%。

②预应力筋不超过25%,当焊接质量有可靠保证时,不超过50%。

③受压区和后张法的螺丝端杆不限制。

4. 钢筋机械连接接头

(1)钢筋连接件处的最小混凝土保护层厚度应满足设计要求。

(2)带肋钢筋套筒挤压接头、镦粗直螺纹钢筋接头、钢筋锥螺纹接头应符合现行《钢筋机械连接技术规程》(JGJ 107)的规定。滚轧直螺纹钢筋连接接头应符合现行《钢筋机械连接用套筒》(JG/T 163)的规定。

三、钢筋装设的质量控制

(1)钢筋保护层的厚度不应小于设计要求,保护层垫块的支垫方法和间距应能保证钢筋在混凝土浇筑过程不发生位移与变形。

(2)钢筋骨架应绑扎或焊接牢固,绑扎铅丝头应向里按倒,不应伸入钢筋保护层。

(3)环氧涂层钢筋与普通钢筋之间不应形成电连接,涂层损伤缺陷的修补应符合现行《环氧树脂涂层钢筋》(JG/T 502)的有关规定。

第三节　混凝土工程质量控制

一、原材料质量控制

1. 一般规定

(1)水运工程混凝土所用的原材料,应充分考虑环境的影响,满足新拌混凝土和硬化混凝土规定的性能要求。

(2)材料在运输与储存过程中,应按品种、规格分别堆放,不得混杂,不得接触海水,并防止其他污染。

(3)水运工程混凝土所用的原材料进场时应附有检验报告等质量证明文件,并应按照有关规定进行产品质量检验,其质量应符合国家现行有关标准的规定,并满足设计要求。

2. 水泥

1)一般要求

(1)水运工程混凝土宜采用硅酸盐水泥、普通硅酸盐水泥、矿渣硅酸盐水泥、火山灰质硅酸盐水泥、粉煤灰硅酸盐水泥或复合硅酸盐水泥,质量应符合现行《通用硅酸盐水泥》(GB 175)的有关规定。普通硅酸盐水泥和硅酸盐水泥熟料中,铝酸三钙含量宜在6% ~12%之间。

(2)水运工程严禁使用烧黏土质的火山灰质硅酸盐水泥。

(3)水泥进场时,应对其品种、等级、出厂日期等检查验收。当因储存不当引起质量有明显改变或水泥出厂超过3个月时,应在使用前对其质量进行复验。

2)特殊要求

(1)有抗冻要求的混凝土宜采用普通硅酸盐水泥或硅酸盐水泥,不宜采用火山灰质硅酸盐水泥。

(2)不受冻地区海水环境的浪溅区混凝土宜采用矿渣硅酸盐水泥、普通硅酸盐水泥或硅酸盐水泥。

(3)泵送混凝土应选用硅酸盐水泥、普通硅酸盐水泥、矿渣硅酸盐水泥和粉煤灰硅酸盐水泥,不宜采用火山灰质硅酸盐水泥。

(4)大体积混凝土宜采用矿渣硅酸盐水泥、火山灰质硅酸盐水泥、粉煤灰硅酸盐水泥、复合硅酸盐水泥、普通硅酸盐水泥。采用普通硅酸盐水泥时,宜掺入粉煤灰、磨细粒化高炉矿渣等活性掺合料。大体积混凝土的矿物掺合料不应单独使用硅粉。

(5)水下混凝土和水下不分散混凝土可采用矿渣硅酸盐水泥、火山灰质硅酸盐水泥、粉煤灰硅酸盐水泥、普通硅酸盐水泥或硅酸盐水泥。水泥的初凝时间不宜早于2.5h,水泥的强度等级不宜低于42.5。

(6)立窑水泥可用于不冻地区的素混凝土和临时建筑物的钢筋混凝土;当有充分论证时,方可用于受冻地区的素混凝土。

(7)与其他有侵蚀性水接触的混凝土所用水泥应按国家现行有关标准选用。

3.细骨料

(1)混凝土中使用的细骨料应采用质地坚硬、公称粒径在5.00mm以下的砂,其杂质含量、粗细程度和级配分区应满足现行《水运工程混凝土质量控制标准》(JTS 202—2)的规定。

(2)细骨料不宜采用海砂。采用海砂时,海砂中氯离子含量应符合相关规定。

(3)采用特细砂、机制砂或混合砂时,应符合相关标准的要求。

(4)泵送混凝土细骨料的细度模数宜为2.4~2.9,筛孔(0.315mm)的累计筛余量不宜大于85%。

(5)海水环境工程中严禁采用碱活性细骨料。淡水环境工程中所用细骨料具有碱活性时,应采用碱含量小于0.6%的水泥并采取其他措施,经试验验证合格后方可使用。

4.粗骨料

(1)配制混凝土应采用质地坚硬的碎石、卵石或碎石与卵石的混合物作为粗骨料,其强度可用岩石抗压强度或压碎指标值进行检验。碎石、卵石的抗压强度或压碎指标应符合现行《水运工程混凝土质量控制标准》(JTS 202—2)的规定。

(2)粗骨料的杂质含量、卵石中软弱颗粒含量应符合现行《水运工程混凝土质量控制标准》(JTS 202—2)的规定。

(3)粗骨料的粒径应满足下列要求:

①不大于80mm。

②不大于构件截面最小尺寸的1/4。

③不大于钢筋最小净距的3/4。

④不大于混凝土保护层厚度的4/5,在南方地区浪溅区不大于混凝土保护层厚度的2/3。

⑤厚度为100mm和小于100mm混凝土板允许采用最大粒径不大于1/2板厚的骨料。

⑥大体积混凝土在满足上述要求的基础上宜选用较大值。

⑦水下混凝土粗骨料的最大粒径不应大于导管内径的1/6、混凝土输送管的1/3和钢筋最小净距的1/4,同时不应大于40mm。

⑧水下不分散混凝土粗骨料的最大粒径不应大于导管内径的1/6、混凝土输送管的1/3和钢筋最小净距的1/4,同时不应大于31.5mm。

(4)粗骨料的颗粒级配应满足现行《水运工程混凝土质量控制标准》(JTS 202—2)的规定。

(5)海水环境工程中严禁采用碱活性粗骨料。淡水环境工程中所用粗骨料具有碱活性时,应采用碱含量小于0.6%的水泥并采取其他措施,经试验验证合格后方可使用。

5.拌和用水

(1)混凝土拌和用水宜采用饮用水,不得使用影响水泥正常凝结、硬化和促使钢筋锈蚀的水拌和。

(2)钢筋混凝土和预应力混凝土均不得采用海水拌和。在缺乏淡水的地区,素混凝土允许采用海水拌和,但混凝土拌合物中总氯离子含量应符合相关规定,有抗冻要求的,其水灰比应降低0.05。

(3)混凝土不得采用沼泽水、工业废水或含有害杂质的水拌和。

(4)使用非生活饮用水时,开工前应检验其质量。水源有改变或对水质有怀疑时,应及时检验。

6. 外加剂

(1)混凝土应根据要求选用减水剂、引气剂、早强剂、防冻剂、泵送剂、缓凝剂、膨胀剂等外加剂。

(2)每批外加剂进场应按规定的抽样组批原则进行相关指标的检测。

(3)外加剂的品质应符合国家现行相关标准的有关规定。在所掺用的外加剂中,以胶凝材料质量百分率计的氯离子含量不宜大于0.02%。

(4)有抗冻要求混凝土掺加的引气剂宜采用松香热聚物或松香皂等。其品质、掺量、配置方法应符合有关规定。

(5)钢筋混凝土、预应力混凝土中不得掺用氯盐外加剂。

(6)冷天施工时掺用外加剂应符合下列规定:

①采用三乙醇胺作早强剂时,掺量不得超过胶凝材料用量的0.05%。

②素混凝土中掺用氯盐或以氯盐为主的防冻剂时,氯盐质量总和不得超过以胶凝材料质量百分率计的2%。

二、混凝土配合比控制

1. 混凝土配制强度确定

(1)混凝土配合比设计应符合混凝土的设计强度、耐久性及施工要求,并应经济合理。确定的配合比应根据指定的要求制作试件,并进行试验校核。

(2)混凝土的施工配制强度应按式(3-1)确定。

$$f_{cu,o}=f_{cu,k}+1.645\sigma \tag{3-1}$$

式中:$f_{cu,o}$——混凝土施工配制强度(MPa);

$f_{cu,k}$——设计混凝土强度等级(MPa);

σ——工地实际统计的混凝土立方体抗压强度标准差(MPa)。

(3)减水剂应通过试验选择,并应与胶凝材料匹配良好。

(4)试验室试拌和完成验收合格后,尚应按照混凝土生产使用的设备、人员及管理进行搅拌站试拌和,经检验混凝土拌合物质量、强度、耐久性等指标满足设计要求后才能用于生产。

2. 配合比设计的水胶比要求

配合比设计的水胶比要求如表3-2和表3-3所示。

3. 配合比设计的其他要求

(1)抗冻混凝土配合比应采用绝对体积法计算,并应计入混凝土拌合物的含气量。

(2)大体积混凝土最终配合比宜经胶凝材料水化热总量的测定和验算确定,在满足设计和施工要求的前提下,宜提高骨料的用量,减少每立方米混凝土的水泥用量。

(3)水下混凝土的配合比设计必须满足混凝土的设计强度、水陆强度比、水下自密实性、耐久性和施工和易性的要求,并应经济合理。

(4)水下混凝土水胶比的选择应同时满足强度和耐久性要求。按强度要求得出的水胶比与按耐久性要求规定的水胶比相比较,应取其较小值作为配合比的设计依据。

(5)水下混凝土的施工配制强度应比设计强度标准值提高40%~50%。

海水环境混凝土按耐久性要求的水胶比最大允许值 表3-2

环境条件			钢筋混凝土、预应力混凝土		素混凝土	
			北方	南方	北方	南方
大气区			0.55	0.50	0.65	0.65
浪溅区			0.40	0.40	0.65	0.65
水位变动区	严重受冻		0.45	—	0.45	—
	受冻		0.50	—	0.50	—
	微冻		0.55	—	0.55	—
	不冻		—	0.50	—	0.65
水下区	无水头作用		0.55	0.55	0.65	0.65
	受水头作用	最大作用水头与混凝土壁厚之比<5	0.55			
		最大作用水头与混凝土壁厚之比5~10	0.50			
		最大作用水头与混凝土壁厚之比>10	0.45			

注:除全日潮型港口外,其他海港有抗冻性要求的细薄构件水胶比最大允许值应酌情减小。

淡水环境混凝土按耐久性要求的水胶比最大允许值 表3-3

环境条件			钢筋混凝土、预应力混凝土	素混凝土
水上区	水气积聚或通风不良		0.60	0.65
	无水气积聚或通风良好		0.65	
水位变动区	严重受冻		0.55	0.55
	受冻		0.60	0.60
	微冻		0.65	0.65
	不冻		0.65	0.65
水下区	无水头作用		0.65	0.65
	受水头作用	最大作用水头与混凝土壁厚之比<5	0.60	
		最大作用水头与混凝土壁厚之比5~10	0.55	
		最大作用水头与混凝土壁厚之比>10	0.50	

三、混凝土生产过程质量控制

1.配料

(1)混凝土拌制前应测定砂、石含水率并根据测试结果调整材料用量,提出施工配合比,填写配料单。原材料配料时,应按配料单进行称量,不得改动。

(2)混凝土原材料进行称量时,其偏差应符合有关规定。

(3)各种衡器应定期校验,每一工作班正式称量前,应对称量设备进行零点校核。

(4)施工过程中应检测骨料含水率,每一工作班至少测定2次。当遇雨天或含水率有显著变化时,应增加检测次数,并应及时调整用水量和骨料用量。

2. 搅拌

(1)混凝土拌合物应拌和均匀,颜色一致,不得有离析和明显泌水现象。

(2)混凝土搅拌完毕后,应按下列要求检测拌合物的质量指标:

①混凝土拌合物的坍落度和含气量,应在搅拌地点和浇筑地点分别取样检测,每一工作班应对坍落度至少检查 2 次,含气量至少检查 1 次。在混凝土预制构件场,当混凝土拌合物从搅拌机出料起至浇筑入模的时间不超过 15min 时,可在搅拌地点取样检测坍落度和含气量。

②混凝土拌合物的稠度和含气量等检测结果应符合相关规定。

③对混凝土拌合物均匀性检测结果,混凝土中砂浆密度测值的相对误差不应大于 0.8%。

3. 运输

(1)混凝土运输能力应与搅拌及浇筑能力相适应,并宜缩短运输时间和减少倒运次数。

(2)混凝土运输容器应光洁、平整、不吸水、不漏浆。

(3)混凝土拌合物运送到浇筑地点时,应不离析、不分层,并满足施工所要求的稠度。

(4)混凝土拌合物运送至浇筑地点如出现离析、分层或稠度不满足要求等现象,应对混凝土拌合物进行二次搅拌,二次搅拌时不得任意加水。稠度不足时可同时加入水和胶凝材料,保持其水胶比不变。

(5)混凝土从搅拌机卸出后到浇筑完毕的延续时间应通过试验确定。

(6)采用皮带运输机运送混凝土拌合物时,应符合现行《水运工程混凝土施工规范》(JTS 202)的有关规定。

(7)采用泵送混凝土时,供应的混凝土量应能保证混凝土泵的连续工作。如因故间歇,间歇时间不应超过 45min。

4. 浇筑

(1)浇筑混凝土前的有关检查。

①浇筑混凝土前,应检查模板、钢筋、预埋件和预留孔等的尺寸、规格、数量和位置,其偏差应符合规定,并应检查模板支撑的稳定性、接缝的密合情况、脱模剂涂刷情况,并清除模内杂物、积水。

②钢筋的混凝土保护层厚度应符合设计要求,其允许偏差应为 +10mm 和 0mm。

③混凝土浇筑前应检查垫块的位置和数量,垫块的位置应符合要求,构件侧面或底面的垫块数量不应少于 4 个/m^2,并应绑扎牢固。绑扎垫块的铁丝头不得伸入保护层内。

④钢筋表面不得有锈屑、油污、水泥浆、盐渍或其他可能影响耐久性及握裹力的有害物质。

(2)混凝土浇筑。

①混凝土拌合物运至浇筑地点的温度,最高不宜高于 35℃,最低不宜低于 5℃。大体积混凝土的浇筑应合理分段分层进行,使混凝土沿高度均匀上升;应在室外气温较低时段进行浇筑,混凝土浇筑温度不宜超过 28℃。

②混凝土在浇筑过程中应控制混凝土的均匀性和密实性,不应出现露筋、空洞、冷缝、夹渣、松顶等现象。

③混凝土的浇筑应连续进行。如因故中断,其允许间歇时间应根据混凝土硬化速度和振

捣能力经试验确定。

④混凝土在浇筑过程中发现原材料、稠度不符合规定,或有分层离析等异常现象时,应立即查明原因且妥善处理后方可继续浇筑。

⑤混凝土拌合物倾落自由高度不宜超过2m。如可能发生离析时,应采用串筒、斜槽、溜管或振动溜管等措施下落。

⑥混凝土应振捣成型,振捣器应根据施工对象和混凝土拌合物性质选择,并确定振捣时间,混凝土振捣以混凝土表面呈现水泥浆和不再沉落为度。

⑦浇筑混凝土时,应随时检查模板、支架、钢筋、预埋件、预留孔和垫块的固定情况,发现有变形、位移时应立即停止浇筑,并应在已浇筑的混凝土凝结前进行修整。

⑧混凝土在浇筑和静置过程中,应采取措施防止产生裂缝。由于混凝土的沉降和塑性干缩产生的表面裂缝,应及时予以修整。

(3)混凝土试块制作。

在浇筑混凝土时,应同时制作吊运、张拉、放松、加荷和强度合格评定的立方体抗压强度试件,必要时还应制作抗冻、抗渗、抗氯离子渗透或其他性能的试件,试件的取样与制作应符合现行《水运工程混凝土施工规范》(JTS 202)的有关规定。

5. 养护

(1)养护工艺要求。

①素混凝土宜采用淡水、养护剂养护,在缺乏淡水的地区,可采用海水保持潮湿养护。

②现浇钢筋混凝土结构,在浪溅区和水位变动区采用淡水养护确有困难时,北方地区应适当降低水胶比,南方地区可采用掺入适量的钢筋阻锈剂,并在2d后拆模,再喷涂养护剂养护。

③钢筋混凝土、预应力混凝土构件不得采用海水养护。

④养护方法应根据构件外形选定,宜采用洒水、土工布覆盖浇水、包裹塑料薄膜、喷涂养护液进行养护,当日平均温度低于5℃时不宜洒水养护。

⑤采用塑料薄膜或养护剂进行养护时应覆盖严密,并经常检查塑料薄膜或养护液薄膜的完整情况和混凝土的保湿效果,有损坏时应及时修补。

⑥大体积混凝土的养护应通过热工计算,确定其保温、保湿或降温措施,并宜采用设置测温孔或埋设热电偶等方法测定混凝土内部和表面温度,温度应控制在设计要求的温差内。设计无要求时温差不宜大于25℃。

(2)养护时间要求。

混凝土潮湿养护的时间不应少于表3-4的规定。

混凝土潮湿养护时间 表3-4

水 泥 品 种	混凝土潮湿养护时间(d)
硅酸盐水泥、普通硅酸盐水泥	≥10
矿渣硅酸盐水泥、火山灰质硅酸盐水泥、粉煤灰硅酸盐水泥、复合硅酸盐水泥	≥14

注:1. 对有抗冻要求的混凝土,按表列规定进行潮湿养护之后,宜在空气中放置14~21d。
2. 对厚大结构的混凝土,使用硅酸盐水泥、普通硅酸盐水泥时,潮湿养护不得少于14d;使用矿渣硅酸盐水泥、火山灰质硅酸盐水泥、粉煤灰硅酸盐水泥或复合硅酸盐水泥时,潮湿养护不得少于21d。

(3)其他要求。

①养护混凝土时,应每天记录天气的最高、最低温度和天气变化情况,并形成养护记录。

②混凝土强度未达到2.5MPa以前，人员不得在已浇筑的结构上行走、运送工具或设置上层结构的支撑和模板。

四、大体积混凝土防裂措施

大体积混凝土，是指预计因胶凝材料水化热等因素引起混凝土温度变化导致有害裂缝，或结构实体断面最小尺寸不小于1m的混凝土。水运工程中有许多混凝土结构属于大体积混凝土。

下面仅简单介绍施工环节应控制的重点内容，其他环节及其详细控制要求见现行《水运工程大体积混凝土温度裂缝控制技术规范》（JTS/T 202—1）。

1. 大体积混凝土施工基本规定

（1）大体积混凝土应在结构设计、材料选用、混凝土配制及施工的全过程采取保证结构安全、适用、耐久的温度裂缝控制措施。

（2）大体积混凝土应根据所处的环境选择合理的结构形式、构造措施、强度等级和温控抗裂安全系数。结构形式应简单，减少应力集中，降低基础约束，并宜考虑温度应力对结构的影响，合理分层分块，配置必要的构造钢筋。

（3）当不影响结构安全时，大体积混凝土宜采用混凝土60d的强度作为混凝土配合比设计、混凝土强度评定和工程验收的依据。

（4）大体积混凝土应合理安排施工时间，热天宜选择温度相对较低时段浇筑混凝土，并应避免在极端不利气象条件下施工。

2. 大体积混凝土温控设计

（1）大体积混凝土应根据结构使用环境、结构特点和温度开裂风险等因素进行温度裂缝控制设计。

（2）大体积混凝土宜分层、分块浇筑。施工缝应根据混凝土结构特点、耐久性要求和施工方便等因素设置，并应满足设计要求。

（3）大体积混凝土结构温控标准应根据温度应力仿真计算结果确定，并宜满足下列要求：

①混凝土浇筑温度不高于30℃且不低于5℃；

②混凝土内表温差不大于25℃；

③混凝土内部最高温度不高于70℃；

④混凝土断面降温速率7d龄期内不大于3℃/d，7d龄期后不大于2℃/d。

第四节　预应力钢筋混凝土工程质量控制

一、预应力筋制作质量控制

1. 预应力筋下料

1）下料方法

钢丝、钢绞线、钢棒及精轧螺纹钢筋，应采用砂轮锯或切断机切断，不得采用电弧切割。

2)下料长度

预应力筋的下料长度应根据预应力筋种类、张拉方式和锚固方式经计算确定,并应考虑锚夹具厚度、千斤顶长度、焊接接头和镦头或其他形式锚头的预留量、冷拉伸长值、弹性回缩值、张拉伸长值、台座长度、构件长度、构件间距和连接杆长度等因素。预应力筋下料长度的允许偏差和抽检数量应符合下列规定:

(1)采用钢丝束作预应力筋,且两端采用墩头锚具时,同一束中各根钢丝下料长度的相对差值不应大于配筋长度的1/5000,且不应大于5mm。

(2)采用钢筋冷拉后作预应力筋时,同一构件内各钢筋的下料长度的相对差值不应大于构件配筋长度的1/2000,且不应大于20mm。

(3)预应力筋下料长度检查,每工作班应抽查总数的3%,且不得少于3根。

2. 预应力筋端部锚具的制作

预应力筋端部锚具的制作质量和抽检数量应符合下列规定:

(1)挤压锚具制作时压力表油压应符合操作说明书的规定,挤压后预应力筋外端应露出挤压套筒1~5mm。对挤压锚具的抽检数量,每工作班应抽查5%,且不应少于5件。

(2)钢绞线压花锚成型时,表面应清洁、无油污,梨形头尺寸和直线段长度应满足设计要求。对压花锚的抽检数量,每工作班应抽查3件。

(3)钢丝镦头的强度不得低于其强度标准值的98%,每批钢丝应抽取6个镦头试件进行强度检测。

二、预应力张拉、放松机具设备质量控制

1. 张拉梁

预应力筋张拉所用的张拉梁,应按预应力筋的布置、根数、张拉荷载、张拉条件等因素经过计算选定。设计时,除应满足强度、刚度要求外,尚应考虑操作简便等因素。

2. 张拉机具设备及仪表

预应力张拉机具设备及仪表应定期维护和校验,并应配套标定,配套使用,专人保管。

3. 预应力筋用锚具、夹具和连接器

预应力筋用锚具、夹具和连接器的形式应根据设计要求或使用条件选用,其应具有可靠的锚固性能、足够的承载能力和良好的适应性、安全性。

1)抽样复验组批方案

对定型产品同一组批不宜超过1000套,对非定型产品同一组批不宜超过500套,对少量加工的非定型产品同一组批不宜超过200套。

2)复验内容及要求

(1)预应力筋用锚具、夹具和连接器复验的内容应根据设计要求、使用条件和相关技术标准等综合确定。当设计无明确要求时,复验内容应包括外观质量、尺寸偏差、硬度和静载锚固性能试验。

(2)外观和尺寸偏差检查,抽检数量不应少于10%,且不得少于10套锚具。当有一套表

面有裂纹或超过产品标准及设计图纸规定尺寸的允许偏差时，应另取双倍数量的锚具重做检查，如仍有一套不符合要求，则应逐套检查，合格后方可使用。

(3)夹片式和锥塞式锚夹具硬度检查应从每批中抽取5%，且不少于5件。有硬度要求的零件应做硬度试验，对多孔夹片式锚具的夹片，每套抽取不少于5片，每个零件应测试3点，其硬度应在设计要求范围内，当有一个零件不合格时，应另取双倍数量的零件重做试验，如仍有一个零件不合格，则应逐个检查，合格后方可使用。

(4)首次使用的锚具，或改变锚具型号、规格时，经上述两项试验合格后，应从同批中取6套锚具组成3个预应力筋锚具组装件，进行静载锚固性能试验，当有一个试件不符合要求时，应另取双倍数量的锚具重做试验，如仍有一套不合格则该批锚具为不合格品。

(5)重复使用的锚具组件应进行互换性检查，互换性合格率应达95%以上；每次使用前应进行外观检查，其表面应无污物、锈蚀、变形、裂纹和机械损伤等，对失效的锚具组件应及时进行报废处理。

三、施加预应力

1. 施加预应力工艺要求

(1)采用先张法对多根直线预应力钢筋同时张拉时，其张拉力的合力线水平位置应在构件中轴线的垂直面内，垂直位置应在台座设计允许偏心范围内。

(2)多根直线预应力钢筋单根张拉时，张拉力的作用线应与钢筋的设计轴线一致。

(3)后张法直线预应力筋张拉力作用线应与孔道中心线一致。

(4)曲线预应力筋的张拉力作用线应与孔道中心线末端的切线一致。

(5)应力控制法张拉时，应减少张拉体系的摩阻力。摩阻力数值应通过试验确定，并在张拉时补足。

(6)预应力筋可通过超张拉减少松弛影响。设计未规定时，应根据锚具性能，按1～1.05倍张拉控制应力，持荷2min后卸荷至张拉控制应力进行锚固。

(7)预应力筋的实际伸长值，宜在初应力为10%张拉控制应力时开始量测，通过20%张拉控制力时的累计伸长量与10%张拉控制力的伸长量，推算10%张拉控制力实际伸长量；先张法尚应扣除钢模在张拉过程中的弹性压缩值。

(8)采用热轧带肋钢筋作预应力筋时，张拉时的温度不得低于－15℃。

2. 预应力控制标准

(1)预应力筋的张拉控制应力应满足设计要求，预应力筋张拉锚固后，实际预应力值的偏差应不超过±5%。

(2)预应力筋如需超张拉时，可比设计要求提高5%，其最大张拉控制应力不得超过表3-5的规定。

(3)采用应力控制张拉时，应校核预应力筋的伸长值。实际伸长值与设计计算理论伸长值的相对偏差不应超过±6%。如有异常，应立即查明原因，并采取措施予以调整后方可继续张拉。

最大张拉控制应力允许值 表3-5

钢　　种	张拉方法	
	先张法	后张法
钢丝、钢绞线	$0.80f_{ptk}$	$0.75f_{ptk}$
钢棒	$0.75f_{ptk}$	$0.70f_{ptk}$

注:f_{ptk}为预应力筋极限抗拉强度标准值。

(4)预应力筋断裂或滑脱数量必须符合下列规定:

①结构、构件中钢丝、钢丝束、钢绞线断裂或滑脱的数量,对后张法严禁超过结构、构件同一截面钢丝总根数的3%,且一束钢丝不得超过一根;对先张法严禁超过结构、构件同一截面钢丝总根数的5%,一束钢丝不得超过一根且严禁相邻两根预应力筋断裂或滑脱。

②结构、构件中的预应力筋发生断裂或滑脱必须予以更换。

(5)后张法锚固阶段张拉端预应力筋的内缩量不得大于规定的允许值。

四、先张法质量控制

1. 张拉

(1)张拉梁、锚固梁安装时,其受力中心的位置应与台座底板中心一致,水平位置偏差不得大于3mm。

(2)多根预应力筋同时张拉时,应预先调整初应力,保持各根钢筋的应力基本一致。

(3)构件的侧模板在施加预应力之后安装时,宜先施加70%的控制应力,待模板安装后,再施加至设计要求的张拉控制应力。

2. 放松

(1)放松预应力筋时,混凝土强度必须满足设计要求。设计无要求时,不得低于设计强度标准值的75%。

(2)预应力筋的放松顺序:

①轴心受压构件,所有预应力筋应同时放松。

②偏心受压构件,在采用整体张拉工艺时,所有预应力筋宜同时放松;预应力筋不能同时放松时,应先同时放松预压力较小区域的预应力筋,再同时放松预压力较大区域的预应力筋。

③当不能按上述要求放松时,应分阶段、对称、相互交错地放松。

五、后张法质量控制

1. 预留孔道质量

预留孔道可采用预埋管法或抽芯管法。采用预埋管法时,预埋管应有一定的轴向刚度,密封良好,接头应严密,不漏浆;采用抽芯管法时,钢管应平直光滑,胶管宜充压力水或采取其他防止变形的措施。

(1)预留孔道的尺寸与位置应正确,孔道应平顺。端部的预埋垫板应垂直于孔道中心线,并采取措施固定在模板上,在浇筑混凝土时不得移动。

(2)预埋管道宜用钢筋井字架固定,其间距:金属螺旋管、塑料波纹管及钢管间距不宜大于1m,胶管间距不宜大于0.5m,曲线孔道宜适当加密。

(3)灌浆孔间距,预埋管不宜大于30m,抽芯管不宜大于12m;采用真空辅助灌浆时,灌浆孔间距可适当加大。曲线孔道的曲线波峰部位,宜设排气孔。

(4)电焊作业时,必须采取措施保护预埋管道和预应力筋。

(5)预埋管的抽芯时间,应根据气温和所用水泥性能通过试验确定。抽芯的顺序应先上后下。用钢管作孔道芯管时,宜在浇筑混凝土后每隔5~15min将芯管转动一次,抽管的速度应均匀,边抽边转,抽管的拉力作用线应与孔道中心线一致。

(6)孔道形成后应立即逐孔进行检查,发现堵塞应及时疏通。

2.张拉

(1)预应力筋张拉时,结构、构件的混凝土强度、弹性模量应满足设计要求,当设计无要求时,不应低于设计强度标准值的75%。

(2)预应力筋张拉顺序、张拉端的设置,应按设计规定进行。

(3)平卧重叠浇筑的构件,宜先上后下逐层进行张拉,并逐层加大张拉力。底层张拉力对钢丝、钢绞线、钢棒不宜比顶层大5%,且不应超过有关规定。

3.封端和灌浆

(1)预应力筋锚固后的外露长度应按设计要求留置,当设计无要求时,不宜小于预应力筋直径的1.5倍,且不宜小于30mm。

(2)锚具应采用封端混凝土保护,封闭预应力锚具的混凝土质量应高于构件本体混凝土。如需长期外露时,应有防止锚具锈蚀的措施。

(3)预应力筋张拉后应及时进行孔道灌浆,灌浆材料的品种及强度应满足设计要求。

(4)灌浆前孔道应湿润、洁净,灌浆顺序宜先灌注下层孔道,对曲线孔道和竖向孔道应由最低点的压浆孔压入。

(5)灌浆量应均匀,不得中断,并采取措施保证灌浆密实饱满。

(6)孔道内的灌浆材料强度未达到设计要求时,不得移动构件、切割主筋和拆卸锚具。

(7)灌浆过程和灌浆后48h内,若环境温度低于+5℃,应对结构或构件采取保温措施。

第五节　钢结构工程质量控制

一、钢结构制作质量控制

1.原材料质量控制要点

(1)钢材的品种、规格和性能应满足设计要求,并应符合国家现行有关标准的规定。

(2)钢材表面的外观质量应符合下列规定:

①钢材表面的麻点或划痕深度不得大于厚度负允许偏差值的1/2且不应大于0.5mm。

②钢材表面的锈蚀等级应满足设计要求并应符合现行《涂覆涂料前钢材表面处理　表面

清洁度的目视评定　第1部分:未涂覆过的钢材表面和全面清除原有涂层后的钢材表面的锈蚀等级和处理等级》(GB/T 8923.1)的有关规定。

③钢材端边或断口处不应有分层和夹渣等缺陷。

④焊接材料的品种、规格、性能和质量应满足设计要求,并应符合现行《钢结构焊接规范》(GB 50661)和《港口设备安装工程技术规范》(JTS 217)的有关规定。

2. 钢结构焊接质量控制要点

(1)钢结构焊接一般规定。

①钢结构焊接时,首次采用的钢材、焊接材料、焊接方法等应进行焊接工艺评定,并确定焊接工艺。

②钢结构焊接的操作人员必须经考试合格并取得合格证。持证焊工必须在其考试合格项目及其认可范围内施焊。

③从事钢结构无损探伤检测的单位和人员应具有相应的资质。

(2)一级、二级焊缝无损探伤的方法、数量、部位和质量应满足设计要求并应符合现行《焊缝无损检测　超声检测　技术、检测等级和评定》(GB/T 11345)和《焊缝无损检测　射线检测　第1部分:X和伽玛射线的胶片技术》(GB/T 3323.1)的有关规定。承包人应按构件和材料类别抽样检测,监理单位见证抽样检测。

(3)焊缝坡口形式应满足设计要求,并应符合现行《气焊、焊条电弧焊、气体保护焊和高能束焊的推荐坡口》(GB/T 985.1)和《埋弧焊的推荐坡口》(GB/T 985.2)的有关规定。

(4)焊缝外形应均匀,焊道与焊道、焊道与金属间过渡应平滑,焊渣和飞溅物应清理干净。

(5)焊缝表面不得有裂纹、焊瘤等缺陷。一级、二级焊缝不得有表面气孔、夹渣、弧坑裂纹、电弧擦伤等缺陷。一级焊缝不得有咬边、未焊满、根部收缩等缺陷。承包人应对每批同类型构件抽查10%且不少于3件,被抽查构件每种焊缝各抽查5%且均不少于1条,总抽查数不应少于10处;监理单位见证检验。

(6)焊缝尺寸应满足设计要求,焊缝尺寸允许值应符合规定。承包人应对每批同类型构件抽查10%且不少于3件,被抽查构件每种焊缝各抽查5%且均不少于1条,总抽查数不应少于10处;监理单位见证检验。

3. 高强度螺栓连接质量控制要点

(1)高强度螺栓连接副的形式、规格和技术参数应满足设计要求。

(2)高强度螺栓连接摩擦面的抗滑移系数应满足设计要求。

(3)大六角头型高强度螺栓连接副的施拧顺序和初拧、终拧扭矩应满足设计要求,并应符合现行《钢结构高强度螺栓连接技术规程》(JGJ 82)的有关规定。承包人应全数检查,监理单位每个节点随机抽取螺栓数的10%,且不少于1副。检验方法:采用扭矩扳手在螺栓终拧1h后、48h前进行检查。

(4)螺母和垫圈的安装应满足设计要求。高强度螺栓连接副终拧后,螺栓丝扣外露宜为2~3扣,10%的螺栓丝扣外露可为1~4扣。承包人应全数检查,监理单位抽查节点数的5%,且不少于10副。

(5)高强度螺栓孔不应采用气割扩孔。扩孔后的孔径不应超过1.2倍的螺栓直径。

(6)扭剪型高强度螺栓连接副终拧后,因构造原因未在终拧中拧掉梅花头的螺栓数不应多于该节点螺栓数的5%。承包人应全数检查,监理单位抽查节点数的10%,且不少于10个。应采用观察检查,被抽查节点中梅花头未拧掉的全数用扭矩法检查。

二、钢结构安装质量控制

(1)钢构件型号、规格和质量应满足设计要求,由于运输或其他原因造成的变形应矫正。

(2)钢结构安装就位校正后的焊接和高强螺栓连接质量应符合本节的有关规定。

(3)磨光顶紧构件的紧贴面积不应小于设计接触面积的75%,边缘间隙不应大于0.8mm。检验数量:承包人应抽查总数的10%,且不少于3处。检验方法:紧贴面积采用0.3mm塞尺检查,边缘间隙采用0.8mm塞尺检查。

(4)钢结构安装的轴线、基础轴线、地脚螺栓的规格及紧固应满足设计要求。螺栓孔、基座与基础板间的灌浆应饱满、密实。

(5)永久性普通螺栓紧固应牢固可靠,外露丝扣不应少于2扣,垫片数量不应多于2片。

(6)安装施工区域应设置安全警示标志。大型结构件吊装时尚应采取有效隔离措施。

第六节　地基处理工程质量控制

一、地基处理的主要方法

对重要的和大型工程,对已选定的地基处理方法,宜在有代表性的场地上进行相应的现场试验或试验性施工,并进行必要的测试,以检验设计参数和处理效果,指导现场施工;如达不到设计要求,应查明原因,采取措施或报设计单位修改设计。

软土地基加固后,应对处理的效果进行检测。检测的时间、项目、数量和结果应满足设计要求。

二、排水砂井质量控制

1.施工特点

排水砂井包括普通砂井和袋装砂井。砂井施工一般先在地基中成孔,再在孔内灌砂或砂袋。普通砂井成孔方法有套管法、射水法和螺旋孔法等;袋装砂井成孔方法包括锤击打入法、水冲法、静力压入法、钻孔法和振动贯入法等。袋装砂井可以克服普通砂井施工中容易出现的缩颈、中断、错位等质量事故,是一种比较理想的竖向排水体。

排水砂井主要作用是改变地基原有的排水边界条件,缩短孔隙排水距离,加快土体固结。适用于较深厚的淤泥、淤泥质土、冲填土等饱和黏土地基。用于码头后方堆场、仓库、利用软土人工造陆、人工岛、油罐、道路以及工民建等建筑物地基加固中的竖向排水通道。

2. 施工质量控制要点

(1)检查清理及平整场地情况,对场地做好高程测量工作。

(2)制作砂袋所用土工织物的品种、规格、强度和滤水性能,应满足设计要求。承包人应按进场批次抽样复验,监理单位见证取样。

(3)砂的规格和质量应满足设计要求,设计无规定时,砂的含泥量不应大于5%。承包人按进场批次抽样检验,监理单位见证取样。

(4)复核砂井平面位置和深度控制标记,水上应检查定位系统,砂井的底高程应满足设计要求,砂井的顶部应与砂垫层相连通。

(5)砂井不得出现中断和缩颈,若有中断和缩颈,应要求补打,灌砂率不应小于85%。

(6)抽查砂垫层的厚度、范围,应符合设计要求。

(7)袋装砂井打设时,检查露出砂垫层顶面不少于50cm。

三、排水板施工质量控制

1. 施工特点

塑料排水板作为竖向排水体,与排水砂井具有相同的作用,即增加排水通道,缩短排水距离,加快土体固结。

塑料排水板采用机械打设,打设机应由专业厂家生产,也有用挖掘机、起重机、打桩机等改装的。从机型上分,有轨道式、滚动式、履带式等多种;从套管驱动方式上又可分为静压式和振动式两种。

2. 施工质量控制要点

(1)平整场地,对场地进行高程测量。

(2)塑料排水板的规格、质量和排水性能应满足设计要求,并应符合国家现行有关标准的规定。承包人应按进场批次抽样复验,监理单位见证取样。

(3)排水板在现场应妥加保护,防止阳光照射、破损或污染,破损或污染的排水板不得在工程中使用。

(4)复核排水板平面位置和排水板插入深度的控制标记,塑料排水板的底高程应满足设计要求,顶端应高出砂垫层,打设过程中应随时注意套管的垂直度、插入深度和间距。

(5)塑料排水板下沉时不得出现扭结、断裂和撕破滤膜等现象,不符合要求的应立即整改或重新打设。

(6)严格控制排水板回带长度和回带根数,打设套管拔出后,塑料排水板的回带长度不得超过500mm,不符合要求的应重新打设。

(7)排水板需接长时,应采用滤水膜内平搭接的连接方法,搭接长度需在200mm以上。

(8)排水板在水平排水垫层表面外露长度不应小于200mm。

(9)一个施工作业区段塑料排水板打设完毕后,应清除打设塑料排水板时在垫层中形成孔洞内的淤泥,用砂料填埋孔洞,塑料排水板埋入排水砂垫层中的长度不应小于200mm。

四、地基预压施工质量控制

1. 施工特点

地基预压主要有堆载预压法和真空预压法。

堆载预压法是在软土地基上施加荷载后，孔隙水在压力作用下缓慢排出，孔隙随之减少，地基发生固结变形。同时，随着超静水压力逐渐消散，有效应力逐渐提高，从而地基承载力得到提高。在堆载过程中，对地基产生附加应力，会造成地基的局部破坏，在堆载时要严格控制加载速率。堆载预压法适用于淤泥、淤泥质土等饱和黏土地基。在淤泥层较厚时，可在地基中设置竖向排水体，以加快土体固结。

真空预压法是在需要加固的软土地基表面先铺设砂垫层和设置竖向排水体，然后用不透气的封闭膜覆盖，薄膜四周埋入土中，使膜内外空气阻隔。通过埋设在砂垫层内的吸水管道，用真空装置进行抽气，使膜内形成一定的真空度，因地基土的固结压力增加而产生固结。真空预压法加固地基必须设置竖向排水体，适用土质同堆载预压法，还需具备能形成（包括采取密封措施）稳定的负压边界条件。由于真空预压法不增加剪应力，地基不会产生剪切破坏，所以除了适用与堆载预压法相同的建筑物情况外，尤其适用于超软土地基加固。

2. 施工质量控制要点

（1）竖向排水体（袋装砂井或塑料排水板）及水平排水砂垫层应经验收合格，并按设计要求布设沉降、水平位移、孔隙水压力等仪器。测试仪器和观测装置的数量、精度和位置应满足设计要求。

（2）抽气设备、管道、真空泵的设置，真空泵的功率应符合要求。滤水管的布置与埋设应保证真空负压快速而均匀地传到各个部位。

（3）加工好的密封膜面积要求大于加固场地面积，每边应大于加固区相应边 2 ~ 4m，并应确保膜本身密封，膜与黏土接触要有足够的长度，确保四周密封。

（4）加载的堆料在施工时必须严格按设计加载部位、顺序及规定时间进行，不得过快或过慢。堆载预压分级荷载的堆载高度偏差不应大于本级荷载折算堆载高度的 5%，最终堆载高度不应小于设计总荷载的折算高度。

（5）真空预压膜下稳定真空度不应低于设计要求。如设计无要求，膜下真空度应稳定地维持在 96kPa 以上。在满足真空要求的条件下，应连续抽气，当沉降稳定后，方可停泵卸载。

（6）旁站记录真空度、地面沉降量、深层沉降、水平位移、孔隙水压力和地下水位等。地表总沉降规律应符合一般堆载预压时的沉降规律，如有异常，应及时采取措施。

（7）预压终止的审查。终止预压主要根据设计要求或用总沉降量及固结度来控制，终止预压标准是连续 5d，每天平均沉降量小于 2mm 以及按测量资料计算平均固结度已达 80%，或按设计要求。

（8）卸荷监控。地基预压后的卸载应满足设计要求，地基预压后卸载前的固结度和沉降速率应满足设计要求，一般卸荷要求分级进行，以便进行地基变形回弹观测，终止回弹观测时间一般在最后一级卸荷完毕后延续观测 2 ~ 3d。

（9）加固效果检测监控。监督检测工作是否按合同规定项目和检测手段进行，是否在相同地点使用同一检测方法,报告分析评价是否客观、真实可靠,通过效果检测验证预压是否达到合同目的和标准要求。

(10)卸载后,场地的平均高程不得低于设计高程。

五、强夯地基施工质量控制

1. 施工特点

强夯法是将十几吨至上百吨的重锤从几米至几十米的高处自由落下,对土体进行动力夯击,在地基土中所出现的冲击波和动应力,可提高地基土的强度、降低土的压缩性、改善砂土的抗液化条件、消除湿陷性黄土的湿陷性等。这种加固方法的优点是所用设备少(起重机、推土机和夯锤)、施工简单、加固速度快、经济;缺点是机械磨损大、振动大。强夯法适用于软弱碎石土、砂土、低饱和度的粉土与黏性土,适用于码头堆场、道路及其他类似地基。

施工过程中,当门架支腿处的地基承载力不能满足夯锤起吊要求时,应对门架支腿位置的地基进行加固处理。

2. 施工质量控制要点

(1)清理并平整施工场地,当地下水位较高,夯坑底积水影响施工时,要求采用人工降低地下水位或铺设一定厚度的松散材料,场内的积水应及时排除。

(2)当强夯施工所产生的振动会对邻近建筑物或设备产生有害影响时,必须采取防振或隔振措施。

(3)夯锤的重量、尺寸、落距控制手段和夯点的布置应满足设计要求。

(4)夯击的范围、夯击顺序、夯击遍数及两遍之间的时间间隔应满足设计要求。

(5)强夯处理后地基的强度或地基承载力应满足设计要求。

六、水上深层搅拌法施工质量控制

1. 施工特点

水上深层搅拌法是用水泥等材料作为固化剂,通过专用作业船机、深层搅拌机械在地基深处就地将软土和固化剂强制搅拌,利用固化剂和软土之间所产生的一系列物理化学反应,使软土硬结或具有整体性、水稳定性和一定强度的水泥加固土,从而提高地基强度。

采用水上深层水泥搅拌法处理重力式码头、防波堤和护岸等地基时,可采用块式或壁式加固体。

水上深层搅拌法适用于淤泥、淤泥质土和含水量较高且地基承载力不大于120kPa的黏性土地基,应用于水(海)上重力式建筑物地基。

2. 施工质量控制要点

(1)所用水泥和外加剂的质量应符合国家现行标准的有关规定。承包人、监理单位应按材料进场批次全数检查。

(2)搅拌头的转速、贯入与提升速度、着底电流和水泥浆流量等应符合试验段施工所确定的工艺参数。

(3)水泥浆的水胶比和每立方米加固体的水泥用量应满足设计和技术方案的要求。

(4)浆液搅拌要均匀,不能离析、沉淀。

(5)水下深层水泥拌和体的位置、范围和形式应满足设计要求。要求搭接的壁状搅拌群桩应连续施工,相邻桩施工间隔不应超过 12h。

(6)复搅深度、次数、桩机垂直度应符合要求,泵送压力和喷浆量应符合要求,且无断浆现象。

(7)水泥搅拌桩单桩承载力的检测数量和检测结果应满足设计要求。

(8)水泥拌和体与搅拌桩的钻孔取芯检测应符合下列规定:

①水下深层水泥拌和体钻孔取芯率不应低于 80%,芯样试件的无侧限抗压强度平均值应满足设计要求,变异系数宜小于 0.35,最大值不得大于 0.5。

②水泥搅拌桩钻孔取芯率不应低于 85%,芯样试件的无侧限抗压强度平均值应满足设计要求。

第七节　水运工程墙后工程质量控制

一、抛石棱体质量控制

在方块、扶壁和沉箱等重力式码头墙后,以及方块、扶壁和沉箱等直立式护岸结构墙后,一般设计有抛石棱体;部分高桩码头的接岸部位和板桩码头的锚碇结构部位也设计有抛石棱体结构。

抛填棱体的断面形式一般有三角形、梯形和锯齿形三种。

抛填棱体主要是为防止回填土流失设置的抛石棱体,通常采用三角形断面,此时所用抛填材料最少。以减压为主要目的抛填棱体(又称减压棱体),一般采用梯形和锯齿形断面。在减压效果相同的情况下,锯齿形比梯形节省用料,但施工程序多,影响工期,质量也不易保证。

(1)棱体抛填前应检查基床和岸坡有无回淤或塌坡,超过设计要求的回淤或塌坡应进行清理。

(2)棱体所用材料的规格和质量应满足设计要求。

(3)棱体宜分段、分层施工,每段每层应错开足够的距离。

(4)棱体抛填应采取措施防止墙身变位过大,墙身后棱体抛填的程序和速率应满足设计要求,抛填应与墙身安装相配合。

(5)抛石棱体表层的二片石应进行整理,棱体断面的平均轮廓线不得小于设计断面。

(6)码头后方回填施工过程应对码头及岸坡的沉降和位移进行观测或监测。

二、倒滤层质量控制

为防止重力式码头回填土的流失,在抛填棱体顶面、坡面、胸墙变形缝和卸荷板顶面接缝处均应设置倒滤层。而且在抛石棱体顶面和坡面的表层与倒滤层之间应铺盖 0.3 ~0.5m 厚的二片石,以防止倒滤材料漏到抛石的缝隙中。

倒滤层可采用碎石倒滤层和土工织物倒滤层,碎石倒滤层又分为分层和不分层倒滤层两种。

重力式码头的"漏砂"问题与倒滤层的设计和施工有关。为避免码头"漏砂",无论何种形式的倒滤层都要有如下要求:

①倒滤层必须高出卸荷板顶面,即在卸荷板上面抛填不小于0.3m厚的二片石,然后在二片石上做倒滤层;

②倒滤层分段施工时一定要搭接好。

1. *砂石倒滤层*

(1)倒滤层采用的砂石规格、级配和质量应满足设计要求,承包人按进场批次抽样检验,监理单位见证取样并按规定抽样平行检验。

(2)倒滤层宜分段、分层由坡脚向坡顶施工,每段、每层推进面应错开足够距离。倒滤层应连续,分段分层施工的接茬处理应满足设计要求,且不得出现基层裸露。

(3)斜坡码头斜坡道、斜坡式护岸等倒滤层的铺设,应与面层铺设相配合,做到随铺随砌。铺设倒滤层时,材料不得从坡顶向下倾倒,以保持其良好级配。

(4)在有风浪影响的地区,重力式码头胸墙完成前不应抛筑棱体顶面的倒滤层。

(5)倒滤层施工验收后,应及时回填覆盖,以防止倒滤层破坏。

(6)砂石倒滤层的允许偏差、检验数量和方法应满足设计、规范及检验标准要求。

2. *土工织物倒滤层*

(1)土工织物的规格和质量应满足设计要求。承包人应按进场批次抽样检验,监理单位见证取样并按规定抽样平行检验。

(2)土工织物拼幅、搭接及缝接方法应满足设计要求,并应符合现行《水运工程土工合成材料应用技术规范》(JTS/T 148)的有关规定。土工织物的拼幅与接长宜采用"包缝"或"丁缝",尼龙线的强度不得小于150N。

(3)土工织物的铺设范围应满足设计要求。

(4)土工织物滤层铺设不得有破损。竖向接缝采用土工织物倒滤材料时,应采取防止填料砸破土工织物的技术措施,在棱体面铺设土工织物时,应无石尖外露,必要时用二片石修整;斜坡码头使用土工织物做倒滤层时,基层土坡必须平整密实,不得有锐利的石尖等物外露,铺设垫层及砌筑坡面块石时,不得将土工织物划破。当有破损时,应采用同一材料进行修补。

(5)土工织物滤层的坡顶、坡趾处理或立缝铺设的固定措施,应满足设计和施工方案的要求,水下铺设的压稳措施应可靠。

(6)土工织物的搭接长度应满足设计要求,并不小于1.0m。

(7)倒滤层施工验收后,应及时回填覆盖,以防止土工织物日晒老化,回填顺序宜由坡底向坡顶方向进行。

第八节　停靠船与防护设施工程质量控制

水运工程停靠船与防护设施是保障船舶安全停靠、系泊和进行装卸作业的重要设备,主要包括系船柱、护舷、系网环、护轮槛、爬梯、栏杆等。这些设施施工的特点是在安装前有的需要订货、有的需要加工制作,并在结构浇筑时埋设相关预埋件。监理工程师除了要对预埋件、构配件进行常规的检查外,还应特别注意对预埋件、构配件及成型产品的加工制作质量控制。

系船柱、护舷及构配件的质量应按设计图和生产厂家提供的技术文件检查验收,合格后方可使用。

一、码头系船柱质量控制

1. 系船柱制作

(1)系船设施及其相关构件所用的材料、规格和型号应满足设计要求。

(2)为保护系缆绳,系船柱铸造件的表面质量不能有影响系缆绳使用寿命的缺陷。

(3)底盘应平整,无明显翘曲和节瘤、浮渣。螺孔应清理干净,机加工的精度应满足设计要求。

(4)系船柱制作主要外形尺寸的偏差允许值应符合规定。

2. 系船柱安装

(1)系船柱安装所用的材料及固定构造应满足设计要求。

(2)系船柱安装方向应正确。螺母应拧紧,螺栓应外露 2 ~ 3 扣,但不应高出底盘。承包人应全数检验,监理单位抽查 10% 且不少于 3 件。

(3)系船柱安装的允许偏差、检验数量和方法应满足设计、规范及检验标准要求。

3. 系船柱防锈处理

系船柱防锈处理和油漆应满足设计要求。

二、橡胶护舷质量控制

橡胶护舷有压缩型和充气型两大类,目前大多采用压缩型,常用的压缩型橡胶护舷有 V 形、改良 D 形、圆筒形和鼓形等四种。

1. 产品及配件质量

(1)护舷的型号、规格应满足设计要求,并应符合现行标准的有关规定。

(2)护舷的固定构造和所采用的螺栓、螺母、链索、卡具等配件的规格、质量及防腐处理应满足设计要求。

2. 安装

(1)固定式护舷底盘与码头的接触应紧密。螺母应满扣拧紧,螺栓应外露 2 ~ 3 扣,螺栓顶端应缩进护舷内,深度应满足设计要求。

(2)悬挂式护舷的连接卡具应锁紧。

(3)橡胶护舷安装的允许偏差、检验数量和方法应满足设计、规范及检验标准要求。

三、护轮坎质量控制

(1)护轮坎的锚筋和构造筋应满足设计要求。

(2)钢护轮坎钢板材料的品种、规格、制作、焊接和防腐蚀应满足设计要求。

(3)混凝土表面应密实、平整、光洁,顶面棱角应做抹角;钢护轮坎内的填充混凝土应振捣密实,表面应压平抹光。

(4)护轮坎下部预留的排水孔口应与面层接顺且无堵塞。

(5)护轮坎表面涂料的颜色、线条和涂刷厚度应满足设计要求,涂刷时不应污染码头面层。

四、铁梯质量控制

1. 铁梯制作

(1)钢材的品种、型号、规格和质量应满足设计要求。

(2)铁梯制作和焊接质量应符合钢结构焊接的有关规定。

2. 铁梯安装

(1)铁梯安装预埋件的规格、数量和间距应满足设计要求,铁梯与埋件的连接必须牢固、可靠。

(2)铁梯制作及安装的允许偏差、检验数量和方法应满足设计、规范及检验标准要求。

五、栏杆质量控制

1. 栏杆制作

(1)栏杆所用材料的种类、型号、规格和质量应满足设计要求。

(2)栏杆线条应整齐,横杆接头应平顺。铁链式栏杆铁链曲度应一致。

(3)钢栏杆的焊接、除锈和油漆应满足设计要求。

2. 钢栏杆的允许偏差、检验数量和方法

钢栏杆的允许偏差、检验数量和方法应满足设计、规范及检验标准要求。

六、钢板护角与护面质量控制

1. 钢板护角与护面施工

(1)钢材的品种、型号、规格和质量应满足设计要求。

(2)连接锚筋的数量、长度和焊接应满足设计要求。

(3)钢材的除锈和防腐应满足设计要求。

(4)固定方式应满足设计要求。

2. 钢护角与护面制作的允许偏差

钢护角与护面制作的允许偏差应符合规定。

3. 钢护角与钢板护面安装的允许偏差、检验数量和检验方法

钢护角与钢板护面安装的允许偏差、检验数量和检验方法应满足设计、规范及检验标准要求。

第九节　水运工程耐久性质量控制

一、水运工程耐久性控制的意义及要求

党的二十大强调加快建设交通强国,指出要坚持以推动高质量发展为主题,加快建设现代化经济体系。交通基础设施建设领域,要积极推进深化改革、创新驱动、开放合作,着力建成安全、便捷、高效、绿色、经济的现代化综合交通体系。扎实推进交通基础设施建设,构建现代工程建设质量管理体系,是推进交通工程建设平安百年品质工程建设的必由之路。基础设施的耐久性,是平安百年品质工程建设最根本的保证。

(一)平安百年品质工程发展历程

2015 年 10 月,全国公路水运工程质量安全工作会首次提出了打造“品质工程”的新理念,要求工程建设要进一步明确质量标准和目标,适应新常态、实现新作为、推动新发展,抓住工程建设的内在质地和外在品位的核心要素,提升公路水运工程建设质量安全管理水平。2016 年,交通运输部出台《关于打造公路水运品质工程的指导意见》,提出高质量发展的新理念。2017 年 3 月,全国公路水运平安百年品质工程现场推进会顺利召开,随后交通运输部出台《关于印发公路水运品质工程评价标准(试行)的通知》。2018 年 11 月交通运输部印发《“平安百年品质工程”建设研究推进方案》,提出在品质工程建设的基础上,推动公路水运基础设施建设高质量发展,以大力提升公路水运基础设施的使用寿命和耐久性为目标,组织研究建设“平安百年品质工程”。

(二)品质工程建设有关要求

《关于打造公路水运品质工程的指导意见》明确品质工程具体内涵是:建设理念体现以人为本、本质安全、全寿命周期管理、价值工程等理念;管理举措体现精益建造导向,突出责任落实和诚信塑造,深化人本化、专业化、标准化、信息化和精细化;技术进步展现科技创新与突破,先进技术理论和方法得以推广运用,包括先进适用的新技术、新工艺、新材料、新装备和新标准的探索与完善;质量管理以保障工程耐久性为基础,体现建设与运营维护相协调、工程与自然人文相和谐,工程实体质量、功能质量、外观质量和服务质量均衡发展;安全管理以追求工程本质安全和风险可控为目标,促进工程结构安全、施工安全和使用安全协调发展;工程建设坚持可持续发展,体现在生态环保、资源节约和节能减排等方面取得明显成效。并从提升工程设计水平、提升工程管理水平、提升工程科技创新能力、提升工程质量水平、提升工程安全保障水平、提升工程绿色环保水平、提升打造品质工程的软实力等七个方面举措,着力推进品质工程建设。其中在提升工程质量水平方面,明确强化工程耐久性保障措施,加强工程耐久性基础研究工作,创新施工工艺,加强关键结构、隐蔽工程和重要材料的质量检验和控制,切实提高工程耐久性。

《公路水运品质工程评价标准(试行)》实施阶段评价指标第 1 条要求:工可中开展全寿命周期技术经济论证分析,分析全面,论证充分,造价合理;第 5 条要求:结合工程特点和环境条

件,有针对性地开展耐久性设计,明确耐久性指标及控制要求;第 27 条要求:施工单位、监理单位将打造品质工程的目标、关键措施等纳入施工组织设计和监理规划;第 30 条要求:将打造品质工程的目标、关键措施、要求和激励机制等纳入招标文件或合同管理,效果明显;第 65 条要求:通过改进施工工艺,优选适用材料,改善施工条件,科技创新,落实耐久性保障措施;第 66 条要求:耐久性控制指标符合项目质量管理要求,混凝土关键指标质量控制均匀性高。

(三)"平安百年品质工程"建设研究推进方案

按照推进建设交通强国的要求,在基础设施建设质量安全领域,要继续深入开展"品质工程"攻关,补齐短板,夯实基础,推动关键技术的研究和应用。要以问题为导向,从建立研讨机制入手,启动"平安百年品质工程"建设研究,以推动我国基础设施耐久性安全性整体提升。

1. 基本原则

(1)理论实践结合。树立百年工程理念,以提升工程耐久性为目标,有针对性地研究工程建设发展理论和技术方法,指导建设实践,及时总结提炼成功经验,推动形成可复制可推广具有实践性的技术创新成果,并大力推动成果转化。

(2)成本效益平衡。将工程全寿命周期理念融入工程管理、设计与建设当中,科学把握质量安全与成本的关系,既要提升设计施工质量保障年限的耐久性,也要避免不切实际的高成本、高投入,实现成本与质量安全的目标最优。

(3)对标对表国际。紧盯国际先进技术标准以及最新研究成果,系统进行梳理评估,及时吸收转化为国内标准,建立完善"平安百年品质工程"的建设标准体系。

(4)立足成果落地。研究提出科研成果转化和加快先进技术、装备实践应用的技术政策和推进机制,引导工程建设项目积极采用先进技术、装备和标准。工作目标:以材料、设计、工艺工法、装备、监测、养管以及信息技术为研究方向,集中开展专题研讨和学术交流,推进实验室和实体工程验证,逐步形成一整套适用于工程建设耐久性的技术和标准,为建设质量耐久、安全可靠、经济环保、传承百年的高品质交通基础设施持续提供技术支撑。

2. 水运工程研究内容

(1)港口工程。推进高性能、长寿命建筑材料和海工混凝土劣化规律的研究应用。研究加强混凝土裂缝、沉降位移过大及不均匀沉降影响耐久性的缺陷防治。研究提升复杂地质条件下桩基承载力和耐久性。开展海水条件下混凝土施工技术研究。研究高大沉箱预制、出运、安装等成套技术。推动经济实用的防波堤工程快速维修与加固技术研发应用。推进码头、防波堤结构健康监测系统研发应用。

(2)航道工程。推动具有良好抗腐蚀、抗老化、低蠕变性的土工合成材料研制应用。开展深水大流速复杂环境下深水铺排、抛石及基床整平、构件安装等施工工艺及装备研究。推动先进智能建造设备和便捷监测技术研发应用。推进 BIM 模型与 GIS 在航道整治设计施工中的集成应用。

(3)船闸工程。推进高性能材料、易更换钢构件的研究应用。推进大体积混凝土裂缝防控、输水廊道裂缝防控及修复、墙后帷幕止水、机械构件预埋件磨损修复等技术创新应用。促进关键机械构件及水工结构的无损、快速检测、监测技术研发应用。研究提升船闸工程装配化和智能建造水平。

(4)水运工程高质量评价指标体系。推动工程耐久性及工程先进性定量指标体系研究，推进大数据、人工智能等先进技术在工程质量安全管理、设计、施工领域的研发应用，推动建立质量安全数据采集及分析平台，不断提升行业质量管理水平。

二、水运工程高质量发展指标体系

(一)高质量的内涵

基于“高质量”提出背景、交通强国建设的发展要求，形成对水运工程高质量内涵的基本理解：持久耐用、社会认可、可持续。“持久耐用”是指通过精心设计、精益建造、精细管理，实现水运工程使用寿命和耐久性大幅提升。“社会认可”是指工程能够提供高品质的生产服务，最大限度满足使用者主观愿望和客观需求。“可持续”是指工程在建管养运一体化发展的同时，注重与自然环境和人文环境协调发展。

(二)高质量指标体系核心要素

工程质量要提升、工程建设和运营要安全是“平安百年品质工程”的核心要义，作为工程建设“指挥棒”的高质量指标体系要聚焦安全、耐久这两个关键，以交通强国建设为统领，贯彻新发展理念，落实习总书记精品工程、样板工程、平安工程、廉洁工程的要求，围绕从设计到施工的全过程，全面提升工程安全、质量、耐久、可靠、智慧、绿色品质，建设百年工程。

(三)水运工程高质量指标体系

围绕创新、协调、绿色、开放、共享的新发展理念，聚焦工程建设的设计和施工阶段，从“实体质量”“管理能力”“服务水平”三大维度出发，根据质量特性、装备技术、管理效能、安全生产、科技创新、服务品质等设置 9 项一级指标，下设 18 项二级指标。

1. 耐久性指数

(1)指标定义及内涵：

提高混凝土结构工程的耐久性是提高水运工程使用寿命，满足工程设计使用年限的重要措施。耐久性指数包括混凝土耐久性能、钢筋保护层厚度(工后)、防腐措施三类评价内容。

(2)计算方法：

耐久性指数采用项目耐久性评分与上年度全国平均水平之比计算，见式(3-2)、式(3-3)。

$$\mathrm{IZS}=\frac{\text{项目耐久性评分}}{\text{近三年全国水运工程耐久性评分}}\times 100 \tag{3-2}$$

耐久性评分

$$X_n = X_{nA}\times 0.6 + X_{nB}\times 0.4 \tag{3-3}$$

式中：X_{nA}——质监机构监督检测数据评分，包括质监机构委托的第三方检测数据；

X_{nB}——监理单位平行试验检测数据、监理见证第三方检测机构检测数据评分。

耐久性评分通过抽检合格率转化得到(分数 = 合格率)，合格率 = 合格点数/检测点数，式(3-4)：

$$X_{nA}/X_{nB} = \sum\nolimits_{i=1}^{3}\alpha_i\cdot P_{ni} \tag{3-4}$$

式中：P_{n1}、P_{n2}、P_{n3}——混凝土耐久性能、钢筋保护层厚度(工后)、防腐措施3类评价内容合格率,见表3-6；

α_1、α_2、α_3——对应权重,考虑到相对重要程度,分别取值0.4、0.4、0.2。

耐久性指标分项　　表3-6

序号	评价对象	评价内容
1	混凝土耐久性能	根据工程所处腐蚀环境需满足抗氯离子渗透、抗冻、抗水渗透、抗碳化、抗硫酸侵蚀等性能中的一项或几项
2	钢筋保护层厚度(工后)	—
3	防腐措施	工程采取的防腐涂层、硅烷浸渍、阴极保护等措施中的一项或几项

对于结构所处腐蚀环境较轻,无须采用防腐措施的工程,则仅考虑前两项评价内容,权重分别为0.5、0.5。

(3)指标标准：

耐久性指数标准定为102。

2. 质量均匀性水平

(1)指标定义及内涵：

质量均匀性水平是工程质量控制能力的体现,从主体工程质量均匀以及主体工程与配套工程或各标段之间质量均匀两个维度出发,采用主要构件混凝土强度标准差及各标段或主体与配套工程质量评分标准差综合计算得到。标准差越小越好。

(2)计算方法：

质量均匀性水平 = 权重1 × 主要构件混凝土强度标准差 + 权重2 × 各标段或主体与配套工程质量评分标准差

标准差的计算公式如下。

$$S_{f_{cu}} = \sqrt{\frac{\sum_{i=1}^{n} f_{cu,i}^2 - n m_{f_{cu}}^2}{n-1}} \tag{3-5}$$

式中：$S_{f_{cu}}$——标准差；

$f_{cu,i}$——实测值；

$m_{f_{cu}}$——标准值；

n——组数。

(3)指标标准：

质量均匀性水平标准定为1.5。

三、水运工程耐久性控制

1. 混凝土耐久性设计

(1)混凝土结构应根据设计使用年限和环境类别进行耐久性设计,耐久性设计包括下列内容：确定结构所处的环境类别；提出对混凝土材料的耐久性基本要求；确定构件中钢筋的混凝土保护层厚度；不同环境条件下的耐久性技术措施；提出结构使用阶段的检测与维护要求。见表3-7。

混凝土结构的环境类别 表3-7

环境类别	条件
一	室内干燥环境；无侵蚀性静水浸没环境
二a	室内潮湿环境； 非严寒和非寒冷地区的露天环境； 非严寒和非寒冷地区与无侵蚀性的水或土壤直接接触的环境； 严寒和寒冷地区的冰冻线以下与无侵蚀性的水或土壤直接接触的环境
二b	干湿交替环境； 水位频繁变动环境； 严寒和寒冷地区的露天环境； 严寒和寒冷地区冰冻线以上与无侵蚀性的水或土壤直接接触的环境
三a	严寒和寒冷地区冬季水位变动区环境； 受除冰盐影响环境； 海风环境
三b	盐渍土环境； 受除冰盐作用环境； 海岸环境
四	海水环境
五	受人为或自然的侵蚀性物质影响的环境

(2)设计使用年限为50年的混凝土结构，其混凝土材料宜符合表3-8的规定。

结构混凝土材料的耐久性基本要求 表3-8

环境等级	最大水胶比	最低强度等级	最大氯离子含量(%)	最大碱含量(kg/m^3)
一	0.60	C20	0.30	不限制
二a	0.55	C25	0.20	3.0
二b	0.50(0.55)	C30(C25)	0.15	
三a	0.45(0.50)	C35(C30)	0.15	
三b	0.40	C40	0.1	

注：1. 氯离子含量系指其占胶凝材料总量的百分比；
2. 预应力构件混凝土中的最大氯离子含量为0.06%，其最低混凝土强度等级宜按表中的规定提高两个等级；
3. 素混凝土构件的水胶比及最低强度等级的要求可适当放松；
4. 有可靠工程经验时，三类环境中的最低混凝土强度等级可降低一个等级；
5. 处于严寒和寒冷地区二、三类环境中的混凝土应使用引气剂，并可采用括号中的有关参数；
6. 当使用非碱活性骨料时，对混凝土中的碱含量可不作限制。

(3)混凝土结构及构件尚应采取下列耐久性技术措施：

①预应力混凝土结构中的预应力筋应根据具体情况采取表面防护、孔道灌浆、加大混凝土

保护层厚度等措施,外露的锚固端应采取封锚和混凝土表面处理等有效措施;

②有抗渗要求的混凝土结构,混凝土的抗渗等级应符合有关标准的要求;

③严寒及寒冷地区的潮湿环境中,结构混凝土应满足抗冻要求,混凝土抗冻等级应符合有关标准的要求;

④处于二、三类环境中的悬臂构件宜采用悬臂梁-板的结构形式,或在其上表面增设防护层;

⑤处于二、三类环境中的结构构件,其表面的预埋件、吊钩、连接件等金属部件应采取可靠的防锈措施,对于后张预应力混凝土外露金属锚具,其防护要求应满足《混凝土结构设计规范》(GB 50010—2010)第10.3.13条规定。

⑥处在三类环境中的混凝土结构构件,可采用阻锈剂、环氧树脂涂层钢筋或其他具有耐腐蚀性能的钢筋、采取阴极保护措施或采用可更换的构件等措施。

(4)一类环境中,设计使用年限为100年的混凝土结构应符合下列规定:

①钢筋混凝土结构的最低强度等级为C30;预应力混凝土结构的最低强度等级为C40;

②混凝土中的最大氯离子含量为0.06%;

③宜使用非碱活性骨料,当使用碱活性骨料时,混凝土中的最大碱含量为3.0kg/m³;④混凝土保护层厚度应符合《混凝土结构设计规范》(GB 50010—2010)第8.2.1条的规定;当采取有效的表面防护措施时,混凝土保护层厚度可适当减小。

(5)二、三类环境中,设计使用年限100年的混凝土结构应取专门的有效措施。

(6)耐久性环境类别为四类和五类的混凝土结构,其耐久性要求应符合有关标准的规定。

2. 水运工程混凝土耐久性要求

1)一般规定

(1)水运工程混凝土耐久性应包括抗冻性、抗渗性、防止钢筋腐蚀和防止碱骨料反应等性能。混凝土应根据其所处的环境、在建筑物上的部位等使用条件进行耐久性设计。

(2)海水、淡水环境混凝土在建筑物上的部位划分应符合《水运工程混凝土质量控制标准》规定。

(3)混凝土拌合物的氯离子含量的最高限值应符合表3-9的规定,其检测方法应按《水运工程混凝土试验检测技术规范》(JTS/T 236—2019)的有关规定执行。

混凝土拌合物中氯离子含量的最高限值(%) 表3-9

环境条件	预应力混凝土结构	钢筋混凝土结构	素混凝土结构
海水环境	0.06	0.10	1.30
淡水环境	0.06	0.30	1.30

注:混凝土拌合物中氯离子含量按胶凝材料质量百分比计。

(4)骨料应按《水运工程混凝土试验检测技术规范》(JTS/T 236—2019)的有关规定进行碱活性检验。海水环境严禁采用碱活性骨料;淡水环境下,当检验表明骨料具有碱活性时,混凝土的总含碱量不应大于3.0kg/m³。

(5)海港工程浪溅区采用普通混凝土时,其抗氯离子渗透性指标不应大于2000C。

(6)水运工程混凝土结构的混凝土强度应同时满足承载能力和耐久性的要求,满足耐久性要求的混凝土最低强度等级应符合表3-10的规定。

满足耐久性要求的混凝土最低强度等级　　表 3-10

所在部位	海水环境		淡水环境	
	钢筋混凝土	素混凝土	钢筋混凝土	素混凝土
大气区	C30	C20	C25	C20
浪溅区	C40	C25	—	—
水位变动区	C35	C25	C25	C20
水下区	C30	C25	C25	C20

(7)有掩护条件的水位变动区及浪溅区下部 1m 范围、无掩护条件的设计高水位至设计低水位之间有抗冻要求的混凝土的抗冻等级,应按表 3-11 的规定选取;开敞式码头结构和防波堤等建筑物混凝土宜选用高 1 级的抗冻等级或采取其他措施。码头面层混凝土应选用比同一地区低 2 ~3 级的抗冻等级。

混凝土抗冻等级选定标准　　表 3-11

建筑物所在地区	海水环境		淡水环境	
	钢筋混凝土及预应力混凝土	素混凝土	钢筋混凝土及预应力混凝土	素混凝土
严重受冻地区(最冷月月平均气温低于 -8℃)	F350	F300	F250	F200
受冻地区(最冷月月平均气温在 -8 ~ -4℃之间)	F300	F250	F200	F150
微冻地区(最冷月月平均气温在 -4 ~0℃之间)	F250	F200	F150	F100

注:1. 试验过程中试件所接触的介质应与建筑物实际接触的介质相同;
2. 开敞式码头和防波堤等建筑物混凝土应选用比同一地区高一级的抗冻等级或采取其他措施。

(8)有抗冻性要求的混凝土应掺入适量引气剂,其拌合物的含气量应符合表 3-12 的规定。

有抗冻性要求的混凝土拌合物含气量控制范围　　表 3-12

骨料最大粒径(mm)	含气量(%)	骨料最大粒径(mm)	含气量(%)
10.0	5.0 ~8.0	31.5	3.5 ~6.5
20.0	4.0 ~7.0	40.0	3.0 ~6.0
25.0	3.5 ~7.0	63.0	3.0 ~5.0

注:泵送混凝土含气量应控制在 5.0% ~7.0%。

(9)当要求的含气量为某一定值时,检测结果与要求值的允许偏差应为 ±1.0%。当含气量要求值为某一范围时,检测结果应满足规定范围的要求。

(10)混凝土抗冻性试验方法应符合《水运工程混凝土试验检测技术规范》(JTS/T 236—2019)的有关规定。

(11)有抗渗要求的混凝土抗渗等级应符合表 3-13 的规定。

混凝土抗渗等级选定标准　　表 3-13

最大作用水头与混凝土壁厚之比	抗渗等级	最大作用水头与混凝土壁厚之比	抗渗等级
<5	P4	16 ~20	P10
5 ~10	P6	>20	P12
11 ~15	P8		

(12)混凝土抗渗性试验方法应符合《水运工程混凝土试验检测技术规范》(JTS/T 236—2019)的有关规定。

(13)按耐久性要求,海水环境和淡水环境混凝土水胶比最大允许值应分别满足表 3-14 和表 3-15 的规定。

海水环境混凝土的水胶比最大允许值 表 3-14

<table>
<tr><th colspan="3" rowspan="2">环境条件</th><th colspan="2">钢筋混凝土及预应力混凝土结构</th><th colspan="2">素混凝土结构</th></tr>
<tr><th>北方</th><th>南方</th><th>北方</th><th>南方</th></tr>
<tr><td colspan="3">大气区</td><td>0.55</td><td>0.50</td><td>0.65</td><td>0.65</td></tr>
<tr><td colspan="3">浪溅区</td><td>0.40</td><td>0.40</td><td>0.65</td><td>0.65</td></tr>
<tr><td rowspan="4">水位变动区</td><td colspan="2">严重受冻</td><td>0.45</td><td>—</td><td>0.45</td><td>—</td></tr>
<tr><td colspan="2">受冻</td><td>0.50</td><td>—</td><td>0.50</td><td>—</td></tr>
<tr><td colspan="2">微冻</td><td>0.55</td><td>—</td><td>0.55</td><td>—</td></tr>
<tr><td colspan="2">不冻</td><td>—</td><td>0.50</td><td>—</td><td>0.65</td></tr>
<tr><td rowspan="4">水下区</td><td colspan="2">不受水头作用</td><td>0.55</td><td>0.55</td><td>0.65</td><td>0.65</td></tr>
<tr><td rowspan="3">受水头作用</td><td>最大作用水头与混凝土壁厚之比 <5</td><td colspan="4">0.55</td></tr>
<tr><td>最大作用水头与混凝土壁厚之比 5 ~ 10</td><td colspan="4">0.50</td></tr>
<tr><td>最大作用水头与混凝土壁厚之比 >10</td><td colspan="4">0.45</td></tr>
</table>

注:除全日潮型港口外,其他海港有抗冻性要求的细薄构件水胶比最大允许值应酌情减小。

淡水环境混凝土的水胶比最大允许值 表 3-15

<table>
<tr><th colspan="3">环境条件</th><th>钢筋混凝土及预应力混凝土结构</th><th>素混凝土结构</th></tr>
<tr><td rowspan="2">水上区</td><td colspan="2">水汽积聚或通风不良</td><td>0.60</td><td>0.65</td></tr>
<tr><td colspan="2">无水汽积聚或通风良好</td><td>0.65</td><td>0.65</td></tr>
<tr><td rowspan="4">水位变动区</td><td colspan="2">严重受冻</td><td>0.55</td><td>0.55</td></tr>
<tr><td colspan="2">受冻</td><td>0.60</td><td>0.60</td></tr>
<tr><td colspan="2">微冻</td><td>0.65</td><td>0.65</td></tr>
<tr><td colspan="2">不冻</td><td>0.65</td><td>0.65</td></tr>
<tr><td rowspan="4">水下区</td><td colspan="2">不受水头作用</td><td>0.65</td><td>0.65</td></tr>
<tr><td rowspan="3">受水头作用</td><td>最大作用水头与混凝土壁厚之比 <5</td><td colspan="2">0.60</td></tr>
<tr><td>最大作用水头与混凝土壁厚之比 5 ~ 10</td><td colspan="2">0.55</td></tr>
<tr><td>最大作用水头与混凝土壁厚之比 >10</td><td colspan="2">0.50</td></tr>
</table>

(14)水运工程混凝土采用的胶凝材料组成中,矿物掺合料用量占胶凝材料总量的比值应符合表 3-16 规定。

混凝土胶凝材料中矿物掺合料掺量的最大限值 表 3-16

<table>
<tr><th rowspan="2">组成胶凝材料的水泥品种</th><th colspan="3">掺合料品种</th></tr>
<tr><th>磨细粒化高炉矿渣</th><th>粉煤灰</th><th>硅灰</th></tr>
<tr><td>PⅠ和 PⅡ型硅酸盐水泥</td><td>≤70</td><td>≤30</td><td>≤8</td></tr>
<tr><td>PO 型普通硅酸盐水泥</td><td>≤60</td><td>≤20</td><td>≤8</td></tr>
</table>

注:混凝土拌合物中矿物活性掺合料含量按胶凝材料质量百分比计。

（15）同时掺入粉煤灰、磨细粒化高炉矿渣或硅灰时，其总量不宜大于胶凝材料总量的60%，其中粉煤灰掺入量不宜大于20%，硅灰掺入量不宜大于8%；超出上述范围的掺合料，配合比设计时，不得作为胶凝材料。

（16）采用矿渣硅酸盐水泥、粉煤灰硅酸盐水泥、火山灰质硅酸盐水泥、复合硅酸盐水泥拌制的混凝土，不宜外掺矿物掺合料，需要掺加时应通过试验确定。

（17）海水环境及淡水环境混凝土的最低胶凝材料用量应符合表3-17和表3-18的规定，但胶凝材料最高用量不宜超过500kg/m^3。

海水环境混凝土的最低胶凝材料用量（kg/m^3）　　表3-17

<table>
<tr><td rowspan="2">环境条件</td><td colspan="3">钢筋混凝土及预应力混凝土结构</td><td colspan="3">素混凝土结构</td></tr>
<tr><td colspan="2">北方</td><td>南方</td><td colspan="2">北方</td><td>南方</td></tr>
<tr><td>大气区</td><td colspan="2">320</td><td>360</td><td colspan="2">280</td><td>280</td></tr>
<tr><td>浪溅区</td><td colspan="2">400</td><td>400</td><td colspan="2">280</td><td>280</td></tr>
<tr><td rowspan="4">水位变动区</td><td>F350</td><td>400</td><td>360</td><td>F350</td><td>400</td><td>280</td></tr>
<tr><td>F300</td><td>360</td><td>360</td><td>F300</td><td>360</td><td>280</td></tr>
<tr><td>F250</td><td>330</td><td>360</td><td>F250</td><td>330</td><td>280</td></tr>
<tr><td>F200</td><td>300</td><td>360</td><td>F200</td><td>300</td><td>280</td></tr>
<tr><td>水下区</td><td colspan="2">320</td><td>320</td><td colspan="2">280</td><td>280</td></tr>
</table>

注：有耐久性要求的大体积混凝土，胶凝材料用量应按混凝土的耐久性和降低水泥水化热综合考虑。

淡水环境混凝土的最低胶凝材料用量（kg/m^3）　　表3-18

<table>
<tr><td rowspan="2">环境条件</td><td colspan="3">钢筋混凝土及预应力混凝土结构</td><td colspan="3">素混凝土结构</td></tr>
<tr><td colspan="2">北方</td><td>南方</td><td colspan="2">北方</td><td>南方</td></tr>
<tr><td>水上区</td><td colspan="2">300</td><td>300</td><td colspan="2">260</td><td>260</td></tr>
<tr><td rowspan="3">水位变动区</td><td>F250</td><td>330</td><td>300</td><td>F200</td><td>300</td><td>280</td></tr>
<tr><td>F200</td><td>300</td><td>300</td><td>F150</td><td>280</td><td>280</td></tr>
<tr><td>F150</td><td>280</td><td>300</td><td>F100</td><td>280</td><td>280</td></tr>
<tr><td>水下区</td><td>300</td><td></td><td>300</td><td>280</td><td></td><td>280</td></tr>
</table>

（18）有耐久性要求的混凝土，在生产控制中，可根据需要检测混凝土拌合物的水胶比和胶凝材料用量。其检测方法应按《水运工程混凝土试验检测技术规范》（JTS/T 236—2019）的有关规定执行。

2）抗冻混凝土

（1）水泥宜采用普通硅酸盐水泥和硅酸盐水泥，不宜采用火山灰质硅酸盐水泥。

（2）抗冻混凝土宜选用连续级配的粗骨料，并应进行坚固性试验。

（3）抗冻混凝土应掺用引气剂。引气剂的掺量应通过试验确定。

（4）抗冻混凝土配合比计算应采用绝对体积法计算，并应计入混凝土拌合物的含气量。

3）大体积混凝土

（1）水泥宜采用矿渣硅酸盐水泥、火山灰质硅酸盐水泥、粉煤灰硅酸盐水泥、复合硅酸盐水泥、普通硅酸盐水泥。

(2)采用普通硅酸盐水泥时,宜掺入粉煤灰、磨细粒化高炉矿渣等活性掺合料。

(3)大体积混凝土宜选用减水率较高、与水泥匹配好的高效减水剂或缓凝型高效减水剂。必要时可掺入适量缓凝剂。

(4)骨料应选用级配良好的洁净中砂和孔隙率较小的粗骨料。粗骨料最大粒径宜选用规范规定较大值。

(5)最终配合比宜经胶凝材料水化热总量的测定和验算确定。

(6)大体积混凝土配合比设计在满足设计和施工要求的前提下,宜提高骨料的用量,减少每立方米混凝土的水泥用量。

4)水下混凝土

(1)水泥可采用矿渣硅酸盐水泥、火山灰质硅酸盐水泥、粉煤灰硅酸盐水泥、普通硅酸盐水泥或硅酸盐水泥。水泥的初凝时间不宜早于2.5h,水泥的强度等级不宜低42.5。

(2)粗骨料的最大粒径不应大于导管内径的1/6、混凝土输送管的1/3和钢筋最小净距的1/4,同时不应大于40mm。

(3)细骨料宜采用级配良好的中砂。

(4)水下混凝土的配合比设计必须满足混凝土的设计强度、水陆强度比、水下自密实性、耐久性和施工和易性的要求,并应经济合理。

(5)水下混凝土水胶比的选择应同时满足强度和耐久性要求。按满足强度要求得出的水胶比与按满足耐久性要求得出的水胶比相比较,应取其较小值作为配合比的设计依据。

(6)水下混凝土的施工配制强度应比设计强度标准值提高40%~50%。

(7)混凝土配合比的含砂率宜采用40%~50%,有试验依据时含砂率可酌情增大或减小。

(8)混凝土拌合物应有良好的和易性,在运输和灌注过程中应无显著离析、泌水现象。灌注时应保持足够的流动性,其坍落度宜为160~220mm。

(9)每立方米水下混凝土的胶凝材料用量不宜小于350kg,掺有适宜数量的减水缓凝剂或粉煤灰时,水泥用量不宜少于300kg。

(10)混凝土的初凝时间不得早于全部混凝土浇筑完成时间,当混凝土数量较大或浇筑量受到限制而需浇筑时间较长时,可经试验确定掺入适量的缓凝剂。

3.大体积混凝土防裂措施

大体积混凝土裂缝修补应按现行《港口水工建筑物修补加固技术规范》(JTS/T 311)的有关规定及时修补。

1)一般规定

(1)大体积混凝土应根据结构使用环境、结构特点和温度开裂风险等因素进行温度裂缝控制设计。温控设计应包括:混凝土原材料选择、配比设计和性能指标确定;温度及温度应力分析计算;温控标准;温控措施;温控监测方案等。

(2)大体积混凝土宜分层、分块浇筑。施工缝应考虑混凝土结构特点、耐久性要求和施工方便等因素设置,并满足设计要求。

(3)底板上连续浇筑墙体结构时,水平施工缝宜设置在距墙底不小于1m的位置。

(4)分块施工时,块体平面最大尺寸不宜大于30m;相邻块高差不宜超过12m,相邻块浇筑时间间隔宜小于 30d。采用跳仓法时，跳仓施工间隔时间不宜小于 7d，跳仓接缝应按施工缝设置和处理。

（5）大体积混凝土温度应力分析前，宜进行胶凝材料水化热总量、混凝土绝热温升、抗压强度、劈裂抗拉强度、弹性模量和收缩等试验，确定其数值及变化规律。无试验资料时，相关计算可按《水运工程大体积混凝土温度裂缝控制技术规范》（JTS/T201—1—2022）附录 A、B、C 计算。

（6）大体积混凝土结构温控标准应根据温度应力仿真计算结果确定，并宜满足下列要求：

①混凝土浇筑温度不高于 30℃且不低于 5℃；

②混凝土内表温差不大于 25℃；

③混凝土内部最高温度不高于 70℃；

④混凝土断面降温速率 7d 龄期内不大于 3℃/d，7d 龄期后不大于 2℃/d。

（7）大体积混凝土温控设计应进行温控抗裂安全性评定，温控抗裂安全系数应符合表 3-19规定。

大体积混凝土结构温度抗裂安全系数 表 3-19

限制裂缝等级	温控抗裂安全系数	适用范围
Ⅲ类	≥1.2	无筋或少筋混凝土结构
Ⅱ类	≥1.4	普通钢筋混凝土结构
Ⅰ类	≥1.6	预应力混凝土结构，严酷腐蚀环境下的混凝土结构

2）温控措施

（1）一般规定：

①温控措施应根据工程环境条件、结构特点和温控标准，按照经济、有效、便于操作的原则制定。

②大体积混凝土施工应采取减小结构所受外部约束的措施，优化施工方案。

③施工设备和原材料应满足大体积混凝土连续浇筑的要求。

④应采取措施提高混凝土匀质性。

⑤内表温差和降温速率应根据混凝土升降温历程采取相应温控措施，将其控制在规定范围内。

（2）原材料温度控制：

①大体积混凝土应控制出机口温度，保证浇筑温度满足温控标准的要求，出机口温度和浇筑温度可按《水运工程大体积混凝土温度裂缝控制技术规范》（JTS/T 201—1—2022）附录 D 计算。

②热天施工出机口温度宜采取下列措施进行控制：利用温度较低时段施工；水泥使用温度不高于 60℃，粉煤灰不高于 40℃，石灰石粉不高于 60℃；集料堆场采用封闭料仓、遮阳或喷雾等降温措施；使用地下水、制冷水或冰水等低温水拌和混凝土；必要时，采用冰片拌和、风冷骨料、液氮冷却混凝土拌和物等措施。

③浇筑温度低于 5℃时，宜采用拌和水加热、集料升温等措施进行控制。

（3）混凝土拌和运输：

①大体积混凝土拌合物应搅拌均匀，拌和时间应根据试验确定，且不宜小于 90s，混凝土

中加冰片、纤维的搅拌时间应适当延长。

②混凝土运输过程中,应缩短运输时间,减少转运次数;混凝土运输设备在必要时应设置遮阳、隔热和降温等措施。

(4)混凝土浇筑和振捣:

①大体积混凝土浇筑前,除应进行常规施工检查验收外,尚应检查冷却水管和测温元件的位置和可靠性,并应掌握水文气象预报资料。

②热天浇筑混凝土时,宜对混凝土料仓进行仓面喷雾,降低浇筑料仓仓面温度。

③采用吊罐浇筑混凝土时,吊罐应便于卸料,不得漏浆。

④大体积混凝土浇筑时,宜提高浇筑能力,缩短仓面暴露时间。

⑤大体积混凝土应分层摊铺。泵送混凝土的摊铺厚度不宜大于500mm,非泵送混凝土的摊铺厚度不宜大于300mm。

⑥上层混凝土应在下层混凝土初凝之前浇筑完毕。

⑦混凝土布料应均匀,不得采用振捣棒赶料。

⑧大体积混凝土振捣宜采用高频振捣棒,并应振捣密实,避免过振、欠振和漏振。

⑨顶层混凝土浇筑完毕,初凝前宜进行二次振捣和抹面,并及时覆盖、保湿养护。

⑩浇筑过程中突遇大雨或大雪天气时,应中止混凝土浇筑,已浇筑还未硬化的混凝土应立即覆盖,严禁雨水直接冲刷。当终凝前无法覆盖上层混凝土时,结合面应按照施工缝处理。

(5)大体积混凝土施工缝:

①凿毛,清除浇筑表面的浮浆、软弱混凝土层及松动的石子,均匀露出粗骨料。

②在上层混凝土浇筑前,清除混凝土表面污物,并充分润湿,无积水。

③低流动度混凝土浇筑前,采用接浆措施。

④设计对施工缝有特殊要求时,按设计要求处理。

⑤垂直施工缝处宜采用收口网模板。

⑥后浇带宜采用微膨胀混凝土并蓄水养护,养护时间不应少于14d。

(6)内部最高温度控制:

①大体积混凝土内部降温宜采取下列措施:掺入缓凝剂,延长混凝土凝结时间;控制分层浇筑厚度;埋设水管通水冷却。

②大体积混凝土分层施工宜满足下列要求:分层厚度不大于3.0m,其中基础强约束区不大于1.5m;浇筑间隔期不大于7d。

③冷却水管宜满足下列要求:采用内径30~50mm的金属水管并采用螺纹套筒连接;水管间距0.5~1.5m;单根水管长度不超过200m;水管距混凝土表面不小于500mm;水管进出口集中布置。

④混凝土浇筑前冷却水管应进行压水试验,管道系统不得漏水。

⑤混凝土覆盖冷却水管后应开始通水冷却,通水冷却宜满足下列要求:冷却水流速不小于0.6m/s;冷却水的温度与混凝土内部温度之差不超过25℃;通水时间根据降温速率确定;定期改变通水方向;通水过程中,采用智能温控装置调控通水流量和温度。

⑥通水结束后,冷却水管应及时进行压浆封堵,压浆材料应采用不低于混凝土强度等级的微膨胀砂浆或净浆。

（7）混凝土保温和养护：

①大体积混凝土施工模板设计和验算应考虑保温和养护措施。

②混凝土浇筑完毕后应及时养护，养护宜采用覆盖、蓄水、洒水、喷雾和涂养护剂等措施，不得采用海水养护。

③保湿养护时，时间不宜少于14d，养护水温度与混凝土表面温度之差不宜大于15℃；蓄水养护时，混凝土蓄水深度不宜小于100mm。

④日平均气温低于5℃时，裸露的混凝土表面不得直接洒水养护，应采用塑料薄膜和保温材料进行保湿、保温养护。混凝土保温层厚度可按《水运工程大体积混凝土温度裂缝控制技术规范》（JTS/T 201—1—2022）附录E计算。

⑤低温季节拆模应选择气温较高时段并立即采取保温措施；混凝土表面温度与环境温度之差大于15℃时应推迟拆模时间。

⑥气温骤降时，龄期低于28d的混凝土应进行表面保温。

⑦混凝土保温应操作简便、安全环保，保温保湿材料可采用塑料薄膜、土工布、节水保湿养护膜，并应覆盖严密，接缝处重叠覆盖不应少于300mm，边角处应加倍保温。

⑧低温季节应封堵竖井、廊道等孔洞，基础部位大体积混凝土浇筑后应及时回填。大风作业时，在作业面应采取挡风措施，并应增加混凝土表面抹压次数，及时覆盖保温保湿材料。

（8）其他：

有特殊裂缝控制要求的混凝土结构，可进一步采取配置构造钢筋，设置防裂钢筋网片，采用纤维混凝土、补偿收缩混凝土，掺加水化热抑制剂、减缩剂，增设透水模板布等措施。

3）施工期温控监测

（1）大体积混凝土施工过程中应监测混凝土浇筑温度、内部温度、冷却水温度、内表温差、断面降温速率、环境温湿度和风速等参数，并应根据监测结果及时调整和优化温控措施。重要的结构应进行应变监测。

（2）大体积混凝土温度监测点布置，应能反映混凝土浇筑体内最高温升、内表温差、断面降温速率、温度梯度和环境温度。

（3）大体积混凝土温度监测、应变监测宜采用具有自动采集、无线传输等功能的设备。

（4）温度监测持续时间不宜少于14d，应变监测不宜少于60d。

（5）温度测点的布置应符合下列规定：

①温度测点的布置范围应以所选混凝土浇筑块体平面图对称轴线的一侧为测区。

②温度测点位置与数量应根据混凝土浇筑块内温度场分布和温度控制要求确定。

③每条温度测试轴线上应根据结构的平面尺寸布置监测点，监测点位不宜少于4处。

④温度测点宜沿混凝土浇筑体厚度方向按平面分层布置，应至少布置表层、底层和中心层温度测点，测点间距不宜大于500mm。混凝土浇筑体表层测点宜布置在混凝土浇筑体表面以内50mm处；混凝土浇筑体底层测点宜布置在混凝土浇筑体底面以上50mm处。

⑤环境温度监测点数量应根据设计要求确定。

（6）应变测点的布置应符合下列规定：

①应变测点应能测出混凝土内部最大应变。

②应变测试应设置零应力测点。

③应变测试宜布置表层、底层和中心层应变测点,表层应变测点宜布置在混凝土浇筑体表层钢筋以内。

(7)大体积混凝土温度监测应符合现行《大体积混凝土温度测控技术规范》(GB/T 51028)的有关规定,温控监测记录表的格式可参照附录F。

(8)监测数据应及时分析整理。

4. 钢筋保护层控制

(1)海水环境预应力筋的混凝土保护层最小厚度应符合《水运工程混凝土质量控制标准》(JTS 202—2—2011)规定。当构件厚度为0.5m以上时应符合表3-20的规定。

海水环境预应力筋的混凝土保护层最小厚度(mm) 表3-20

所在部位	大气区	浪溅区	水位变动区	水下区
保护层厚度	65	80	65	65

注:1. 构件厚度系指规定保护层最小厚度方向上的构件尺寸;
2. 后张法预应力筋保护层厚度系指预留孔道壁至构件表面的最小距离;
3. 制作构件时,如采取特殊工艺或专门防腐措施,经充分技术论证,对钢筋的防腐蚀作用确有保证时,保护层厚度可不受上述规定的限制;
4. 有效预应力小于400MPa的预应力筋的保护层厚度应按表3.3.4执行,但不宜小于1.5倍主筋直径。

当构件厚度小于0.5m时,预应力筋的混凝土保护层最小厚度应为2.5倍预应力筋直径,且不得小于50mm。

(2)淡水环境钢筋的混凝土保护层最小厚度应符合表3-21的规定。

淡水环境钢筋的混凝土保护层最小厚度(mm) 表3-21

所在部位	水上区		水位变动区	水下区
保护层厚度	水汽积聚	无水汽积聚		
	40	35	40	35

注:1. 箍筋直径大于6mm时,保护层厚度可按表中规定增加5mm,板等无箍筋的构件保护层厚度宜按表中规定减少5mm;
2. 预应力钢筋的保护层厚度不宜小于1.5倍主筋直径;碳素钢丝、钢绞线的保护层厚度宜按表中规定增加20mm,如采取特殊工艺或专门防腐措施,经充分技术论证,对预应力筋的防腐蚀作用确有保证时,保护层厚度可不受上述规定的限制。

(3)配置构造钢筋的素混凝土结构,海水环境构造筋的混凝土保护层最小厚度不应小于40mm,且不小于2.5倍构造筋直径;淡水环境构造筋的混凝土保护层最小厚度不应小于30mm。

(4)钢筋与模板之间应设置垫块,垫块的间距和支垫方法应能确保钢筋在混凝土浇筑过程中不发生位移。当采用水泥砂浆垫块或混凝土垫块时,垫块的强度与密实性不应低于构件本体混凝土。垫块的外观颜色宜与构件本体混凝土一致,垫块与模板的接触面宜尽量小。垫块厚度的允许偏差为+20mm。

(5)海水环境钢筋混凝土结构的混凝土保护层垫块质量应符合下列规定。

①垫块可采用砂浆或细石混凝土制作,其强度和抗氯离子渗透性应高于构件本体混凝土。

②当采用工程塑料制作垫块时,应具有较好的耐碱性和耐老化性能,且抗压强度不小于50MPa。

③垫块厚度尺寸应在耐久性要求的最小保护层厚度基础上加施工允许偏差。垫块的厚度尺寸允许偏差为+20mm。

5.水工混凝土结构防腐

混凝土结构的防腐蚀耐久性的定义为，在正常设计、施工、使用和维护条件下，混凝土结构在设计工作寿命期内所具有的防止钢筋腐蚀导致混凝土破坏的能力。

混凝土结构防腐蚀耐久性设计的定义为，为保证混凝土结构具有所要求的防腐蚀耐久性能，根据使用条件，确定有关技术指标和各种措施的过程。

1)混凝土表面涂层

(1)混凝土表面涂层保护应符合下列规定：

①实施涂装的混凝土龄期不应少于28d，并应验收合格。

②涂层前应对混凝土表面进行处理。

(2)涂料性能与涂层性能应满足《水运工程结构防腐蚀施工规范》(JTS/T 209—2020)相关要求。

(3)涂层施工。

①混凝土表面处理应符合下列规定：混凝土表面存在明显麻面、砂斑和气泡等缺陷，应采用与涂料相容的环氧胶泥或水泥基修补材料修补平整，修补材料黏结强度不应低于1.5MPa。混凝土表面的浮浆、不牢灰浆、油污、养护剂、脱模剂等宜采用压力不小于20MPa的高压淡水清除干净；也可使用动力打磨工具清除，然后用淡水清洗干净或使用通过除油装置的压缩空气吹除干净；必要时应用适当溶剂清除油污。表干区混凝土表面含水率不应大于6%，表湿区混凝土不应有积水、流水和水珠等。

②涂装施工环境相对湿度宜小于85%，湿固化涂料可不受环境湿度的限制。

③涂装施工现场及附近应无明火，且施工现场应远离火种，在密闭空间进行喷涂时应采用防爆照明并安装通风装置。

④涂装宜采用高压无气喷涂，当施工条件不允许或被涂装表面复杂而不具备喷涂施工条件时，可采用辊涂或刷涂进行涂装施工。

⑤双组分或多组分涂料应严格按产品要求比例混合调配，稀释剂加入量不得超过产品规定要求，涂料混合应及时使用动力搅拌装置充分搅拌均匀。

⑥调配后的涂料应遵照产品说明书要求在规定的时间内使用，调配后超过产品规定使用时间的涂料应弃用。

⑦涂装应按设计的涂层配套体系逐道施工，并应符合下列规定：涂料用量应根据小区试验结果、构件类型、涂装面积、涂装方式等确定；涂装施工应采取有效措施控制涂层的厚度和均匀性，并随时检验涂层湿膜厚度，湿膜厚度不满足要求应及时补涂；涂装过程中应随时检查涂层湿膜的表面状况，当涂层出现流挂、针孔气泡、漏涂、色泽不匀等情况时应及时处理；每道涂层涂装前应对上一道涂层进行检查，当上一道涂层表面附着有盐分、灰尘及油污等污染物时，应使用清洁剂、淡水等清洗干净；各道涂层的涂装间隔时间应满足产品说明书的规定要求。

⑧每工作班应核查各道涂层的涂料用量，当用量有明显出入时，应分析原因，并采取相应对策。

⑨涂装后应全面目视检查涂层外观，涂层表面应光滑平整、色泽一致，无气泡、透底、开裂

剥落、漏涂等缺陷。

⑩当发现涂层有损坏时,应及时按设计涂层配套体系进行补涂,修补后的涂层应完整、色泽均匀一致。

(4)质量控制与检查:

混凝土表面涂层质量检验应在涂装施工完成7d后进行,并应按《水运工程结构防腐蚀施工规范》(JTS/T 209—2020)附录B的规定检验涂层外观涂层干膜厚度和涂层黏结强度。

2)混凝土表面硅烷浸渍

(1)浸渍硅烷前应进行喷涂试验。试验区应选择具有代表性的混凝土构件水平表面和混凝土构件垂直表面,各试验区面积不应小于10m^2,施工工艺应符合相关规定。硅烷浸渍区试验完成7d后,应按规定现场钻取芯样进行硅烷浸渍深度、吸水率和氯化物降低效果等混凝土硅烷浸渍质量检验,检验方法应符合现行《水运工程结构耐久性设计标准》(JTS 153)的有关规定。

(2)混凝土硅烷浸渍施工质量控制应符合下列规定:

①硅烷浸渍施工前,应在现场待浸渍混凝土的表面钻取质量检验用混凝土空白芯样。

②浸渍施工前应采用目视检查法全面检查混凝土表面处理质量,并按200m^2一个测点检测混凝土表面含水率。浸渍施工应在检查合格后进行。

③硅烷材料在施工中不得以溶剂或其他液体稀释使用。

④硅烷浸渍施工应自下而上进行,浸渍道数、每道硅烷材料用量应根据各区试验结果、构件类型、涂装面积、涂装方式等确定。

⑤液体硅烷浸渍施工时,应使被涂面至少有5s保持表湿状态,并应按浸渍同一类型构件一定面积,随机称量硅烷材料耗用量,测定值不应低于各区试验和设计要求。

⑥膏体硅烷浸渍施工时,宜分层叠加施涂,并应按浸渍同一类构件测定硅烷湿膜厚度或一定面积随机称量硅烷材料耗用量,测定值不应低于各区试验和设计要求。

⑦硅烷浸渍应避免与邻近的橡胶支座、沥青材料和接口密封件等接触。

(3)混凝土硅烷浸渍后的保养应符合下列规定:

①混凝土硅烷浸渍后应避免暴晒和雨淋,宜使用适当材料围挡或塑料薄膜覆盖,保养时间不应少于6h。

②混凝土构件硅烷浸渍后产生的损伤部位,应在使用水泥基修补材料修补完成14d后进行硅烷浸渍修复。

3)环氧涂层钢筋

(1)环氧涂层钢筋在运输搬运和施工中应采取有效措施避免环氧涂层受到损坏,少量涂层破损应及时修补。

(2)采用绑扎连接时,环氧涂层钢筋绑扎接头应采用专用的包胶铁丝或尼龙扎带绑扎;采用机械连接接头和焊接接头时,环氧涂层钢筋接头部位应使用配套的涂层修补。

(3)同一构件中的环氧涂层钢筋与无涂层钢筋不得电连接。

(4)环氧涂层钢筋质量应符合下列规定:

①生产环氧涂层钢筋的钢筋和环氧粉末材料应符合现行《钢筋混凝土用环氧涂层钢筋》(GB/T 25826)的有关规定。

②环氧涂层钢筋的力学性能及涂层的厚度、连续性和可弯性应满足设计要求。

(5)环氧涂层钢筋的储存应符合下列规定：

①环氧涂层钢筋现场储存期不宜超过6个月，当环氧涂层钢筋室外存放的时间需要2个月以上时，应采取保护措施，避免暴露在阳光和盐雾中。

②环氧涂层钢筋存放时应离开地面不少于200mm，并应堆放平整牢靠；当成捆堆放时，钢筋与地面、钢筋捆与捆之间应用垫木隔开，且成捆堆放的层数不应超过5层。

(6)环氧涂层钢筋的现场搬运应符合下列规定：

①环氧涂层钢筋搬运宜采用具有抗紫外线照射性能的黑塑料布包装成捆，严禁拖拉抛拽环氧涂层钢筋。

②环氧涂层钢筋水平搬运时，装运钢筋不应超过5层，各捆钢筋之间应使用50mm×50mm方木分隔，再用帆布覆盖。

③涂层钢筋吊装应采用不损伤环氧涂层的高强度尼龙吊带作为吊索，吊索与环氧涂层钢筋之间应有垫层或采用适当方法防止涂层的损伤。

④涂层钢筋吊装应采用防止钢筋捆过度下垂的多点吊，相邻吊点之间的距离不应大于4m。

(7)环氧涂层钢筋加工应满足下列要求：

①环氧涂层钢筋弯曲切割时，环境温度不低于5℃。

②钢筋弯曲机的心轴套以尼龙管套或其他缓冲材料管套，加工台平板表面铺以布毡垫层。

③对直径小于或等于20mm钢筋，环氧涂层钢筋的弯曲直径不小于钢筋直径的4倍。

④对直径大于20mm钢筋，环氧涂层钢筋的弯曲直径不小于钢筋直径的6倍且弯曲速率不大于8rad/min。

⑤进行切割、冷弯时，所有接触环氧涂层钢筋的机具接触面安装尼龙套管筒或衬垫。

⑥环氧涂层钢筋切断处钢筋断面及时采用环氧涂层修补材料修补。

(8)环氧涂层钢筋安装应满足下列要求：

①架立环氧涂层钢筋不得采用无涂层钢筋，架立涂层钢筋的垫座、垫块应以尼龙、塑料或其他柔软材料包裹。

②环氧涂层钢筋的接头形式宜采用绑扎接头，也可采用机械连接接头或焊接接头。涂层钢筋直径小于20mm应采用绑扎接头，绑扎材料应采用专用的包胶铁丝或尼龙扎带。涂层钢筋机械连接接头应采用经过涂装的专用套筒螺母进行连接。

③涂层钢筋焊接施工前，应先将钢筋焊接端头长度150nm范围的涂层清除干净，削平钢筋的端面，使端面与钢筋中心线相垂直，并应清洁打磨钢筋端头使其露出金属光泽。

④直径20～22nm的钢筋应采用连续闪光焊，直径25mm及以上钢筋应采用闪光—预热—闪光焊。

(9)环氧涂层钢筋的涂层修补应符合下列规定：

①不包括切割部位的涂层损伤面积超过钢筋表面积的0.5%，或任意1m长的环氧涂层钢筋受损涂层面积超过其表面积的1%时，该根环氧涂层钢筋应废弃。不包括切割部位的涂层损伤面积小于钢筋表面积的0.5%，或任意1m长的环氧涂层钢筋受损涂层面积小于其表面积的1%时，应对目视可见的涂层损伤进行修补。

②钢筋加工过程中受到剪切、锯割或工具切断时的切断头,与焊接烧伤及热影响区,均应在切断或损伤后2h内及时修补。

③修补应采用环氧涂层钢筋生产厂家提供的材料,修补材料应按厂家提供的比例配制,并在材料的有效使用时间内实施涂装。

④修补前,应清除修补处的环氧涂层和钢筋锈迹。

⑤修补环境相对湿度大于85%时,应使用电热吹风器对钢筋适当加热除湿。

⑥修补材料与已有牢固环氧涂层搭接的范围应适当,不宜使已有的牢固环氧涂层过度增厚。

⑦修补部位的环氧涂层厚度不应低于钢筋原有涂层厚度。

⑧涂层完全固化前,修补区域应避免扰动、碰触。混凝土浇筑前,应确保所有破损的环氧涂层均已得到有效修补。

(10)环氧涂层钢筋现场施工保护措施应符合下列规定:

①施工过程中应制定有效措施,避免作业人员、机械等碰伤划伤、损坏钢筋表面的环氧涂层。

②施工过程中应采用塑料或橡胶套筒对接头进行保护。

③施工过程中应随时检查环氧涂层钢筋外观,严格控制环氧涂层钢筋出现破损缺陷。

④采用插入式混凝土振捣器振捣时,应在金属振捣棒外套橡胶套或采用非金属振捣棒。振捣过程中应避免振捣棒与钢筋接触。

4)钢筋阻锈剂

(1)阻锈剂可与高性能混凝土、环氧涂层钢筋、混凝土表面涂层、硅烷浸渍等联合使用,并具有叠加保护效果。

(2)钢筋阻锈剂混凝土的搅拌时间应适当延长,延长时间应通过试验确定。

(3)水运工程钢筋混凝土结构使用钢筋阻锈剂时,宜采用内掺型钢筋阻锈剂;钢筋阻锈剂对新拌混凝土和硬化混凝土的性能应无不利影响。

(4)钢筋阻锈剂使用过程中,应采取避免造成环境污染的措施。

(5)钢筋阻锈剂混凝土的质量检验应符合下列规定:

①现场抽样钢筋阻锈剂混凝土可按每类构件每3000m^3混凝土为1个检验批,不足300m^3时应按1个检验批计。每个检验批取样应制作2组试件,1组试件用于抽样检测,另1组试件留存备查。

②钢筋阻锈剂混凝土质量检测方法应符合《水运工程结构防腐蚀施工规范》(JTS/T 209—2020)附录E的有关规定。

③抽样检测结果有不合格项时,可对留存备查的试件进行复检;仍不合格时,应判定该批产品质量不合格。

(6)钢筋阻锈剂施工验收前应确认施工记录、质量证明材料和现场质量检验等齐全。

6. 钢结构防腐控制

1)钢结构涂层

(1)钢结构在涂装前应按设计要求的粗糙度和除锈等级进行表面处理,并按隐蔽工程验收,形成记录。

（2）涂层应逐道涂装，每道涂层厚度、涂装间隔应满足涂料产品说明书的要求。

（3）涂料质量应符合下列规定：

①采用阴极保护时，水下区和水位变动区防腐蚀涂料应与阴极保护配套，且应具有较好的耐电位性和耐碱性。

②涂层破损修补涂料，对水下区应具有水下固化和水下施工性能，对水位变动区应具有潮湿固化性能。

③涂料及稀释剂必须有产品出厂检验合格证书，同一配套中的底、中、面漆宜选用同一厂家产品，且应在有效期内使用。

④各批次进场涂料应取样检验，涂料性能应符合《水运工程结构防腐蚀施工规范》（JTS/T 209—2020）相关规定。

（4）涂层的耐老化性、耐盐雾性、耐湿热性、黏结强度、耐电位性的检验方法应符合《水运工程结构防腐蚀施工规范》（JTS/T 209—2020）相关规定，检验结果应满足设计要求。

（5）钢结构表面处理应符合下列规定：

①清除钢结构表面的焊渣、毛刺、飞溅物和疏松的氧化皮等，锐边打磨成圆角，必要时对缺陷进行补焊处理。

②钢结构表面无可见的油污和污垢，少许污垢采用有机溶剂处理，面积较大的油污采用表面活性剂或碱液等专用清洁剂清洗，并用清洁淡水洗净。

③被酸碱、盐浸染的钢结构表面，采用清洁淡水洗净。

④钢结构表面处理作业环境空气相对湿度不大于85%，钢结构基体金属表面温度不低于露点以上3℃；作业环境不满足要求时，采用遮盖、供暖或输入净化干燥的空气等措施改善。

⑤钢结构表面处理方法可采用喷射或抛射除锈、动力工具和手工工具除锈等。

⑥喷射和抛射磨料应符合现行国家标准有关规定。

⑦喷射或抛射处理后，钢结构基材表面磨料等残留物，应使用真空吸尘器或无油、无水的压缩空气吹净清理。

⑧表面处理完成的钢结构应采取有效保护措施防止二次污染，并应及时进行隐蔽工程验收和涂装底层涂料防止返锈。

（6）现场拼装焊接的钢结构，其焊缝两侧应先涂刷不影响焊接性能的车间底漆，现场焊接完毕后应对焊热影响区域进行二次表面处理和涂装底漆。

（7）涂装时的作业环境应符合下列规定：

①温度宜为5～38℃，相对湿度宜小于85%，钢结构表面温度必须高于露点温度3℃。

②雨、雾、雪、风沙和较大灰尘时不得户外涂装。

③环境温度低于5℃时应采用低温固化产品或采取其他措施。

④涂装环境通风较差时必须采取强制通风措施。

（8）钢结构涂层质量检验应在涂装施工完成7d后进行，并应检验涂层外观质量、涂层干膜厚度和涂层黏结强度。涂层外观检验应对全部构件目视检查，必要时采用放大镜检查。涂层表面应均匀、色泽一致，不应有流挂、皱皮、气泡、针孔、裂纹等现象。外观质量不合格时，可对构件采取全面补涂措施。钢结构涂层质量检验有不合格项时，应双倍抽样复检不合格项；仍有不合格项时，应判定涂层质量不合格。涂层干膜厚度不合格时，应逐构件检验涂层干膜厚度,对不合格构件的涂层全部清除后重新涂装,或对不合格构件采取全面补涂措施。涂层黏结强度不合格时,应逐构件检验涂层黏结强度,不合格构件的涂层应全部清除,按照设计涂层体系重新涂装。

(9)涂层质量检验位置的破损涂层应使用设计涂层配套体系涂料修补,修补边界扩大范围不应小于50mm。

(10)钢结构涂层施工验收前应确认表面处理验收资料施工记录、质量证明材料和现场检验等齐全。

2)钢结构金属热喷涂

(1)钢结构在金属热喷涂前应按设计要求的粗糙度及除锈等级进行处理,表面处理应按隐蔽工程验收并形成记录。

(2)涂层应逐道涂装,喷涂工艺每道涂层厚度、涂装间隔应满足产品说明书的要求。

(3)钢结构金属热喷涂应包括金属喷涂层、封闭层和涂料涂层,封闭层和涂料涂层施工应符合钢结构涂层的有关规定。

(4)喷涂用金属材料应满足下列要求:

①锌符合《锌锭》(GB/T 470—2008)中规定的Zn99.99的质量要求。

②铝符合《变形铝及铝合金化学成分》(GB/T 3190—2020)中规定的牌号1060的质量要求。

③锌铝合金的金属组成为Zn85%~87%、Al 13%~15%,常用的锌铝合金是Zn85%、Al 15%。

④铝镁合金的金属组成为Al94.5%~95.2%、Mg4.8%~5.5%。

⑤Ac铝合金的金属组成为Al99.7%~99.9%、Se0.1%~0.3%。

⑥喷涂用金属合金材料中金属元素的含量允许偏差量应为规定值的±1%。

(5)喷涂用金属材料成分分析方法应符合现行《热喷涂 火焰和电弧喷涂用线材、棒材和芯材分类和供货技术条件》(GB/T 12608)的有关规定。

(6)金属热喷涂层黏结强度和耐盐雾性符合相关规定,并应满足设计要求。

(7)金属热喷涂与被喷射钢结构表面应基本成直角,最大倾斜角度不得大于45°;喷枪的移动速度应均匀,一次喷涂厚度宜为25~80μm;同一层内各喷涂带之间应有1/3的重叠宽度,各喷涂层之间的喷枪走向应相互垂直、交叉覆盖。

(8)金属喷涂层施工过程中,应采用线测量或点测量方法检测涂层厚度,发现涂层厚度不满足设计要求时,应及时进行修正。

(9)金属热喷涂层的封闭层涂料的施工宜在喷涂层尚有余温时进行,宜采用刷涂方式施工。

(10)钢构件的现场焊缝两侧应预留100~150mm宽度涂刷车间底漆临时保护。工地拼装焊接后,对预留的焊接热影响区应按相同的技术要求重新进行表面处理及喷涂施工。

(11)施工作业应采取减少或避免金属热喷涂层在装卸、运输或其他施工作业过程中的局部损坏的措施。对局部破损处宜按原设计要求和施工工艺进行修补。条件不具备时,可在得到设计同意的情况下采用同类涂料进行修补。

(12)钢结构金属热喷涂涂层质量检验有不合格项时,应双倍抽样复检不合格项;仍不合格时,应判定该检验批不合格。

(13)金属热喷涂涂层厚度不合格时,应逐构件检验涂层厚度,对不合格构件的涂层全部清除后重新涂装,或对不合格构件采取全面补涂措施。金属热喷涂体系黏结强度不合格时,应逐构件检验涂层黏结强度,不合格构件的涂层应全部清除,按照设计涂层体系重新涂装。

(14)金属热喷涂涂层质量检验位置的破损涂层应使用设计涂层配套体系修补,修补边界扩大范围不应小于50mm。

(15)钢结构金属热喷涂施工验收前应确认表面处理验收资料、施工记录、质量证明材料和现场检验等齐全。

3)钢结构牺牲阳极阴极保护

(1)钢结构与牺牲阳极的连接方式宜采用短路电焊焊接或螺栓连接,螺栓连接长期性能应稳定。

(2)钢结构保护单元的电连接施工宜在混凝土浇筑前完成,测量接线柱应采取妥善保护措施。

(3)牺牲阳极的尺寸、重量、表面质量、化学成分、电化学性能符合相关规定,并应满足设计要求。

(4)钢结构的电连接可采用直接电焊连接、钢筋电连接或电缆连接的方式,所用的材料和施工方式应满足设计要求,连接电阻值应小于0.01Ω。

(5)电连接钢筋或电缆的外露部位应采取适当的防腐措施。

(6)牺牲阳极安装位置应满足设计要求,阳极安装高程偏差不宜超过0.2m;调整后的阳极安装高程应满足下要求:

①阳极体顶高程低于设计低水位1.2m以下。

②阳极体底高程高于泥面1.0m以上。

③牺牲阳极安装前,阳极铁脚与钢结构接触表面应清洁干净,无油漆、海生物等影响电连接的附着物。

(7)牺牲阳极与钢结构连接采用沉底式或者埋入式等远距离安装时,其电缆连接或钢筋连接应牢固可靠。

(8)牺牲阳极水下短路电焊焊接施工应符合下列规定:

①焊接作业人员应取得水下作业焊接合格证书。

②焊接施工前应进行焊接工艺评定,制定焊接作业指导书。

③焊缝长度焊缝高度水下焊条及焊接工艺应满足设计要求。

④焊接应牢固,焊缝应饱满、连续、无虚焊。

⑤焊接前应对阳极铁脚校正。

(9)牺牲阳极短路螺栓连接施工应符合下列规定:

①螺栓连接应满足牺牲阳极在有效使用期内与被保护钢结构之间的连接电阻小于0.01Ω。

②钢结构上的安装板和螺栓的材质应与阳极铁脚的材质相同。

③安装板和螺栓的外露面应采取适当的防腐措施。

(10)牺牲阳极阴极保护工程施工质量检验应在施工完成后90d内单独进行,应检验牺牲阳极安装质量和钢结构保护电位。牺牲阳极安装质量检验应符合下列规定:

①阳极短路电焊焊接检验应采用水下摄像或其他水下成像技术测定焊缝长度焊缝高度及连续性,检查数量应为阳极总数的5% ~10%,且不得少于3块。检验结果应符合焊接相关规定。

②阳极螺栓连接应采用扭力扳手或其他测量紧固工具,并配合水下摄像或其他水下成像技术检验螺栓紧固情况,检查数量应为阳极总数的5% ~10%,且不得少于3块。检验结果应满足设计要求。

③抽样检验结果有不合格项时,应全数检验阳极安装质量,并对不合格项立即采取补救措施。

(11)牺牲阳极阴极保护施工验收前应确认施工记录、质量证明材料和现场检验等齐全。

4)钢结构外加电流阴极保护

(1)阴极保护系统的阴极应进行电连接,连接电阻应小于0.01Ω。

(2)钢结构的电连接系统的参比电极、电缆、管线接头等应采取妥善保护措施,

(3)易燃易爆气体环境中的钢结构采用外加电流阴极保护,其电源和检测设备应设置防火防爆装置,各种接线点应进行绝缘密封,并置于密闭的接线盒中。

(4)辅助阳极的绝缘座、绝缘密封件、阳极电缆、靠近阳极的支架和阳极保护套应采用耐海水腐蚀的材料制成。辅助阳极外形尺寸、表面质量、氧化物层厚度、氧化物层结合状态、电化学性能应符合相关规定,并应满足设计要求。

(5)电缆性能应符合下列规定:

①阳极电缆和阴极电缆应采用具有绝缘层和护套的单芯铜芯电缆。

②参比电极电缆和监测电缆应采用屏蔽电缆,电缆导体截面积不应小于2.5mm^2。

③电缆护套颜色规定:阳极电缆为红色或棕褐色;阴极电缆为黑色或灰色;参比电极电缆为蓝色;监测电缆为黄色。

(6)钢结构外加电流阴极保护的施工应包括钢结构的电连接辅助阳极系统安装、参比电极安装、电缆铺设、电源系统安装及调试等。

(7)钢结构的电连接所用材料及施工方式应满足设计要求。采用电缆连接方式时,电缆应留有适当的伸缩裕量,电连接钢筋或电缆的外露部位应采取适当的防腐保护措施。

(8)辅助阳极的安装应符合下列规定:

①辅助阳极的安装位置应满足设计要求,纵向的位置偏差不宜超过0.2m,横向的位置偏差不宜超过0.1m。

②辅助阳极及其屏蔽板(层)的安装应满足设计要求,并应根据阳极的规格品种和安装方式采取相应的防护措施,阳极接头和连接电缆应绝缘密封。

③辅助阳极的连接电缆水中部分应留有足够的长度裕量,接头不宜设置在水下。无法避免水中接头或水中电缆的绝缘保护层受损时,应采取措施确保接头或绝缘受损处的绝缘密封性能和耐久性,否则应更换阳极。

(9)阴极保护的调试应符合下列规定:

①通电调试应在阴极保护系统施工完毕后、提交竣工验收之前进行。

②通电调试期间应根据参比电极的保护电位、直流电源的输出电流和输出电压等逐步增大保护电流,直至保护电位达到设计要求。

③在所有参比电极的电位读数满足设计要求并基本稳定后，应采用便携式参比电极对钢结构进行一次全面保护电位检测。保护电位不满足设计要求应及时采取补救措施。

(10)阴极保护系统安装完毕后的调试与运行中的测试和记录应包括下列内容：

①阴极保护系统的每个区的输出电压和电流的测量和记录。

②阴极保护系统的外观检查。

③保护电位测量。

(11)外加电流阴极保护工程施工质量检验应在施工完成后90d内单独进行。

(12)钢结构外加电流阴极保护质量检验应符合下列规定：

①阴极保护质量检验工作可独立进行，也可与涂装或热喷涂施工合并进行。

②钢结构保护电位应按每个保护单元全数检验，检验方法应符合《水运工程结构防腐蚀施工规范》(JTS/T 209—2020)附录H的规定，检验结果应该满足设计要求。

(13)外加电极阴极保护质量检验应包括辅助阳极参比电极安装质量，钢结构保护电位、直流电源和监控设备运行状况等。

(14)钢结构外加电流阴极保护质量检验有不合格项时，应及时进行调整或采取补救措施。

(15)阴极保护系统施工验收前应确认施工记录、质量证明材料和现场检验等齐全。

第四章

码头工程质量控制

学习要点

1. 码头与岸壁工程结构与工程划分。
2. 码头与岸壁单位工程质量检验。
3. 基槽与岸坡开挖工程质量控制要点。
4. 码头基础工程质量控制要点。
5. 重力式码头工程质量控制要点。
6. 板桩码头工程质量控制要点。
7. 高桩码头工程质量控制要点。
8. 斜坡码头和浮码头工程质量控制要点。
9. 码头上部结构工程质量控制要点。
10. 接岸结构与后方回填工程质量控制要点。
11. 轨道梁与轨道安装工程质量控制要点。
12. 防波堤与护岸的分类、常见结构形式。
13. 斜坡式防波堤与护岸主要结构质量控制要点。
14. 直立式防波堤与护岸主要结构质量控制要点。

第一节　概　　述

一、码头与岸壁工程主要类型与特点

1. 码头与岸壁工程

按结构形式，码头一般分为高桩码头、重力式码头、板桩码头、斜坡码头和浮码头等。码头的结构形式是根据使用要求、自然条件、使用环境、使用年限、施工条件等因素，经技术经济比选后确定的。

码头均与陆域相连。一般重力式码头为沉箱结构、方块码头结构等，码头与岸壁成为一个整体；通过栈桥与陆域连接、码头平台与陆域相对分离、斜坡码头和浮码头等，都有接岸结构。岸壁结构按断面形式有斜坡式、直立式和混合式结构，岸壁结构的主要功能是挡土、形成陆域。

2. 码头与岸壁工程特点

为实现停靠船舶、卸货装货、连接水域陆域的基本功能,码头应具备的工作条件如下:

(1)码头前方与后方应有适度的高度差,以实现水域陆域的连接和陆域排水。

(2)码头前沿水深应满足设计水深要求,码头面高程应保证高水位下码头不被淹没。

(3)为了实现水域陆域的连接,码头岸壁可以采用直立岸壁或者斜坡接岸。前者需要承受岸壁后方的侧向荷载作用,后者要求保证岸坡稳定。

(4)码头上部结构应有足够的空间与承载能力,以布置前方装卸设备,承受装卸机械、货物和船舶作用的竖向和水平向荷载。

3. 码头设计寿命与安全等级

按现行设计规范要求,永久性码头结构的设计使用年限采用 50 年。码头结构设计时,应根据结构失效可能产生的危及人的生命安全、造成经济损失以及影响社会和环境等后果的严重程度采用不同的安全等级。码头结构安全等级的划分应符合表 4-1 的规定。

码头结构的安全等级　　表 4-1

安全等级	失效后果	适用范围
一级	很严重	有特殊安全要求的码头结构
二级	严重	一般的码头结构
三级	不严重	临时性码头结构

4. 码头与岸壁工程施工基本规定

(1)施工单位在项目施工前,应向施工作业班组和施工作业人员进行施工安全、技术交底,施工安全、技术交底通知书应有施工作业班组和施工作业人员的签认。

施工过程中,监理工程师应督促并检查施工单位的施工交底。

(2)工程所用的原材料、半成品、成品、构配件和设备进场时应进行验收,涉及结构安全、耐久性和主要使用功能的应按有关标准的规定进行抽样检验,并经监理单位或建设单位认可。

(3)采用新结构、新材料、新技术和新工艺的项目,需要通过试验确定施工方法和施工工艺,通过施工验证质量控制指标的项目,均应进行首件工程施工。

(4)隐蔽工程覆盖前,施工单位应通知有关单位进行验收,并应形成隐蔽工程验收文件。

(5)施工过程中如发现实际地质情况与勘察报告有较大差异时,应及时报告相关单位进行处理。

(6)码头结构施工应设立施工区界标和警戒标志。

(7)外海或工况恶劣条件下的码头结构施工,应选择抗风浪能力强、稳定性好的施工船舶。

(8)在受台风影响地区施工时,开工前应确定施工船舶避风港或避风锚地。

(9)施工测量控制网的布网形式与等级精度,应根据码头结构形式、规模、建筑物离岸距离、地物、地貌、周边原有建筑物状况和定位作业方法等综合选择,并应符合现行《工程测量规范》(GB 50026)、《水运工程测量规范》(JTS 131)和《码头结构施工规范》(JTS 215)的有关规定。

(10)码头结构混凝土原材质量、配合比设计、强度、拌制、运输、浇筑和养护等应符合现行行业标准的有关规定。

(11)施工项目的试验与检测应由通过检查和现场试验室或委托具有相应资质等级的试验检测机构实施。

(12)码头结构施工前应根据设计规定和施工安全要求,在岸坡及附近建筑物设置沉降、位移观测点,并在施工期间进行监测;施工过程中应按设计要求和施工需要在码头结构上设置沉降、位移和变形观测点,并定期观测、分析。

二、码头与岸壁工程结构与工程划分

(1)单位工程。

码头工程的单位工程应按工程使用功能和施工及验收的独立性进行划分。可按下列规定划分:

①码头按泊位或座划分单位工程。

②两侧靠船的栈桥或窄突堤码头按主靠船侧泊位划分单位工程。

③宽突堤码头的横头作为一个单位工程。

④长度超过500m的附属栈桥或引堤作为一个单位工程。

(2)分部工程。

①高桩码头与岸壁分部工程一般有基槽与岸坡开挖、桩基、上部结构、接岸结构与回填、轨道、停靠船与防护设施。高桩码头断面示意图如图4-1所示。

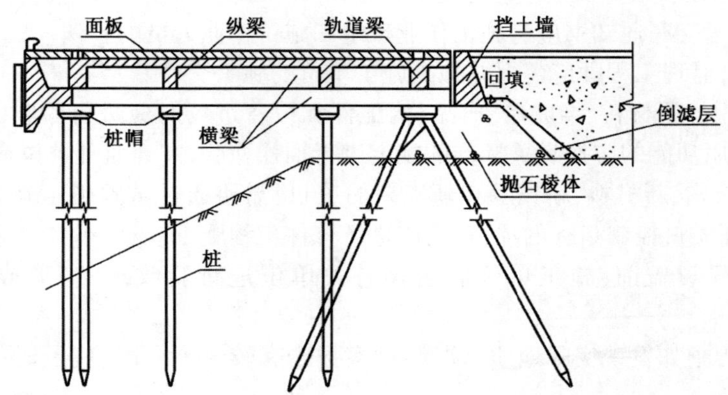

图4-1 高桩码头断面示意图

②重力式码头与岸壁分部工程一般有基础与换填地基、墙身、上部结构、后方回填与面层、轨道梁与轨道安装、停靠船与防护设施。沉箱重力式码头断面示意图如图4-2所示。

③板桩码头与岸壁分部工程一般有基槽与岸坡开挖、前墙与上部结构、锚碇结构与拉杆、回填与面层、轨道梁与轨道安装、停靠船与防护设施。板桩码头断面示意图如图4-3所示。

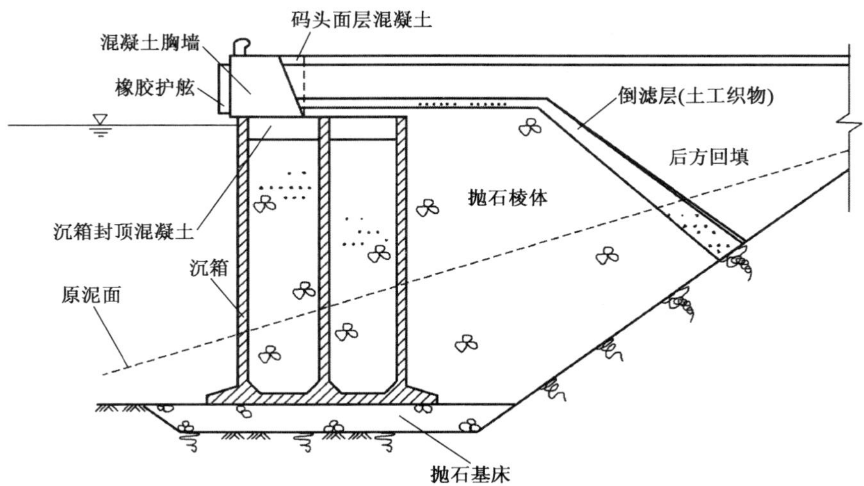

图 4-2　沉箱重力式码头断面示意图

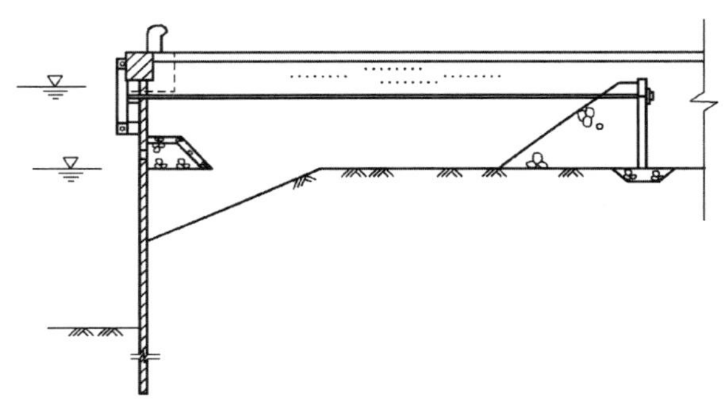

图 4-3　板桩码头断面示意图

④斜坡码头和浮码头分部工程有基槽及岸坡开挖、基础、斜坡道或引桥、趸船与钢引桥、挡土墙及面层、停靠船与防护设施。浮码头断面示意图如图 4-4 所示，斜坡码头结构示意图如图 4-5所示。

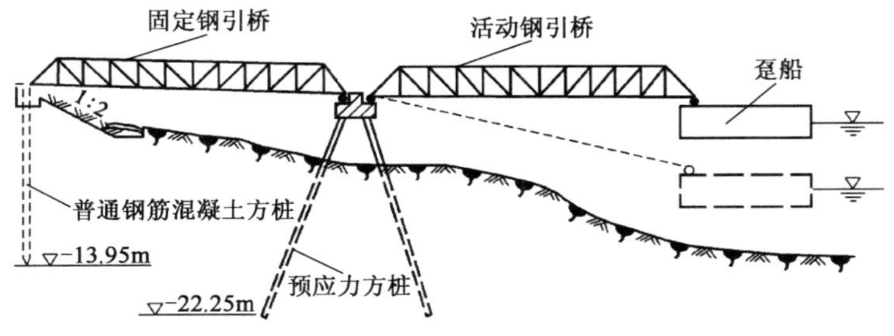

图 4-4　浮码头断面示意图

(3)分项工程。

码头工程分项工程依据《水运工程质量检验标准》(JTS 257—2008)的相关要求进行划分，如工程内容与其不一致时，可根据结构特点进行调整。

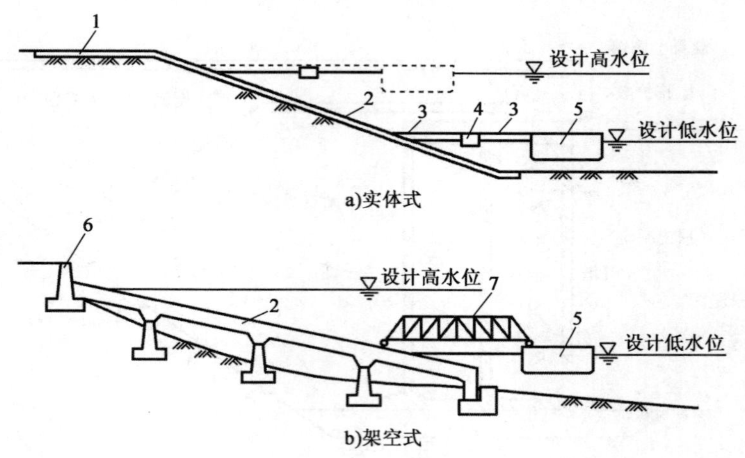

图4-5　斜坡码头结构示意图

1-坡道(平坡道);2-坡道(斜坡道);3-跳板;4-跳趸;5-趸船;6-挡土墙;7-活动钢引桥

第二节　码头与岸壁单位工程质量检验标准

码头与岸壁单位工程质量检验一般包括检验批质量、分项工程质量、分部工程质量及单位工程的质量检验。

(1)分项工程及检验批质量是工程质量的基础和基本保证,应全部合格。

监理工程师在施工质量控制的监理工作中,必须抓住码头与岸壁工程各分部分项工程的质量重点,严格对分项工程及检验批的合格标准进行把关,确保工程质量。

(2)分项工程质量、分部工程质量及单位工程质量的检验,均按相关规范要求进行。

(3)在检验批、分项工程和分部工程的质量检验过程中,应注重对工程质量控制资料、安全和功能检验资料的积累,以及对相关工程质量的控制。

①单位工程质量控制资料。

单位工程质量控制资料是施工监理过程中质量控制的重点工作环节,监理工程师应注重相关施工质量的检查和资料的审查,严格把关。按《水运工程质量检验标准》(JTS 257—2008)的要求,码头单位工程质量控制资料有:

a. 工程测量控制点验收记录;

b. 原材料(构配件)出厂质量证明文件和进场验收记录;

c. 原材料(构配件)检验报告;

d. 预制构件、预拌混凝土合格证;

e. 施工试验检验报告;

f. 隐蔽工程验收记录;

g. 主要结构施工、验收及综合记录;

h. 工程质量事故及调查处理资料。

②安全和主要功能检验资料。

根据规范强制性条文要求：涉及结构安全和使用功能的重要分部工程应按相应规定进行抽样检验或验证性检验。

安全和主要功能检验资料核查及主要功能抽查应按《水运工程质量检验标准》（JTS 257—2008）的要求进行。码头工程的安全和主要功能检验资料有：

a. 工程竣工整体尺度测量报告；

b. 建筑物沉降位移观测资料；

c. 结构裂缝检查验收记录；

d. 防渗结构渗漏情况检查记录；

e. 混凝土结构实体质量抽查检测记录。

（4）码头和岸壁工程整体尺寸的允许偏差规定见表 4-2、表 4-3。

重力式、高桩、板桩码头整体尺度允许偏差　　表 4-2

<table>
<tr><th rowspan="2">序号</th><th rowspan="2">项目</th><th colspan="4">允许偏差（mm）</th><th rowspan="2">检验数量</th><th rowspan="2">单元测点</th><th rowspan="2">检验方法</th></tr>
<tr><th>重力式码头</th><th>高桩码头</th><th>板桩码头</th><th>引桥栈桥</th></tr>
<tr><td>1</td><td>总长度</td><td>+3.5L/1000 且不大于 3000，−0.5L/1000</td><td>±100</td><td>+b
−0.5b</td><td>—</td><td rowspan="2">逐座检查</td><td>1～2</td><td>用卫星定位系统或全站仪、钢尺测量前沿</td></tr>
<tr><td>2</td><td>总宽度</td><td>—</td><td>±15</td><td>—</td><td>±1.5B/1000</td><td>3</td><td>用钢尺测量两端和中部</td></tr>
<tr><td>3</td><td>前沿线位置</td><td>±50</td><td>±50</td><td>±50</td><td>—</td><td rowspan="2">每 10m 一处</td><td>1</td><td>用全站仪或经纬仪检查</td></tr>
<tr><td>4</td><td>前沿顶面高程</td><td>±20</td><td>±15</td><td>±15</td><td>—</td><td>1</td><td>用水准仪检查</td></tr>
<tr><td>5</td><td>前沿水底高程</td><td>0
−500</td><td>0
−500</td><td>0
−500</td><td>—</td><td>每 5～10m 一个断面，每 2m 一个点</td><td>10</td><td>垂直码头拉 20m 线，用测深水砣检查</td></tr>
</table>

注：L 为码头设计长度，B 为码头设计宽度，b 为板桩宽度，单位为 mm。

斜坡码头和浮码头整体尺度允许偏差（mm）　　表 4-3

<table>
<tr><th rowspan="2">序号</th><th rowspan="2" colspan="2">项目</th><th colspan="2">允许偏差（mm）</th><th rowspan="2">检验数量</th><th rowspan="2">单元测点</th><th rowspan="2">检验方法</th></tr>
<tr><th>无轨道</th><th>有轨道</th></tr>
<tr><td>1</td><td colspan="2">纵轴线位置</td><td>20</td><td>20</td><td>每 10m 一处</td><td>1</td><td rowspan="2">用卫星定位系统或全站仪、经纬仪、钢尺测量</td></tr>
<tr><td>2</td><td colspan="2">码头总长度</td><td>±50</td><td>±50</td><td rowspan="2">逐座检查</td><td>1</td></tr>
<tr><td>3</td><td colspan="2">码头总宽度</td><td>±50</td><td>±50</td><td>3</td><td>用钢卷尺测量两端和中部</td></tr>
<tr><td rowspan="2">4</td><td rowspan="2">坡线位置</td><td>坡顶</td><td>50</td><td>150</td><td rowspan="4">每 10m 一处</td><td>1</td><td rowspan="2">用卫星定位系统或全站仪、经纬仪、钢尺测量</td></tr>
<tr><td>坡脚</td><td>500</td><td>150</td><td>1</td></tr>
<tr><td rowspan="2">5</td><td rowspan="2">坡面高程</td><td>坡顶</td><td>±10</td><td>±30</td><td>1</td><td rowspan="2">用全站仪或水准仪检查</td></tr>
<tr><td>坡脚</td><td>±15</td><td>±200</td><td>1</td></tr>
</table>

（5）码头与岸壁工程观感质量评价项目有码头面部、迎水面、混凝土结构、钢结构、码头设施、接岸岸坡。检查评价要求如表 4-4 所示，综合得分率不应低于 80%。

码头与岸壁工程观感质量评价项目和质量要求　　表4-4

序号	评价项目	质量要求	标准分	评价等级		
				一级 95%	二级 85%	三级 70%
1	码头面部	表面平整、坡向符合要求	10			
		变形缝顺直、上下贯通,填缝符合要求	10			
		分格缝清晰、顺直,灌缝饱满、均匀	10			
		沟槽顺直,与面层接茬平顺	10			
		盖板平整、稳固	10			
		无明显碰损和建筑污染	10			
		混凝土面层抹压、拉毛均匀,无裂缝、严重龟裂和起砂	20			
		铺砌面层砌块完整、无破损,与构筑物接茬平顺、紧密	20			
		沥青混凝土面层颜色一致,颗粒均匀,无骨料集中、拥包、推挤和烂边	10			
2	迎水面	码头前后沿线顺直,无明显错台和弯曲	20			
		表面平顺,线条清晰,无过大错台	10			
		施工螺栓拆除和螺栓孔封堵符合要求	10			
3	混凝土结构	构件表面无严重缺陷,一般缺陷未超出要求	20			
		构件边角完整,无明显碰损	10			
		施工缝平顺、密实,无明显流坠	10			
		安装铺垫砂浆饱满,勾缝密实、整齐	10			
		修补质量符合要求	10			
		附加外防腐均匀、颜色一致,无明显漏涂	10			
4	钢结构	防腐涂层均匀,无漏涂	10			
		漆膜完整,颜色一致,无流挂和皱皮	10			
		无明显脱皮和泛锈	10			
5	码头设施	系船柱位置、方向正确,安装紧固	10			
		护舷位置正确、安装紧固	10			
		护轮坎顺直、无明显缺陷和碰损	10			
		栏杆、铁梯、踏步等位置正确,无明显缺陷	10			
		泄水孔位置正确、排水通畅	10			
6	接岸岸坡	码头接岸处无明显差异沉降	20			
		坡面平整,无明显变形	10			
		压顶与防汛墙顺直、无明显缺陷	10			
		其他附属构筑物符合要求	10			

第三节　基槽与岸坡开挖工程质量控制

(1)码头基槽与岸坡开挖分项工程的检验批宜按施工段划分,每段的长度不宜大于200m。墩式结构应按设计单元划分。

(2)基槽开挖的平面位置应满足设计要求,断面尺寸不应小于设计规定。

(3)陆上开挖时必须做好基坑的防水、排水和基土保护。干地施工排水能力不足时宜分段设围堰;对黏性土地基,在槽底设计高程上应保留0.15~0.30m的土层,并应在下一工序开始前挖除。

(4)陆上基槽开挖的基底土质应满足设计要求,并防止扰动;基槽底层不得受水浸泡或受冻。基槽的边坡不应陡于设计要求。

(5)水下开挖前后,应进行开挖范围的水深测量,绘制水深断面图,按设计和桩基施工要求检查开挖质量。

(6)水下基槽开挖至设计高程时,应对土质进行核对。槽底土质应满足设计要求。

(7)爆破开挖水下岩石基槽,浅点处整平层的厚度不应小于0.3m。水下基槽开挖后应及时抛填。

(8)岸坡开挖范围及坡度应满足设计要求。岸坡水下开挖断面的平均轮廓线不得小于设计断面。分层挖泥的台阶高度应满足设计要求,当设计无规定时,台阶高度不宜大于1000mm。岸坡坡面应平整、稳定,不得有贴坡。

(9)开挖过程中岸坡出现变位、变形异常时,应采取必要应对措施。

(10)在软弱地基上建造高桩码头,当码头后方有大面积回填、临时堆载或码头前沿进行开挖时,应采取减少岸坡土体变形对码头桩基和接岸结构等影响的有效措施。

第四节　基础工程质量控制

(1)码头基础工程的分项工程应按工程类别划分。其检验批宜按设计结构单元划分。对于基床砂垫层、地基换砂、基床抛石、基床夯实和整平等分项工程的检验批宜按施工段划分,每段的长度不宜大于100m。

(2)地基换砂的下列检验项目应满足设计要求并符合规范标准的规定:

①主要检验项目。

a.砂的规格和质量。

b.换砂的范围、厚度和密实的范围。

c.地基换砂振冲后的标准贯入击数。

②一般检验项目。

a.水下施工前应检查基槽断面,发现明显变化应进行处理。

b.地基换砂的允许偏差、检验数量和方法。

(3)水下深层水泥搅拌地基的下列检验项目应满足设计要求并符合规范标准的规定:

①主要检验项目。

a. 水泥搅拌体与搅拌桩的钻孔取芯检测:

水下深层水泥拌和体钻孔取芯率不应低于80%,芯样试件的无侧限抗压强度平均值应满足设计要求,变异系数宜小于0.35,最大值不得大于0.5。

水泥搅拌桩钻孔取芯率不应低于85%,芯样试件的无侧限抗压强度平均值应满足设计要求。

b. 水下深层水泥拌和体的位置、范围和形式。

c. 水泥搅拌桩单桩承载力的检测数量和检测结果。

d. 所用水泥和外加剂的质量。

e. 水泥浆的水灰比和每立方米加固体的水泥用量应满足设计和技术方案的要求。

②一般检验项目。

a. 搅拌头的转速、贯入与提升速度、着底电流和水泥浆流量等应符合试验段施工所确定的工艺参数。

b. 水下深层水泥拌和体施工的允许偏差、检验数量和方法。

c. 水泥搅拌桩施工的允许偏差、检验数量和方法。

(4)水下基床抛石的下列检验项目应满足设计要求并符合规范标准的规定:

①主要检验项目。

石料的规格和质量。

②一般检验项目。

a. 抛石前应对基槽断面、高程及回淤沉积物进行检查。基槽内含水率小于150%或重度大于12.6kN/m^{3}且厚度大于0.3m的回淤沉积物应予清除。

b. 水下基床抛石的允许偏差、检验数量和方法。

(5)水下基床重锤夯实的下列检验项目应满足设计要求并符合规范标准的规定:

①主要检验项目。

a. 夯锤的重量、落距和夯实冲击能。

b. 夯实的方法和遍数,应满足试夯所确定的施工参数。

c. 基床夯实验收复打一夯次的平均沉降量:

当采用原夯锤、原夯击能复打一夯次验收时,其沉降量的平均值,码头基床不应大于30mm,孤立墩基础不应大于50mm。

对离岸式码头,当采用定点复夯验收时,选点数量不应少于20点,并应均匀分布在基床上,其平均沉降量不应大于50mm。

②一般检验项目。

基床顶部补抛块石后的补夯应满足技术处理方案要求。

(6)水下基床爆炸夯实的下列检验项目应满足设计要求并符合规范标准的规定:

①主要检验项目。

爆炸夯实后,抛石基床的平均夯沉率。

②一般检验项目。

a. 基床抛石的厚度及爆炸参数应满足设计要求和试验段施工所确定的施工参数要求。

b. 爆炸夯实后，基床顶部补抛块石后的补爆或补夯应满足技术处理方案要求。

(7) 水下基床整平的下列检验项目应满足设计要求并符合规范标准的规定：

①主要检验项目。

a. 整平的范围和方法。

b. 基床顶面的坡度应满足设计和施工方案的要求。

②一般检验项目。

水下基床整平的允许偏差、检验数量和方法。

(8) 预制桩沉桩的下列检验项目应满足设计要求并符合规范标准的规定：

①桩基验收前应按设计文件和合同的规定对桩基的承载力和桩身的完整性进行检测。

②主要检验项目。

a. 预制桩的规格应满足设计要求，预制质量应满足设计要求和规范标准的规定。混凝土桩表面不应有裂缝。

b. 沉桩贯入度或桩尖高程。

c. 混凝土桩的桩身完整性检测的数量和结果。

③一般检验项目。

a. 拼接桩的接头接点处理应满足设计要求。

b. 钢筋混凝土方桩水上沉桩的允许偏差、检验数量和方法。

c. 钢管桩和预应力混凝土管桩水上沉桩的允许偏差、检验数量和方法。

d. 陆地沉桩的允许偏差、检验数量和方法。

(9) 灌注桩的下列检验项目应满足设计要求并符合规范标准的规定：

①桩基验收前应按设计文件和合同的规定对桩基的承载力和桩身的完整性进行检测。

②主要检验项目。

a. 桩孔的直径、深度和嵌岩的深度。

b. 孔底的沉渣应清理，清孔后的沉渣厚度。

c. 灌注桩用的混凝土原材料、混凝土配合比、拌合物质量、混凝土强度和耐久性指标。

d. 灌注桩钢筋笼所用钢筋的品种、规格及质量，主筋的数量及长度和成型质量。

e. 混凝土灌注应连续。每孔实际灌注混凝土的数量不得小于计算体积。

f. 灌注桩桩身完整性检测的数量和结果。

③一般检验项目。

a. 桩顶部的浮浆和松散混凝土应凿除，桩顶高程应满足设计要求。

b. 灌注桩的允许偏差、检验数量和方法。

c. 在灌注桩施工过程中，监理工程师从方案审查到现场旁站检查应严格把关，如确保混凝土连续灌注等。

(10) 预制型嵌岩桩的下列检验项目应满足设计要求并符合规范标准的规定：

①桩基验收前应按设计文件和合同的规定对桩基的承载力和桩身的完整性进行检测。

②主要检验项目。

a. 钢管桩和混凝土大直径管桩的规格应满足设计要求，质量应满足设计要求和规范标准的规定。

b. 预制桩沉桩的桩尖高程和贯入度应满足设计要求和试沉桩所确定的停锤标准。植入嵌岩桩预制桩复打入岩的深度应满足设计要求。

c. 嵌岩孔、锚孔的直径和深度满足设计要求,清孔后孔底的沉渣厚度应小于50mm。

d. 桩身完整性和锚杆抗拔力的检测数量和结果。

e. 桩芯和锚杆所用钢筋、混凝土、灌浆材料的质量和混凝土、水泥浆的强度。

③一般检验项目:

水上预制型嵌岩桩施工的允许偏差、检验数量和方法。

(11)其他控制要点。

①抛石基床应预留沉降量。对于夯实的基床,可仅按地基沉降量预留,其数值可根据试夯资料或当地经验确定;对于不夯实的基床,还应考虑基床本身的沉降量。基床顶面预留的向墙后倾斜的坡度应根据地基土性质、基床厚度、基底应力分布、墙身结构形式、荷载和施工方法等因素并结合施工经验确定。

②在地下水位较高,有承压水的砂土层、滞水层,厚度较大的流塑状淤泥或淤泥质土层中不得采用人工挖孔方法施工灌注桩。

③预制桩与桩空间交叉时,在沉桩施工前应进行碰桩核算。

④凿除桩顶混凝土裂损部分时应防止凿除面以下混凝土掉角、松动及开裂。预应力混凝土桩桩顶截除应选用对预应力传递长度影响小的方法。

⑤桩顶低于设计高程时可采用局部降低桩帽高程或接桩进行处理,接高部分应满足设计要求。

⑥严禁在已沉放的桩上系缆。已沉桩的区域应设置明显标志,夜间应设置警示灯。

⑦夹桩作业,有台风、大浪和洪峰等预报时,应检查夹桩设施是否牢固可靠,必要时应采取相应的防范措施。

第五节　重力式码头工程质量控制

一、施工基本要求

(1)重力式岸壁码头按墙身结构可分为方块码头、沉箱码头、扶壁码头、座床式圆筒码头等,码头与岸壁成为一个整体。因重力式码头自重大、对地基要求高,码头的抗倾抗滑稳定是码头结构安全的重要因素。在施工过程中,监理工程师应严格督促施工单位按批准的施工方案实施,防止施工过程中码头失稳。

(2)根据设计规范的强制性条文,重力式码头承载能力极限状态设计应进行下列计算或验算:

①对墙底面和墙身各水平缝及齿缝计算面的抗倾稳定性。

②沿墙底面和墙身各水平缝的抗滑稳定性。

③沿基床底面的抗滑稳定性。

④基床和地基承载力。

⑤墙底面合力作用位置。

⑥整体稳定性。

⑦卸荷板、沉箱、扶壁、空心块体和圆筒等构件的承载力。

(3)扶壁、空心块体、圆筒和沉箱等混凝土结构可整体或分层预制。分层预制时施工缝不宜设在水位变动区、底板与立板的连接处、吊孔处及吊孔以下1m范围内。

(4)沉箱下水、浮运和沉放应符合下列规定:

①混凝土强度应满足设计要求。

②沉箱需浮在水上接高时,应及时调整压载以保证沉箱的浮游稳定。

③沉箱溜放、漂浮、浮运和沉放时,沉箱底部的富裕水深应根据自然条件和施工要求确定,并满足设计和安全的要求。

④沉箱的干舷高度应进行校核,并结合浮运过程沉箱倾角与干舷富裕高度、波高等因素确定。当沉箱干舷高度不满足要求时,可采用密封舱顶等措施。

⑤浮船坞或半潜驳下潜时,下潜区波高不宜大于1.0m,风速不宜大于6级,流速宜小于1.0m/s,能见度宜大于1000m。浮船坞或半潜驳宜顺流驻位下潜,沉箱移离浮船坞或半潜驳的方向宜与水流方向一致。

(5)沉箱靠自身浮游稳定时必须验算其浮游稳定性。

采用浮运拖带法水上运输沉箱前,应验算沉箱吃水并对沉箱在浮运拖带过程中在各个不同工况条件下进行浮游稳定验算,验算应满足规范要求。沉箱的定倾高度应符合下列规定:

①近程浮运时,沉箱的定倾高度不小于0.2m。

②远程浮运时,以块石和砂等固体物压载的沉箱定倾高度不小于0.3m,以液体压载的沉箱定倾高度不小于0.4m。

(6)沉箱水上存放场应符合下列规定:

①漂浮存放时,水域应具有良好的掩护和系泊条件,波高不宜大于0.5m,成批存放时,沉箱间应采取避碰措施。

②坐底存放时,存放场宜选择在邻近预制场或安放现场受风浪、冲刷和淤积等影响较小,且水深满足要求的水域。存放场地的地势宜平坦并应有足够的储存面积和承载力,必要时应作适当处理。

(7)沉箱水上运输,可用浮运拖带法、半潜驳干运法。

(8)采用浮运拖带法水上运输沉箱前,应验算沉箱吃水并对沉箱在浮运拖带过程中各不同工况条件下进行浮游稳定验算。验算应满足下列要求:

①验算沉箱吃水时,应准确计入沉箱内实际的残余水和混凝土残屑的重量、施工操作平台和封舱盖的重量。

②沉箱压载宜用砂、石和混凝土块等固体物。用水压载时应精确计算自由液面对稳定性的影响。

(9)采用半潜驳干运法,无类似条件下的运输经验时,应对下潜装载、航运和下潜卸载的各个作业阶段进行下列验算:

①半潜驳的吃水、稳性、总体强度甲板强度和局部承载力;

②在风、浪、流作用下的船舶运动响应和沉箱自身的强度、稳性等。

(10)不对称型和需密封格舱舱顶后躺拖等形状特殊的沉箱应通过数学或物理模型试验对其吃水、压载、稳定性和拖力大小等进行验算。

(11)远程拖运的沉箱,宜采取密封舱顶措施;干舷甚高,并熟悉所经海域的气象、水文情况时,经论证后,可用简易封舱。近程拖运,可用简易封舱;但当干舷高度不满足有关规定时,应密封舱。

(12)远程拖带的沉箱箱顶应设号型和号灯,设置高度不应小于2.5m。雾航时,沉箱应设雾号。

(13)沉箱、方块、扶壁安装应符合下列规定:

①大型预制件吊运采用的吊具应经设计并满足强度、刚度和稳定性要求。吊具对薄壁构件不宜产生水平挤压力;整体吊运的合力应与其荷载的重心共线。

②重力式块体起吊吊孔应设置在靠近重心的上方,吊孔尺度、受力钢筋、加强圈梁应根据块体形式和重量等确定。

③确定施工安装设备的起重能力时应考虑吊具重力和预制件底板与预制场地面的黏结力。

④吊运时构件承载力应达到设计要求。

⑤构件安装前,应对基床和预制件进行检查,不符合技术要求时,应予修整和清理。

⑥对多层方块的底层或安装后不露出水面的构件应复核位置及高程。

⑦方块、扶壁安装时应分段控制位置和长度。单层一次出水的空心块体和扶壁宜在顶部露出水面的条件下安装。多层方块的安装应在基床面设置准线,安装宜采用阶梯形,并分层、分段进行。

⑧沉箱安放后,箱内应及时灌水。经历1~2个低潮后,应复测位置,确认符合质量标准后,及时填充箱内填料。

⑨沉箱舱内抽水或回填时,同一沉箱的各舱宜同步进行,其舱面高差不应超过设计限值。

(14)重力式码头胸墙施工应符合下列规定:

①胸墙模板设计时除应考虑常规荷载外,尚应考虑波浪力和浮托力。

②混凝土浇筑应在下部构件沉降稳定后进行。

③胸墙的施工准线和高程应考虑墙身的沉降和位移影响。

④扶壁码头的胸墙施工宜在扶壁底板上回填压载后进行。

⑤直接在填料上浇筑胸墙混凝土时,应在填料密实后浇筑。

⑥胸墙宜采用分层、分段浇筑。现浇胸墙混凝土时,混凝土振捣应在水位以上进行,混凝土初凝前不宜被水淹没,否则应采取防止淘刷的措施。

(15)根据规范的强制性条文,重力式码头墙身应沿长度方向设置变形缝。

(16)墙后棱体回填,重力式码头必须采取防止回填材料流失的倒滤措施。应符合下列规定:

①回填前应检查基床及岸坡有无回淤或塌坡,必要时应进行处理。

②抛石棱体和倒滤层应分段、分层施工。

③空心方块、沉箱、圆筒和扶壁安装缝宽度大于倒滤层材料粒径时,接缝或倒滤井应采取防漏措施。

④倒滤层完工后应及时进行覆盖和上部回填。

二、分部分项划分

重力式码头与岸壁分部工程、分项工程划分如表4-5所示。

重力式码头与岸壁分部工程、分项工程划分 表4-5

序号	分部工程	分项工程
1	基础与换填地基	基槽开挖、砂垫层或地基换砂、基床抛石(基床重锤夯实、基床爆炸夯实、基床整平)、地基换填等
2	墙身	预制构件(沉箱、空心方块、方块、扶壁、卸荷板等)、预制构件安装(沉箱、空心方块、方块、扶壁、卸荷板等)、构件箱格内回填、墙身构件接缝倒滤层,现浇混凝土墙身、砌石墙身等
3	上部结构	现浇混凝土结构(胸墙、管沟、悬臂板、面层等)、管沟盖板安装、帽石砌筑、变形缝等
4	后方回填与面层	抛石棱体、倒滤层、土石方回填、回填砂振冲、垫层与基层、现浇混凝土面层、沥青混凝土面层、铺砌块面层等
5	轨道梁与轨道安装	轨道梁基础(预制混凝土方桩、管桩,预制桩沉桩,灌注桩,换填基础)、现浇轨道梁、轨道安装、车挡与地锚等
6	停靠船与防护设施	系船柱、护舷、系船环与系网环、护轮坎、铁梯、栏杆等

三、相关质量控制

(1)重力式墙身与墩身分项工程的检验批,岸壁式结构宜按结构段或施工段划分,墩式结构宜按设计单元划分。

(2)对于带有设备基础的混凝土结构,在质量检验时应同时对设备基础预埋件、预留孔和预留螺栓等进行检查。

(3)重力式码头墙身与墩身构件安装质量应符合下列规定:

①构件的型号和质量应符合设计要求和规范标准的规定,混凝土构件表面不应有严重缺陷。

②构件安装前应对基床面进行检查,基床面不得有回淤沉积物。

③采用浆砌块石的墙身与墩身表面应平整,砌缝应均匀,勾缝应密实、牢固、线条清晰。

(4)构件箱格内回填的下列检验项目应符合设计要求与规范标准规定:

①回填料的种类、规格和质量。

②相邻箱格内的回填应均匀,检验回填料的高差。

③回填施工应避免构件顶面棱角损坏。

④带有消浪孔的沉箱,检验箱内回填料的护面。

第六节 板桩码头工程质量控制

一、一般规定

(1)板桩码头可采用无锚板桩、单锚板桩、多锚板桩、斜拉桩式板桩、遮帘式板桩、半遮帘

式板桩或卸荷式板桩等结构形式。结构选型应符合下列规定:

①码头岸壁高度较小、地面荷载不大且对位移要求不高的情况,可采用无锚板桩结构。

②码头后方场地狭窄、设置锚碇结构有困难或施工期会遭受波浪作用的情况,可采用斜拉桩式板桩结构。

③具有干地施工条件、天然泥面较高、采用挖入式港池、需要保护邻近建筑物安全或缺乏打桩设备的情况,宜采用地下连续墙式板桩结构。

④大型深水码头宜采用多锚板桩、遮帘式板桩或卸荷式板桩结构。

⑤板桩码头加深改造时宜采用半遮帘式板桩结构。

(2)板桩码头的前墙可采用钢板桩、钢筋混凝土板桩或地下连续墙结构。

(3)板桩码头的锚碇结构可采用锚碇板、锚碇墙、锚碇桩、锚碇板桩或锚碇叉桩等形式。锚碇结构形式应根据码头后方场地条件和拉杆力大小等因素选定,并应遵守下列原则:

①码头后方场地宽敞,拉杆力不大时,宜采用锚碇墙或锚碇板。

②码头后方场地狭窄,拉杆力较大时,宜采用锚碇叉桩。

③码头后方场地宽敞,且地下水位较高或利用原土层时,宜采用锚碇桩或锚碇板桩。

二、施工基本要求

(1)墙前的"踢脚"稳定性、锚碇结构的稳定性、板桩码头的整体稳定性、桩的承载力和构件强度等应按承载能力极限状态设计。施工过程中,监理工程师应督促施工单位分析和确定影响结构稳定性的因素,防止超常规施工荷载发生,制订相关施工保证措施,确保施工期码头结构的安全性。

(2)钢板桩、钢拉杆、钢导梁及其附件应进行防腐蚀处理,钢拉杆应预留足够的锈蚀厚度。前墙后的回填料不得采用具有腐蚀性的材料。

(3)板桩码头的板桩沉设应符合下列规定:

①板桩沉设应设施工导桩、导梁或导架等导向装置。导向装置应具有足够强度和刚度。

②混凝土板桩应依次单根插入沉设;组合式钢板桩沉桩应采用先沉主桩、后沉辅桩的间隔沉桩方式。

③当板桩偏离轴线产生平面扭转或沿墙轴线产生过大倾斜时,应及时进行调整。

④板桩码头沉桩,在岸坡上采用锤击或振动下沉板桩时,应对岸坡、板桩墙和相邻的建筑物进行监控,发现异常情况应及时采取措施。

(4)板桩码头地下连续墙施工应符合下列规定:

①地下连续墙施工应设置施工导墙,导墙的断面和高程应满足成槽的要求。

②地下连续墙成槽施工中,应随时对槽体的垂直度、宽度和泥浆性能等进行检测。槽段开挖后,应及时清槽和进行泥浆置换,并应对相邻槽段混凝土端面进行清刷。

③钢筋骨架应加焊保护层垫块。钢筋骨架入槽时应垂直、缓慢,不得强行冲击下放。

④单元槽段混凝土必须连续浇筑。

(5)邻近水边的地下连续墙施工,应采取防止波浪和潮水越顶对地下连续墙造成损坏的措施。

(6)地下连续墙成槽应采用泥浆护壁,废弃泥浆和渣土的排放应符合环境保护的有关规定。

(7)钢拉杆安装应符合下列规定:

①安装前应对钢拉杆规格和防腐进行检查,并应提前进行拉杆杆体包裹层的施工。

②拉杆安装应按设计要求施加预应力,并随墙后的回填对拉力进行调整。

③回填覆盖前应对连接铰、张紧器和螺母等未做防腐部位进行防腐处理。

(8)板桩码头墙后回填应符合下列规定:

①回填应满足设计要求,不得采用具有腐蚀性的材料。

②墙后回填的时间、顺序和速率应符合设计要求。

③墙后回填应分层回填、分层密实,并应监测和控制板桩墙与锚碇结构的位移。

④前墙墙后原土层或回填料为细颗粒土时,钢筋混凝土板桩之间的接缝应采取防漏土措施。

三、分部分项划分

板桩码头与岸壁分部工程、分项工程划分见表4-6。

板桩码头与岸壁分部工程、分项工程　　表4-6

序号	分部工程	分项工程
1	基槽与岸坡开挖	基槽与岸坡开挖
2	前墙与上部结构	预制构件(混凝土板桩、钢板桩加工),板桩沉桩,地下连续墙,排桩式地下墙,现浇胸墙、帽梁,导梁(现浇导梁、钢导梁)等
3	锚碇结构与拉杆	预制构件(锚碇板、锚碇桩)、锚碇板安装、锚碇桩沉桩、锚碇板桩、锚碇叉桩、地下连续墙、现浇锚碇墙、现浇锚碇梁、钢拉杆制作与安装等
4	回填与面层	墙后棱体、倒滤层、土石方回填、垫层与基层、面层(混凝土面层、沥青面层、铺砌面层)等
5	轨道梁与轨道安装	轨道梁基础(预制混凝土方桩、管桩,预制桩沉桩,灌注桩)、现浇轨道梁轨道安装、车挡与地锚等
6	停靠船与防护设施	系船柱、护舷、系船环与系网环、护轮坎、铁梯、栏杆等

四、相关质量控制

1. 板桩墙与地下连续墙质量控制

(1)当码头前墙为板桩结构时,板桩沉桩的质量检验应符合下列规定:

①板桩的规格、质量和钢板桩防腐应满足设计要求。混凝土板桩表面不应有裂缝。

②沉桩后,钢筋混凝土板桩不得出现脱榫现象,钢板桩不得出现不联锁现象。

③板桩的桩尖高程及入土深度应满足设计要求。

(2)当码头前墙结构与锚碇墙为地下连续墙结构时,地下连续墙质量应符合下列规定:

①槽底清理后的沉渣厚度不应大于200mm。清理槽底置换泥浆结束1h后,槽底设计高程以上200mm处的泥浆重度不应大于12kN/m^3。

②地下连续墙所用混凝土的原材料、配合比、强度和耐久性指标应满足设计要求和有关规

范规定。

③地下连续墙钢筋笼所用钢筋的品种、规格和钢筋笼制作与安装的质量应满足设计要求和有关规范规定。

④地下连续墙水下混凝土应连续浇筑,不得发生中断或导管进水现象。每槽段实际灌注混凝土数量不得少于计算体积。

⑤地下连续墙完整性检测的数量和结果应满足设计要求,并应符合有关规范的规定。

2. 胸墙、帽梁和导梁施工

(1)板桩墙嵌入胸墙或帽梁的深度和钢筋深入长度应满足设计要求,并应对其嵌入部分的表面进行处理。

(2)胸墙和帽梁的分段长度应满足设计要求。分缝的位置不宜设置在板桩锁扣处。

(3)潮水影响施工时,混凝土应趁潮浇筑,并应始终保持混凝土的浇筑面在混凝土初凝前不被潮水淹没。

(4)施工水位以下的混凝土浇筑,胸墙宜采用水密模板,且应在抽干水后浇筑混凝土;导梁宜使用水下不分散混凝土进行浇筑;或根据结构特点、水位变化和施工条件等采取其他相应措施。

(5)陆上浇筑胸墙、帽梁和导梁且施工基槽较深时,应采取保证边坡稳定的措施。当地下水位较高时,宜采取必要的降排水措施

3. 锚碇板安装

锚碇板安装的下列项目应满足设计要求并符合规范标准的规定:

(1)锚碇板的型号和质量。

(2)锚碇棱体的材料、断面和密实度。

(3)锚碇板的基础应按设计要求进行密实和整平。

4. 锚碇拉杆安装

锚碇拉杆安装的下列项目应满足设计要求并符合规范标准的规定:

(1)拉杆和张紧器的规格、型号和质量。

(2)拉杆安装应平顺,张力应均匀,螺母和张紧器应拧紧。

(3)拉杆的防腐应满足设计要求。包裹层不得出现空鼓和防腐油未浸透现象。

(4)拉杆安装的允许偏差、检验数量和方法应符合规范的规定。

5. 回填施工

(1)板桩码头后方回填的时间、顺序和速率应满足设计要求,宜按先回填锚碇结构前土体、再回填前墙后土体、最后进行上部大面积回填的顺序进行施工。

(2)板桩码头后方回填时,应加强前墙变形监测。

(3)回填料不得采用具有腐蚀性的材料,其质量应满足设计要求。

(4)锚碇结构前土体的回填范围和技术要求应满足设计要求。

6. 码头前沿挖泥

(1)码头前沿的挖泥应在码头主体结构施工完成后进行。

(2)码头前沿挖泥应按设计要求的顺序进行施工,宜在码头后方回填基本完成后进行。

(3)码头前沿的挖泥在码头全长方向应均匀进行。当开挖厚度较大时应分层进行,分层的厚度不应大于1.5m。

(4)码头前沿的挖泥范围和高程应满足设计要求,宜采用抓斗疏浚船施工。

第七节 高桩码头工程质量控制

一、一般规定

(1)高桩码头结构可采用梁板式、无梁板式、墩式、多层式、浮式和柔性靠船桩式等结构形式。结构形式的选择应根据自然条件、荷载情况和使用要求等因素进行技术经济比较确定。

(2)高桩码头平面布置可分为连片式和墩式,按接岸方式分为满堂式和引桥。

(3)满堂式码头桩台宽度应根据使用要求、桩台刚度、岸坡的地形地质条件、地基加固方式和接岸结构形式等因素通过技术经济比较确定。桩台也可分为前桩台和后桩台。

(4)高桩码头的基桩宜采用预应力混凝土方桩、预应力混凝土管桩和钢管桩等打入桩,也可采用灌注桩和嵌岩桩等其他形式的基桩,内河小型码头亦可采用预制钢筋混凝土桩。

(5)无掩护水域建造的引桥式码头或码头需要承受较大水平荷载时,应根据具体情况增加斜桩或叉桩以及适当增加码头桩台的宽度等措施。

(6)确定上部结构底面高程时,应考虑使用要求、施工水位、波浪、泄洪等对结构的影响和检修的可能性。

(7)当码头区域可能发生冲刷时,应考虑冲刷深度对结构的影响,必要时可采取抛石、沉排等保护措施进行护底和护坡。护底及护坡的设计可参照现行行业标准的相关规定。当码头区域可能发生淤积时,应考虑岸坡变化对结构的影响。

(8)码头的两端宜设置防冲撞警示桩。受流冰影响地区应考虑流冰对码头基桩的影响,必要时应在码头端部设置防撞设施。

(9)预制构件吊运过程中的强度验算时,动力系数可取1.3。

(10)码头桩台应设置伸缩缝和沉降缝,并符合下列规定:

①沉降缝的位置应根据荷载情况、结构形式和地质条件确定。沉降缝与伸缩缝可结合设置。

②码头伸缩缝的间距,应根据本地区的温度差、平面布置形式、上部结构的特性、桩的自由长度和刚度等因素综合考虑。上部结构为装配整体式结构时,宜取60~70m;上部结构为现场整体浇筑混凝土时,不宜大于35m。当有实践经验或可靠论证时,伸缩缝的间距可适当增减。

③码头上部结构在伸缩缝和沉降缝处,可采用悬臂式结构或简支结构。分段处的缝宽一般可取20~30mm。当有抗震要求时或可能产生较大伸缩率时缝宽应根据计算或当地经验确定。伸缩缝内应采用柔性材料填充。

(11)码头采用有轨装卸设备时,分段处的上部结构宜采用悬臂结构。悬臂分缝处宜做成凹凸缝。

(12)码头面应设排水坡和泄水孔。排水坡度可采用0.5% ~1%。

(13)码头面应设置磨耗层,磨耗层厚度宜根据流动机械的类型和使用情况确定。磨耗层与面板同时浇筑时,其厚度不应小于20mm,分开浇筑时不应小于50mm。磨耗层混凝土的强度等级不应低于C25。

(14)采用大面积现浇面层时宜采取纤维混凝土、锯假缝等减少混凝土面层不规则裂缝的措施。锯缝间距和位置应根据结构、材料、气温等特点确定,假缝的深度不应超过磨耗层的厚度,缝内可采用沥青等材料填充。

(15)预制构件的搁置面宜采用水泥砂浆找平,砂浆厚度宜取10~20mm,砂浆强度等级不宜低于M20。

二、施工基本要求

(1)高桩码头桩基施工应符合下列规定:

①沉桩前应绘制沉桩顺序图,并应结合桩位允许偏差校核各桩是否相碰。

②沉桩前应了解地质情况,特别注意软土夹层对沉桩的质量和安全产生不利影响。

③沉桩施工前应对码头岸坡进行断面测量和验收。

④沉桩定位方法应根据工程要求、施工区域和施工条件确定。

⑤沉桩施工中,应加强岸坡稳定观检,必要时,应采取措施。

⑥沉桩结束后应及时夹桩,夹桩应牢固可靠。夹桩时,不得采用拉桩方式进行纠偏。

⑦施工船舶不得碰撞、挤靠桩身,不得在桩上系缆。

⑧已沉桩的区域应设置明显标志,夜间应挂警示灯。监理工程师应在审查施工方案和施工过程中,严格把关和督促施工单位有效执行。

⑨截桩应采用避免桩身损坏的方法。

⑩桩帽、墩台等现浇混凝土的强度达到5MPa前,30m范围内不得有锤击沉桩作业。

(2)高桩码头的岸坡施工应按设计要求分段、分层进行,施工进度应与码头桩基施工、后方陆域形成施工进度相协调。

(3)高桩码头上部结构施工应符合下列规定:

①上部结构施工前应测设预制构件的安装位置线和高程控制点。预制构件安装前应对支承结构进行检查。

②多层构件安装时,应逐层控制高程。

③可能因遭受风、浪或水流等影响而失稳等的上部结构构件安装后,应采取加固连接措施。

④构件安装的砂浆垫层应密实饱满并及时勾缝。

⑤预制构件安装应核对构件编号、安装位置、搁置长度,并形成安装记录。

⑥上部结构接缝和接头的施工应紧随构件安装进行,施工前应对接缝钢筋、连接方式和施工缝处理进行检查和验收。

⑦叠合梁板和码头面层的施工应根据结构特点、施工环境和施工能力合理划分施工区段,并应采取防裂措施。

(4)高桩码头梁板构件安装,岸坡顶部堆放预制构件时,应核算岸坡的稳定性,并加强观测。必要时应采取防止岸坡滑坡、岸坡发生有害位移和沉降的措施。

(5)预制构件安装后构件稳定性较差或可能遭受风浪、水流作用或船舶碰撞等影响时,应及时采取加固措施。

(6)高桩码头间棱体抛填应向岸方向分层进行,桩基两侧应对称抛填并应控制抛填速率。

三、分部分项划分

高桩码头与岸壁分部工程、分项工程划分见表 4-7。

高桩码头与岸壁分部工程、分项工程划分 表 4-7

序号	分部工程	分项工程
1	基槽与岸坡开挖	基槽与岸坡开挖
2	桩基	预制桩(混凝土方桩、管桩,钢管桩)、预制桩沉桩、灌注桩等
3	上部结构	现浇混凝土结构(桩帽,梁、梁格,板),预制安装结构(预制梁、板、靠船构件,梁、板、靠船构件安装,钢梁、钢桥制作,钢梁、钢桥安装),现浇接缝,变形缝,混凝土面层等
4	接岸结构与回填	地基处理(砂垫层、塑料排水板,砂桩、碎石桩,搅拌桩,抛石基床)、挡土墙(现浇挡土墙、浆砌石挡土墙)、倒滤层、土石方回填、岸坡(抛石护面、块体护面)、抛石护底等
5	轨道	起重装卸机械、火车轨道安装,车挡与地锚等
6	停靠船与防护设施	系船柱、护舷、系船环与系网环、护轮坎、铁梯、栏杆等

四、相关质量控制

(1)桩的承载能力极限状态设计应包括下列内容:

①根据桩的受力情况,进行地基土对桩的轴向承载力和水平承载力计算,以及软弱下卧层承载力验算。

②桩身受压、受弯、受拉、受剪和必要时的受扭承载力计算。

③桩的自由长度较大时,桩的压屈稳定验算等。

施工过程中,监理应根据设计文件要求,严防在施工中发生有超出设计荷载的情况,并采取必要的预防措施如桩的堆放、吊桩及其他施工情况。沉桩后,应检查混凝土桩身是否有裂缝。

(2)后张法预应力混凝土大直径管桩预留孔灌浆应密实,灌浆材料强度不得低于 45MPa,并应满足握裹力要求。

(3)钢管桩结构,钢管桩组装时应采用对接焊缝,不得用搭接或侧面有覆板的焊接形式。

(4)桩帽设计要求:

①桩帽平面形状可采用矩形、圆形或多边形等形式。

②桩帽平面尺寸应取其顶面尺寸和底面尺寸的较大值。

③桩帽的高度应根据计算确定,并应考虑桩伸入桩帽的长度,以及桩顶钢筋长度、预应力混凝土管桩桩芯钢筋长度或钢管桩锚固铁件锚固长度等构造要求。桩帽高度不宜小于 0.5 倍桩帽宽度,且不得小于 600mm。

(5)接岸结构与岸坡施工要求:

①接岸结构与岸坡施工工艺和工序应满足码头岸坡稳定要求。当接岸结构于岸坡时施工时,应考虑岸坡沉降位移对接岸结构的影响,宜先进行岸坡施工后进行接岸结构施工。

②接岸结构沉桩后进行回填或抛石前,应清除回淤浮泥和塌坡泥土。

③接岸结构岸坡回填土和抛石不宜采用由岸向水域方向倾倒推进的施工方法。

第八节　斜坡码头和浮码头工程质量控制

一、一般规定

(1)斜坡码头和浮码头结构各部分的主要尺度应根据平面布置及工艺设计的要求,并依据码头所处位置的地形、地质和水文等条件确定。

(2)在回填区架设架空斜坡道和固定引桥时,应考虑回填土对结构的不利影响。

(3)架空斜坡道和引桥应设置防护栏杆。

(4)对车、客流量较大的车客渡码头,斜坡道中间宜设置分隔设施。

(5)在冰冻地区建造斜坡码头和浮码头时应采取防冰措施。

(6)在波浪较大的湖泊、水库和海域建造斜坡码头或浮码头时,应考虑波浪的作用,并采取有效的防浪措施。有台风的地区应采取防台措施。

二、施工基本要求

(1)坡面处理、垫层或倒滤层、面层应分段分层协调施工。

(2)斜坡道铺砌应从坡脚或戗道处开始,自下而上进行。铺砌有轨道的坡面时,铺砌顶面不得超过该处的钢轨底面。

(3)在斜坡道上浇筑钢筋混凝土纵轨枕或轨道梁时,应严格控制中心线位置及顶面高程。

(4)吊装横轨枕体系时,应加设临时支撑。

(5)当流速较大时,进行潜水作业安装水下构件应采取遮流措施。

(6)钢引桥和钢撑杆的吊点布置应满足设计要求,并防止构件变形。构件安装就位后,应及时加固。

(7)趸船系留方式应满足设计要求。趸船定位后,锚链应绞紧,撑杆应锁定。

三、分部分项划分

斜坡码头和浮码头分部工程、分项工程划分见表4-8。

斜坡码头和浮码头分部工程、分项工程划分　　表4-8

序号	分部工程	分项工程
1	基槽及岸坡开挖	基槽及岸坡开挖
2	基础	抛石基础(基床抛石、基床夯实、基床整平、倒滤层)、重力墩(预制沉箱、方块等,沉箱、方块安装等)、桩基(预制桩沉桩、灌注桩、现浇桩帽)、现浇墩台、砌石墩台等
3	斜坡道或引桥	预制梁、板构件,梁、板构件安装,现浇梁、板构件,混凝土面层,砌石面层,砌石踏步,轨道安装,块石护坡等

续上表

序号	分部工程	分项工程
4	趸船与钢引桥	预制锚块、锚块安装、钢引桥制作、钢引桥安装、混凝土系船块体、钢撑杆制作与安装、趸船安装等
5	挡土墙及面层	现浇混凝土挡土墙、砌石挡土墙、土石方回填、抛石棱体、倒滤层、垫层、面层等
6	停靠船与防护设施	系船柱、护舷、系船环与系网环、护轮坎、铁梯、栏杆等

四、相关质量控制

(1)斜坡码头和浮码头的架空斜坡道和引桥,应设置防护栏杆。

监理工程师在熟悉设计图纸和施工过程中,应对防护栏杆的施工质量把关,并满足设计与规范要求。

(2)坡顶挡土墙延长的方向应设置变形缝。

监理工程师应督促施工单位做好变形缝的设置与施工,且质量满足要求。

(3)坡顶挡土墙设置于堤防范围内时,挡土墙底部和背后不得采用透水性材料作为垫层和回填料。

在施工回填时,监理工程师应把好回填材料关。

(4)钢筋混凝土固定引桥应设置伸缩缝和沉降缝。

(5)浮码头趸船安装工程质量应满足以下规定:

①钢质趸船的规格和性能应满足设计要求,并应取得船舶检验证书。

②趸船与钢撑杆、钢撑杆与撑墩或系船块体的连接应满足设计要求。

③趸船的平面位置和扭角应满足设计要求,系锚应牢固。

锚块和锚链的规格、尺寸和加工质量,锚块与锚链的连接方式应满足设计要求。

第九节　码头上部结构工程质量控制

一、一般规定

码头与岸壁工程上部结构分项工程的检验批,岸壁式结构宜按结构段划分,墩式结构应按结构单元划分。

二、现浇混凝土胸墙质量控制

(1)胸墙模板设计时除应考虑常规荷载外,尚应考虑波浪力和浮托力。

(2)扶壁码头的胸墙施工宜在扶壁底板上回填压载后进行。

(3)直接在填料上浇筑胸墙混凝土时,应在填料密实后浇筑。

(4)胸墙宜采用分层、分段浇筑。施工缝应符合现行规范的有关规定。

(5)现浇胸墙混凝土时,混凝土振捣应在水位以上进行,混凝土初凝前不宜被水淹没,否则应采取防止淘刷的措施。

(6)现浇胸墙、防浪墙和防汛墙,除构件混凝土实体质量外,前沿线位置、顶面高程、顶面宽度、相邻段错台、预留空洞位置等项目允许偏差,应符合规范规定。

(7)现浇廊道、管沟,除构件混凝土实体质量外,边线位置、壁厚、沟宽、预留孔位置、预埋铁件位置等项目允许偏差,应符合规范规定。

三、现浇混凝土桩帽与墩台、现浇梁板、现浇混凝土柱质量控制

(1)预留钢筋的数量及外伸长度等应满足设计要求。

(2)现浇梁板安装搁置面应压抹平顺。叠合部位的凿毛和钢筋的数量及外伸长度应满足设计要求。

(3)混凝土浇筑工艺应满足分层铺摊和振捣要求。

(4)上部结构混凝土现场浇筑应符合下列规定:

①施工前应掌握水位变化规律,制定合理混凝土浇筑工艺。

②混凝土构件搭接点采用预埋铁件连接时,应采用间隔焊法。

③混凝土保护层垫块的厚度不应出现负偏差,正偏差不应大于2mm;垫块强度、密实性和耐久性应不低于构件本体混凝土的指标。

④横梁长度大于30m时,上横梁宜采用分段浇筑,中间设置后浇节点。

(5)现场浇筑节点、接缝、面层应满足下列要求:

①浇筑前将节点、接缝、面层的接合面按规定进行凿毛处理,并清除模板内的杂物和积水。

②节点、接缝的模板不漏浆。

③有铺涂条件的节点、接缝和面层混凝土,浇筑前在接合面处铺设10~20mm厚水泥砂浆或涂刷水泥浆;水泥砂浆或水泥浆的水灰比不大于所浇筑混凝土的水灰比;水泥砂浆和水泥浆铺涂后及时浇筑混凝土。

④采取密实混凝土的施工措施:

(6)混凝土强度达到5MPa前,锤击沉桩处与现场浇筑混凝土之间的距离不得小于30m。

(7)桩顶局部损裂或掉角的部位不能被桩帽或上部结构混凝土包裹时,应采取降低桩帽或局部降低上部结构底高程的措施。

(8)码头伸缩缝和沉降缝的构造及填缝材料的品种、规格和质量,应符合设计要求。分层浇筑混凝土时,各层留置伸缩缝和沉降缝的上下位置应一致,缝内不得有杂物。

四、混凝土构件安装质量控制

(1)构件的型号应满足设计要求与规范规定。

(2)预制构件安装准备工作应包括下列内容:

①测设预制构件的安装位置线和高程控制点。

②对预制构件的类型编号、外形尺寸、质量、数量、混凝土强度、预留孔、预埋件及吊点等进行复查。

③检查支承结构的可靠性以及周围的钢筋和模板等是否妨碍安装。

④结合施工工艺,合理选择安装船机和吊具,编制预制构件装驳和安装顺序图,按顺序图装驳。

(3)预制构件安装应满足下列要求:

①搁置面平整,预制构件与搁置面间接触紧密。

②逐层控制高程。

③对影响构件安装的露出钢筋及时与设计单位研究处理。

(4)安装时,构件和下层支承结构的混凝土强度及支点构造应满足设计要求。

(5)构件钢筋伸入支座的锚固长度和固定构件的方式应满足设计要求。

构件与支承面应接触严密,铺垫砂浆应饱满并及时勾缝。变形缝的设置应满足设计要求,并应上下贯通、顺直。

(6)用水泥砂浆找平预制构件搁置面应符合下列规定:

①构件不得在砂浆硬化后安装。

②水泥砂浆找平厚度宜取 10 ~ 20mm,超过 20mm 应采取措施。

③坐浆应饱满,构件安装后略有余浆挤出,缝口处不得有空隙,并在接缝处采用砂浆嵌塞密实和勾缝。

(7)高桩码头梁板构件安装时和安装后,构件稳定性较差或可能遭受风浪水流作用,或船舶碰撞的影响时,应及时采取加固措施。

(8)重力式块体起吊吊孔应设置在靠近重心的上方,吊孔尺度、受力钢筋、加强圈梁应根据块体形式和重量等确定。

五、变形缝及止水质量控制

(1)变形缝的位置及构造应满足设计要求。

(2)止水设置的位置及构造应满足设计要求。

(3)止水材料的品种、规格和质量应满足设计要求。

(4)同一条止水带应连续、完整,不应有割口、撕裂和钉孔。焊接或黏接的连接形式、工艺和质量应满足止水材料产品说明书的要求。

(5)止水带与混凝土的结合应严密。止水带不得发生卷曲,混凝土不得有蜂窝等缺陷。变形缝的上下层位置应贯通,缝内不得夹有杂物。填缝材料的种类应满足设计要求,填缝应饱满、整齐且不污染工程。

六、现浇混凝土面层质量控制

(1)基层面的处理应满足设计要求。浇水湿润不应有积水。

(2)混凝土面层应压抹平整,拉毛或刻纹应满足设计要求并应均匀一致。不得有空鼓、脱皮、石子外露、缺边掉角和飞边等缺陷。

(3)胀缝和缩缝的设置应满足设计要求,并应线条整齐、边缘完整。有填缝要求的,填缝应饱满、密实。

(4)有铺涂条件的节点、接缝和面层混凝土,浇筑前在接合面处铺设 10 ~ 20mm 厚水泥砂浆或涂刷水泥浆;水泥砂浆或水泥浆的水灰比不大于所浇筑混凝土的水灰比;水泥砂浆和水泥浆铺涂后及时浇筑混凝土。

(5)码头大面积面层混凝土施工应采取控裂措施。现场浇筑时应采取防雨、防晒、防风、防冻等措施。浇筑完成后宜采用覆盖或蓄水等养护措施。装配整体式结构应先浇筑纵横梁节点及预制板接缝处的混凝土,再浇筑码头面层混凝土。

(6)码头大面积现浇混凝土面层可采用切缝机切缝,切缝分块边长以 3.5 ~ 5.0m 为宜。混凝土的切缝位置应根据设计要求、码头结构受力、施工工艺、混凝土性能等情况确定。切缝时间宜在面层混凝土强度达到 10 ~ 15MPa 时进行,切缝深度宜为 20mm。缝内应采用柔性材料灌填。

(7)浇筑码头面层混凝土时,应根据设计要求埋设固定的沉降、位移观测点,并定期进行观测,做好记录,竣工平面图上应标明观测点,交工验收时交付使用单位。

第十节 接岸结构与后方回填工程质量控制

一、施工基本要求

(1)高桩码头接岸结构、高桩码头和斜坡码头后方岸坡与码头后方回填分项工程的检验批宜按设计结构单元或施工段划分。

(2)高桩码头接岸结构与岸坡施工工艺和工序应满足码头岸坡稳定要求。当接岸结构与岸坡同时施工时,应考虑岸坡沉降位移对接岸结构的影响,宜先进行岸坡施工后进行接岸结构施工。

(3)接岸结构中的地基加固、板桩结构各分项工程,以及现浇混凝土挡土墙、浆砌石挡土墙的质量检验应符合有关规定。

二、墙后抛石棱体质量控制

(1)棱体所用材料的规格和质量应满足设计要求。

(2)抛填前应检查基床和岸坡,超过设计要求的回淤或塌坡应进行清理。

(3)墙身后棱体抛填的程序和速率应满足设计要求。

(4)棱体断面的平均轮廓线不得小于设计断面。

三、墙后倒滤层质量控制

(1)倒滤层所用砂、碎石、土工织物的规格和质量应满足设计要求。

(2)倒滤层应连续,分段分层施工的接茬处理应满足设计要求。

(3)土工织物滤层的坡顶、坡趾处理或立缝铺设的固定措施,应满足设计和施工方案的要求。

(4)土工织物滤层铺设不得有破损,水下铺设的压稳措施应可靠。

(5)倒滤层施工验收后,应及时回填覆盖。

(6)设置在码头墙身后的碎石倒滤层,当墙身构件安装缝宽度大于倒滤层材料粒径时,应采取防漏措施。

(7)倒滤层、土工织物滤层施工的允许偏差、检验数量和方法,应符合规范规定。

四、码头后方回填质量控制

(1)码头后方的回填程序和加载速率应符合设计和施工方案的要求。

(2)陆上回填应分层回填、分层密实。其分层厚度和经碾压或夯实后的密实度应满足设计要求。

(3)后方回填施工过程中,应对码头及岸坡的沉降和位移进行观测或监测。

(4)回填料种类应满足设计要求。

五、高桩码头接岸结构与岸坡施工

(1)接岸结构沉桩后进行回填或抛石前,应清除回淤浮泥和塌坡泥土。

(2)接岸结构岸坡回填土和抛石不宜采用由岸向水域方向倾倒推进的施工方法。

(3)接岸施工工艺应根据结构形式和地基处理的要求确定,并应符合下列规定。

①接岸结构采用重力式时,基础回填应分层夯实或碾压密实。

②接岸结构采用板桩式时,回填顺序应符合设计要求,并应控制板桩墙产生过大变形和位移。

③接岸结构采用清淤置换、排水固结、深层水泥搅拌等方法加固地基时,应符合设计要求和国家现行有关标准的规定。

(4)已经形成的接岸结构岸侧应避免过大的震动荷载;难以避免时,应与震动源保持足够的安全距离。

(5)施工过程中,应根据设计要求,结合现场施工条件设置沉降和位移观测点。

第十一节　轨道梁与轨道安装工程质量控制

一、施工基本要求

码头后轨道梁的分项工程应按工程类别划分。其检验批宜按设计结构单元或施工段划分。轨道梁的模板、钢筋和混凝土等分项工程的质量,应满足相应的规定。轨道梁的桩基础,如预制桩沉桩、灌注桩的质量,应符合相应的规定。

二、轨道梁基础换填质量控制

(1)轨道梁基础换填所用的材料、换填部位和厚度应满足设计要求。

(2)换填的密实方法应满足设计要求。设计对压实度或标准贯入度有要求时,压实度或标准贯入度应满足设计要求。

三、现浇混凝土轨道梁质量控制

(1)梁顶及轨道槽的质量应满足设计要求。

(2)梁端榫槽与传力杆的质量应满足设计要求。

(3)现浇轨道梁允许偏差、检验数量和方法应满足规范要求。

四、轨道安装质量控制

(1)钢轨及配件的规格和质量应满足设计要求。

(2)采用硫黄砂浆或胶泥固定螺栓时,砂浆或胶泥的强度及抗拔力应满足设计要求。

(3)无缝轨道的焊接接头应按设计要求进行探伤检查,并应满足设计要求。垫板、垫圈、扣件和螺母安装应正确,螺母应满扣拧紧。

(4)装卸机械轨道钢轨的轨距、类型及型号应根据机型或缆车形式、使用要求和作业特点等因素确定,可选用起重机钢轨或铁路钢轨;对吨级大、作业要求高的码头宜采用全长淬火钢轨。

(5)钢轨安装在钢结构轨道梁上时,轨道固定件可采用焊接或螺栓联结;安装在钢筋混凝土轨枕或轨道梁上时,联结螺栓可采用预埋式或后埋式。后埋式安装孔应采用高强黏结材料填充。

(6)轨道凹槽槽侧底部应设排水孔;排水孔的直径、间距和形状根据需要确定。

(7)钢轨工作一段时间后,应再次检查、调整相应部件。待变形稳定后凹槽内可填充轨道专用沥青或其他填料,填入高度不应影响装卸机械行走。

五、车挡安装质量控制

(1)车挡构件的规格应满足设计要求,质量应符合钢结构制作有关规定。

(2)车挡结构可采用直立式或弯曲式.直接承受水平力作用的部分宜设置橡胶垫板,且装卸机械缓冲器应与前后轨车挡接触面在同一平面内。

(3)车挡构件与基础的连接应牢固。采用焊接连接时,焊缝应满足设计要求;采用螺栓连接时,螺母应拧紧并外露2~3个丝扣。

(4)钢构件涂装的质量应满足设计要求,表面不应有漏涂、起皱、流挂、脱落等。

六、顶升埋件

(1)岸边装卸机械应根据需要设置顶升埋件。顶升埋件的位置应根据装卸机械维修、船舶装卸作业、码头结构受力和锚碇防风拉索布置等因素确定。顶升埋件设置的套数不宜少于装卸机械设备数。小型码头可采用临时垫板代替顶升埋件。

(2)顶升埋件对桩基梁板式码头宜设在梁系上,重力式码头宜设于轨道梁上。轨道基础为轨枕道砟时,顶升埋件应做独立的混凝土基础。

(3)顶升埋件应采用锚筋或锚板锚固于基础上。

(4)横梁排架或轨道梁上的顶升埋件。计算码头结构内力时,作用组合应考虑顶升反力影响。

(5)顶升埋件设独立基础时,应对基础进行局部承压和地基承载力验算。混凝土强度等级不应低于码头面层强度。

七、防风地锚质量控制

(1)起重装卸机械防风地锚及锚座设置的位置和数量应满足设计要求。

(2)防风系拉与锚碇装置具体位置应根据码头结构特点确定,并应符合下列规定:

①对高桩码头,防风系拉与锚碇装置宜设在梁系上,并可根据需要局部扩大或加设基桩;

②对重力式码头,前轨一侧防风系拉与锚碇装置宜设在胸墙上,并可根据需要局部扩大;

③重力式码头和板桩码头轨道采用轨枕道砟基础时,应设置独立的防风系拉和锚碇基础。

(3)地锚拉环和锚座的制作质量和与基础的连接方式应满足设计要求。钢构件涂装的质量应满足设计要求,表面不应有漏涂、脱落和锈蚀等。

第十二节 防波堤与护岸工程概述

一、防波堤的功能

防波堤是为了阻断波浪传播、围护港池、维持水面平稳,以便船舶安全停泊和作业而修建的水中建筑物。

建造在开敞海岸、海湾或岛屿的港口,通常由防波堤来形成有掩护的水域。防波堤的功能主要是防御波浪对港域的侵袭,维护港内水域的平稳,以保证船舶在港内安全停靠、系泊和正常进行货物装卸作业及上下旅客。防波堤还具有防流、导流,阻挡泥沙流入港内、减轻港内淤积的作用;在有冰冻的海域,防波堤还可阻止流冰进入港内,维护港口设施安全和船舶正常通行。

二、防波堤的分类

按平面布置形式,防波堤分为突堤和岛堤两种类型。突堤是防波堤一端(堤根)与陆地相连,另一端(堤头)伸向水域;岛堤是整个防波堤位于离岸水域中,两端均不与陆地相连,有两个堤头。

按结构形式,防波堤可分为斜坡式、直立式以及特殊形式三类。斜坡式防波堤的结构断面一般为梯形,采用天然块石或人工混凝土块体或袋装砂等筑成堤心抛筑而成;直立式防波堤的结构断面内外两侧均为直立或接近直立的墙面,主要有重力式和桩(包括板桩)式两种类型。

三、防波堤结构

1.斜坡式防波堤的构造

斜坡式防波堤断面由堤心、护面块体和垫层等构成,有些斜坡堤还在堤顶设置胸墙。

1)堤心

堤心是斜坡式防波堤的主体,通常采用重10~100kg的不分级块石堆积而成。

2)护面块体

我国常用的人工护面块体有:四角锥体、四脚空心方块、扭工字块体、扭王字块体和栅栏板等。

3)外坡护面块体下的垫层

异形混凝土护面块体要有良好的支撑面,因此护面块体下面要铺设块石垫层;垫层的另一作用是保护堤心石在防波堤施工期间不被波浪冲散,在使用期间不被波浪抽走。

4)堤底垫层及堤前护底块石

在可冲刷地基上建造斜坡堤,堤底应铺设垫层。垫层可采用石料,也可采用土工织物软体排。为保护堤基不被冲刷,斜坡堤前应设护底块石层。护底块石层的宽度根据堤前水深和底流速的大小确定。

5)堤顶胸墙

可以现场浇筑,也可以是由浆砌块石构成。胸墙通常采用梯形断面,断面尺寸应根据波浪力大小由稳定验算确定。

2. 直立式防波堤构造

直立式防波堤主要由基础、墙身、上部结构组成。其基础、墙身构造与重力式码头基础、墙身构造基本相同,不同之处主要在上部结构。

直立式防波堤上部结构一般由平台和挡浪墙构成,通常由现浇或整体装配式混凝土建成。上部结构应有足够的刚度和良好整体性,厚度不宜小于1.0m,嵌入下部墙身厚度不宜小于0.3m,与堤身连接可使堤体连成整体而增加稳定性。

四、护岸的功能

护岸是在河口、海岸地区对原有岸坡进行加固的工程措施,用以防止波浪、水流的侵袭和淘刷,保护海岸和陆域不被侵蚀。在港口中,除系靠船的码头岸壁以及修造船建筑物之外,凡港口陆域与水域相接的部分以及保护陆域的措施均可称作护岸。护岸作为河道、海滨陆域的边界,其作用之一是使岸滩不能向其后侧蚀退,作用之二是防止陆域形成时回填料的流失。

五、护岸的结构和分类

按外坡形式护岸可分为斜坡式护岸、直立式护岸和斜坡式与直立式组合式护岸等。影响护岸结构选型的条件有地质、水深、潮差、波浪等自然条件以及石料来源、使用要求和施工条件等因素。护岸的结构形式应根据水深、波浪、水流、地质和地形等条件的变化进行分段,采用不同断面尺度或不同的结构形式。

1. 斜坡式护岸

对岸坡较缓、水深较浅、地基较差、用地(海)不紧张的地段和就地修坡的岸坡,宜采用斜坡式护岸。斜坡式护岸主要由堤心、护面和胸(挡浪)墙等组成,堤心可采用袋装砂、开山石、

10～100kg 块石等；护面可根据波浪、水流条件采用混凝土人工块体、块石（抛石、干砌石或浆砌石、细骨料混凝土灌砌石等）、混凝土板和模袋混凝土等。斜坡式护岸可分为堤式护岸（图 4-6）和坡式护岸（图 4-7）两类。堤式护岸是在水上先筑成岸堤，然后回填后形成陆域，并对岸堤进行防护，一般由堤身、护肩、护脚和护底结构组成。坡式护岸是对陆域已有的自然岸坡或陆域向水侧回填形成的自然岸坡，一般由岸坡、护肩、护面、护脚和护底结构组成。

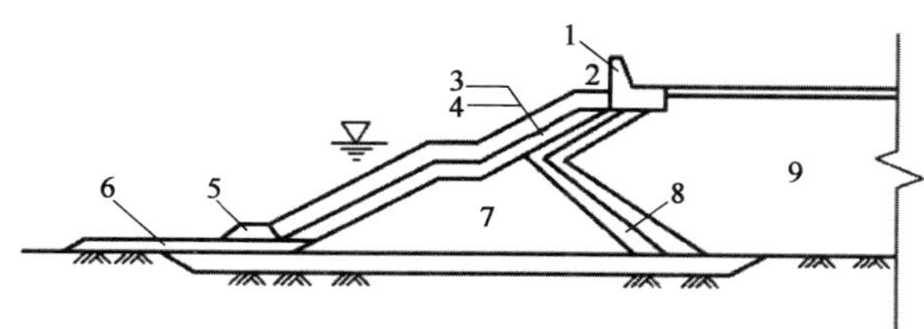

图 4-6 堤式护岸

1-胸墙；2-护肩；3-护面层；4-垫层；5-护脚；6-护底；7-堤身；8-倒滤层；9-回填料

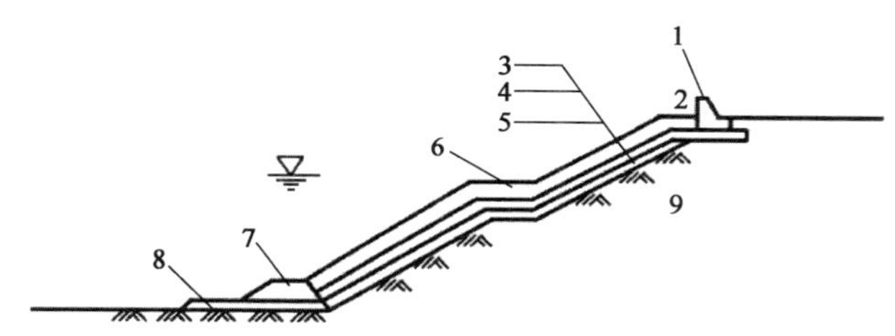

图 4-7 坡式护岸

1-胸墙；2-护肩；3-护面层；4-垫层；5-倒滤层；6-肩台；7-护脚；8-护底；9-岸坡

2. 直立式护岸

对岸坡较陡、水深较深、地基较好、岸线纵深较小、用地（海）紧张的地段或有特殊的景观要求时，可采用直立式护岸。我国已建的直立式护岸工程，墙体结构以现浇混凝土、浆砌块石、混凝土方块、板桩、扶壁和沉箱结构最为常见，如图 4-8 所示。直立式护岸上部结构可采用现浇混凝土或钢筋混凝土，结构临水面根据挡浪情况可采用直立面或弧面。

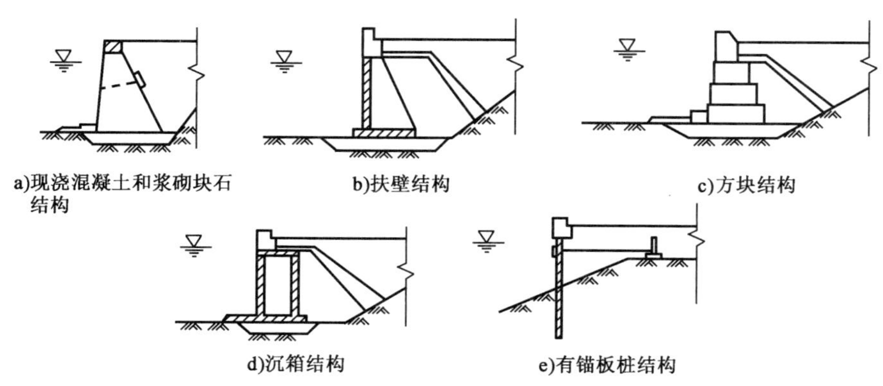

图 4-8 直立式护岸墙体结构断面示意图

第十三节 斜坡式防波堤与护岸质量控制

一、斜坡式防波堤

1. 一般规定

(1)斜坡式防波堤的施工,应按照合理控制施工步距、尽快形成设计断面和全断面推进的原则组织进行。

(2)斜坡堤堤心、垫层、护面层的施工步距应根据工程结构特点、水文与气象情况、现场条件和施工能力等综合确定。

(3)对于需要超前护底的工程,每段护底垫层铺设时,均应考虑留有足够的超前护底长度。

(4)斜坡堤的预留沉降量,应考虑地基沉降量和施工期堤身沉降量。地基沉降量应按设计要求确定,施工期堤身沉降量应考虑抛填厚度、石料规格与级配、抛填工艺、施工速度、海况条件等因素并结合施工经验确定。

(5)斜坡堤的沉降观测点应根据设计要求、地质情况、结构特点和施工经验设置,并应符合下列规定:

①观测点应设置在方便观测且具有代表性的部位,在施工中应注意进行保护。

②软土地基上的斜坡堤,宜间隔 100 ~ 300m 设置一个,且不应少于 3 个。

③岩石或砂砾石地基上的斜坡堤,宜间隔 200 ~ 500m 设置一个,且不应少于 3 个。

④有特殊观测或监测要求时,观测点的设置应满足观测或监测要求。

2. 底部垫层与地基处理

(1)砂石垫层铺设应符合下列规定:

①砂或碎石的规格及质量应满足设计要求,含泥量不宜大于 5%。

②水下抛填应考虑水深、水流和波浪等影响;必要时,应采取防止砂石料漂移和流失的措施。

③垫层应分段施工和验收,验收合格后应及时进行上部抛填。

④砂石垫层铺设的宽度和厚度不应小于设计要求,顶面高程的允许偏差应为 +500mm,-300mm。用于加筋垫层的砂垫层,整平后顶面高差不宜大于 300mm。

(2)土工织物加筋垫层铺设应符合下列规定:

①铺设前应对铺设面进行检查,有尖硬杂物时应进行清理。

②水下土工织物加筋垫层可采用牵引卷铺或铺排船铺设。

③土工织物加筋垫层应铺设平整、松紧适度,不得出现褶皱和翻卷现象,并应及时压载稳定。

(3)土工织物软体排铺设应符合下列规定:

①铺设前应清除铺设范围内对软体排铺放和使用有影响的杂物。

②水下软体排宜使用铺排船铺设,并宜采用全球卫星定位系统和水下测控系统,测量软排

体的铺设轨迹、铺设位置和相邻排体搭接长度。

③铺设时应考虑水深、水流、波浪等条件的影响，排体不得产生破损、褶皱和漂移。

④当采用砂肋或砂袋压载时，砂肋或砂袋充填的充盈率宜为 80% ~85%，系结带和系结圈应连接牢固；当采用联锁块压载时，联锁块应均匀放置并与排体连接牢固。

(4)排水砂桩施工应符合下列规定：

①砂桩宜采用振动沉管法施工。施工所用船机、套管、沉管设备和填砂计量装置应满足砂桩的成型质量要求。

②正式施工前应先进行工艺试桩，测试验证主要施工控制参数。试桩数量不应少于 3 根。

③砂的规格和质量应满足设计要求。当设计无规定时，宜采用中粗砂，含泥量不应大于 5%。

④砂桩施工应按确定的施工参数对套管底高程、贯入度、初次填砂量、分段拔管及填砂量和留振时间等进行控制。砂桩填砂不得出现中断或缩颈，灌砂率不应小于 85%。砂桩的底高程应满足设计要求，顶部应与砂垫层相连通。

(5)袋装砂井施工应符合下列规定：

①砂的规格和质量应符合排水砂桩施工中砂的相关规定。

②砂袋的长度应留有足够富裕量。砂袋的灌砂宜提前进行，灌砂率宜为 95%。

③袋装砂井打设宜采用振动沉管法施工。施工所用船机及沉管设备应满足袋装砂井的成型质量要求。

④砂袋入管下沉不应发生扭结和断裂。袋装砂井的底高程应满足设计要求，顶部应与砂垫层相连通。

(6)塑料排水板打设应符合下列规定：

①塑料排水板可采用振动沉管法或压入法打设。施工所用船机及沉管设备应满足塑料排水板施工和质量控制的要求。

②塑料排水板入管下沉不应发生扭结、断裂和撕裂滤膜等现象。排水板的打入深度及底端高程应满足设计要求，顶部应与砂垫层相连通。

(7)挤密砂桩施工应符合下列规定：

①挤密砂桩应采用振动回打扩径法施工。施工所用船机设备、沉管装置、填砂计量和压缩空气设备以及监测系统等应满足挤密砂桩的施工质量要求。

②正式施工前，应先进行工艺试桩，对主要施工控制参数进行测试验证。试桩的数量不应少于 3 根。

③砂的种类和质量应满足设计要求。当设计无规定时，宜采用中粗砂，砂料中可含有粒径小于 50mm 的砾石，含泥量不应大于 5%。

④挤密砂桩施工应按确定的施工程序和工艺参数对加压排水、套管沉入、持压填砂、分段拔管与排砂、振动回打扩径、重复填砂回打和留振时间等进行控制，不得出现桩体中断或缩颈现象。

⑤挤密砂桩的置换率和桩体紧密程度应满足设计要求。当设计对桩体紧密程度无要求时，桩身砂的密实度应满足中密到密实的要求。

⑥挤密砂桩施工产生的泥面隆起部分，施工后应按设计要求进行清理。

⑦开挖换填处理地基的开挖范围和深度、换填材料的种类和质量、换填的厚度和密实度应满足设计要求。

⑧当堤根部存在裸露倾斜岩面时,应按设计要求对岩面进行处理。

3. 堤身

(1)堤身抛填宜分为堤心石抛填及理坡、垫层石抛填及理坡、护底和护脚石抛填等。

(2)堤心石抛填应符合下列规定:

①与陆域连接或浅水区域堤段宜采用陆上推填工艺。根据设计要求、地基土强度、水深和波浪影响程度可一次或分层推填到顶。

②深水区域堤段和堤头的水上抛填应考虑水深、水流和波浪等自然条件对块石产生漂流的影响。宜采用开体驳、专用抛石船或大型驳船,按照先粗抛、后补抛、再细抛的方法进行抛填。

③堤脚有块石压载要求时,应先抛压载块石,后抛堤心石。

④堤心抛石有挤淤要求时,应从断面中间逐渐向两侧抛填。

⑤底部设有土工织物加筋垫层或软体排护底的堤心石,应先抛填土工织物上面的保护层,再抛堤心石,并应按照有利于拉紧土工织物的顺序进行抛填。

⑥软土地基上堤心石抛填,应按设计要求和沉降观测成果控制加载速率和间隔时间。

⑦采用爆破排淤填石时,块石抛填与爆破排淤施工应符合现行《水运工程爆破技术规范》(JTS 204)的规定。堤心两侧隆起的淤泥包,在进行下一工序施工前应予以清除。

⑧抛填开山石时,应对石料的规格及级配进行控制,较大的块石宜抛填在堤心外侧,但应避免断面表层出现大块石集中堆积的情况。

(3)土工织物充填袋堤心施工应符合下列规定:

①充填袋应在专业厂家缝制,缝合宜采用“包缝”或“丁缝”。

②充填料的种类与质量应满足设计要求。

③采用抛填法施工的砂袋,砂袋的充填饱满度不宜大于85%;采用铺设法施工的砂袋,砂袋的充填饱满度宜为85%,厚度宜控制在400~500mm范围内。

④采用抛填法成型的堤心,抛填时砂袋的长度方向应垂直于堤轴线,上下层砂袋应错缝搭接。

⑤充填袋堤心断面形成后,应采用袋装碎石对堤身断面进行修整并外覆土工织物滤层。

(4)垫层石抛填与理坡应符合下列规定:

①块石垫层的层数、厚度及块石规格应满足设计要求。

②垫层块石可采用人工、起重机吊网兜或长臂反铲等进行抛填。水下部位抛填时,宜采用方格网法对抛填范围和厚度进行控制。

③垫层石理坡宜采用长臂反铲与人工结合的方法,并宜埋桩拉线或采用钢轨刮道,对垫层的厚度和坡度进行控制。

④四脚空心块和栅栏板等板状块体下面的垫层宜采用铺砌法施工,垫层块石宜大面向外、相互靠实。

(5)护底和坡脚棱体抛填应符合下列规定:

①块石抛填宜采用方格网法对抛填体的边线和高程进行控制。

②护底的范围及厚度、坡脚棱体的平均断面应满足设计要求。

③坡脚棱体应与堤身垫层石和护面层靠实挤紧。

4. 护面层

(1)人工护面块体预制应符合现行行业标准的有关规定。

(2)护面块体安放前,应对垫层进行检查。护面块体应自下而上安放,底层护面块体应与坡脚棱体靠实挤紧。

(3)人工护面块体当采用随机安放时,应按测量定位方法计算安放点位置及安放数量,分段控制安放,发现漏放或过大空缺时应及时补充安放;当采用规则安放时,应符合规范要求。

(4)扭工字块、扭王字块、四角锥体安放数量的偏差应控制在设计数量的5%以内。

(5)大块石护面石料规格和质量以及平均厚度和坡度满足设计要求。

5. 上部结构

(1)斜坡堤的上部结构宜在抛石堤身和地基沉降基本稳定后施工,并应根据设计要求和沉降观测成果预留后期沉降量。

(2)现浇胸墙或压顶块的模板,应考虑施工期波浪作用的影响。胸墙或压顶块与堤身结合处应采取防止混凝土漏浆的措施。

(3)当胸墙需分层浇筑时,施工缝宜留置在底板顶面以上500~1000mm的部位。

(4)高程较低的胸墙趁低潮施工时,应保持混凝土的浇筑面在水面以上,并应采取防止混凝土被水淘刷的措施。

(5)胸墙或压顶块设置的减压孔位置和数量应满足设计要求,并应保持通畅。

(6)预制压顶块安装前应对堤顶进行整平。空心方块或圆筒等空心压顶构件安装后,应及时进行腔筒内回填和两侧防护结构的施工。

二、斜坡式护岸

1. 一般规定

(1)坡式护岸和堤式护岸的施工总体安排应符合斜坡式防波堤一般规定的第(1)条和第(2)条的规定。

(2)斜坡式护岸施工期间的沉降、位移观测点设置应符合斜坡式防波堤一般规定的第(5)条的规定。

2. 斜坡式护岸

(1)斜坡式护岸工程宜按照护底与护脚、岸坡、护面与护肩、上部结构的顺序组织施工。

(2)岸坡开挖与补坡应符合下列规定:

①岸坡开挖前,应对现场地形和地貌进行测量和踏勘。当附近有建筑物或构筑物、道路或地下管线时,在施工中应采取防护措施。

②岸坡开挖应自上而下、分段分层进行,不得掏底开挖。

③陆上岸坡开挖至设计边坡线之前,宜预留厚度为100~200mm的土层待人工削坡。削坡后护岸的边坡应平顺、整齐,且不得有贴坡。

④岸坡的原坡面存在凹坑或沟壑时,应会同设计单位研究处理。当采用填方处理时,回填

部分应进行夯实并应预留削坡厚度。

(3)护底和护脚施工应符合下列规定:

①抛石护脚设有脚槽时,脚槽的开挖应与岸坡开挖同时进行,护脚的抛填应在坡面垫层施工前完成。

②采用石笼护脚时,水下石笼宜采用网格法控制定点抛放。石笼间的过大缝隙宜用大块石补齐。

③采用短桩护脚时,短桩的长度、间距和打入深度应满足设计要求。

(4)坡面倒滤层与垫层施工应符合下列规定:

①坡面倒滤层和垫层的铺设应与其上层的护面层施工相协调。

②碎石倒滤层与垫层应按设计分层及厚度要求分段、分层铺设,并应由坡底向坡顶施工。每段、每层的推进面应错开足够距离,分段接茬处不得发生层间错位、断缺或混杂现象。

③采用土工织物倒滤层时,土工织物铺设应平顺、松紧适度,铺设块的搭接长度、坡顶锚固和坡底压稳应满足设计要求。铺设后应及时覆盖上部碎石垫层。

④在受水流和风浪影响区域施工时,每段倒滤层与垫层铺设后应及时进行坡面护面层的施工。

⑤对于设有排水盲沟的坡面,在倒滤层与垫层施工前应先进行盲沟的施工。盲沟的位置、断面尺寸、填料及土工织物包裹等均应满足设计要求。

(5)干砌与浆砌块石护面施工应符合下列规定:

①块石长边的尺寸不宜小于护面层的设计厚度。

②干砌块石护坡应采用干插立砌法砌筑,并宜采用45°斜向自下而上分层或正向水平分层砌筑方式。砌筑时,块石的长边应垂直于坡面,块石应相互错缝、挤紧塞稳。块石与垫层相接处的空隙可用二片石垫稳填实,但不应从坡面外侧用二片石填塞。

③浆砌块石护坡应采用坐浆立砌法砌筑。砌筑时,应先将底面及相邻已砌块石侧面铺抹足够砂浆,再立砌块石。块石应相互错缝,砌缝应挤满砂浆并及时勾成平缝。

④浆砌块石护坡的减压排水孔应按设计要求留置,并应通畅。

(6)钢丝石笼网垫护面施工应符合下列规定:

①钢丝石笼网垫应逐件组装平正,自下而上铺设,外框短边应与水流方向一致,并紧贴垫层。钢丝石笼网垫间应采用同一材质钢丝绞合连接。绞合的步距应均匀,连接应可靠。

②网内填料应级配合理、充填饱满、表面平整,填充时应采取防止笼体侧面变形和损坏钢丝涂层的措施。

③钢丝石笼网垫的封口锁边宜采用专用翻边机缠绕,每网孔的缠绕圈数不应少于2.5圈。

第十四节　直立式防波堤与护岸质量控制

一、直立式防波堤

1.一般规定

(1)重力式直立防波堤的预留沉降量,宜在基床施工时预留,并应在上部结构施工时进行调整。预留沉降量应考虑地基沉降量和基床沉降量。

(2)直立堤施工期间的沉降、位移观测点,应按结构段设置。观测的初始时间,宜从堤身构件安装就位后开始,并结合堤身和上部结构的施工进展,依次引测至上部结构顶部。

2. 基础

(1)水下基槽开挖应符合下列规定:

①基槽开挖的船机设备和开挖工艺,应根据开挖工程量、开挖土质、基槽水深、当地海况、工期与质量要求等条件进行选择。

②基槽宜分段、分层开挖。分段的长度应根据回淤情况和施工能力确定,分层开挖深度应根据土质、开挖机具和施工方法确定。

③基槽挖至设计高程时应核对土质。当发现土质与设计情况不符时,应会同设计单位研究解决。

④每段基槽开挖后应及时检查验收,并及时进行基床抛石施工。

(2)基床抛石施工应符合下列规定:

①抛石施工前应对基槽断面进行检查,当基槽底部回淤沉积物的厚度大于0.3m,且含水率小于150%或湿土重度大于12.6kN/m^2时,应进行清淤。对于换填基槽,当采取夯实措施时,基槽回淤沉积物的厚度可适当放宽。

②基床抛石应根据基槽长度、基床厚度和施工条件分段、分层进行。采用重锤或振动锤组夯实的基床,分层抛石的厚度宜按夯实后的厚度不大于2.0m进行控制;采用爆破夯实的基床,分层爆破夯实的厚度不宜大于12m。

③基床抛石的高程应预留夯沉量,其数值可根据试夯资料或施工经验确定。基床最上一层抛石的高程不宜高于施工控制高程,也不宜低于施工控制高程0.5m。

(3)抛石基床的密实可根据工程特点、施工环境和施工条件采用重锤夯实、水下爆破夯实或振动夯实等方法。

①基床重锤夯实应与基床抛石的分段、分层施工协调进行。每层夯实前应对抛石面进行适当整平,抛石面的局部高差不宜大于300mm;夯实冲击能宜为150~200kJ/m^2;宜采用纵横向相邻接压半夯,每点一锤,并分初夯、复夯各一次的方法。

②采用水下爆破夯实时,基床的抛石与夯实应符合现行《水运工程爆破技术规范》(JTS 204)的有关规定。夯沉量应根据地基状况、夯实厚度、石料规格等因素综合确定,并宜控制在抛石厚度的10%~15%。

③振动夯实所用振动锤组的振动频率和激振力,振动板的强度、刚度和平面尺度,应与基床抛石的规格、厚度和基床的密实要求相适应,并通过工艺试验确定振动频率、振幅和振动时间等主要施工参数;振动夯实施工时,振动板位在基床纵横方向均应相互搭接,搭接长度不宜小于1000mm;振动夯实的夯沉量不宜小于抛石厚度的10%

④基床夯实后,当补抛块石的厚度普遍大于0.5m且连续面积大于30m^2时,宜作补夯处理。

⑤抛石基床夯实后应进行复夯验收。可任选一段长度不小于5.0m的基床复打一夯次,夯锤相接排列不压半夯,复夯的平均沉降量不宜大于30mm;也可采用选点复夯的方法,选点的数量不应少于20点,并应均匀分布在基床上,复夯的平均沉降量不应大于50mm。

(4)基床整平应符合下列规定:

①防波堤抛石基床整平可分为粗平和细平,适用部位、整平范围和整平方式应符合表4-9的规定。

防波堤抛石基床整平种类、适用部位、整平范围和整平方式 表4-9

整平种类	适用部位	整平范围	整平方式
粗平	基床的肩部	基床细平范围两侧的内外肩	对基床顶面块石的表面高差进行直接平整整理
细平	堤身构件或压肩方块下的基床	堤身构件或压肩方块底边外加宽0.5m	在粗平基础上,用二片石填充块石间的不平整部分

②基床整平可采用潜水员水下人工整平、水下机械整平或整平船整平。当采用潜水员水下整平方法时,宜采用水下导轨及刮道等施工控制装置。

③防波堤水下抛石基床整平允许偏差应符合表4-10的规定。

防波堤水下抛石基床整平允许偏差 表4-10

序号	项目	允许偏差(mm)	
		粗平	细平
1	顶面高程	±150	±50

④每段基床整平完成后应及时安装堤身构件。

3.堤身

(1)堤身构件预制除应符合现行《水运工程混凝土施工规范》(JTS 202)的有关规定外,尚应符合下列规定:

①混凝土地坪底模的隔离剂或隔离层均不得采用易导致降低预制构件底面摩擦系数的材料。

②沉箱和圆筒等大型构件需要分层浇筑时,施工缝不宜设在水位变动区、底板与立墙的连接处、吊孔处及吊孔下1000mm范围内。

(2)沉箱、空心方块和圆筒等薄壁构件的吊运应符合下列规定:

①构件起吊时,其混凝土的强度应满足设计要求。

②构件的起重吊架应进行专门设计,吊架应有足够的刚度和强度,吊点的合力应与构件重心共线。

③吊点可采用预留孔或预埋吊环。大型构件吊点附近的混凝土局部应力集中部位应采取加强措施;预留孔与吊索接触面宜用钢套管保护。吊点的实际位置与设计位置的偏差不应大于30mm。

(3)大型沉箱的溜放、下水、出运和储存应符合现行行业标准的有关规定。

(4)施工现场的沉箱储存场应符合下列规定:

①坐底储存场应选择具有合适水深、便于起浮、泥面平坦、具有足够承载力,且波浪和泥沙冲淤影响不大的区域。必要时应对存放区域泥面进行处理。

②漂浮储存场应有可靠的系泊条件,且沉箱间、沉箱与其他建筑物间应有足够的距离。

(5)堤身构件安装应符合下列规定：

①堤身构件安装前应对基床顶面进行检查。

②堤身构件安装应控制安装位置和堤的长度。

③开孔沉箱安装的临时封孔板应有足够的强度、刚度和良好的水密性，并应方便安装和拆卸。

④沉箱、空心方块和圆筒安装后，应及时进行舱格内回填。当回填块石时，应采取防止砸损构件边缘的保护措施。对于带有消能室沉箱的箱内回填，应控制回填高度并及时进行顶面防护。

4. 护肩与护底

(1)堤前护底块石或人工块体应在墙身结构安装后及时抛填或安放。

(2)基床护肩与护底施工前，应对防护面进行检查，当有明显变化时，应进行处理。

(3)护肩与护底的防护范围和厚度不得小于设计要求。当安放人工块体时，块体应安放平稳、坐实挤紧。

5. 上部结构

(1)重力式直立堤现浇上部结构的施工除应符合一般规定外，开孔沉箱消能室对应上部结构的泄压孔应通畅，位置应准确。

(2)挡浪胸墙采用预制安装结构形式时，对施工期间在波浪作用下不稳定的构件，应采取临时固定措施。

二、直立式护岸

1. 一般规定

(1)方块结构、扶壁结构、沉箱结构和板桩结构直立式护岸的施工，应按现行《码头结构施工规范》(JTS 215)的有关规定执行。

(2)现浇混凝土、浆砌石和加筋土挡墙结构护岸宜干地施工或采取措施形成干地施工条件。

(3)现浇混凝土、浆砌石和加筋土挡墙结构护岸施工期间沉降、位移观测点的设置应按重力式直立防波堤规定执行。

2. 现浇混凝土与浆砌石挡墙结构护岸

(1)挡墙地基与基础处理应符合下列规定：

①岩石地基时，应清除岩面淤泥苔藓，凿出新鲜岩面，并清洗干净；对于倾斜岩面，应按设计要求将岩面凿平或凿成台阶。

②砂土类地基时，基底承重面应夯实平整并及时进行混凝土或砂浆垫层施工。

③特殊地基时，应按设计要求进行处理。

④基底高程的允许偏差，土基应为±50mm；岩基应为+50mm，−200mm。

(2)现浇混凝土挡墙施工除应符合现行行业标准的有关规定外，尚应符合下列规定：

①挡墙可按结构段依次施工或间隔施工。结构段之间的变形缝应按设计要求留置。

②梯形断面宜整体连续浇筑。当墙高较大需要分层浇筑时,分层高度宜为 1.5~2.0m。

③L 形断面和扶壁结构,当立墙与底板分层浇筑时,施工缝的位置及处理应符合斜坡式防波堤的规定。

④墙身排水孔的位置和直径应满足设计要求,并应保证通畅。

(3)浆砌石挡墙施工除应符合斜坡式护岸的规定外,尚应符合下列规定:

①挡墙底部为现浇混凝土基础时,基础顶面宜栽埋块石石榫。块石外露长度不宜小于150mm,间距宜为 300~500mm,埋深宜为 150~200mm。

②在岩石或混凝土基础上砌筑时,应将基层面清洗、湿润后再坐浆砌筑。

③挡墙分层、分段砌筑时,相邻段的砌筑高差不宜大于 1.2m。

(4)墙后回填应符合下列规定:

①墙后回填应待墙身混凝土或砌体强度达到设计强度后,方可进行。

②回填料的种类、规格和质量应满足设计要求。

③回填的顺序、方向和加载速率等应满足设计要求。

④当墙后有块石棱体时,应先进行棱体及倒滤层的施工。

⑤墙后回填应分层密实。分层的厚度应根据回填料的种类、密实方法和机械性能确定,并宜通过现场试验验证。

⑥分层回填时,每层的搭接接缝应做成斜坡形,碾压或夯实的搭接长度宜为 0.5~1.0m,且上下层的错缝距离不宜小于 1.0m。

⑦墙后排水及反滤系统的施工,应与墙后回填协调进行,不得遗漏。

⑧墙后回填地面高程的允许偏差应为 ±100mm。

3. 加筋土挡墙护岸

(1)地基与基础的施工应符合下列规定:

①基底面应按设计要求开挖、压实和平整,压实和平整的范围宜按设计尺寸各边加宽 0.3m。

②纵向高差较大的岩石地基,应按阶梯形开挖,台阶的长度不宜小于 3m。

③墙面板应选择在预制场集中制作。面板的预埋钢拉环应按设计要求进行防腐处理。在搬运和堆放中应防止面板棱角破损。

(2)墙面板安砌应符合下列规定:

①采用插锁方式拼接的墙面板,一次安砌层数不宜超过两层;采用企口缝连接方式的墙面板,应一次安砌一层。

②墙面板的缝宽不宜大于 10mm,除排水缝外,砌缝均应坐满砂浆,外侧做成平缝。

③墙面板安砌不应外倾,内倾坡度宜为 1/100。调整水平偏差时,不得采用碎石等支垫找平。

(3)土工带铺设应符合下列规定:

①土工带应垂直于岸壁前沿线并呈扇形均匀散开铺设,从墙面板起至带长的 1/3 处不宜重叠。

②土工带应平铺、拉直,不应有卷曲扭结。土工带拉紧定位后,应立即铺填料固定。

③结构内转角处的土工带重叠交叉时,土工带之间应用填料隔开,其厚度不宜小于

50mm；结构外转角处应按照设计要求增设加强筋带。

（4）土工带上的回填及压实应符合下列规定：

①填料中不应含有尖锐棱角的材料，填料的最大粒径不应大于压实厚度的2/3，且不应大于150mm。

②填料应分层回填、分层碾压。分层厚度宜为200～300mm，压实度不应小于90%。

③碾压时土工带上覆盖的土层厚度不得小于200mm。碾压顺序应先从土工带中部压向尾部，再由中部压向面板，全面轻压后再进行重压。

④距墙面板0.8～1.0m范围内及压路机无法压实处的回填，应用人工摊平，宜采用蛙式夯、振动板等轻型机械压实。

（5）墙面板后的倒滤层和排水缝施工应符合下列规定：

①用作排水缝的土工织物在条形基础上应向墙内平铺，其长度不得小于500mm。土工织物在竖向应随墙面板的安砌自下而上卷铺，并及时用填料推靠墙面。

②墙面板后的碎石或砂砾排水层，应随后方回填逐步施工，并灌水、振捣密实。碎石或砂砾层级配应均匀，粒径宜为5～40mm，厚度应满足设计要求。

第五章

航道工程质量控制

学习要点

1. 航道整治的概念及参数。
2. 航道整治工程质量检验的划分。
3. 航道整治建筑物的特征及作用。
4. 航道整治工程质量检验标准。
5. 直立式护岸的结构与质量控制要点。
6. 软体排施工质量控制要点。
7. 水下炸礁钻孔爆破施工要点。
8. 硬式扫床技术要求。
9. 航标的分类及配布原则。
10. 航标总体要求及助航效能测试。
11. 部分岸标和水尺的质量控制要点。
12. 浮标制作与抛设质量控制要点。
13. 标志牌及部分附属设施质量控制要点。

第一节 概　　述

一、航道整治主要任务

航道整治是利用整治建筑物调整和控制水流，稳定有利河势，以改善航道航行条件的工程措施，包括炸礁、疏浚和裁弯取直等工程措施。航道整治的主要任务是：稳定航槽、刷深浅滩、增加航道水深、拓宽航道宽度、增大弯曲半径、降低急流滩的流速和改善险滩的流态等。

二、航道整治设计参数

航道整治设计参数包括设计水位、整治水位和整治线宽度等。这些基本参数都是整治工程实施的重要依据。取值是否合理，将直接影响到整治工程的成败和工程量的大小，因而必须慎重。

1. 设计水位

规定河流中可以正常通航的最低水位,即航道标准尺度的起算水位,称为设计最低通航水位,常简称设计水位,有的河流又称航行基准面或航行零水位。规定可以正常通航的最高水位,控制桥、闸等跨河建筑物净高的水位,称为设计最高通航水位。

2. 整治水位

在整治沙、卵石浅滩时,多采用整治建筑物束窄河床,当水位降至与整治建筑物头部高程附近时,将水流束至整治宽度范围内,加大束水冲沙的效果,使水流加速冲刷浅滩脊,达到增深航道的目的。整治水位一般是指与整治建筑物头部齐平的水位。

3. 整治线宽度

整治线宽度是指整治水位时河面宽度。整治线宽度的取值,关系到束水作用的强弱及航道内流速和流态的好坏。因此,正确确定整治线宽度是设计中的一个重要问题。

三、航道尺度

对于内河航道,为航道水深、宽度、弯曲半径的总称;对于沿海和潮汐河口航道,为航道水深、通航宽度、设计水深、弯曲半径的总称。

四、整治建筑物主要类型与特点

常用整治建筑物结构形式有护滩、护底、丁坝、顺坝、锁坝、填槽、护岸、鱼嘴、栅栏坝、防沙堤等。

1. 护滩和护底

为保护河床、边滩或者主体建筑物稳定所采取的工程措施。其作用是保护河床和滩地免受水流冲刷破坏,稳定河槽,保滩(底)固堤,维护防洪安全等。护底多采用系结压载软体排。如图 5-1 所示。

图 5-1　护滩

2. 丁坝

丁坝是指坝根与河岸连接,坝头伸向河心,坝轴线与水流方向正交或斜交,在平面上与河岸构成丁字形,横向阻水的整治建筑物(图 5-2)。丁坝的主要作用是:未淹没时束窄河槽,提高流速冲刷浅滩;淹没后造成环流,横向导沙,增加航道水深;调整分汊河道的分流比,控制分流;淤高河滩,保护河岸或海塘;挑出主流以防顶冲河岸和堤防等。

图 5-2　丁坝

3. 顺坝

顺坝是指坝轴线沿水流方向或与水流交角很小的建筑物,起引导水流、束狭河床的作用,故又称导流坝(图 5-3)。

图 5-3　顺坝

4. 锁坝

锁坝是指从一岸到另一岸横跨河槽及串沟的建筑物,又名堵坝(图 5-4)。

图 5-4　锁坝

5. 潜坝

潜坝是指在最枯水位时均潜没在水下而不碍航的建筑物,有潜丁坝、潜锁坝等。它的主要作用是:壅高上游水位,调整比降,增加水深;也可以促淤赶沙,减少过水断面和消除不良流态等。

6. 填槽

为调整航道断面形态,改善通航条件或遏制通航条件恶化,对局部深槽采用块石、砂袋、砂枕等实施的回填措施。

7. 护岸

护岸是指对岸坡采取人工加固,防御波浪、水流的侵袭和淘刷及地下水作用,维持岸线稳定的工程措施。

(1)护岸的主要作用是:控制河势,稳定水流动力轴线,不使河床边界任意变化;抑制崩岸,防止水流淘刷和波浪冲蚀;防止主流顶冲,保护堤防。

(2)护岸的结构类型。护岸结构可分为斜坡式、直立式或斜坡式与直立式组合的结构形式。

①斜坡式护岸(图5-5)。对岸坡较缓、水深较浅、地基较差、用地不紧张的地段和就地修坡的岸坡,宜采用斜坡式护岸。

图5-5 斜坡式护岸

斜坡式护岸可分为堤式护岸和坡式护岸两类。堤式护岸是在水上先筑成岸堤,然后回填形成陆域,并对岸堤进行防护,一般由堤身、护肩、护脚和护底结构组成。坡式护岸是对陆域已有的自然岸坡或陆域向水侧回填形成的自然岸坡进行防护,一般由岸坡、护肩、护面、护脚和护底结构组成。

②直立式护岸。对岸坡较陡、水深较深、地基较好、岸线纵深较小和用地紧张的地段,宜采用直立式护岸。

直立式护岸工程的墙体结构以现浇混凝土和浆砌块石、扶壁混凝土方块、沉箱、有锚板桩结构最为常见(图5-6)。内河护岸也可采用加筋土岸壁(图5-7),其结构简单、工程造价低、施工速度快,对地基承载力的要求也不高。

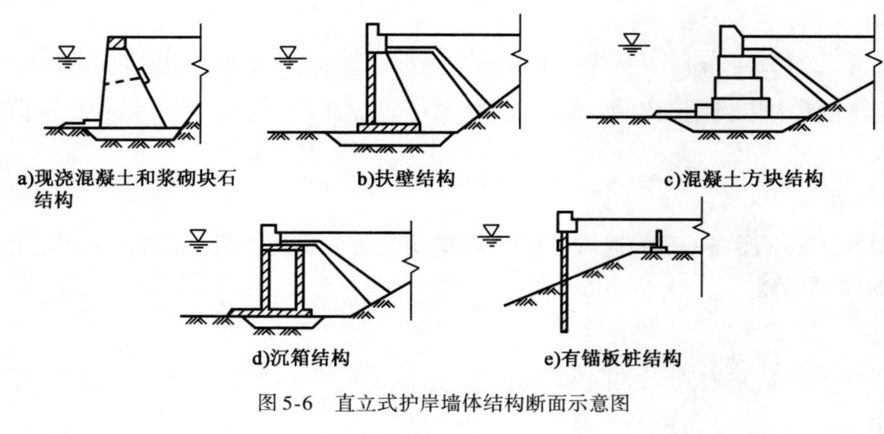

图 5-6　直立式护岸墙体结构断面示意图

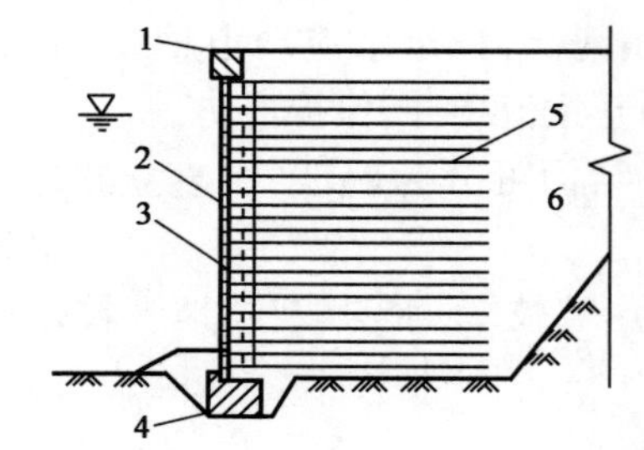

图 5-7　加筋土岸壁断面示意图

1-胸墙或帽梁;2-墙面板;3-倒滤层;4-基础;5-加筋体;6-回填料

第二节　航道整治工程质量检验标准

在航道整治工程施工过程中,监理工程师应熟悉设计文件与规范要求,掌握工程特点,抓住质量与安全的重点,特别是在标准规范“强制性条文”的执行方面,应要求施工单位严格执行。

一、基本规定

(1)航道整治工程施工应结合整治河段的实际情况和施工特点,采取相应措施,综合利用资源,降低能耗,减少排放,保护生态环境。

(2)航道整治工程应根据国家相关规定,针对工程特点制定生产安全事故和突发事件应急预案,配备必要的应急救援设备和器材,组织安全培训,开展相应的应急演练。

(3)航道整治工程施工应根据工程所在地水文、气象条件和地质特点,编制工程防台、度汛、防凌等方案。

(4)施工单位应根据国家相关规定,针对工程特点制订生产安全事故和突发事件应急预案,配备必要的应急救援设备和器材,组织安全培训,开展相应的应急演练。

(5)采用新技术新材料、新工艺和新设备的,应编制专项施工方案,必要时应通过试验段施工验证。

二、航道整治工程质量检验的划分

(1)航道整治工程的单位工程可按下列规定划分:

①堤坝、护岸、固滩和炸礁工程按座或合同标段划分单位工程;

②较长的整治建筑物按合同标段或以长度 2~5km 划分单位工程;

③分期实施的整治建筑物和炸礁工程按合同规定的施工阶段划分单位工程;

④长河段航道整治工程按单滩划分单位工程。

(2)航道整治工程的单位工程、分部工程和分项工程划分应符合表 5-1 和表 5-2 的规定,当工程内容与表列项目不一致时,可根据工程内容进行调整。

航道整治单位工程和分部工程划分 表 5-1

序号	单位工程	分部工程
1	堤坝	基础、护底、堤体或坝体、坝面、护坡、附属工程
2	护岸	基础、护底、护脚、护坡、岸壁、附属工程
3	固滩	护底、护滩、护坡、附属工程
4	炸礁	爆破及清渣、弃渣

航道整治分部工程和分项工程划分 表 5-2

序号	分部工程	分项工程
1	基础	基槽开挖、抛石挤淤、填砂挤淤、现浇混凝土基础、浆砌石基础、砂石垫层、土工织物垫层、换砂基础、抛石基础、袋装砂井、塑料排水板、水下基床抛石、水下基床整平等
2	护底	基槽开挖、散抛石压载软体排护底、系结压载软体排护底、散抛物护底、砂石垫层、土工织物垫层等
3	坝体	混凝土预制构件制作、混凝土预制构件安装、充填袋坝体、块石抛筑坝体、石笼抛筑坝体等
4	坝面	土工织物垫层、抛石护面、铺石护面、砌石护面、干砌条石护面、预制混凝土铺砌块铺砌、现浇混凝土护面、模袋混凝土护面、钢丝网格护面、混凝土预制块体制作、混凝土块体安装、预制混凝土铺砌块制作、铰链排制作与铺设等
5	护脚	水下抛充填袋护脚、水下抛石护脚、水下抛石笼护脚、抛石面层等
6	护坡	岸坡开挖、土石方回填、削坡及整平、基槽开挖、砂石垫层、土工织物垫层、砂石倒滤层、土工织物倒滤层、盲沟、明沟、抛石护面、铺石护面、砌石护面、干砌条石护面、模袋混凝土护面、现浇混凝土护面、预制混凝土铺砌块预制、预制混凝土铺砌块铺砌、预制混凝土块体制作、混凝土块体护面、钢丝网格护面、砌石拱圈、砌石齿墙雷诺护垫、主动式钩连体、透水框架等
7	岸壁	岸坡开挖、基槽开挖、砂石垫层、土工织物垫层、砂石倒滤层、土工织物倒滤层、土石方回填、现浇混凝土挡墙、加筋土挡墙、砌石挡墙等
8	护滩	铺石压载软体排护滩、系结压载软体排护滩、铰链排制作与铺设等
9	爆破及清渣	陆上爆破及开挖、水下爆破、清渣等

续上表

序号	分部工程	分项工程
10	弃渣	弃渣
11	附属工程	基槽开挖、现浇混凝土基础、浆砌石基础、灯柱制作与安装、标志牌制作与安装、栏杆制作与安装、踏步等

（3）分项工程应按施工的主要工种、工序、材料、施工工艺和设备的主要装置等进行划分。施工范围较大的分项工程宜将分项工程划分为若干检验批。检验批可根据施工及质量控制和检验的需要，按结构变形缝、施工段或一定数量等进行划分。

（4）监理工程师应熟悉航道整治工程的单位、分部、分项划分，熟悉工程施工工艺流程，并掌握其质量、安全管理要点。

三、航道整治工程总体

1. 观测和实船试验

航道整治工程项目完工后，应组织观测整治河段的水流流态和航道尺度等参数，并提交观测报告。同时，应根据设计要求组织实船适航试验并提交实船试验报告。

2. 航道整治工程整体尺度

航道整治建筑物完工后应进行竣工测量，其整体尺度的允许偏差、检验数量和方法应符合表5-3的规定。

航道整治建筑物整体尺度允许偏差、检验数量和方法　表5-3

<table>
<tr><th>序号</th><th colspan="3">项　目</th><th>允许偏差（mm）</th><th>检验数量</th><th>单元测点</th><th>检验方法</th></tr>
<tr><td rowspan="4">1</td><td rowspan="4">丁坝</td><td colspan="2">坝头位置</td><td>1000</td><td>每座</td><td rowspan="4">1</td><td rowspan="2">用经纬仪或卫星定位系统等仪器测量</td></tr>
<tr><td colspan="2">轴线位置</td><td>1000</td><td>每座不少于两处</td></tr>
<tr><td colspan="2">总长度</td><td>±1000</td><td>每座</td><td>用测距仪或卫星定位系统等仪器测量</td></tr>
<tr><td colspan="2">顶面高程</td><td>+200
−100</td><td rowspan="4">每50m一处</td><td>用水准仪等仪器测量</td></tr>
<tr><td rowspan="2">2</td><td rowspan="2">锁坝</td><td colspan="2">轴线位置</td><td>1000</td><td rowspan="2">1</td><td>用经纬仪或卫星定位系统等仪器测量</td></tr>
<tr><td colspan="2">顶面高程</td><td>+300
−100</td><td>用水准仪等仪器测量</td></tr>
<tr><td rowspan="3">3</td><td rowspan="3">顺坝</td><td colspan="2">轴线位置</td><td>1000</td><td rowspan="3">1</td><td>用经纬仪或卫星定位系统等仪器测量</td></tr>
<tr><td colspan="2">总长度</td><td>±1000</td><td>每座</td><td>用测距仪卫星定位系统等仪器测量</td></tr>
<tr><td colspan="2">顶面高程</td><td>+200
−100</td><td rowspan="2">每50m一处</td><td>用水准仪等仪器测量</td></tr>
<tr><td rowspan="4">4</td><td rowspan="4">潜坝</td><td colspan="2">轴线位置</td><td>2000</td><td rowspan="4">1</td><td rowspan="4">用测深仪、经纬仪或卫星定位系统等仪器测量</td></tr>
<tr><td colspan="2">总长度</td><td>±2000</td><td>每座</td></tr>
<tr><td rowspan="2">顶面高程</td><td>砂袋坝</td><td>+500
−200</td><td rowspan="2">每20m一个断面</td></tr>
<tr><td>抛石坝</td><td>±300</td></tr>
</table>

续上表

序号	项目		允许偏差(mm)	检验数量	单元测点	检验方法
5	护岸和护洲鱼嘴	坡顶线位置	±100	每100m一处	1	用经纬仪或卫星定位系统等仪器测量
		总长度	+5000 -1000	每座		用测距仪或卫星定位系统等仪器测量
		高程	±50	每100m一处		用水准仪等仪器测量
		坡度	±10%		2	用经纬仪或全站仪测量
6	人工鱼嘴	总长度	±1000	每座	1	用测距仪或卫星定位系统等仪器测量
		高程	±50	每100m一处		用水准仪等仪器测量
		坡度	±10%		2	用经纬仪或全站仪测量

四、航道整治工程建筑物观感质量

航道整治工程建筑物的观感质量应按表5-4的规定进行检查,综合得分率不应低于80%。

航道整治工程建筑物观感质量评价项目和质量要求 表5-4

序号	评价项目		质量要求	标准分	评价等级		
					一级 95%	二级 85%	三级 70%
1	面层	混凝土	表面平整,坡向正确	10			
			分格缝顺直,灌缝饱满,周边无污染	8			
			无明显严重龟裂和裂缝	8			
		铺砌	无起砂、起壳和露石等现象	7			
			无建筑污染	7			
			表面平整,坡向符合要求	10			
			铺砌线条顺直,宽度一致,灌缝密实	8			
			与构筑物接茬紧密、平顺	8			
			砌块表面完整,无破损	7			
			无建筑污染	7			
2	建筑物细部		边沿线顺直	10			
			接缝平直,无明显色差	8			
			构件无明显碰损	8			
			构件表面无明显缺陷	7			
			接缝处无明显错台和水泥浆流坠	7			
3	其他		钢结构防腐,油漆涂刷均匀、无漏涂,漆膜完整无流挂、皱皮、脱皮	5			
			栏杆安装顺直、无折线	5			
			泄水孔高程、方向控制和顺直	5			

第三节　岸坡、基槽开挖及回填质量控制

1. 一般规定

(1)取土与弃土不得影响施工区周边建筑物稳定和安全。

(2)如有临时围堰,临时围堰的施工前应对所选择的围堰结构进行整体稳定性验算。

2. 岸坡开挖质量控制

(1)岸坡开挖前,应监督承包人进行断面测量,并布设断面控制标志,开挖范围和坡度应满足设计要求。

(2)边坡坡度应满足设计要求。当地质情况与设计资料不符、需修改边坡坡度时,应与设计单位研究确定。

(3)岸坡开挖与削坡宜从上到下分层、分段依次进行,分层开挖的台阶高度应满足设计要求;岸坡水下开挖平均断面不应小于设计开挖断面;坡式护岸的边坡应稳定、平整,不得贴坡。

3. 基槽开挖质量控制

(1)审核船机设备性能符合施工组织设计,施工工艺满足设计与施工进度要求。

(2)确认已发航行通告。

(3)基槽开挖位置和开挖尺寸应满足设计要求,基槽边坡和槽底平面应平整,边坡坡度不得陡于设计坡度。

(4)开挖至设计基床底高程处,进行土质核对,其土质应与设计图纸所示土质相一致,否则应与设计单位协商处理。

(5)检查抛泥位置及范围符合审定经审查指定的地点。

4. 土石方回填质量控制

(1)审查施工方案满足施工组织设计及其他要求。

(2)回填材料经过检测,对强度、粒径、规格等设计要求指标做检测。回填料的质量应满足设计要求。

(3)回填程序和回填速率,回填料的分层厚度、碾压和夯实方法、密实度应满足设计要求。

(4)填方基底范围内的积水和杂物应清除。

第四节　护滩与护底施工质量控制

1. 土工织物软体排护滩施工质量控制

(1)土工织物软体排护滩施工应按滩面整平、排垫铺设、混凝土压载块绑系、混凝土压载块位置调整以及填缝处理等工序依次进行。

(2)排垫铺设方向应满足设计要求。设计无要求时,其铺设方向宜垂直护滩带轴线,自下游向上游铺设,搭接处上游侧的排体应压住下游侧的排体。

(3)排垫铺设后应及时压载覆盖。当不能及时压载覆盖时,应对排垫采取防老化措施。

(4)混凝土压载块运输车辆不得在已绑系混凝土块的排体上行驶。

(5)土工织物软体排系结混凝土压载块施工应符合下列规定:

①混凝土压载块系结前应进行检查,发现损坏应及时更换;其绑系方式应满足设计要求,且系结牢靠,不得松脱。

②系结混凝土压载块之间填塞碎石前,应调整混凝土块的位置。同一检验区域内块体摆放应缝隙均匀、横平竖直。

③缺角、断裂等质量不合格的混凝土压载块禁止使用,对已经破损的混凝土压载块应及时更换。废弃的混凝土压载块及其他施工弃料应及时清理,不得在护滩工程区及周边50m范围内弃料。

(6)土工织物软体排单元联锁块压载施工应符合下列规定:

①单元联锁块吊运宜选用相应能力的设备,按单元逐一吊运铺设。

②相邻联锁单元排之间的连接方式、连接点的布置应满足设计要求。连接扣环应牢固连接,不得松脱。

(7)混凝土块缝隙有碎石填塞要求的,其碎石的粒径、级配应满足设计要求,缝隙应填塞饱满、表面大致平整,缝隙以外的余料应清理干净。

2. 土工织物软体排护底施工质量控制

(1)沉排前应检测复核护底区域的河床地形等影响沉排施工的各类因素,满足设计要求后方可进行沉排施工。

(2)对于已出现崩岸迹象或坡比陡于1∶2.5的岸坡,沉排前应校核岸坡稳定,必要时应进行补坡处理,满足稳定要求后,再进行沉排护底施工;对于沉排区域新出现的、影响排体结构稳定或降低护底效果的局部冲刷坑,应先处理后再进行沉排施工。

(3)土工织物软体排排头的固定方式,应根据排头所在位置的地形和水文条件确定,且应满足排体铺设过程的受力要求。排头的锚固应符合下列规定:

①护岸工程排头可直接埋入枯水平台内侧的脚槽内或在稳定的岸坡打入木桩,并应采用绳索固定。

②无岸坡依托的护滩或堤坝工程,宜预制满足受力要求的专用系排梁,吊装沉于河床以固定排头;也可先铺设一定长度的排体作为排头临时固定措施。

③固定排头所采用的木桩、绳索、系排梁等应进行受力分析与校核。

(4)沉排方向及相邻排体的搭接应符合下列规定:

①护岸工程沉排宜采用垂直岸线方向、从河岸往河心方向进行铺设。相邻排体施工宜自下游往上游依次铺设,搭接处上游侧的排体宜盖住下游侧的排体。

②堤坝工程及护滩工程深水区采用顺水流沉排时,应满足下列要求:

a. 径流河段一般从上游向下游方向进行;潮汐河口根据潮水的流向确定施工顺序,排体的铺设方向与主要水流流向一致;

b. 水深小于或等于10m,施工区流速超过2.5m/s,或水深大于10m,施工区流速超过2m/s时,暂停顺水流沉排施工。

③堤坝工程及护滩工程深水区采用垂直水流方向沉排时,相邻排体施工顺序宜自下游往

上游依次铺设,搭接处上游侧的排体宜盖住下游侧的排体。感潮河段应根据潮水的流向确定施工顺序。

④多艘作业船舶分段同步施工,相邻施工区域衔接处的排体反向搭接时,应采取加固补强措施。

(5)土工织物软体排人工系结混凝土压载块施工应符合下列规定:

①混凝土压载块吊装、搬运过程中,应采取必要的防护措施防止混凝土压载块断裂、掉角破损。

②混凝土压载块绑系的位置、系结方式应满足设计要求。系结绳索应卡入凹槽,系紧牢靠,不得松脱。

③排体铺设入水前,应对混凝土压载块的破损情况进行检查。对影响使用功能的破损混凝土压载块应予以更换,漏绑的混凝土压载块体应重新绑系。

(6)单元联锁混凝土块的吊运、拼装、铺设应符合下列规定:

①单元联锁块吊装应选用相应承载能力的专用起吊设备,按单元逐一吊运拼装。

②施工时,应采取必要的安全防护措施,安排专人指挥、轻装轻放。

③单元联锁块之间以及联锁块体与排垫之间的连接方式、连接点的布置应满足设计要求。连接扣环应锁紧卡牢,不得松脱、漏扣;排垫与混凝土单元联锁块应连为一体。

④排体铺设前,应对单元混凝土块的连接绳索损伤、混凝土块的破损情况进行检查。同一单元断裂、掉角的破损块体比例超过5%,或有块体脱落已影响使用功能的,应按单元整体更换。

(7)砂肋软体排和系袋软体排的压载袋应充填适度、袋口牢固扎紧。系结袋和系结圈应连接牢固,压载物与排垫形成整体。

(8)沉排时,应及时测量沉排区水深、流速和流向;观测迎流侧的排体收缩幅度和漂移情况。根据实测情况及时调整船位、控制沉排方向和沉排速度。排体应平顺入水,松紧适度,与水深及河床地形相适应。

(9)土工织物软体排沉排过程中出现排体撕裂的,应从撕排处起算,按设计或规范确定的最小纵向搭接长度进行补排,且排体着床的实际最小搭接长度不得小于6m。

(10)排体沉放至末端时,应根据水深、流速大小和地形起伏状况,留足一定的排体富余长度,并缓慢移动船位,使排体末端自然缓速垂落至河床。护底排体入水前的水平投影总长度不得小于设计值。

(11)排体沉放过程中,应同步观测沉排入水轨迹;当施工区水深大于10m或流速超过2.0m/s时,沉排前宜通过试验确定排体足够搭接宽度的预留量。必要时可采取措施,对排体实际着床位置进行实时监测。

(12)季节性封冻河流,采用冰上铺排施工时,应符合下列规定:

①施工前,应先对铺排区域的冰层厚度进行探测,冰层强度应满足施工承载要求。

②施工时,按设计要求将缝接好的排体平铺在设计护底范围内的冰面上,排体与护坡坡脚衔接处用钢钎或木桩固定,固定间距不宜大于2m。

③压载体应选用钢丝石笼或整体性较好的其他结构,严禁使用散抛块石进行压载。相邻压载体以及压载体与排体之间应按设计要求牢固绑扎、连成一体。

④开江融冰时，压载体与排体整体着床后应对排体进行位移及断裂检测。发现缺陷应及时采取补救措施。

⑤水深流急区和易形成冰塞河段不宜采用冰上铺排施工。

(13)排体铺设应及时检测、分析并评估排体铺设的施工质量。对于检测异常的区域，宜由第三方检测机构进行水下探摸、摄影或声呐检测。

3.铰链排护滩与护底施工质量控制

(1)铰链排混凝土块的预制、养护及质量应符合现行《水运工程混凝土施工规范》(JTS 202)的有关规定。运输或铺设过程中，应采取防护措施防止断裂、破损；混凝土块体破损影响功能发挥的，应予以更换，并清理出场。

(2)铰链排护滩施工应符合下列规定：

①铰链排下设有排垫时，应先铺设垫层，经检验合格后再铺设铰链排。排头或受力端有预埋或锚固要求时，应按设计要求进行固定。

②相邻联锁块的连接方式、连接点的布置应满足设计要求。连接金属扣环应锁紧卡牢，不得有松脱、漏扣；防锈处理时，底漆应与面漆分层涂刷。

(3)铰链排护底施工应符合下列规定：

①排体铺设应根据施工区域的水深、流速大小以及排体幅宽，选择合适的专用沉排船机设备。

②排体铺设宜按自下游往上游、从河岸往河心的先后顺序逐段铺设。

③排体铺设时，应对入水轨迹进行实时监测，发现异常应及时调整船位。

4.钢丝网石笼垫护滩施工质量控制

(1)钢丝网石笼垫材料规格、质量应满足设计要求，材料进场经检验合格后方可使用。

(2)钢丝网石笼垫应逐件组装，单块钢丝网垫应先压平，再折叠组装，组装后应底面平整、侧板及隔板应横平竖直。绞合钢丝应与石笼垫材质相同，并按照间隔 10 ~ 15cm 单圈与双圈交替绞合，步距均匀，连接牢靠。

(3)卵石资源丰富的地区，填充石料宜选用卵石；其粒径、级配应满足设计要求，石料粒径不宜小于石笼网垫的孔径。

(4)在填充石料时，应采取必要的防护措施，避免损坏护垫上的防锈镀层。

(5)若钢丝石笼垫单层高度超过 30cm，充填石料时应在石笼网垫周边采取支护措施，确保四周隔板竖直整齐。

(6)施工时应根据地质情况，考虑一定的沉降变形量，填充的石料宜略高出网垫顶面。

(7)顶面盖网封闭前，应检查填充石料的装填饱满度和表面平整度。钢丝石笼外轮廓应横平竖直，内隔板弯曲变形应予以校正。

(8)顶面盖网网面与边端钢丝连接宜采用专业的翻边机。将网面钢丝缠绕在边缘钢丝上，每孔不应小于 2.5 圈。

5.抛枕护底施工质量控制

(1)砂枕缝制、充填应符合下列规定：

①砂枕缝制前应进行检测，其材料的质量、抗拉强度、孔径、透水性和保土性能等指标应满

足设计要求。

②砂枕缝制后应检查砂枕尺寸、拼接缝形式和缝合强度,其指标应满足设计要求。

③土工织物充灌口数量宜根据袋体尺寸、填料粒径和充填能力确定。充填完成后,充灌口应封闭。

④砂枕充填宜采用泥浆泵充填,充填物技术指标应满足设计要求,砂枕充填饱满度不应大于80%,充填后应排水密实。

(2)抛枕施工时,应根据砂枕规格、水深、流速、风浪等合理选用抛枕施工船舶。

(3)抛枕施工宜采取抛枕船舶与定位船舶组合进行。对于航道狭窄,施工与通航安全矛盾突出,或在水深流急区域应急抢险施工时,可采用配备测量定位设备的单一抛枕船进行抛投。

(4)抛枕施工时宜采用网格法,均匀抛投、分层实施,且水上抛投覆盖区域不得小于设计的护底范围;施工网格宜根据工程区大小、砂枕规格以及作业船舶尺度确定。

(5)抛枕施工宜按照自下游向上游、先深水后浅水的顺序进行。施工前,宜通过现场试验,确定砂枕的漂移距离。现场试验条件不具备时,可按规范给定经验公式估算。

6. 压排石施工质量控制

(1)压排石施工应采取必要的排体防护措施。

(2)水下抛石施工应考虑水深、流速和波浪等自然条件产生的块石漂移影响。块石漂移距离宜通过现场试验确定;现场试验条件不具备时,可按规范给定经验公式估算。

(3)抛石施工时,施工船舶不得损坏水下排体。已护底区域内的定位船和抛石船宜采用锚石锚固,不得采用铁锚锚固。

(4)抛石施工应符合下列规定:

①施工作业应由定位船和抛石船舶组合进行,施工船舶应配备满足精度要求的测量定位设备。

②施工宜采用网格法控制施工质量,根据抛石工程量及时移船定位。抛石应均匀覆盖,不得漏抛或出现局部堆积。

③当设计抛石厚度超过1000mm时,宜分层抛投、分层检测。

(5)采用机械抛石,其抓斗、铲斗或网兜等应尽可能接近水面抛投,抛石不应破坏护底排体。

(6)人工抛石时,取石应先取顶部石块,平顺搬取;抛石过程中应随时观察船体稳定情况。

7. 预制透水框架施工质量控制

(1)透水框架的预制应符合现行《水运工程混凝土施工规范》(JTS 202)的有关规定。

(2)钢筋焊接应采用电弧焊,焊接性能应符合现行《非合金钢及细晶粒钢焊条》(GB/T 5117)和《钢筋焊接及验收规程》(JGJ 18)的有关规定。

(3)预制件起运、焊接、组装时,其强度不应低于设计强度的70%。透水框架的焊接、组装应在具备施工条件的场地内进行,不得在运输船舶上进行焊接组装施工。

(4)透水框架外露钢筋在抛投前应进行防锈处理。钢筋表面基层应清理干净,涂刷工艺应满足设计要求。

(5)透水框架陆上施工应符合下列规定：

①施工前工程区域的滩面宜进行平整,不得出现局部深坑、陡坎及明显凸起。

②透水框架可叠加摆放,叠加层级不宜超过 3 层。

③透水框架应按设计要求的行距依序摆放,相邻两排透水框架宜错位摆放,顺水流方向不得形成连续的过流通道。

(6)透水框架水上抛投施工应符合下列规定:

①施工宜采用专用设备吊装投放。

②施工宜采用网格法控制抛投质量。网格大小宜根据施工范围、船舶设备及工程量确定,并按设计值或理论计算值控制各网格抛投数量。

③抛投施工应由定位船舶与装载抛投船舶组合进行。实行分区定位,分区施工,均匀抛投。

④抛投多层时,应分层抛投。每抛一层应进行检测,评估抛投均匀度是否满足设计要求。抛投时应及时移船定位,不得形成水下堆积体。

⑤在水深超过 5m 或流速大于 1.5m/s 的区域施工时,宜先通过试抛确定水下漂移距离,根据漂移距离确定定位船位置。

⑥抛投时应自河岸到河心,按先浅水、再深水的顺序进行。抛投后应及时测量,对抛投范围、数量、均匀度进行分析;不合格区域应及时补抛。

⑦低水位时,对于透水框架出露的抛投区,应对抛投不合格区域补抛、整理。

8. 护滩带边缘预埋压石施工质量控制

(1)预埋压石基槽开挖后应先验槽合格,再将护滩排体按设计要求铺设至基槽底部,然后再铺砌块石。块石铺砌施工不得对底层排体造成损坏。

(2)护滩带边缘预埋压石应级配良好,面层宜选用粒径相对较大的块石;砌石应相互嵌紧、表面平整,缝隙选用小块石填塞嵌紧,构筑物的断面尺寸不得小于设计要求。

(3)预埋压石表面应与守护滩面平顺衔接,边缘部位不宜出现高差大于 300mm 的陡坎。

(4)预埋压石与护滩软体排宜同步施工,面层铺时或抛石面层的整理宜在当年的汛前完成。

(5)预埋压石施工完毕,应对余料或废弃物进行清理。

第五节　坝与导堤施工质量控制

一、坝体、堤身施工质量控制

1. 块石坝体施工质量控制

(1)筑坝施工过程中,应及时校核坝轴线位置、断面尺寸。

(2)坝根处岸坡抗冲能力较弱时,应按设计要求先进行坝根处理护坡施工。

(3)坝体抛筑顺序应根据河道条件、运输方式和设计要求合理确定。

(4)坝体抛筑时,应随时检测坝位、坝面高程和护底结构的稳定情况,防止偏移、超高。

(5)采用陆上端进法抛筑坝芯石时,坝根的浅水区可一次抛到设计高程,坝身和坝头可根据水深、地基承载力、水流和波浪情况一次或多次分层抛填至设计高程。

(6)易冲刷的河段应观测沿堤流的冲刷情况。

(7)受台风影响的堤坝,堤身出水面后应尽快形成设计断面,减少暴露长度和面积。

(8)在季节性封冻河流筑坝可采用冰上码方。施工前应全面调查施工区域的冰封情况,对坝位水深及冰层厚度进行详细测量,根据冰层厚度估算冰层承载力,制订施工方案和安全生产预案;施工时,根据块石堆码断面图,宜将块石一次成形堆放于冰面上,待冰融落位后再进行坝面整理;冰层承载力达不到一次成形要求时,可采用开冰槽抛石施工或进行二次码方。

(9)软基抛石筑坝施工应符合下列规定:

①堤侧有抛石棱体的导堤施工时,先抛压载层,后抛堤身。

②有挤淤要求时,从断面中间逐渐向两侧抛填。

③抛石加荷速率有控制要求时,按设计要求设置沉降观测点,控制加荷间歇时间。

④潮汐河口抛石导堤施工应符合现行《防波堤与护岸施工规范》(JTS 208)的有关规定。

2. *砂枕坝体施工质量控制*

(1)砂枕坝体施工前,应根据河床地形、坝体设计高程及坡比,绘制坝体断面砂枕布置图。施工中应考虑施工顺序和施工荷载对坝稳定的影响,以及因地基沉降和充填袋内砂体密实而引起的顶部高程降低。

(2)砂枕坝体施工的充填、抛投除应符合"抛枕护底施工"中的有关规定外,尚应符合下列规定:

①未护底区域施工前,应对河床进行检测,对突出的尖锐物予以清除。

②砂枕的大小根据坝体横断面尺寸确定,砂枕垂直轴线摆放,上下砂枕错缝铺设,不留通缝;厚度控制在400~700mm。

③充填过程中根据充填物的固结时间,适时调整充填工艺。

④砂枕的外形尺寸和平整度满足设计要求,在充填过程中应及时检查。

⑤抛筑时检测坝体高度和边坡,并随时根据断面尺寸合理搭配不同长度的砂枕;必要时安排潜水员对坝体进行水下探摸。

⑥外露部分及时覆盖保护,避免长时间暴露。

⑦河口地区及受风浪和水流冲击的区域,施工期做好临时防护措施。

(3)砂枕水上抛投施工过程中,应适时测定施工区域的流速、流向以及砂枕的漂移距离。根据流速、流向、漂移距离的不同及时调整定位船位置。

(4)砂枕抛筑至适合人工铺设施工时,宜采用人工铺设充填。

3. *钢丝石笼坝体施工质量控制*

(1)充填料应质地坚硬,抗风化性能好,满足设计要求。

(2)石笼充填应密实,封盖绑扎应采用与石笼材质相同的钢丝,绞合间距不宜大于网格尺寸,组合封装应符合"钢丝网石笼垫护滩施工"中的有关规定。

(3)石笼抛投应考虑水深、流速等自然条件产生的漂移距离影响,石笼漂移距离宜由现场试验测定。

(4)石笼坝体抛筑,宜采用分层平抛法施工,由坝根向坝头抛筑;河床抗冲性较强时,石笼坝体抛筑也可采用端进法。

(5)石笼抛筑过程中,应随时检查坝位、坝身和边坡等,坡度不得陡于设计坡比。对于易冲刷的河段,尚应观察沿堤流的冲刷情况。

(6)石笼应排列整齐、挤靠紧密、上下错缝压接,不得出现通缝。

(7)石笼施工时应采取必要的防护措施,避免损坏石笼钢丝的防锈镀层。

4. 混凝土构件坝体施工质量控制

(1)混凝土构件坝体施工应编制专项施工方案。

(2)混凝土构件预制、出运施工应符合现行《水运工程混凝土施工规范》(JTS 202)的有关规定。

(3)沉箱、方块等大型预制构件的下水、浮运尚应符合现行《码头结构设计规范》(JTS 167)的有关规定;半圆体、半圆体沉箱等预制构件的预制、出运应符合现行《防波堤与护岸施工规范》(JTS 208)的有关规定。

(4)混凝土构件安装应符合下列规定:

①混凝土构件安装前,应检查基床的平整度、回淤厚度,当回淤厚度超过设计要求时,重新清淤。

②根据水流、水深、设备条件选用浮吊安装、浮移安装、吊浮结合安装等方式,建议采用定位船辅助定位。

(5)对于设计有充填压载要求的沉箱,构件安装后应及时进行箱内充填。充填应对称、均匀,充填完成后立即将充填孔牢固封堵。

(6)透水空心方块施工应符合下列规定:

①空心方块安装采用定位船辅助定位,构件自下而上安放。

②底层空心方块采用两点平吊,保证方块安装水平,行、列间距由模型试验确定;安放时确保空心方块水平筑底,防止破坏护底软体排。

③第二层及其以上的空心方块采用单点吊,逐层斜插安装。

④安装水面以上空心方块时,适当调整安放平面位置,将块体安放在下层块体的空隙处,确保上层块体稳定。

⑤透水空心方块安放数量不低于设计值的95%。

二、坝面施工质量控制

1. 干砌石、铺石坝面施工质量控制

(1)块石的规格、质量应满足设计要求。

(2)坝面应采用粒径较大的块石,并应安砌稳定、平整,大块石之间的缝隙应采用小块石嵌紧。

(3)块石干砌、铺砌不得破坏垫层。施工时应按设计尺度设置控制线,并应错缝整砌、紧靠密实,前后的明缝应采用小片石料填塞紧密,不得出现通缝、叠砌和浮塞,块石间应楔合紧密、无松动。

(4)砌体应表面平整,块石边缘应顺直、整齐。

(5)干砌条石坝面应自下而上分层砌筑,条石底层与抛石坝体应靠紧,条石间应相互错缝、坚实嵌固。

2. 浆砌石坝面施工质量控制

(1)浆砌块石或浆砌条石坝面宜在坝体稳定后进行施工。

(2)石料的规格、质量应满足设计要求,材质坚实,无风化剥落层或裂纹,石材表面无污垢、杂质。

(3)砌筑前,应将砌体外石料表面的泥垢冲净,砌筑时应保持砌体表面湿润。

(4)砌筑时块石宜坐浆卧砌,应平整、稳定、错缝、内外搭接。

(5)石块间不得直接接触,不得有空缝。

(6)浆砌坝面块石的长边应垂直于坡面,块石长边尺寸不宜小于护面层的厚度。

3. 现浇混凝土坝面施工质量控制

(1)混凝土浇筑施工缝的留设位置不宜设在浪溅区、水位变动区和混凝土拉应力、剪应力较大的部位。

(2)现浇混凝土的浇筑应从下而上、分段施工,并振捣密实,辅以人工抹面。面层厚度和强度应满足设计要求。

(3)现浇混凝土坝面施工宜在坝体沉降稳定后,浇筑面层混凝土。

(4)现浇混凝土镶嵌卵石坝面应在混凝土浇筑后立即进行,卵石嵌入前混凝土应振捣密实、抹面,卵石应直立嵌入且排列有序,嵌入深度宜为卵石长度的3/4,卵石间距宜为20mm,顶高宜比混凝土面高20~30mm,两边卵石距坝体轮廓边线应不小于30mm,卵石顶面高程应满足设计要求。

4. 模袋混凝土坝面施工质量控制

(1)模袋的规格、质量以及模袋布的垂直渗透系数、等效孔径、抗拉强度等应满足设计要求。

(2)模袋铺设前应对坡面基层表面进行处理,坝坡出露部分应采用人工进行理坡整平,宜用小碎石袋来调整坝体边坡。坡面应平顺,无明显凹凸、无杂物;其表面平整度允许偏差,陆上不大于100mm,水下不大于150mm。

(3)模袋宜先以钢管为轴卷成卷,铺设前宜设定位桩及拉紧装置,定位桩应有足够的刚度和入土深度,充灌时不移位。铺展模袋时,宜用定位桩及拉紧装置控制模袋卷自上而下垂直坝轴线滚铺,随铺随压砂袋或碎石袋。水下模袋铺设和充灌宜由潜水员配合检查铺设质量。

(4)模袋铺设应预留收缩富余量,富余量应通过试验确定。模袋展开时,不得损坏模袋。

(5)模袋铺设后应及时充满混凝土或砂浆。模袋混凝土的原材料、配合比应符合现行《水运工程混凝土施工规范》(JTS 202)的有关规定。模袋混凝土粗骨料最大粒径应符合设计及规范的规定。混凝土坍落度不宜小于200mm。

(6)模袋混凝土护面宜采用泵送方法施工,所用混凝土或水泥砂浆应具有可泵性和适宜的流动性。

(7)模袋混凝土充灌施工前,模袋应使用水泵进行充分润湿,充灌时灌注口端的泵管宜使用软管。灌注过程中,宜使用外力使模袋每个方向均充灌饱满,袋内混凝土的饱满度满足设计要求。混凝土充灌速度宜控制在10~15m^3/h,充灌压力宜控制在0.2~0.3MPa。

(8)模袋混凝土护面充灌时,后一块模袋的铺设应与前一块系结牢固。

(9)模袋混凝土充灌后,应及时将模袋表面和滤点孔内的灰渣冲洗、清理干净,并做好混凝土的养护。

(10)模袋混凝土护面充灌施工应在坝芯沉降稳定后进行。模袋的充灌宜采用整体施工法,先充灌坝芯两侧的模袋,待两侧模袋混凝土基本无变形后,再充灌护面顶部。

(11)模袋混凝土充灌后,应及时进行坡脚沟槽回填覆盖和压脚施工。

5. 扭王字块护面块体安装质量控制

(1)块体的安放数量应满足设计要求。

(2)当采用定点随机安放时,应按设计块数的95%计算安放位置,交错安放、互相勾连、分段施工。安放完成后,应对块体的疏密情况进行检查。

(3)当采用规则安放时,应使垂直杆件安放在坡面下方,并压在前排的横杆上,横杆置于垫层块石上,腰杆跨在相邻块的横杆上。

(4)扭王字块体可采用定点随机安放或规则安放。当采用定点随机安放时,块体在坡面上可斜向放置,并使块体的一半杆件与垫层接触,但相邻块体的摆放方向不宜相同。

6. 栅栏板安装质量控制

(1)栅栏板安装前应检查垫层石理坡质量,垫层石规格、质量应满足设计要求,验收后应及时安装。不符合要求或风浪破坏的部位,应进行修整后方可安装护面块体。

(2)栅栏板应自下而上规则摆放,安装时应相互掌紧,安放时应与垫层接触牢固,但不应使用二片石支垫。

(3)栅栏板运输过程中,应避免碰撞造成的块体破损、边棱残缺等。

7. 钢丝石笼垫护面施工质量控制

(1)钢丝石笼垫组装制作、充填石料应符合"钢丝网石笼垫护滩施工"中的有关规定。

(2)石笼护面施工时,宜同时均匀地向一组护垫的各网格内填料,填充料宜一次填满,填充石料顶面宜适当高出护垫。

(3)石笼护面施工填石宜采用人工完成,外观应平整。

(4)相邻护面石笼的封盖框线与边框线应绑扎在一起,并满足设计要求。

第六节 护岸施工质量控制

一、护脚施工质量控制

1. 抛枕护脚施工质量控制

(1)砂枕制作及充填料应符合"抛枕护底施工"中的有关规定。

(2)施工前应对工程区的水下地形进行检测,发现有尖锐物体应先进行清理。

(3)抛枕护脚施工应根据水深、流速和砂枕的规格,选用匹配的定位船与抛枕船配合进行。

(4)抛枕施工应根据设计要求、施工能力、水流及水下地形等因素,合理确定分层和分段施工顺序。

(5)施工时应监测施工区域的流速、流向以及砂枕的漂移距离,及时调整定位船的位置。砂枕入水方向应满足设计要求。

(6)抛枕过程中,应及时用探杆或测深仪检测抛投效果。

2. 抛石护脚施工质量控制

抛石护脚施工除应符合"压排石施工"中的有关规定外,尚应符合下列规定:

(1)水上抛石选用匹配的定位船与抛石船配合进行,施工过程中应及时检测抛填的范围和均匀度,按设计要求控制护脚范围和边坡。

(2)抛石护脚应与岸线保持基本平顺,护脚在低水位出露时,应及时理坡。

3. 人工块体护脚施工质量控制

(1)护脚预制构件安装应根据施工环境以及构件结构、重量和数量,选择合适的安装和运输设备。

(2)透水框架护脚施工应符合"预制透水框架施工"中的有关规定。

(3)扭王字块护脚施工应符合"坝面施工"中的有关规定。

4. 石笼护脚施工质量控制

(1)护脚石笼装填应符合"钢丝网石笼垫护滩施工"中的有关规定。

(2)石笼抛投应根据工程规模合理划分施工区段,采用网格法施工。

(3)施工过程中应及时检验石笼实际落底位置、厚度。

二、护坡施工质量控制

1. 铺石坡面施工质量控制

铺石坡面施工应符合"坝面施工"中的有关规定。

2. 干砌块石坡面施工质量控制

干砌块石坡面施工除应符合"坝面施工"中的有关规定外,尚应符合下列规定:

(1)坡面块石安放前应检查排水盲沟、倒滤层的质量,对不符合要求的部位应进行整修。

(2)坡面砌石应由低向高铺砌。

3. 浆砌块石护面施工质量控制

浆砌块石护面除应符合"坝面施工"中的有关规定外,尚应符合下列规定:

(1)浆砌块石护面施工前,应检查排水盲沟、倒滤层的质量,对不符合要求的部位应进行整修。

(2)浆砌块石护面施工应自下而上进行,分段砌筑,接缝层次清楚,砌筑时不得先堆砌块石再用砂浆灌缝。

(3)浆砌块石勾缝前应清缝,勾缝砂浆强度等级应高于砌体砂浆,砂浆应分层填实;砌筑无法连续施工、砂浆已超过初凝时间时,应待砂浆强度达到2.5MPa后才可继续施工;继续砌筑前,应将原砌体表面浮渣、松散体清除,砌筑完成后应及时做好养护;勾缝应美观、匀称,表面平整,保持块石砌筑自然接缝。

4. 钢丝石笼垫坡面施工质量控制

(1)石笼垫的组装、封盖和石料充填应符合"钢丝网石笼垫护滩施工"中的有关规定。

(2)石笼垫铺设应自下而上,笼体应排列紧密,外框短边与水流方向一致,并紧贴垫层。

5. 预制块铺砌施工质量控制

(1)预制混凝土块的质量应满足设计要求和现行《水运工程混凝土施工规范》(JTS 202)的有关规定。

(2)预制混凝土块的外观应棱角分明、表面清洁平整,无缺角、断裂。

(3)铺砌预制块应分段施工,自下而上铺砌,底部块体应与枯水平台紧密接触。

(4)预制混凝土块铺砌范围、组砌方式、缝宽和衔接处理应满足设计要求。

6. 模袋混凝土护坡施工质量控制

模袋混凝土护坡施工应符合"坝面施工"中的有关规定。

三、直立式护岸施工质量控制

1. 现浇混凝土基础施工质量控制

(1)施工前应对基准点和水准点进行复核,并依次设置施工基线和水准点等定位标志。

(2)混凝土所用原材料、配合比设计、混凝土强度、施工缝留置位置和施工缝处理及混凝土养护,应符合现行《水运工程混凝土施工规范》(JTS 202)的有关规定。

(3)浇筑混凝土前,应清除浇筑面上杂物,并形成干地施工条件。

(4)现浇混凝土基础浇筑时,应在条形基础表面设置不少于底板面积15%的石块,形成凸出基础面的"石榫"或埋置深度为150~200mm的"倒石榫",石榫布置形式和占总接触面积的比例应满足设计要求。

(5)现浇混凝土基础伸缩缝应上下前后贯通,填缝饱满。

2. 浆砌石挡墙施工质量控制

(1)浆砌石挡墙的石料、砂浆质量应符合"坝面施工"中的有关规定。

(2)岩石或混凝土基础上砌筑时,应将基底表面清洗,湿润后坐浆砌筑。

(3)砌体的转角处和交接处应同时砌筑。

(4)浆砌石挡墙应分段、分层砌筑,两个工作段的砌筑高差不宜超过1200mm,分层宜按2~3层砌块组成一个工作层。

(5)块石砌筑应坐浆平砌,上下错缝、内外搭砌。

(6)条石砌筑前应先计算层数,选好料石。砌筑时应控制条石的砌筑高度,砌缝应横平竖直,宜采用丁顺相间的砌筑形式。

(7)浆砌体应在砂浆初凝后养护7~14d,养护期间应避免碰撞、振动或承重。

(8)浆砌块石挡墙宜为平缝,条石砌体宜为凹缝,勾缝砂浆的强度应比砌体砂浆强度高一级,勾缝深度宜为20~30mm。

(9)施工中沉降伸缩缝应垂直,缝两侧砌体表面平整,不应搭接。接缝中填塞材料应满足设计要求。

(10)砌筑完成后应进行沉降、位移观测。

3. 混凝土挡墙施工质量控制

(1)混凝土浇筑应在下部结构沉降基本稳定后进行。

(2)挡墙施工应考虑墙身的沉降、位移影响。

4. 钢丝石笼挡墙施工质量控制

(1)石笼垫制作、填装应符合“钢丝网石笼垫护滩施工”中的有关规定。

(2)钢丝石笼砌筑前应整平砌筑面。砌筑位置、范围和尺寸应满足设计要求。

(3)石笼面墙应整体平顺,笼体内宜设置拉筋或外设支撑模板,保持笼体规整。

(4)钢丝石笼的组装形式应满足设计要求。相邻的笼体绑扎连接,绑扎间距宜为200~300mm。

5. 钢筋混凝土板桩护岸施工质量控制

(1)钢筋混凝土板桩的预制应符合现行《水运工程混凝土施工规范》(JTS 202)和《码头结构设计规范》(JTS 167)的有关规定。

(2)板桩沉桩应设置导桩、导梁等导向装置,导向装置应具备足够的强度和刚度。

(3)钢筋混凝土板桩沉桩应逐根依次套榫插入。宜采用一次沉桩至设计高程或阶梯式往复沉桩的方法。

(4)吊点位置偏差不宜超过200mm,吊索与桩身轴线的夹角不得小于45°。

(5)钢筋混凝土板桩沉桩后应清理、填塞板桩掏槽空腔,板桩上部胸墙或帽梁施工应在板桩槽孔填实后进行。

(6)钢筋混凝土板桩的锚碇结构施工应符合现行行业标准的有关规定。

6. 钢板桩护岸施工质量控制

(1)钢板桩的规格、品种应满足设计要求。

(2)钢板桩锁口应平直通顺,使用前应进行套锁检查。

(3)钢板桩吊运应采用两点吊运,不得斜拖起吊。

(4)钢板桩堆放场地应平整坚实、排水良好,桩应分层叠置,层与层之间应设置垫木,上、下垫木应设置在同一直线上并支撑平稳,堆放层数应不大于3层。

(5)钢板桩防护层的涂料、品种和质量应满足设计要求,涂层在吊运和沉桩过程中损坏时应及时修补,修补的涂料应与原涂层相同。

(6)钢板桩沉桩施工前,宜先进行试验性施工,检验选定的参数,并根据试验数据进行调整,保证沉桩顺利进行。

(7)钢板桩沉桩应设置导桩、导梁等导向装置,导向装置应具备足够的强度和刚度。

(8)钢板桩宜采用拼组插入、间隔跳打或阶梯式沉桩到设计高程。钢板桩拼组根数,槽形桩宜取奇数,Z形桩宜取偶数。每组钢板桩的锁口宜用电焊固定。

(9)钢板桩沉桩前,其锁口宜涂抹润滑油脂。

(10)钢板桩沉桩应以桩尖设计高程作为控制标准。

(11)钢板桩的锚碇结构施工应符合现行行业标准的有关规定。

7. 预制空箱挡土墙施工质量控制

（1）空箱的预制应符合现行《水运工程混凝土施工规范》（JTS 202）的有关规定。

（2）空箱的预制宜采用混凝土底模，底模表面的平整度不应大于10mm。

（3）空箱混凝土宜一次性浇筑完成。

（4）空箱起吊时，其混凝土的强度应满足设计要求。

（5）空箱吊装宜采用单个吊装、顺序安装的方法，吊装可采用汽车起重机或起重船等设备。吊装时应慢吊轻放，确保安全。

（6）空箱起吊及安装的吊点、吊具应进行专项设计，起重吊架应具有足够的强度和刚度。

（7）采用起重船吊装安放空箱时，可先大致就位落放，当空箱底面距底板顶面约300mm时，再做小范围调整，应确保空箱底角线就位准确、防止出现错缝。

（8）空箱安装前应清理底板表面及空箱底脚的杂物并设置安装基准线。

（9）空箱安装到位后应及时进行混凝土浇筑，抛填块石应在混凝土达到设计要求后进行。

四、排水与倒滤工程施工质量控制

（1）排水盲沟与明沟应在坡面开挖基本成形，枯水平台、坡顶马道达到设计高程，坡面达到设计坡比后再进行开挖。

（2）在渗流较严重区域，应开挖临时性排水沟槽或布设集水沙井等排水措施，待地下水位降到一定程度后，再实施永久性的排水盲沟和明沟。

（3）排水明沟施工应符合下列规定：

①明沟基槽宜分段开挖，坡顶横向集水明沟应与垂直岸线的纵向明沟同步开挖。雨期施工应采取临时性的排水导流措施。

②排水明沟护面施工应符合“坝面施工”中的有关规定。底面及侧壁砂浆抹面应密实、均匀，不得形成地下排水通道。

（4）排水盲沟施工应符合下列规定：

①盲沟开挖应分片分段、自下而上进行，其断面尺寸应满足设计要求。

②盲沟开挖经验槽合格后，应及时铺设土工织物、填充料等倒滤层。

③盲沟内土工织物与沟壁应紧密贴实，不得形成地下过流通道；铺设在同一直线段基槽内的土工织物宜采用整幅布料，不得拼接。

④盲沟填充骨料的粒径、级配、铺设厚度应满足设计要求，骨料回填宜采用人工分段自下而上、从一端往另端铺设施工。

（5）倒滤层施工应符合下列规定：

①混合倒滤层施工应按铺设砂垫层、土工织物、碎石垫层的顺序施工，上道工序验收合格后方可进行下道工序。

②土工织物的铺设应按垂直岸线方向进行，下端牢固压入枯水平台脚槽内，上端埋入坡顶明沟。上下端之间应采用整幅布料，不得搭接或缝接。

③土工织物铺设应松紧适度，贴紧垫层，不得发生折叠、悬空和破损。

④顺沿岸线方向应自下游向上游逐段铺设,搭接处上游侧盖住下游侧,每段幅宽应满足设计要求。

⑤倒滤垫层的砂料粒径应满足设计要求,含泥量不得超过5%。

五、生态护岸施工质量控制

1. 生态袋加筋挡土墙施工质量控制

(1)生态袋加筋挡土墙施工宜在基槽开挖与基础底板浇筑后,按照安装生态袋、土工格栅铺设、碎石倒滤层施工与后方回填、土工格栅反包施工等工序循环开展后,再进行生态袋压顶,生态袋墙面绿化。

(2)生态袋、连接扣、土工格栅规格和质量应满足设计要求。

(3)生态袋挡墙基底开挖、压实及整平应满足设计要求。

(4)生态袋填充料的配比应满足设计要求,充填时应保证充填的饱满度和平整度,袋口扎口后袋体外形宜为矩形立方体,其宽度、厚度应不小于设计值。

(5)生态袋垒放时,应当按坡度设置样架分层挂线施工,上下层袋体应错缝排列、压实,标准扣骑缝放置,互锁结构稳定。

(6)工程联结扣的安放和联结方式应满足设计要求。

(7)土工格栅应垂直于岸壁前沿线,平铺、拉紧后应及时填铺填料。

(8)加筋体回填的填料种类、粒径、压实度应满足设计要求,填料中不得含有尖锐棱角等易损坏加筋材料的物料;填料最大粒径应不大于填料压实分层厚度的2/3,且不大于150mm;填料应分层回填、碾压,分层厚度宜为200~300mm;采用机械卸料或摊铺时,加筋材料的填料覆盖厚度应不小于200mm;施工机械不得在未覆盖的加筋材料上行驶。

(9)生态袋挡墙的倒滤层、排水管施工应与加筋体回填协调一致。

2. 钢丝石笼生态护岸施工质量控制

(1)钢丝石笼的铺设、填料、封边施工应符合"钢丝网石笼垫护滩施工"中的有关规定。

(2)石笼面层覆盖的土质、厚度应满足设计要求,宜选择耕植土,并除去杂草杂物。

(3)种植土应分层铺设,底层覆土厚度宜为70~100mm,应在部分土粒落入卵石缝隙后撒种草籽、覆盖面层土。

(4)草籽播种宜选择早春温度上升时进行,植物应有足够的发芽温度和生长期,应考虑洪水影响。

(5)草籽发芽后,应及时浇水灌溉、追加肥料,洒水养护时间不宜少于20d。遇低温天气宜采取薄膜覆盖等保温措施。

3. 木排桩生态护岸施工质量控制

(1)木桩的桩径、长度、质量应满足设计要求。

(2)施工前,应对桩轴线进行放样,桩轴线位置应满足设计要求。

(3)木桩桩顶应进行防腐处理,防腐的范围应为自桩顶至设计低水位。

(4)沉桩时,应保证木桩入土时的垂直度和沿岸线方向的平直度,木桩入土深度和间距应满足设计要求。

(5)沉桩后,应对桩位和桩顶高程进行复核。

(6)沉桩后,排桩绑扎、桩后回填土方高程应满足设计要求。

第七节　炸、清礁施工质量控制

一、陆上炸礁施工质量控制

1. 陆上爆破施工质量控制

(1)陆上爆破宜采取由外向内、由上向下一次性钻爆到设计底高,超过5m时,应采取台阶式分层爆破。

(2)陆上爆破宜采用毫秒延时爆破,孔深较浅且对周边环境无影响时宜采取齐发爆破。

(3)陆上爆破有边坡保护和减震要求时,宜采用预裂爆破或光面爆破方式,爆破网路采取导爆索起爆,验孔、装药等环节应有爆破工程技术人员指导。

(4)陆上开槽爆破宜按由中心向两边、从中段向上下两端进行。

(5)陆上开槽施工应在槽上下两端预留挡水墙或设围堰,围堰高程高于施工期多年平均高水位,槽内设低于设计底高1m的集水坑。

(6)装填炮孔数量应以设计的一次起爆药量为限,完成一炮次全部钻孔后集中装药,在岩体裂隙发育或较破碎情况下,宜采用每个钻孔完成后及时装药方式。

(7)爆破前应清除孔口周围的碎石、杂物,爆破体表面和最小抵抗线方向应采取覆盖措施防止飞石,保护周边房屋和人员。

(8)炮孔堵塞物宜采用钻屑、黏土和带泥的岩屑,浅孔应堵塞至孔口,深孔堵塞长度不应小于最小抵抗线的1.2倍。

2. 陆上开挖、弃渣质量控制

(1)开挖施工宜从临水一侧开始,由高到低、从外向里开挖至设计底高。

(2)采取机械挖运出渣应保持边坡稳定,工程机械与水边应有足够的安全距离。

(3)清渣施工应先挖运水面以上石渣,并根据施工期多年平均水位,确定预留开挖水下石渣施工平台高程。

(4)陆上弃渣高程、范围、边坡应满足设计要求。

二、水下炸礁施工质量控制

1. 水下钻孔爆破质量控制

(1)钻爆船和钻爆平台应采取锚缆式定位或定位桩定位,确保船位稳定防止走锚、滑桩和套管移位。

(2)施工船舶锚缆布置应满足施工和通航安全要求,砂卵石河床和流速超过3m/s的急流河段施工,宜采取在岸上设地锚方式系缆,通航侧艏横缆宜采用沉链方式,定位完成后应对伸入航道的锚缆进行水深探摸检查。

(3)施工宜按先下游后上游、先深水后浅水的顺序进行,并根据水位变化适时调整。

(4)施工船舶定位宜采用卫星定位系统,施工钻孔位置的偏差内河施工时不大于200mm,沿海施工时不大于400mm,钻孔过程中应校核、监控船位。

(5)水下钻孔布置宜采用矩形或梅花形布孔。水下炸礁分断面进行时,断面之间的距离为炮孔间距的1.0~1.2倍;炮次间的排距为设计排距的1.4~1.6倍,岩体节理、裂隙、风化发育时取大值,不发育时取小值,复杂地质应通过试爆开挖后确定。

(6)水下礁石有夹层、孤石等复杂地质时,宜先对上层岩石进行钻爆,清渣后进行下一层岩石的钻爆;水下礁石有覆盖层时,应采取护孔管隔离措施,覆盖层超过1m时,先清除覆盖层,再进行钻孔作业。

(7)钻爆船施工宜保持船体与水流流向一致,急流河段水下钻孔施工,应采取措施防止爆破网路被钻具和缆绳损伤。

(8)潮汐河段应根据潮位变化及时校对和调整船位、钻孔孔深,应有专人负责爆破网路收放,并应防止设备故障出现钻具顶抬钻机。

(9)水下钻孔完成后应探测孔深,在确认孔深达到设计要求和孔壁完好后进行装药作业。

(10)水下爆破器材的防水、抗压性能应满足工况要求。雷管宜采用毫秒延时金属电雷管、导爆管雷管,炸药宜采用乳化炸药。

(11)水下钻爆一次起爆总药量需要控制时,宜在孔内间隔装药,各间隔段分别设起爆体,间隔物应采用粗砂或碎石。

(12)爆破网路宜使用电力起爆或导爆管起爆,电力起爆网路可采用并串联或并串并中装联,导爆管起爆网路可采用簇联和并联。

(13)同一起爆网路的雷管和导爆管应是同厂、同批、同型号的产品,电雷管镍铬桥丝电阻差不得大于0.8Ω、康铜桥丝电阻差值不得大于0.2Ω,实测总电阻不应超过计算理论值的±5%。每个普通电雷管的起爆电流交流电不应小于4.0A,直流电不应小于2.5A。

(14)起爆体应使用2发以上雷管,装药长度大于3m时,应使用双起爆体。在有流速的施工水域应将电线或导爆管捆扎在保护绳上,电线或导爆管应大于绳长,捆扎呈松弛状态。

(15)水下炮孔堵塞应确保药柱不浮出钻孔,并应满足下列要求:

①选用砂或粒径小于2cm卵石、碎石堵塞,堵塞长度不小于0.5m。

②对水中冲击波防护要求较高水域的施工采取砂石混合堵塞。

③流速较大水域炮孔堵塞长度不小于0.8m。

(16)水下钻爆连续作业时,雷管和炸药应分开存放于公安部门认可的临时专用储存移动库或舱房。

(17)钻爆船爆破时应移至爆破区上游,爆破网路应顺水流松放,防止受力过大和被船舵、桩、锚缆挂损。

(18)水下炸礁应按《水运工程爆破技术规范》(JTS 204)检查开挖线、高程、孔深、间距、排距等,允许偏差应符合表5-5规定。

水下炸礁允许偏差 表 5-5

序号	项目			允许偏差(mm)
1	开挖线	钻孔爆破		+100 0
		裸露爆破		0 -500
2	高程	航行区域		+50 -750
		非航道区域		+50 -750
3	钻孔	孔深		+300 -300
		间距、排距	内河	+200 -200
			沿海	+400 -400

2. 水下裸露爆破质量控制

(1)水下裸露爆破宜采用船投法,施工顺序应从深水到浅水,由下游向上游。

(2)爆破药包捆绑配重物宜采用块石或砂袋,配重物重量宜通过现场试验确定,也可通过规范给定公式估算。

(3)水下裸露爆破每炮次的横向搭接宜为 1 ~ 2m;纵向搭接宜为 0.5 ~ 1m;投放药包时应根据流速和水深情况考虑漂移距离。

(4)爆破药包排列宜采用双串药包,每个药包应设双雷管起爆体,使用并串并联复式电爆网路。

(5)大面积裸爆炸药包投放宜在投药船两舷采用翻板同步投放,零星清炸孤礁可采用双串药包用交叉绳连接投放。

(6)使用船舶投药应符合下列规定:

①根据流速、流态变化调整船位,保持定位船和药包投放点与水流方向一致,有泡漩水或泡水出现时暂缓投药。

②投药船投放药包后顺水流下放半个船位,检查船底、船舵、测深仪换能器无扯挂药包后,再移至安全区。

③急流滩投药时,避免用舵过大、船尾触礁,防止船体打横翻覆。

3. 水下清渣、弃渣质量控制

(1)挖泥船清渣施工顺序宜采用从深水到浅水、分条、分段顺水流开挖;在流速较缓水域、潮汐河段或采用反铲式挖泥船清渣时,也可采用逆流施工。

(2)水下清渣开挖分条宽度不应大于挖泥船宽度和抓斗作业半径,条与条之间开挖搭接宽度宜为 2 ~ 3m;分段开挖长度应根据挖泥船布设锚缆位置确定。

(3)施工过程中应根据挖斗大小和岩层厚度分层开挖,分层厚度宜为抓斗高度的 1/4 ~ 1/3。

(4)清渣施工宜采用顺序排斗,抓出堑口后依次向前挖。

(5)抓斗挖泥船在流速较大的水域施工时,应注意抓斗漂移对下斗位置和挖深的影响,可根据抓斗漂移情况确定斗绳上的标注挖深值,也可通过规范给定公式估算。

(6)桩式反铲挖泥船应采用锚缆协助定位,使用铲斗前移船位,提桩后锚缆应同步受力,下桩后再松锚缆。

(7)水下清渣、弃渣宜采用卫星定位系统测量定位,设施工导标时,导标夜间灯光应与航标灯光有所区别。

(8)陆上反铲挖掘机水下清渣时,车位间开挖作业半径应搭接 2m,退位前应用挖斗对开挖作业半径内的水深进行探测。

(9)水下弃渣应散抛在指定区域,弃渣时应及时测量水深,避免超过设计高程。

三、水下凿岩施工质量控制

(1)凿岩施工前,应清挖覆盖层至岩层顶面,再进行水下测量,根据岩石高程及分布情况,确定布锤方案。

(2)凿岩作业宜采用卫星定位系统控制施工平面位置、落点范围,并应根据船舶施工宽度分条、分段、分层凿岩施工。凿岩断面尺寸、超深、超宽、边坡应满足设计要求。

(3)重锤凿岩施工应符合下列规定:

①凿岩锤应根据吊机或抓斗机提升能力、岩石等级确定。普氏Ⅴ级以内岩石宜采用 5 ~ 20t 的楔状凿岩锤或梅花锤,普氏Ⅵ ~ Ⅶ级岩石宜采用 10 ~ 40t 的笔状凿岩锤。

②凿岩锤落锤高度应根据岩石等级确定,宜为 2 ~ 3m,凿击点布置宜为 1.5 ~ 2.0m 间距的等边三角形,接近设计底高时落点距宜加密为 1m。

③凿岩锤施工时应控制垂直自由下落高度,避免发生凿岩锤落底前钢缆突然受力导致钢丝绳互绞。

④岩石凿碎后应进行清渣施工,凿岩、清渣施工循环作业深度宜为 0.2 ~ 0.8m,直至达到设计高程。

(4)液压破碎锤凿岩施工应符合下列规定:

①液压破碎锤及钎杆长度应根据挖掘机功率、水深确定,施工时应控制凿岩深度,破碎锤应与岩面垂直,避免破碎锤空打。

②岩石破碎后进行清渣施工,凿岩、清渣施工循环作业深度宜为 0.2 ~ 0.5m,直至达到设计高程。

四、水下炸礁质量检验技术要求

1. 清礁检测方法

清礁检测方法应符合现行《航道整治工程水下检测与监测技术规程》(JTS/T 241)的规定。

(1)清礁检测方法应根据水深、流速等要素选择,宜按表 5-6 的规定选用。

清礁检测方法 表5-6

序号	检测方法	水深 H(m)	流速(m/s)
1	硬式扫床	$1\leqslant H\leqslant 5$	≤2.5
		$5\leqslant H\leqslant 20$	≤1.5
2	单波束测深	$1\leqslant H\leqslant 100$	≤3
3	三维扫描声呐扫测	$1\leqslant H\leqslant 35$	≤1
4	多波束测深	$3\leqslant H\leqslant 40$	≤3

注:1. 扫床作业中发现浅点,应现场通过测量仪器直接定点,并采用单波束测深确定平面位置和高程。
2. 硬式扫床时扫测船舶航速应控制在2kn以内。
3. 施工过程中可采用单波束测深,完工后可采用多波束测深或硬式扫床。

(2)清礁检测点的设置应根据测图比例确定点距。

(3)清礁检测方法的平面定位精度不应低于0.2m,高程精度在水深不大于20m时,不应低于0.4m;水深大于20m时,不应低于0.02倍水深。

(4)清礁检测成果应包括检测区域布置图、检测成果分析等。

2. 扫床检测

(1)扫床包括硬式扫床和软式扫床,可用于浅点检测。

(2)硬式扫床检测除应符合现行《航道整治工程施工规范》(JTS 224)的有关规定外,尚应符合下列规定:

①硬式扫床应采用固定式安装,其硬件应包括船舶、扫杆、定深杆、支撑杆、横杆以及拉绳等,硬式扫床架应有足够的刚度,使用时的变形值不应大于50mm。

②硬式扫床架应在船头或船中部一侧甲板空旷区域安装,扫床架下放后,应调整拉绳将扫杆放至设定的扫床深度。

③硬式扫床作业应满足下列要求:

a. 采用卫星定位系统记录实时扫床轨迹图;

b. 扫床底架碰到浅点时,停船检查扫架是否变形,并在轨迹图中标记;

c. 扫床轨迹的重叠宽度不小于1m。

(3)软式扫床检测除应符合现行《水运工程测量规范》(JTS 131)的有关规定外,尚应符合下列规定:

①软式扫床具安装时,底索钢缆每节长度应根据作业现场条件和作业要求确定,必要时应适当增加配重。

②软式扫床作业应满足下列要求:

a. 扫床线沿测区流向或航槽轴向逆水流或逆潮流方向布设;

b. 扫床过程中,配置检查船不断检查扫床提高量,底索提高量不大于0.3m;

c. 扫床速度控制在4kn以内;

d. 出现底索脱挂、割断或发现其他可疑情况时,进行补扫。

(4)扫床资料应包括下列内容:

①水位记录;

②扫床轨迹图;

③扫床记录表;

④检测(监测)报告。

第八节 航标工程质量控制

一、概述

1. 航标的基本概念和作用

航标即助航标志,是船舶安全航行的重要助航设施。它的主要功能是标示航道的方向、界限与碍航物,揭示有关航道信息,为船舶指引安全、经济的航线。

2. 航标的分类

1)按航标的作用分

(1)视觉航标。

视觉航标是固定的或浮动的供直接观测的助航标志。它具有易辨认的形状与颜色,可安装灯器及其他附加设备。广泛设置于沿海及内河上,是一种最重要、最基本的助航标志。视觉航标常用标身的形状、颜色或顶标来区分或表示不同的航标功能,供驾驶人员在白天观察使用,而在夜间则以灯质即灯光颜色、灯光节奏、周期来区分识别。

(2)音响航标。

音响航标是指能发出声音传送信息以引起驾驶人员注意其概略方位的助航标志,一般与视觉航标共同设置,多用于沿海地区。音响航标在能见度不良的天气里发出具有一定识别特征的音响信号,使驾驶人员知道船舶的概略方位,起警告船舶避免发生危险的作用。

(3)无线电助航设施。

无线电助航设施是以无线电波传送信息供船舶接收以测定船位的助航标志。无线电助航设施能在大雾或恶劣的天气下远距离地保证船舶准确测定船位和航行安全。无线电助航设施包括:无线电指向标、无线电测向仪、雷达应答器、雷达反射器、雷达指向标、罗兰、台卡和卫星导航等。

2)按航标设置水域分

按照航标设置在不同的水域,可分为内河航标(包括湖泊、水库)和海区航标,当航标在不同地点如岸上或水中时,也可简单划分为岸标与浮标。

(1)内河航标。

内河航标按功能分为航行标志、信号标志、专用标志和警示标志。航行标志包括过河标、沿岸标、导标、过渡导标、首尾导标、间接导标、侧面标、左右通航标、示位标、泛滥标和桥涵标等。信号标志包括通行信号标、鸣笛标、界限标、水深信号标、横流标和节制闸标等。专用标志包括管线标和专用标。

(2)海区航标。

海区航标有灯塔、灯桩、灯船、大型助航浮标、灯浮标、立标和导标等标志。海区航标的浮标部分包括侧面标志、方位标志、孤立危险物标志、安全水域标志和专用标志。其中,侧面标志包括左侧标、右侧标、推荐航道左侧标及推荐航道右侧标;方位标志又包括北方位标、东方位标、南方位标及西方位标。

3. 内河航标配布原则

根据现行《内河助航标志》(GB 5863)的规定,内河航标配布类别应根据航道条件与运输需要,通过技术经济论证确定。内河航标配布可分为以下四类。

(1)一类航标配布:配布的航标夜间全部发光。白天,船舶能从一座标志看到次一座标志;夜间,船舶能从一盏标灯看到次一盏标灯;实施双侧连续配布航标的高等级航道,白天船舶应能从一座标志看到同侧配布的次一座标志,夜间船舶应能从一盏标灯看到同侧配布的次一盏标灯。

(2)二类航标配布:发光航标和不发光航标分段配布。在昼夜通航的河段上配布发光航标,其标志配布与一类航标配布相同;在夜间不能通航的河段上配布不发光航标,其标志配布密度与三类航标配布相同。

(3)三类航标配布:航标配布的密度比较稀,不要求从一座标志看到次一座标志,对优良河段的沿岸航道,可沿岸形航行不再配布沿岸标,但每一座标志所表现的功能与次一座标志的功能应互相连贯,指引船舶在白天安全航行。

(4)重点航标配布:只在航行困难的河段和个别地点配布航标。优良河段一般仅标示出碍航物。根据需要与条件配布发光航标或不发光航标。船舶需借助驾驶人员的经验利用航标和其他物标航行。

4. 海区浮动助航标志配布原则

(1)浮动助航标志有示位警告危险、指示交通信息等功能,应根据通航水截交通流量和风险程度确定浮动助航标志的配布。

(2)配布的浮动助航标志应示意清晰、作用明确、特征显著、易于识别。

(3)以简明的方式,标示出安全、经济、便捷的航道以及船舶作业、锚泊水域或浅滩、危险物等。

(4)统筹考虑设标水域的自然条件及已存在的助航标志的分布状况,避免出现标识混淆或引起标志误认。

(5)易于设置固定助航标志的水域,尽量不使用浮动助航标志。

(6)浮动助航标志应尽可能设置在能正常进行日常维护管理的水域。

5. 航标工程总体要求及助航效能测试

(1)航标、标志牌设置的位置和方向应满足设计要求,并应通视良好,导标导线应满足设计要求。

(2)航标工程主要单位工程的观感质量应按规定检查评价,其综合实得分率不应低于80%。

(3)航标工程项目完工后,应对工程具有代表性的河段或航区进行助航效能测试,其效能应满足设计要求。

①航标工程效能测试工作应在航标工程试运行期间进行。测试工作应由建设单位组织实施。测试组成员应由项目主管部门、辖区航标管理单位、使用单位、建设单位、设计单位、监理单位、施工单位和质量监督等单位代表和专家组成。

②测试工作程序应符合下列规定:

a. 测试前应收集测试船舶、航区航法、航道基本条件以及测试对象的基本数据。

b. 建设单位应组织设计、监理单位按有关设计内容和技术参数以及相关标准要求,编写测试工作大纲。测试大纲宜包括下列内容:选定适合测试工作的设备和仪器;由测试组随机确定具有本工程代表性的测试河段或航区、抽样测试的数目、位置并绘制示意图;划分观测标志显形视距和可见座数、灯光作用距离、雷达应答器作用距离和雷达反射器状况的距离分级。内河航标工程观测距离分级宜按 1 ~ 2km 观测一次划分,海区航标工程观测距离分级宜按 2 ~ 5km 观测一次划分;确定测试组成员分工,制订因天气等环境因素影响试验不能正常进行时的预备方案、发生意外时的应急预案。

c. 测试前应检校设备和仪器,检校成果提交测试组。试验中 GPS 定位仪的测量误差精度应控制在 1m 以内。

d. 分项测试应对各测试项目作出分类评价。在分项测试的基础上,应对航标整体技术状况、助航效能作出评价,并对航标工程效果作出综合评价。

③测试条件应满足下列规定:

a. 测试工作应在大气透明系数不低于 0.85 的条件下进行,不满足时应作出说明并予以折算。

b. 测试人员的视力或矫正视力应达到 1.0 以上。

④测试内容和方法应符合现行《水运工程质量检验标准》(JTS 257)的规定并填写相应航标助航效能测试记录。

⑤每一时段测试工作结束时,测试组组长应及时组织测试组成员对各项试验的方法、环境情况、效果、所采集数据的准确性、应注意的问题、不足之处等进行小结。测试工作结束后,应及时对测试工作进行综合评价,并形成测试报告。

二、岸标和水尺质量控制

1. 玻璃钢结构塔体制作与安装质量控制

(1)玻璃钢的规格和质量应满足设计要求。

(2)塔体或各分段的形状、规格应满足设计要求,塔体的平面尺寸和壁厚不得小于设计尺寸。

(3)塔体与基础以及塔体各分段之间的连接件及连接强度应满足设计要求。

(4)预留孔洞和爬梯等的位置等应满足设计要求。

(5)玻璃钢结构塔体安装工程的允许偏差应符合规定。

(6)安装前应查验玻璃钢塔老化、褪色情况,以免影响玻璃钢塔的耐久性和使用功能。

2. 杆形岸标标杆制作与安装质量控制

(1)钢材的品种、规格和性能应满足设计要求,并应符合国家现行有关标准的规定。

(2)杆形岸标、导标和立标钢结构的连接方式应满足设计要求,连接质量应符合有关规定。

(3)钢结构涂装的材料品种、涂装工艺应满足设计要求,涂装质量应符合有关规定。

(4)安装连接方式应满足设计要求。地脚螺栓连接应紧固,外露丝扣不应少于2扣;杆形岸标的稳绳应沿标杆四周大致均匀分布,并应与锚碇牢固连接,松紧适度。

(5)工作平台与标杆和导标应连接牢固,不得倾斜或松动。

(6)杆件、工作平台及爬梯等金属构件应完好。运输过程造成的变形和涂层损坏应进行矫正或修补。

(7)杆件制作的允许偏差符合规定。

3. 混凝土水尺尺体质量控制

(1)水尺所用的材料的品种、规格和性能应满足设计要求,并应符合国家现行有关标准的规定。

(2)水尺尺体混凝土的强度应满足设计要求,混凝土质量应符合有关规定。

(3)水尺尺体的布置和结构形式应满足设计要求。水尺的结构形式一般分成直立式、斜坡式以及混合式三种;其布置有连续布设、间断布设等方式。水尺高程校准点是水尺维护校准的重要设施,水尺高程校准点的位置与标石的制作和埋设等应满足设计要求,并应符合现行《水运工程测量规范》(JTS 131)的有关规定。

(4)锚杆布设及与基础的连接方式应满足设计要求。尺体不得露筋、破损缺角。

(5)尺体混凝土应密实、平整,分层施工的接茬应平顺,表面应无明显错台、流坠和破损。

(6)现浇混凝土水尺尺体的允许偏差应符合规定。

4. 镶贴面层及水尺刻度质量控制

(1)镶贴面材料的品种、规格和颜色应满足设计要求。

(2)水尺的高程标识和刻画方式应满足设计要求,并应清晰、易于辨识。

(3)镶贴应牢固,表面应平整,不得有空鼓、裂缝和棱边缺损等缺陷。

(4)面砖镶贴及水尺刻画的允许偏差应符合规定。

5. 反光膜贴面与标识涂装质量控制

(1)涂料与反光膜的品种、规格和质量应满足设计要求。

(2)涂装或粘贴反光膜完成后的标志、标记应提示正确,清晰完整。

(3)反光膜粘贴应完好、平整,无明显拼缝、气泡,不得起皱,不同颜色区域的接边应清晰整齐。

6. 顶标制作与安装质量控制

(1)顶标的形状、尺寸和颜色必须满足设计要求,并应符合现行《中国海区水上助航标志》(GB 4696)、《内河助航标志》(GB 5863)、《中国海区水上助航标志形状显示规定》(GB/T 16161)、《内河助航标志的主要外形尺寸》(GB 5864)等的有关规定。

(2)顶标所用材料的品种、规格和质量应满足设计要求,并应符合国家现行有关标准的规定。

(3)顶标安装的连接方式、连接螺栓的规格和数量应满足设计要求。螺栓连接应牢固、无松动,外露丝扣不应少于 2 扣。

(4)顶标面板应与骨架连接牢固。面板的间隙或孔隙应均匀,边线应整齐、无毛刺等缺陷。

(5)顶标面板应完好。运输过程造成的变形和涂层损坏应按原标准矫正或修补。

(6)标体制作与安装的允许偏差应满足规定。

7. 桥涵标牌及桥柱灯制作与安装质量控制

(1)桥涵标牌和桥柱灯所用材料的品种、规格和质量应满足设计要求。

(2)桥涵标牌的外形尺寸、立柱和纵横梁的布设应满足设计要求。标牌及桥柱灯安装方式应满足设计要求。安装应牢固,且不得影响桥梁结构的安全性。

(3)标牌面板与纵横梁及支撑梁、立柱与横梁、立柱与基础和标牌与后支撑的连接方式、连接点密度以及预留孔的数量,应满足设计要求和灯器安装要求。

(4)桥涵标、桥柱灯安装的位置和朝向应满足设计要求。

(5)灯器等发光体的规格和质量、安装位置、数量及照度应满足设计要求,显示信息应正确。

(6)标牌正面应平整,边缘应平顺无毛刺。面板与横梁之间应牢固连接,不得松动。

(7)标牌贴膜和涂装的材料品种、涂装工艺应满足设计要求,涂装质量应符合有关规定。

(8)运输和安装过程中造成的涂层和贴膜损坏应修补完好。

(9)桥涵标、桥柱灯制作及安装的允许偏差应符合规定。

8. 灯笼制作及安装质量控制

(1)制作灯笼所用材料的品种、规格、质量应满足设计要求。

(2)灯笼连接方式应满足设计要求,连接质量应符合有关规定。

(3)灯笼的直径、高度和玻璃弧度等各主要参数应满足设计要求。

(4)灯笼装配、灯笼与塔体连接螺栓的规格、数量应满足设计要求,连接应牢固、无松动,外露丝扣不应少于 2 扣。

(5)避雷针引线应与塔体避雷接地线可靠连接。接地电阻应满足设计要求,设计无要求时,不应大于 4Ω。

(6)灯笼应完整,表面应平顺,无明显凹坑和毛刺。

(7)灯笼的涂装颜色应满足设计文件和现行《视觉信号表面色》(GB 8416)的要求,涂装材料的品种、规格和质量应满足设计要求。设计无要求时,热喷锌涂层的厚度不应小于 80μm。铜构件油漆涂装应在锌黄涂装合格后进行。涂装质量应符合有关规定。

(8)灯笼的防水、防尘等密封性应满足设计要求。

(9)灯笼玻璃应安装牢固,不得松动;密封材料应密实、均匀、平整。

(10)灯笼上下通风口的尺寸不应小于设计要求,通风口应开启方便。

(11)灯笼制作和安装的允许偏差应符合规定。

三、浮标制作与抛设质量控制

1. 浮标制作质量控制

(1)钢质浮标所用钢材品种、质量、型号、规格应满足设计要求,并应符合现行国家标准的有关规定。

(2)浮标的外部形状、尺寸及线形应满足设计要求。

(3)制作非金属材料浮标的材料品种、型号、规格、质量和理化指标应满足设计要求。

(4)浮标制作的焊接和螺栓连接质量应满足设计要求,并应符合有关规定。

(5)钢板厚度大于4mm的钢质浮标的焊缝应进行无损探伤抽查,探伤结果应满足设计要求并应符合现行国家标准的有关规定。

(6)浮标应通过密性试验。灯船、大型助航浮标和船形浮标做气密性试验,内河小型浮标做煤油油密性或气密性试验。

(7)钢质浮标涂装质量应符合有关规定。

(8)浮标的颜色应符合现行《视觉信号表面色》(GB 8416)、《中国海区水上助航标志》(GB 4696)和《内河助航标志》(GB 5863)的有关规定。

(9)制作允许偏差应符合规定。

2. 浮标抛设质量控制

(1)浮标系留索及锚碇的品种、规格、质量应满足设计要求。混凝土沉石质量应符合有关规定。

(2)浮动标体与锚链、钢缆以及锚链、钢缆与沉石、锚之间的连接是否正确影响浮标自身安全、使用功能和行轮安全,因此要求浮标与锚系之间的连接方式应满足设计要求,并应连接牢固。

(3)浮标的压载块质量和数量应满足设计要求。必要时由监理单位计重和计数抽查。

(4)钢质浮动标体的抛设位置是指系留浮标的沉石或锚在水中稳定后的位置。浮标的抛设位置及回旋半径应满足设计要求。

四、标志牌及附属设施质量控制

1. 标志牌制作与安装质量控制

(1)制作标志牌所用材料的品种、规格和质量应满足设计要求。

(2)标志牌的立柱、纵横梁、后支撑的布设方式应满足设计要求。

(3)标志牌的连接方式和连接点密度应满足设计要求。当少数连接点需点焊加固时,焊接应牢固。

(4)标志牌的颜色和标注的字体、图形、符号必须满足设计要求,并应符合现行《内河助航标志》(GB 5863)等的有关规定。

(5)标志牌正面应平整,不得有锈污,边缘应平顺无毛刺。

(6)标志牌及构件在运输过程中出现的变形和涂装损伤应修复。

(7)标志牌涂装、反光膜粘贴的材料品种、涂装及粘贴工艺应满足设计要求。涂装及粘贴质量应分别符合有关规定。

(8)发光标志牌的灯器、电源和电缆的型号、规格和技术参数指标应满足设计要求。安装质量应符合现行《水运工程质量检验标准》(JTS 257)的有关规定。

(9)发光标志牌发光体显示信息正确,安装位置、数量及照度满足设计要求。

(10)标志牌制作与安装的允许偏差应符合规定。

2. 避雷设施制作与安装质量控制

(1)避雷设施所用材料的品种、规格、质量应满足设计要求。监理单位见证取样。

(2)避雷设施安装的位置应满足设计要求。

(3)接地处理及接地电阻值应满足设计要求,并符合现行《建筑物防雷设计规范》(GB 50057)的有关规定。设计无要求时,建筑物接地电阻不得大于4Ω。

(4)避雷系统的安装应连接牢固,引下线入地应有保护,埋置深度和接地极间距应满足设计要求,防腐良好,针体垂直度偏差不应大于针杆直径。

(5)接地线的焊接、避雷设施安装应符合现行《水运工程质量检验标准》(JTS 257)的有关规定。

3. 水位遥测遥报装置安装质量控制

(1)水位遥测遥报装置的型号、品种、规格和技术参数应满足设计要求。

(2)水位遥测遥报装置安装位置应满足设计要求,安装牢固、接线正确。

(3)水位遥测遥报的性能应满足设计要求,读数和记录应准确,反应应灵敏。

(4)水位遥测遥报装置安装的允许偏差应符合规定。

第六章

疏浚与吹填工程质量控制

学习要点

1. 疏浚与吹填的定义及分类。
2. 航道挖槽设计的基本原则。
3. 抛泥区选择的原则。
4 常用挖泥船及其适用范围。
5. 疏浚与吹填工程开工条件。
6. 疏浚、吹填工程质量控制要点。
7. 疏浚工程质量检验标准。
8. 吹填工程质量检验标准。

第一节　概　　述

一、疏浚与吹填的概念

疏浚是指采用机械、水力及人力方法进行的水下土石方开挖作业方式。

疏浚工程按其性质和任务不同可分为基建性疏浚、维护性疏浚和临时性疏浚。基建性疏浚是为新辟航道、港口等或为增加它们的尺度、改善航运条件，具有新建、改建、扩建性质的疏浚。维护性疏浚为维护或恢复某一指定水域原定的尺度而清除水底淤积物的疏浚，分为常年性维护疏浚和一次性维护疏浚。临时性的疏浚工程，是为了解决工程量小的疏浚任务，一般是在没有经常性挖泥船的、疏浚力量不足的河段上，临时利用其他地区的疏浚力量来进行工作。

吹填是指将疏浚泥沙或指定区域泥沙采用泥泵和排泥管线输送到指定地点的作业方式。

二、航道挖槽设计的基本原则

冲积性河流中开挖航槽后，不可避免地要产生回淤。为了减少挖槽的回淤，必须正确地选择挖槽的位置，设计挖槽的走向、线形、断面形态和尺度，选择合理的抛泥区域，以便建成利于船舶通航而又稳定的挖槽。

挖槽设计应该最大限度地满足航行要求，能保证船舶安全顺利地通过；要尽可能地减少挖槽回淤量,具有良好的稳定性;应该考虑技术上的可能性,经济上的合理性,使工程量最少,并易于施工。从上述要求出发,挖槽定线的原则可归纳为以下几点:

1. 有利于船舶安全航行

设计挖槽的尺度和走向应满足船舶安全航行的要求。从航行要求来看,航道和水流方向一致对行船最为有利。

(1)挖槽中心线与主流向交角不应过大,在可能条件下不应超过 15°,斜交的水流可能会引起船舶发生海损事故。

(2)挖槽本身不应弯曲,在必要的情况下允许有一个角度不大的转折,在转折处航道应当适当放宽,以便于船舶航行。

(3)挖槽与上、下游深槽必须平顺相接,在交接处可将挖槽逐渐放宽成喇叭口形。总之,挖槽与上、下游航道组成的轮廓应当是平顺微弯的,而不允许急弯或成急促的"S"形反向弯曲。这主要是为船舶安全航行考虑,并兼顾航标的设置工作。

(4)挖槽必须有足够的宽度和深度,并符合该水域航道尺度的规定。

(5)对于有冰冻的港口航槽选线,应注意排冰条件和冰凌对船舶航行的影响。

2. 经济合理

应使挖槽工程量(土方量)少或较少。因此,挖槽应布置在水深较大处;应进行方案比较,在满足其他要求的情况下,避免大量开挖岩石、暗礁等,优选工程投资较小的方案为推荐方案。

对内河浅滩和河口拦门沙处的挖槽设计应研究河床演变规律,使设计的挖槽较为稳定,在减少基建性挖槽投资的同时还应考虑维护工程的费用。

3. 施工可行性

挖槽的设计要充分考虑到施工的可能性,使挖槽水域能正常从事疏浚施工,考虑施工船舶抛锚、转头、设标、提驳、靠驳、浮管布置、让船等情况。

4. 水力最佳

水力最佳是指挖槽内水力条件较好,挖槽不易回淤或少回淤,使挖槽稳定。为此,在满足要求的航道尺度前提下,挖槽宜挖成窄深的断面,原则上应做到以下几点:

(1)挖槽应尽量避开淤积严重,河床多变的地带,并与整治线相协调。

(2)应使挖槽内的流速大于开挖前挖槽区的流速,即开挖后挖槽区的流速有所增加。

(3)应使挖槽河段开挖后的断面平均流速不小于挖槽上游段的断面平均流速。

(4)应使挖槽内的流速沿程相等或有所增加。

三、抛泥区选择的原则

挖槽的泥土处理必须与挖槽设计同时考虑,疏浚土的处理有两种力法:一种是卸泥于岸上,一般和陆上吹填相结合,即所谓陆上吹填工程,需要有被吹填的泥塘和吹泥机具;另一种是水下卸泥,即在河流、海湾等合适的水域直接进行水下抛泥。由于所抛泥土在水流的作用下仍具有一定的活动性,对抛泥区水域的自然条件,对周围环境会带来一定的影响。因此,在选择抛泥区时应尽量减少对周围环境的不利影响,尽量发挥其有利的一面,兼顾各方利益,统筹考

虑。一般情况下,选择抛泥区时应坚持以下原则:

1. 航行要求

抛泥区不能选择在妨碍航行的地方,如航道边缘,挖槽进出口附近,以及通向码头和船坞的水域。通常抛泥区选择在凸岸边滩下部等不影响航行的地方。

2. 河床稳定要求

疏浚泥土抛置后,应不致再回淤至挖槽或附近的航道。抛泥区最好选择在下深槽沱口,以消除其有害作用。也可将挖出的泥土用以抬高边滩,以便在较高水位时引导水流冲刷航道,但要注意配合一定措施使抛泥能稳定下来。抛泥区也可选择在不通航的汊道,以增加通航汊道内的流量。抛泥区应与岸滩连接起来,不能抛成彼此不相连的沙滩,以免在岸滩和抛泥之间形成凹塘,并发展成副槽。抛泥区也不宜选在挖槽进口的上方,以免排下的泥沙被水流重新带入挖槽。

3. 施工要求

取决于抛泥机具、抛泥方式、挖掘泥土的性质及抛泥区水深条件。只能在排泥管的长度范围内选择最合理的抛泥区;若用泥驳抛泥,抛泥区得有一定的水深要求,若水深太小,驳船就无法上去抛泥,同时要求抛泥区水域满足机动轮和泥驳的运转。

4. 环保要求

应避免在养殖场、取水口等工、农、渔生产地区选择泥区,防止对环境产生污染。

四、中部水域和边缘水域

设计通航水域或停泊水域的边缘部分水域为边缘水域。单向航道的边缘水域为两侧底边线内各1/6航道底宽的水域;双向航道的边缘水域为两侧底边线内各1/12航道底宽的水域;港池及其他设计通航水域的边缘水域为底边线以内各1/2设计船舶型宽的水域。设计通航水域或停泊水域扣除边缘水域后的水域为中部水域。

五、吹填围埝的主要形式及要求

(1)陆地围埝可采用泥土围埝、沙土围埝、土工织物袋装围埝和混合材料围埝等形式,应本着经济实用的原则就地取材建造,必要时应考虑地基处理。

(2)大型填海造陆工程和临水吹填区应修筑永久性围埝阻挡波浪、水流对吹填区的长期侵蚀,如修建重力式围埝、板桩式围埝、格型围埝及抛石围埝,永久性围埝应按水工建筑物有关规范进行设计。

(3)当码头后方吹填、棱体吹砂等水工构筑物兼有吹填围埝功能时,应单独进行设计和验算,必要时进行工程监测,以保证吹填的质量和安全。

(4)当吹填厚度较大需要分层吹填、分层处理时,为了节省围埝投资,在条件允许时宜采取分期、分层筑埝的方式,同时要采取措施,通过吹填提供比较合适的吹填土修筑围埝。分层吹填围埝如图6-1所示。

(5)对分期、分区竣工的吹填区,以及为了吹填土沉淀需要分隔的吹填区,应根据工程要求设计隔埝,如图6-2所示。

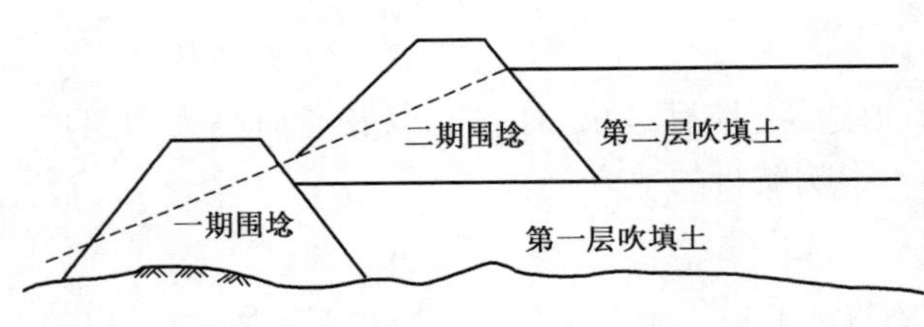

图 6-1　分层吹填围埝示意图

图 6-2　吹填围埝及分区

六、常用挖泥船及其适用范围

目前常用挖泥船主要包括绞吸式挖泥船、耙吸式挖泥船、抓斗式挖泥船、链斗式挖泥船、铲斗式挖泥船等,还有一些特殊的吸扬式挖泥船、吸砂船、炸礁船等。

挖泥船的选择应综合工程特点、工程量、工期、土质、水文、气象、水深条件和疏浚土管理方式等因素,并结合疏浚设备技术性能确定。

1. 绞吸式挖泥船

绞吸式挖泥船是利用转动着的绞刀绞松河底土壤,与水混合成泥浆,经吸泥管吸入泵体并经排泥管输送至排泥区。绞吸式挖泥船施工时,挖泥、输泥和卸泥都是由自身完成,生产效率较高。它适用于风浪小、流速低的内河湖区和沿海港口的疏浚,以开挖砂、砂壤土、淤泥等土质较适宜,采用有齿的绞刀后也可挖硬塑黏土、碎石、卵石、中等强度岩石等,但工效较低。

绞吸式挖泥船的主要作业方式(方法)有:横挖法施工、分条开挖、分段开挖、分层施工、顺流施工、逆流施工。

2. 耙吸式挖泥船

耙吸式挖泥船是一种装备有耙头挖掘机具和水力吸泥装置的大型自航、装舱式挖泥船。挖泥时,将耙吸管下放河底,利用泥泵的真空作用,通过耙头和吸泥管自河底吸取泥浆进入挖泥船的泥舱中,泥舱满载后,起耙航行至抛泥区开启泥门卸泥,或直接将挖起的泥土排出船外。有的挖泥船还可将装载于泥舱的泥土自行吸出进行吹填。它具有良好的航行性能,可以自航、自挖、自载、自卸,并且在作业中处于航行状态,不需要定位装置。它适用于无掩护、狭长的沿海进港航道的开挖和维护,以开挖淤泥时效率最高。

耙吸式挖泥船宜选择在航道和水域广阔的地区施工,挖槽长度宜大于 1000m,调头宽度宜取 1.5 倍船长,当周围水深、潮位有利和挖泥船本身转头性能较好、装载较少时,可减少所需宽度。

耙吸式挖泥船配备不同形式的耙头,可以挖掘各种淤泥、软黏土、砂和硬塑黏土等。

耙吸式挖泥船的主要作业方式(方法)有:装仓法施工、分段施工、分条施工、分层施工、顺流施工、逆流施工。

3. 链斗式挖泥船

链斗式挖泥船的工作原理是将斗桥的下端放入水下一定深度,使之与疏浚土层相接触。

然后，在上导轮驱动下，使斗链连续运转，带动斗链上的泥斗，挖泥后装入，再随斗链的转动提升出水面，并传送至斗塔顶部，经过上导轮而改变方向后，斗内的泥沙在自身的重力作用下，倒入斗塔中的泥井。最后，泥沙经过两边的溜泥槽排出挖泥船的舷外。链斗挖泥船分为非自航和自航两种，由于其挖后平整度较其他类型挖泥船好，适用于开挖港池、锚地和建筑物基槽等。

链斗挖泥船可以挖掘各种淤泥、软黏土、砂和砂质黏土等，缺点是噪声大、振动大、部件磨损大且成本高。

链斗式挖泥船的主要作业方式（方法）有：横挖法施工、分段施工、分条施工、分层施工、顺流施工、逆流施工。

4. 抓斗式挖泥船

抓斗式挖泥船有自航式和非自航式两种。自航式一般自带泥舱，泥舱装满后自航至排泥区卸泥；非自航式则利用泥驳装泥和卸泥。挖泥时运用钢缆上的抓斗，依靠其重力作用，放入水中一定深度，通过插入泥层和闭合抓斗来挖掘和抓取泥沙，然后通过操纵船上的起重机械提升抓斗出水面，回旋到预定位置将泥沙卸入泥舱或泥驳中，如此反复进行。抓斗式挖泥船一般用于航道、港池及水下基础工程的挖泥工作。它适合于挖掘淤泥、砾石、卵石和黏性土等，但不适合挖掘细砂和粉砂土。若采用特制的抓斗，也可用于水下的清除碎石。

抓斗式挖泥船的主要作业方式（方法）有：纵挖法施工、分段施工、分条施工、分层施工。

5. 铲斗式挖泥船

铲斗式挖泥船是一种非自航的单斗式挖泥船，其工作机构与反向铲、正向铲挖土机类似。挖起的泥土卸入停靠在船旁的泥驳，满载后运至卸泥区卸泥。通常备有轻重不同类型的铲斗，以挖掘不同性质的土壤。它适用于挖掘黏土、砾石、卵石、珊瑚礁和水下爆破的石块等，还可以清理围堰、打捞沉物和排除水下障碍物等。

铲斗式挖泥船的主要作业方式（方法）有：纵挖法施工、分条施工、分层施工。

七、疏浚设备选择的要点

疏浚设备应根据工程与环境条件，并结合工程量、工期等进行选择，并应符合下列规定：

（1）新建港口的航道疏浚宜使用耙吸挖泥船；在风浪允许的条件下，也可使用绞吸挖泥船或斗式挖泥船；在疏浚土吹填处置距离满足的条件下宜使用绞吸挖泥船直接进行挖吹施工。

（2）航道扩建加深、拓宽工程以及航运繁忙水域的疏浚与吹填工程，宜选择耙吸挖泥船。

（3）沿海航道维护性疏浚宜选择耙吸挖泥船，在内河宜选择耙吸挖泥船或绞吸挖泥船。

（4）采用吹填方式进行泥土处置的疏浚工程和以造地成陆为目的的吹填工程，宜选择绞吸挖泥船或装有艏吹装置的耙吸挖泥船直接进行挖吹施工；当水上泥土运输距离较长时，可选择耙吸挖泥船、绞吸挖泥船、斗式挖泥船、泥驳、吹泥船等进行联合施工。吹填设备的泥泵扬程应与吹填距离及排高相适应,当吹填距离超过吹填设备的吹距时应加装接力泵。

(5)在水工建筑物或其他设施附近疏浚,宜选择斗式挖泥船或绞吸挖泥船施工,如航行条件允许,也可选择耙吸挖泥船施工。

(6)疏浚设备不能水路调遣而采用陆运时,应选用组装式挖泥船,并应对现场起吊、组装、下水的条件进行调查。

(7)对噪声要求严格的疗养区和居民密集区等区域,不宜选择链斗挖泥船施工。

(8)疏浚污染土时,应选择满足环保要求的疏浚设备。

第二节 疏浚工程质量检验标准

一、疏浚工程质量检验的基本规定

(1)疏浚单位工程不划分分部工程及分项工程。

(2)基建性疏浚工程应按中部水域、边缘水域和边坡三部分进行质量检验。

(3)基建性疏浚工程质量检验的依据应包括工程设计图、竣工水深图和测量资料等。局部补挖后补绘的竣工水深图的补绘部分不应超过图幅中测区总面积的25%。补绘部分超过图幅中测区总面积的25%时,应对该图幅中的测区进行重测,并应重新绘图。

(4)基建性疏浚工程施工的最大超宽、最大超深不宜超过相应挖泥船施工平均超深、超宽控制值的2倍,各类挖泥船施工的平均超深、超宽控制值不应超过表6-1的规定。当最大超深值设计有要求时,应满足设计要求。

各类挖泥船平均超深和平均超深控制值　　表6-1

船型	耙吸(舱容,m^3)		绞吸(总装机功率,kW)			链斗(斗容,m^3)		抓斗(斗容,m^3)		铲斗(斗容,m^3)	
	≥4000	<4000	≥5000	<5000	≥0.5	<0.5	>8	4~8	≤4	≥4	<4
平均超深(m)	0.55	0.50	0.40	0.30	0.35	0.30	0.60	0.50	0.40	0.40	0.30
平均超宽(m)	6.5	5.0	4.0	3.0	4.0	3.0	4.0	4.0	3.0	3.0	2.0

(5)维护性疏浚工程质量检验的范围应为设计底边线以内的水域,边坡可不检验。当对边坡质量有特殊要求时,可根据设计要求进行检验。

(6)疏浚工程竣工断面图应根据设计断面、计算超深值、计算超宽值和竣工水深测量资料绘制,纵向比例宜采用1:100,不应小于1:200。

(7)弃土区的位置、范围和标高应满足设计和相关规定要求。

(8)疏浚工程质量检验断面抽样比例应符合下列规定。

①基建性疏浚工程,采用单波束测深仪数字化测量的断面抽样比例不得少于25%,非数字化测量的断面抽样比例不得少于15%。多波束测深系统的断面抽样数量应按相应的测量比例尺的单波束测深仪数字化测量的抽样数量确定。

②维护性疏浚工程,采用单波束测深仪数字化测量的断面抽样比例不宜少于15%,非数字化测量的断面抽样比例不宜少于10%。多波束测深系统的断面抽样数量宜按相应的测量

比例尺的单波束测深仪数字化测量的抽样数量确定。

(9)疏浚工程单位工程完工后,施工单位应按《水运工程质量检验标准》(JTS 257—2008)的有关规定整理质量检验成果表及竣工水深图和地形图、竣工报告,并送监理单位和建设单位审查。监理单位和建设单位应在收到资料后7个工作日内予以审核和确认。

二、基建性疏浚工程质量检验标准

1. 泊位疏浚

(1)设计底边线以内水域的开挖范围应满足设计要求。开挖断面不应小于设计开挖断面。

(2)码头前沿安全地带以外的泊位水域严禁存在浅点(强制性条款)。

(3)码头前沿安全地带以内及疏浚施工超挖可能对建筑物安全造成影响的区域,其超深、超宽值和边坡坡度应严格控制在确保建筑物安全稳定的设计允许范围内,允许存在浅点的数量、范围和浅值应根据工程的实际情况确定。

(4)泊位的两端和邻近港池的边坡坡度不应大于设计边坡坡度。

(5)泊位加深扩建的疏浚工程,应严格按设计要求控制超挖,必要时应对邻近建筑物进行沉降位移观测。

2. 港池疏浚

(1)无备淤深度的港池疏浚工程设计底边线以内水域严禁存在浅点,设计底边线以内水域的开挖范围应满足设计要求,开挖断面不应小于设计开挖断面(强制性条款)。

(2)有备淤深度的港池疏浚工程设计底边线以内的中部水域不得存在浅点;有备淤深度的港池疏浚工程边缘水域的底质为中、硬底质时,不得存在浅点;边缘水域的底质为软底质时,浅点不得在测图的同一断面或相邻断面的相同部位连续存在,浅点数不得超过该水域总测点的3%,浅点的浅值不得超过表6-2的规定。

允许浅值表 表6-2

设计水深 h(m)	$h<10.0$	$10.0\leq h\leq 14.0$	$h>14.0$
允许浅值(m)	0.1	0.2	0.3

(3)边坡的开挖范围和坡度应满足设计要求。

3. 航道疏浚

(1)无备淤深度的航道疏浚工程设计底边线以内水域严禁存在浅点,设计底边线以内水域的开挖范围应满足设计要求,开挖断面不应小于设计开挖断面(强制性条款)。

(2)有备淤深度的航道疏浚工程设计底边线以内的中部水域不得存在浅点;有备淤深度的航道疏浚工程边缘水域的底质为中、硬底质时,不得存在浅点;边缘水域的底质为软底质时,浅点不得在测图的同一断面或相邻断面的相同部位连续存在,浅点数不得超过该水域总测点的2%,浅点的浅值不得超过表6-3的规定。

(3)边坡的开挖范围和坡度应满足设计要求。

4. 锚地疏浚

锚地疏浚工程质量检验与“3. 航道疏浚”质量检验要求相同,只是边坡可不检验。

5. 挖岩与清渣

挖岩与清渣应满足设计要求,开挖区内不得存在浅点,平均超深不得大于1m,平均超宽不得大于4m,边坡不得陡于设计边坡。

三、维护性疏浚工程质量检验标准

1. 一次性维护疏浚

(1)设计底边线以内水域的开挖范围和水深应满足设计要求。开挖断面不应小于设计开挖断面。

(2)中、硬底质的一次性维护疏浚工程,设计底边线以内水域不得存在浅点。

(3)软底质和有备淤深度的一次性维护疏浚工程,应对中部水域和边缘水域分别进行质量检验,中部水域不得存在浅点,边缘水域的浅点不得在测图的同一断面或相邻断面的相同部位连续存在,浅点数不得超过该水域总测点的3%,浅点的浅值不得超过表6-3的规定。

2. 常年维护性疏浚

(1)常年维护性疏浚工程应达到维护标准的水深。

(2)常年维护性疏浚工程的通航水深保证率或维护标准水深保证率应根据实际情况确定,计算方法应符合现行《水运工程质量检验标准》(JTS 257)的规定。

第三节　疏浚施工质量控制

一、审查开工条件

(1)设计交底和图纸会审已完成。

(2)施工组织设计已审批。

(3)基准点、施工基线和水准点已核验合格。

(4)施工单位现场管理人员已到位,设备、施工人员等已按需进场,必要的工程材料已落实;审查施工船舶的选择是否合理。

(5)进场道路及水、电、通信等已满足开工要求。

(6)现场质量、安全生产和施工环境保护管理体系已通过项目监理机构审核。

(7)已取得有关主管部门的施工许可。审查施工与通航方案是否符合海事部门签发的施工通航通告的要求。

二、工程测量控制

(1)测图比例尺宜按表6-3确定。

测 图 比 例 尺　　表 6-3

区　域	设计阶段		
	可行性研究	初步设计	施工图设计
航道	1:5000 ~ 1:50000	1:2000 ~ 1:5000	1:1000 ~ 1:5000
港池	1:5000 ~ 1:20000	1:2000 ~ 1:5000	1:1000 ~ 1:2000
泊位	1:2000 ~ 1:20000	1:1000 ~ 1:2000	1:500 ~ 1:1000
基槽	—	—	1:200 ~ 1:500
吹填区	1:2000 ~ 1:20000	1:2000 ~ 1:5000	1:500 ~ 1:2000
取土区	1:2000 ~ 1:20000	1:2000 ~ 1:5000	1:2000 ~ 1:5000
抛泥区	1:2000 ~ 1:50000	1:5000 ~ 1:10000	1:5000 ~ 1:10000

注:1. 水下地形比较复杂时,施工图设计阶段航道测量的比例尺不应小于 1:2000。
2. 规划阶段可参照可行性研究阶段选用比例尺。

(2)目前疏浚工程测量一般采用卫星定位系统定位。在进行外业测量前,将卫星定位系统在陆上基准站进行检测、校核,使仪器达到国家规定的精度要求,测量监理工程师旁站,对卫星定位系统率定表签认。

(3)工程开工前,确定工程采用的坐标系和高程控制基准,测量监理工程师协助并见证业主向承包人进行工程测量控制点的交接工作,包括测量基准站有关技术数据和卫星定位系统控制网转换参数等;承包人接收测量控制点后应尽快安排复测。若复测结果有疑问,应在交接后 7 天内向监理工程师提出,监理工程师应对测量控制点进行独立检查后在 2 天内提出处理意见;若复测结果符合要求,承包人可直接利用业主提供测量点或自己根据实际需要再引测测量点,但必须通过监理工程师检查认可后方可使用。

(4)外业测量前,必须对测深仪与测深板进行不同水深的比对测试,修正测深仪误差,密切注意差分卫星定位系统上显示的卫星接收数量。差分信号的变化应达到规定要求,确保测量精度。测量船轨迹应按照预先设定好的测量断面线进行水深测量,不允许漏断面、漏测点(除避让外)。应对测区进行检查线测量,最后对航次测量报告进行认真审核、签认。应对内业资料整理,实施旁站监理,并保证测图资料和测量数据的真实性。测量图应真实反映工程的浚前、浚后变化情况,认真审查测图成果,发现与实际不符或有出入的数据和水深点,要立即查询并协调督促测量单位按测量规范要求复检。

(5)监理工程师在工程开工前应对承包人拟用于本工程的测量人员及仪器配备情况进行检查。要求承包人的测量人员必须具备相应的资质(检查其资格证书及上岗证),不仅能够熟练操作仪器,同时能够制订施工测量的技术方案,及时解决施工测量中出现的各种问题;要求承包人提供拟在本工程中使用的测量仪器的名称、数量、精度指标及有鉴定资质的检测单位提供的年度检定证书,并要求承包人在使用前进行相应的检测,符合其精度指标要求后方可使用。在施工期间承包人应确保测量人员及仪器的相对稳定,未经监理工程师许可,人员、仪器不得随意调动、更换。

(6)施工测量技术书的审查:要求承包人提供详尽的施工测量技术书,并对各道工序的施工测量做出技术说明,以及测量与施工的衔接等。监理工程师应对其技术书的可操作性进行审核,对其中涉及的计算方法、计算公式进行检查,对其使用的计算软件的合法性进行检查校核。

三、平面位置控制

(1)施工期间应定期对挖泥船定位用的标志进行校核,在大风之后应进行检查、校准。定位用的仪器必须符合规格书的精度要求,并按照规定定期进行校验和校准。

(2)挖泥船作业时,应经常用导标或定位仪器校正船位,以保证实际的开挖位置在设计开挖范围之内。绞吸挖泥船的定位钢桩应经常保持在开挖断面的中心线上,摆动控制用的陀螺罗经应定期校验,以保证挖宽的正确性。

(3)对施工精度要求较高的工程,绞吸挖泥船宜采用挖泥剖面仪,耙吸挖泥船宜采用耙头电子图形显示装置控制开挖位置。

(4)对装配有卫星定位系统等高科技施工控制设备的疏浚船舶,应对船载卫星定位系统进行率定,旁站监理,并对率定成果进行审核,在率定表上签认,要求卫星定位系统达到规定;同时,对船载差分卫星定位系统(电子图)进行卫星信号个数、差分的精度进行校核,以正确指导施工。对船载电脑装载仪与船舶重轻载时外观吃水进行比对校核,根据船舶水力曲线和装载曲线校准装载吃水误差,有效控制船载土方量。

(5)抓斗挖泥船水下开挖的平面控制,除用各种定位仪器外,在施工中应注意收紧里挡处的横缆,要求与挖槽基本平行,挖泥船一侧始终在分条交界处堑口的边线。因此,必须经常摸准堑口,以防漏挖。抓斗挖泥船的开挖非连续性,无固定的挖泥轨迹,质量控制比较困难,尤其在土质极软、泥层较薄或水深、流急、流向多变的情况下,抓斗的挖深和排斗位置更不容易掌握。为了提高挖泥船施工质量,必须强化施工的平面控制。

(6)采用分条、分段施工时,应注意条与条之间、段与段之间的衔接,后施工的地段宜适当与先施工的地区重叠一部分,以避免遗留浅埂。

四、挖槽宽度控制

宽度控制传统方法有:视线标志法(图6-3和图6-4)、边线标志法、电线杆法及罗经控制法等。目前部分疏浚船已装配卫星定位系统和差分卫星定位系统,通过差分卫星定位系统可直接控制挖槽宽度,精度较高。但卫星定位系统和差分卫星定位系统必须由航测部门和电脑软件设计部门共同调试率定,率定时监理必须旁站,并做好旁站记录,使施工区坐标与设计坐标相吻合,最后监理签认。

控制挖槽边线,使施工船舶控制在编制的电子海图边线内,按照一定的边坡尺度和允许超宽,控制挖槽宽度。

五、挖槽深度控制

(1)施工期间应定期对施工用的水尺、验潮仪、自动报潮仪进行校核。

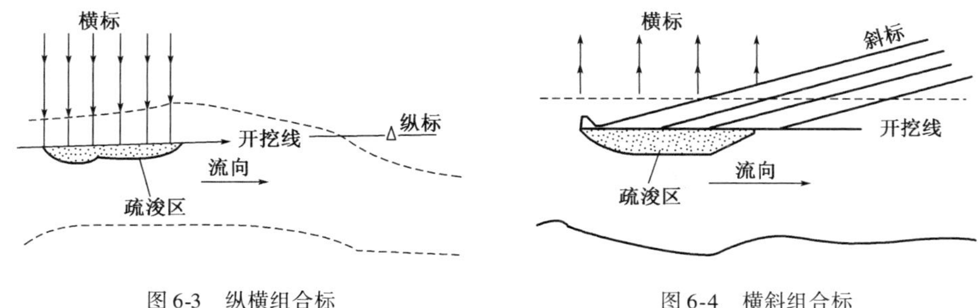

图 6-3 纵横组合标　　图 6-4 横斜组合标

(2)挖泥船的挖深指示标尺和仪器,在施工前应进行校验,施工期间应根据船的吃水变化进行修正。

①绞吸式挖泥船由于开挖土质不同、吸口的吸距不同,导致挖泥船水尺的零点位置也不相同,施工中必须掌握挖泥船前后吃水的变化,并进行试挖验测,决定水尺的修正值,以防超深过多或发生浅点。根据土质控制横移速度,对于较松散土质,当挖到设计深度时,横移速度过慢会造成超深过多,对于较硬、密实的土质,横移速度过快会造成设计深度以上泥层的吸不完而产生浅点,一般通过试挖掌握适当的横移速度。正确使用正、反挖泥,消除浅点。挖边线时应根据土质情况,掌握换边和横移速度,砂质土易塌方换边宜慢,挖淤泥换边宜快,应防止吸土过多而超深。应及时校核水深,用测深绳检测已挖槽内水深,控制超挖漏挖现象。

②耙吸挖泥船采用定深挖泥法,以提高浓度质量控制。耙头下放深度是根据船型、耙头类型和土质而定的,下耙深度可由船载电脑耙头深度指示器直接操作控制,该指示器的准确性必须通过与外部耙头下放深度比对确认,即耙头下放深度率定,率定时监理必须旁站,并对率定成果校核签认。

③链斗挖泥船挖深指示标尺和仪器,应根据斗链的磨损情况修正。链斗式挖泥船在挖泥过程中,为了达到设计深度,应根据水位的变化随时调整斗桥下放深度。斗桥下放的深浅是通过桥挡深度标尺来掌握和控制的,根据水位变化的频率和数值随时调整斗桥下放深度。

④抓斗挖泥船在流速很大的地区施工时,应根据抓斗漂移情况修正挖深值。

(3)挖泥船施工时应根据土质、泥层厚度、波浪和水流条件、挖泥产生的泄漏、施工期可能出现的回淤等因素适当增加施工超深量。超深量的大小可在施工初期通过试挖确定,并随时根据情况的变化和实测资料进行修正。

(4)挖泥船挖泥时,应根据水位的变化及时调整绞刀、耙头、泥斗的下放深度。水位观测和通报应及时、准确。

(5)绞吸挖泥船、链斗挖泥船开挖最下一层土时,厚度宜薄一些,并应适当放慢横移速度。耙吸挖泥船挖底层时,宜定深下耙,以免残留浅点。

(6)对工期较长的工程,如果施工期可能出现回淤,应采用先挖上层和回淤较小的地段,最后一层和回淤最严重地段留在接近完工时开挖。根据开挖到竣工时的时间,预留不同的回淤超深,以保证完工时挖槽符合设计的要求深度。

(7)在码头、护岸或其他水工建筑物前沿挖泥时,必须严格按设计的要求控制挖深和挖宽,以免危及建筑物的安全。

六、挖槽边坡控制

(1)挖槽边坡应根据设计要求,计算放坡宽度,按矩形断面开挖,若泥层较厚,应分层按阶梯形断面开挖,使挖槽自然坍塌后接近设计边坡,如图6-5所示。采用台阶式挖泥,台阶分得越多,越接近设计边坡。若开挖阶梯较多,则可先开挖非边坡部分泥层,然后集中力量开挖分层的边坡阶梯,以确保工程质量。

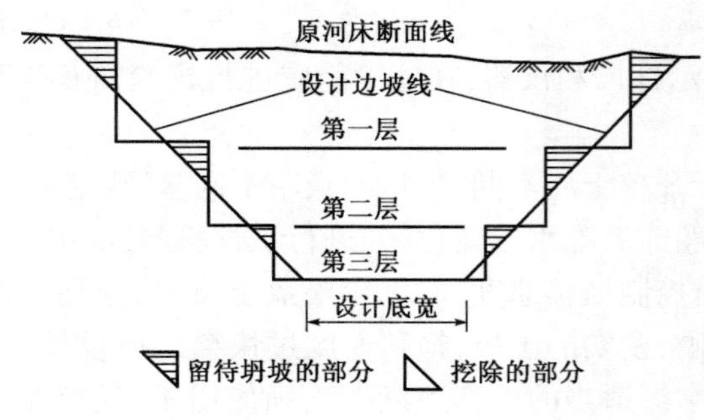

图6-5　边坡开挖示意图

(2)在泥层较薄作一层开挖时,边坡可取"一刀切"方法,即1/2坡距作为放坡距离,一次完成挖坡,然后让其坍塌自然坡度。若泥层厚,分几层开挖或开挖基槽边坡时,必须逐级放坡,即挖成阶梯形,然后让其坍塌自然边坡。监理对边坡区域要加强控制,重点在掌握开挖方式和开挖边线的位置控制。

(3)在开挖码头基槽和岸坡时,应严格控制超挖,防止出现滑坡。边坡分层的台阶厚度不应超过1m。若绞吸挖泥船装有挖泥剖面仪应使用计算机的图形显示控制绞刀位置,并直接按设计的边坡开挖。耙吸挖泥船开挖边坡时,应先挖边坡顶层的泥土,然后逐层下挖,防止只挖挖槽底部宽度,最后形成较陡的边坡,达不到设计的边坡坡度。

(4)对于链斗挖泥船和绞吸挖泥船,应根据挖泥船斗桥或绞刀架性能,适当放缓坡度来确定开挖起点位置。耙吸挖泥船施工的纵坡,软土质通常约为1:15,硬土质约为1:25。

第四节　围埝及泄水口施工质量控制

一、施工放样

围埝施工应按设计图纸放样,并符合下列规定:

(1)控制基线的测角误差不得大于12″,控制基线长度大于3km时应加设控制点;长度相对误差不得大于1/10000,高程引测不得低于四等水准测量的技术要求。

(2)放样宜沿围埝中心线从起点至终点每隔25~50m设置木桩,标出地面高程和埝顶高程,并按围埝设计断面用木桩或标杆放出埝顶宽度及坡脚线。

二、围埝基础处理

(1)埝基上的树根、杂草、淤泥及腐殖土应清除。

(2)埝基为坚硬土或旧埝基时,应将表面土翻松再填新土,使之密实。

(3)埝基为淤泥土质时,可用土工织物、柴排、竹排垫底或施打塑料排水板等方法加固。

(4)埝基为砂质土时,可事先在埝的中间开槽,填以黏土防渗。

(5)埝基坡度大于1:5时,应先挖出阶梯,然后逐层填筑,当设计有明确要求时,按设计要求执行。

三、围埝施工质量控制要点

1. 土围埝

(1)就地取土筑埝,应离开围埝坡脚一定距离从围埝内侧取土,以保证吹泥时围埝的稳定性:平坦区域取土边线与埝脚的距离不应小于5m,软泥滩上不应小于10m,埝高大于3m时,尚应适当加大距离;排泥管架两侧5m内不得取土,5~10m范围内取土深度不应大于1.5m;不得取冻土、腐殖土、含杂物的土筑埝;取土区内取土坑不得贯通。

(2)黏土围埝应分层修筑并层层夯实。宜每铺0.3~0.5m土厚为一层,夯实后再铺上一层,直到达到设计埝顶高程,围埝的顶部和边坡应整平、夯实。

(3)土围埝施工的允许偏差见表6-4。

土围埝施工允许偏差表　　表6-4

项　　目	允许偏差(mm)	项　　目	允许偏差(mm)
围埝顶部宽度	±100	围埝坡面轮廓线	±150
围埝顶部高程	+100 0	围埝轴线	±200

(4)围埝施工应自低处开始逐层填筑。

2. 抛石围埝

(1)应根据水深、水流及波浪等自然条件计算块石的漂移距离,并通过试抛确定抛石船的驻位,先随机抛,后定点抛。

(2)水上抛填时,应根据地基承载力结合水深、波浪影响情况,确定一次抛填到顶或分层抛填。

(3)软土地基上的抛填程序、分层厚度和加载速率应满足设计要求;有挤淤要求时,应从轴线逐渐向两侧抛填。

(4)碎石倒滤层施工应符合下列规定:

①倒滤层材料的规格和质量满足设计要求。

②倒滤层分段、分层由坡脚向坡顶施工,每段每层推进面错开一定距离。

③受风浪影响的地区,倒滤层施工后及时进行覆盖。

④倒滤层厚度的允许偏差:倒滤层各分层厚度水上为0~50mm,水下为0~100mm;混合倒滤层总厚度水上为0~100mm,水下为0~200mm。

(5)土工织物倒滤层施工应符合下列规定:

①所用土工织物的品种、规格和性能满足设计要求。

②铺设前对基层进行整平,表面无尖角,平整度的允许偏差:水上为100mm,水下为200mm。

③土工织物的拼幅与接长采用“包缝”或“丁缝”,如图6-6所示。尼龙线的强度不小于150N。

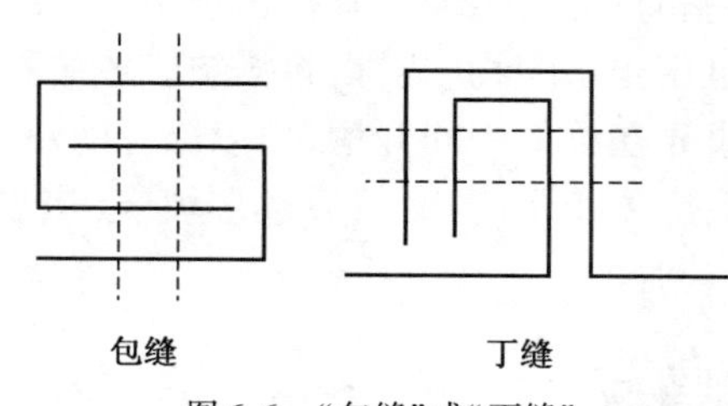

图6-6 “包缝”或“丁缝”

④土工织物铺设平顺,松紧适度,其坡顶锚固及坡底压稳满足设计要求。

⑤相邻两块土工织物搭接长度允许偏差满足设计及规范要求,设计无要求时,水上为 $L/10$mm,水下为 $\pm L/5$mm(L 为搭接长度)。

⑥土工织物铺设后及时覆盖或进行上部施工。

3. 土工织物充填袋围埝

(1)土工织物袋充填筑堤前,应对基层进行处理,直接铺设的土工织物袋,应将基层可能有损织物的凸出物、杂物清除;当堤底有加筋垫层时,应按相应规定执行。

(2)充填袋所用土工织物的品种、规格和技术指标应满足设计规范要求,土工织物袋应用工业缝纫机缝制,缝制线应采用尼龙线,强度不得小于150N;土工织物缝合宜采用“包缝”或“丁缝”,如图6-6所示;土工织物袋充填口布置在袋体表面,充填口数量应视充填料粒径和充填能力确定,砂性土一般按每16~20m^{2}布置一个为宜。

(3)土工织物袋充填所用泥浆和高压水泵,应根据充灌速度、袋体大小、输送距离等要求进行选择。充填料的土质及颗粒级配应满足设计要求。

(4)充填料宜采用就地取料或采用采砂船运至充填区,当在附近滩地取土时,取土坑应离围埝坡趾有足够长度。

(5)土工织物袋铺设应垂直于地轴线,上、下袋体应错缝,同层相邻袋体接缝处,应预留收缩量,确保充填时后两袋相互挤紧。充填后的两袋间不得有贯通缝隙,如有应作相应处理。水下铺设宜设定位桩。

(6)土工织物袋充填应用高压水枪进行水力造浆,泥浆浓度宜为20%~45%。袋体充填饱满度宜为85%,厚度宜控制在400~500mm范围内,充填后的干土重度应达到14.5kN/m^{3}以上。充填应用泥浆泵进行,管路出口压力宜控制在0.2~0.3MPa。

(7)土工织物袋在铺设及充填过程中若出现袋体损伤,应及时修复。袋体充填后外露部分不得长时间暴露日照,应按设计要求及时做好覆盖保护。

(8)堤心的断面应满足设计要求。

4. 袋装土围埝

袋装土的饱满度宜控制在75%~85%,并应分层错缝垒筑。围埝的顶部和边坡应进行整平、夯实。袋装土围埝施工的允许偏差应符合如下规定:

①围埝顶部宽度 ±150mm；围埝顶部高程 0～+200mm。

②围埝轴线 ±200mm。

③围埝坡面轮廓线：水上 ±200mm；水下 ±300mm。

四、吹填区排水口质量控制要点

1. 排水口的布设

(1)排水口的位置应根据吹填区地形、几何形状、排泥管的布置、容泥量及排泥总流量等因素确定。

(2)排水口应设在有利于加长泥浆流程、有利于泥沙沉淀的位置上。一般多布设在吹填区的死角或远离排泥管线出口的地方。

(3)在潮汐港口地区，应考虑在涨潮延续时间内，潮汐水位对排水口泄水能力的影响。

(4)排水口应选在具有排水条件的地方，如邻近江、河、湖、海等地方。

2. 常用的排水口结构

应根据工程规模、现场条件、设计要求等因素进行选择；排水口结构宜采用下列形式：

(1)溢流堰式排水口。其堰顶高程比围埝顶低，泄水直接漫溢到排水渠中；宜采用混凝土、石、砖石混合结构；溢流堰坚固耐用，投资较大，适于大、中型吹填工程。

吹填过程中宜人工控制堰顶水位。堰顶高程应随吹填厚度增高而增加，堰顶每次增加的高度，应根据吹填施工计划确定。加高的方法可用土工织物袋装砂，直接放于堰顶上。

(2)薄壁堰式排水闸。

(3)埋管式排水口。可分为闸箱式和埝内埋管式。

3. 泄水口的施工

(1)泄水口水门的基础应夯实。

(2)泄水口与围埝接合处应采取护坡措施，防止水流冲刷。

(3)泄水口出水处底面应用块石、土袋和软体排等护底，防止冲刷。

(4)采用埋设排泥管做泄水口时，排泥管应伸进泥塘内并超过埝身 1m，管与管之间的泥土应夯实，泄水管与埝的结合应紧密。

第五节　吹填施工质量控制

一、高程控制

(1)控制吹填高程用的临时水准点和标尺应定期校核。

(2)在吹填过程中，应经常利用高程控制标尺观测吹填土的高程，并进行吹填区的高程测量。及时延长排泥管线、调整管线的间距、管口的位置和方向及泄水口的高度，以达到吹填高程和平整度的要求。

(3)对平整度要求较高的吹填砂工程，在吹填施工期间宜在排泥管出口配备推土机，推平到吹填要求高度后,再延长排泥管线,以减少工程后期的整平工程量。

(4)吹填期间应按规定定期进行沉降观测,并根据观测的地基沉降量和固结量,及时调整吹填预留的厚度。

(5)吹填后的高程应满足设计要求,其允许偏差应满足合同要求。

二、对吹填土的粒径和级配控制

(1)应根据钻探和土质调查的资料,选择符合设计要求粒径的砂源进行吹填,对不符合要求的细颗粒土,应通过疏浚分离出去,排至其他场地。

(2)施工中应及时观察泥浆浓度的变化,并注意沉淀在吹填区内的土质是否符合设计要求,必要时应取样检验。

(3)管线的布置应使从排泥管口排出的水流充分扩散,或在管口加消能装置降低出口流速,使细粒土能有沉淀机会,并可采用将吹填区划分成若干小区的方法使细粒土均布在小区内,避免淤泥集中。

(4)当在软基上进行吹填时,为了防止下层淤泥土被挤出、隆起,应采用分层吹填的方法。

(5)在整个施工过程中,应使施工船舶、排泥管、围埝、排水口协调工作。建立有效的通信联系并实行巡逻值班,随时掌握吹填区填土进度、质量、泥沙流失、围埝和排水口的安全情况。

三、吹填施工测量控制

(1)吹填施工测量应包括施工前、施工中、竣工后的地形测量和施工期的检查测量和沉降观测。

(2)平面控制网点应与附近城市或工程控制网二级以上的控制点联测,沿围埝布设图根点;高程控制网点应与附近城市或工程平面控制网四等以上水准点联测,并应埋设工作水准点,用图根水准测定图根点高程。

(3)地形测量应符合下列规定:

①测量内容应包括吹填区围埝、泄水口、陆上排泥管线位置及出、(入)口高程、沉降杆位置原地面高程及围埝外20m内的地形。

②测量前应检查控制点平面位置和高程。

③吹填区地面高程采用断面法或方格网法测定时,断面间距、点距不应大于图上20mm。地形起伏较大时,应适当缩小点距。

④吹填区内测量的点位中误差不应大于图上2mm;高程测量误差不应大于50mm。

(4)吹填区沉降杆的位置及观测应符合下列规定:

①沉降杆的位置和数量应根据工程需要和土质情况确定。

②沉降杆应稳固地竖直设置在吹填区原地面上,并应采取相应的保护措施。

③沉降杆应进行编号并测定其零点高程,其高程测量误差不应大于10mm。

四、围埝及吹填工程质量检验标准

1. 吹填工程质量检验的基本规定

(1)吹填围埝工程的分部工程、分项工程可按表6-5的规定划分,当工程内容与表列项目不一致时,可根据工程内容进行调整。

吹填围埝工程分部工程、分项工程划分　　表6-5

分部工程	分项工程	分部工程	分项工程
基底	基床清淤等	倒滤层	倒滤层
埝身	抛石围埝、充填袋围埝		

(2)吹填及围埝工程质量检验的依据应包括工程设计文件和竣工资料等。

(3)永久性围埝工程应单独进行质量检验;临时性围埝应满足稳定和安全等要求。

2. 围埝工程质量检验标准

1)抛石围埝

(1)围埝的基底处理应满足设计要求。

(2)抛石围埝抛填程序和速率应满足设计要求。

(3)石料的规格和质量应满足设计要求。施工单位对每一料源的检验应不少于3次,监理单位见证抽样检验。

(4)倒滤层分段、分层施工的接茬处理应满足设计要求。

(5)抛石围埝的允许偏差、检查数量和方法应符合表6-6的规定。

抛石围埝允许偏差、检验数量和方法　　表6-6

<table>
<tr><th rowspan="2">项　目</th><th colspan="2">允许偏差(mm)</th><th rowspan="2">检验数量</th><th rowspan="2">单元测点</th><th rowspan="2">检验方法</th></tr>
<tr><th>水上</th><th>水下</th></tr>
<tr><td>顶部宽度</td><td>±150</td><td>—</td><td rowspan="6">每5~10m一个断面</td><td>1或2</td><td>用经纬仪和钢尺或全站仪、实时动态载波相位差分技术—差分全球定位系统测量</td></tr>
<tr><td>顶部高程</td><td>+200,0</td><td>—</td><td rowspan="2">每2m 1个点且不少于3个点</td><td>用水准仪测量</td></tr>
<tr><td>坡面轮廓线</td><td>±200</td><td>±300</td><td>水上用水准仪测量,水下用测深水砣测量</td></tr>
<tr><td>倒滤层分层厚度</td><td>+50,0</td><td>+100,0</td><td rowspan="2">每2m 1个点</td><td rowspan="2">用水准仪、测深水砣测量和直尺量</td></tr>
<tr><td>混合倒滤层厚度</td><td>+100,0</td><td>+200,0</td></tr>
<tr><td>围埝轴线</td><td>±200</td><td>—</td><td>每15m 1个点</td><td>用经纬仪和钢尺或全站仪、实时动态载波相位差分技术—差分全球定位系统测量</td></tr>
</table>

2)充填袋围埝

(1)围埝的基底处理应满足设计要求;

(2)充填袋的土工合成材料的品种、规格和强度、渗透性、抗老化性能等应满足设计要求;

(3)充填袋的允许偏差应满足表6-7的规定。

充填袋围埝允许偏差 表6-7

序号	项目	允许偏差
1	充填袋整体长度	±500
2	相邻袋体间局部最大缝宽	20
3	堤顶面高程	陆上±100,水下±150
4	堤顶轴线偏移	陆上500,水下1500

3.吹填工程质量检验标准

(1)吹填工程的分层厚度和吹填程序应满足设计要求。

(2)吹填区的高程应满足设计要求,吹填工程的允许偏差、检验数量和方法应符合表6-8的规定。

吹填工程允许偏差、检验数量和方法 表6-8

<table>
<tr><th colspan="3">项 目</th><th>允许偏差(m)</th><th>检验数量</th><th>单元测点</th><th>检验方法</th></tr>
<tr><td rowspan="2">吹填平均高程</td><td colspan="2">完工后吹填平均高程不允许低于设计吹填高程时</td><td>+0.20,0</td><td rowspan="2">图上测点间距10～15mm</td><td rowspan="2">1</td><td rowspan="2">用水准仪配合经纬仪、全站仪或实时动态载波相位差分技术—差分全球定位系统测量,取平均值</td></tr>
<tr><td colspan="2">完工后吹填平均高程允许有正负误差时</td><td>±0.15</td></tr>
<tr><td rowspan="6">吹填高程最大偏差</td><td rowspan="5">未经机械整平</td><td>淤泥</td><td>±0.60</td><td rowspan="6">图上测点间距10～15mm</td><td rowspan="6">1</td><td rowspan="6">用水准仪配合经纬仪、全站仪或实时动态载波相位差分技术—差分全球定位系统测量,取最大偏差值</td></tr>
<tr><td>细砂、砂质土</td><td>±0.70</td></tr>
<tr><td>中、粗砂</td><td>±0.90</td></tr>
<tr><td>中、硬质黏土</td><td>±1.00</td></tr>
<tr><td>砾石</td><td>±1.10</td></tr>
<tr><td colspan="2">经过机械整平</td><td>±0.30</td></tr>
</table>

(3)吹填土质应满足设计要求。施工单位、监理单位全数检查,抽样数量应满足设计和合同要求。设计和合同无要求时,按每10000m^{2}取一个试样进行抽样检验,监理单位见证抽样检验。

第七章

船闸工程质量控制

学习要点

1. 船闸工程的组成与常见结构形式。
2. 土石围堰的工艺流程与高喷防渗墙的技术要点。
3. 基坑降排水控制重点。
4. 船闸主体施工包括的重要测量工作。
5. 闸室墙施工常用的模板系统形式与工艺要点。
6. 船闸主体结构混凝土浇筑施工的常用工艺。

内容精要

第一节　概　　述

一、船闸的组成

船闸一般由船闸主体工程、上下游导航靠船建筑物、上下游引航道、锚泊区 4 部分组成。具体包括闸首、闸室、输水系统、引航道、口门区、连接段、锚泊地、导航建筑物、靠船建筑物、闸阀门、启闭机械、电气控制设备和通信、助导航、运行管理等附属设施及生产、生活辅助建筑物等，有的船闸还应包括前港和远方调度站等。

二、主要结构物形式

闸室结构一般采用直立式结构，两侧闸墙与闸底板刚性连接的为整体式结构，闸墙与闸底非刚性连接的为分离式结构。整体式结构主要有坞式结构和反拱底板结构，分离式结构主要有重力式、悬臂式、双铰式底板、扶壁式、衬砌式和混合式等结构。

闸首结构按其受力状态分为整体式结构和分离式结构。在土基上为避免由于边墩不均匀沉降而影响闸门正常工作，一般采用整体式闸首结构；岩基上的闸首虽然可以采用分离式结构，但由于闸首结构受力大且非常复杂，所以也常常采用整体式结构，也有采用分离式结构的。

引航道与导航靠船建筑物常用形式有重力式、墩式、框架式、桩墩式、浮式、空箱式、扶壁式和连拱式等结构；护坡和护底一般采用浆砌块石、干砌块石、预制混凝土块体铺砌、现浇混凝土等。

三、船闸工程的工程划分

船闸工程的分部工程、分项工程可按表 7-1 和表 7-2 的规定划分。当工程内容与表列项目不一致时,可根据结构特点进行调整。

船闸主体工程分部工程、分项工程划分　　表 7-1

序号	分部工程	分项工程
1	基坑开挖	水下基坑开挖、陆上基坑开挖等
2	地基与基础	地基换填、基床抛石、基床夯实、基床整平、预制桩沉桩、灌注桩、挤密砂桩、挤密碎石桩、水泥搅拌桩、旋喷桩、帷幕灌浆、岩石固结灌浆等
3	闸首	现浇底板、现浇消能设施、现浇门槛、现浇输水廊道、现浇闸首边墩、门库与门槽、变形缝及止水等
4	闸室	现浇底板与撑梁、现浇输水廊道、现浇消能设施、现浇闸墙、板桩闸墙、地连墙闸墙、衬砌闸墙与闸墙衬砌、浆砌石闸墙、挡板、变形缝及止水、砌石护底等
5	墙后工程	倒滤层、墙后排水设施、观测井和水位计井管、土石方及混凝土回填、防渗盖面、铺砌面层等
6	附属设施	护舷、护角与护面、铁梯、钢栏杆、系船设施、电缆槽、拦污栅、水尺等

引航道导航、靠船建筑物分部工程、分项工程划分　　表 7-2

序号	分部工程	分项工程
1	航道与锚地	陆上开挖、水下开挖、岸坡削坡及整平、护底护坦、垫层、倒滤层等
2	基槽开挖	土方开挖、石方开挖等
3	地基与基础	地基换填、基床抛石、基床夯实、基床整平、挤密砂桩、挤密碎石桩、水泥搅拌桩、旋喷桩、预制桩沉桩、灌注桩、帷幕灌浆、岩石固结灌浆等
4	导航建筑物与靠船建筑物	现浇导航墙、现浇靠船墩、浆砌石导航墙、浆砌石靠船墩、沉井、现浇挡板、变形缝及止水等
5	护岸与护底	现浇底板、现浇挡墙、浆砌石挡墙、砌石护坡、模袋护坡、预制块铺砌护坡、砌石拱圈护坡、护底护坦、沉降伸缩缝等
6	墙后工程	倒滤层、排水设施、观测井管、土石方及混凝土回填、防渗盖面、铺砌面层等
7	附属设施	护舷、护角与护面、铁梯、钢栏杆、系船设施、电缆槽、拦污栅、水尺等

闸阀门及启闭机装置、电气及控制系统安装按《水运工程质量检验标准》(JTS 257)划分。

第二节　围堰工程施工质量控制

围堰结构形式、施工工艺较多,按使用材料划分,可分为土石围堰、混凝土围堰、钢板桩围堰等。土石围堰为填筑土石坝体挡水,并采用防渗结构体进行止水。混凝土围堰为开挖至基岩,浇筑水下混凝土连续墙形成挡水止水结构。钢板桩围堰为打入钢板桩连成钢板桩墙体进行挡水止水的一种结构形式。围堰工程施工根据不同的地质条件选用不同的结构形式。

围堰工程一般属于超过一定规模的危险性较大分部分项工程,施工方案需组织专家论证。围堰施工与运维涉及气象、水文、地质,开工前应掌握施工区域流域及邻近地区气象特征、旱涝规律、雨洪气象成因、季节变化特点等规律，根据水位变化情况确定填筑时间。

一、土石围堰施工质量控制重点

常见土石围堰结构断面如图7-1所示，工艺流程如图7-2所示。

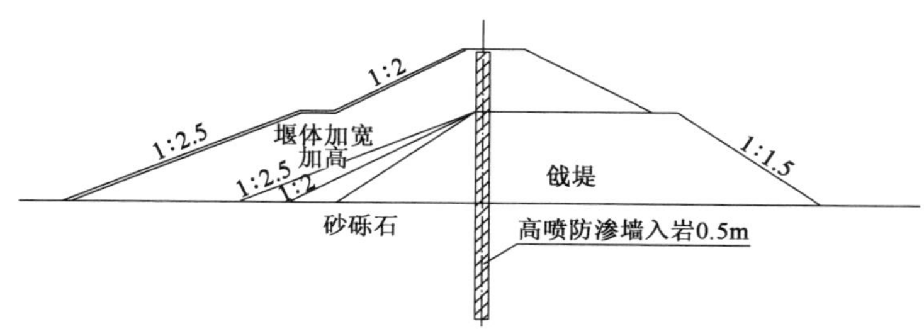

图7-1　土石围堰结构断面

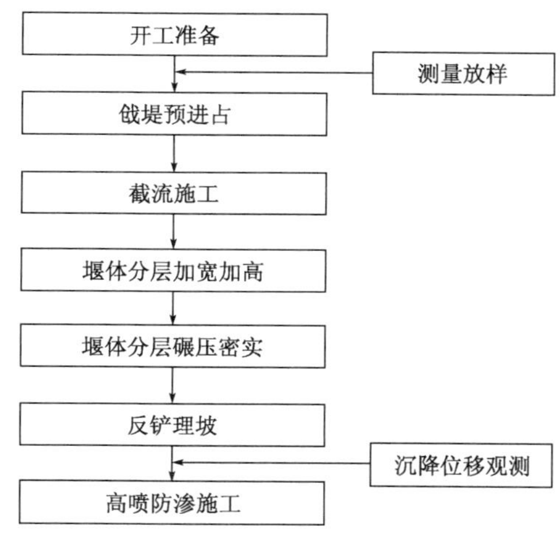

图7-2　土石围堰施工工艺流程图

1. 戗堤预进占与合龙

(1)土石围堰施工前，应对围堰施工范围的地形和水深进行踏勘和测量。陆域部分的耕植土、树根和杂物，水域部分的障碍物和有机土均应予清除。

(2)土石围堰抛填施工应对围堰的轴线、坡肩线、坡脚线和防渗芯墙的位置进行控制。

(3)土石围堰的抛填顺序和方法应根据堰体结构特点、现场地质和水文条件等因素综合确定，需注意如下控制：

①设有黏土芯墙的土石围堰，水下部分宜先抛填芯墙两侧棱体、再抛填芯墙部位的袋装黏土。

②水中围堰合龙，宜选择在堰内外水头差较小和水流流速较小的时段进行。合龙施工过程中，应根据龙口水流流速的变化适时调整填料种类、抛填强度和抛填方法。

2. 堰体加宽加高

(1)堰体加宽加高应确定防浪高程，避免淹没或二次加高，施工应采用挖掘机装车运至现场分层填筑,逐层碾压,分层填筑厚度一般不应大于0.6m。

(2)填筑时应避免粗颗粒集中现象,为保证后续防渗效果,应力求做到粗细颗粒级配均匀且碾压密实。

(3)堰体加高完成后,利用挖掘机进行修坡,同时应尽快将块石护坡(或其他结构形式护坡)施工完成。

3.围堰防渗施工

围堰防渗体多采用高压旋喷防渗墙。高压旋喷防渗施工根据施工工艺不同,可分为单管法、双管法及三管法。单管法采用水泥浆直接进行土体切割,形成桩体。双管法(浆液气体喷射法)是用二重注浆管同时将高压水泥浆和空气两种介质喷射流横向喷射出,冲击破坏土体,以水泥浆填充重新形成固结体。三管法喷射水泥浆、空气及高压水,利用高压水切割土体,以水泥浆填充重新形成固结体,施工方法与双管法类似。

高压旋喷根据不同的地质条件,选用相应的设备和工艺;高压旋喷施工采用设备有潜孔钻机、高喷台车、空压机、水泵等,如图7-3所示。

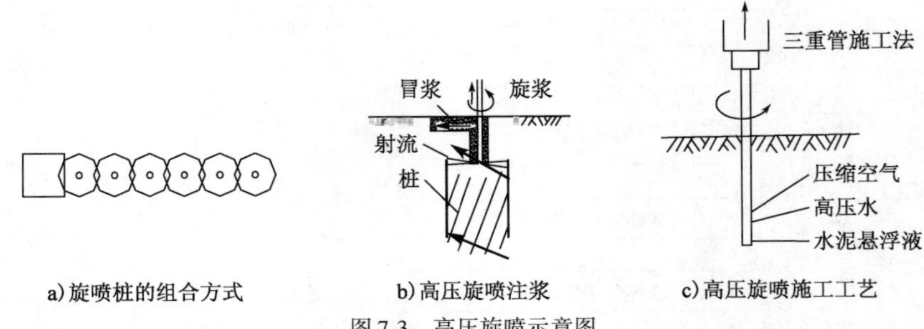

图7-3 高压旋喷示意图

高压旋喷施工流程如图7-4所示。高压旋喷施工前,浆液配比已通过试验验证,符合设计及规范要求。基线、水准基点、孔位和防渗墙轴线定位点等,应复核测量并妥善保护。施工设备转速表、压力计表、流量表已进行标定。生产性试验已完成,并配合开挖、取芯等试验手段,确认试验效果,为正式施工提供最佳参数。对施工场地布置应进行全面规划,开挖排浆沟和集浆池,做好冒浆排放措施和环境保护措施。

1)高喷防渗墙施工质量控制重点

(1)喷浆前检查。

高喷台车就位,首先进行试喷,三重管机具试运转时的水压约35MPa,空压机风压约0.7MPa,浆压在0.2~1MPa,同轴喷射。试喷检查喷嘴、喷管及所有设备运转正常后,下入高喷管至设计深度,下入喷射管时,用胶带保护喷嘴部分防止堵塞。

(2)喷浆。

当喷头下至设计深度时,先送高压水,再送水泥浆和压缩空气(压缩空气可迟送30s)。按规定参数送浆、气后进行静喷1~3min,待达到预定的喷射压力和喷浆量且浆液返出孔口、情况正常后,再按预定的提升、旋转速度,自下而上进行喷射作业,直至达到设计高度方可停送水、气、浆,提出喷射管。喷射过程需连续进行。

(3)充填灌浆。

高喷灌浆结束后,利用回浆及时补灌,直至孔口浆面不下降为止。

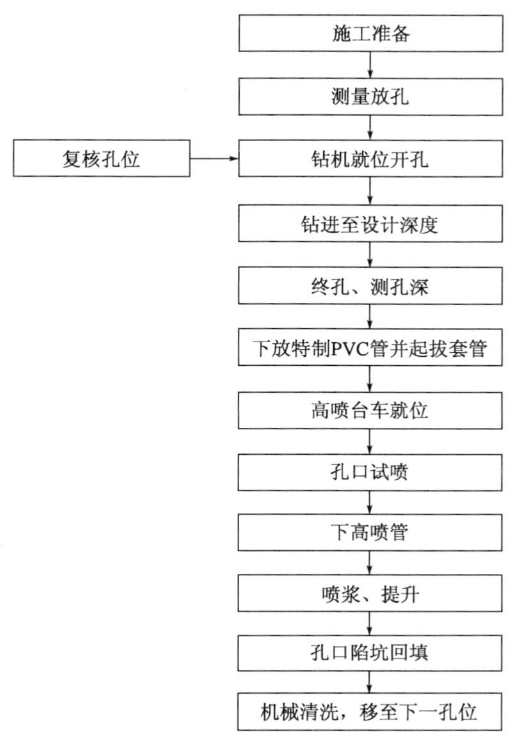

图7-4 高压旋喷施工流程图

2)特殊情况处理

(1)高压喷浆过程中,出现压力突降或骤增、孔口回浆密度或回浆量异常等情况时,应查明原因,及时处理。

(2)孔内严重漏浆,可根据具体情况,采取如降低喷射管提升速度或停止提升,或降低浆液压力、流量,采取静止喷射,浆液中掺加速凝剂等措施,待孔口正常返浆且返浆比重达到设计值后恢复提升,出现浆液不足时,旋喷管下入原位进行复喷。

(3)当冒浆量过大时,通过提高射流压力或加快旋转和提升速度,减少冒浆量。

(4)若发生串浆,应立即封堵被串孔,待串浆孔高压喷浆结束后,尽快对被串孔进行扫孔、高压喷浆或继续钻进。串浆量较大时,应降低气压并加大浆液密度或进浆量。

(5)供浆正常情况下,孔口回浆密度变小且不能满足设计要求时,应加大进浆密度或进浆量。

3)效果检查

高压旋喷止水帷幕的质量检查可采用钻孔取样、标准贯入试验或开挖检查等方法。若为临时挡水工程,使用期限不长,则采用开挖检查法或围井法检查高压旋喷止水帷幕效果。

二、钢板桩围堰施工质量控制要点

施工前应清除现场地下和水下影响钢板桩沉桩的障碍物。同时除应符合现行行业有关规定外,需注意如下控制:

(1)沉桩前宜在钢板桩锁口内填抹防渗油膏。

(2)钢板桩沉桩的控制标准应通过试沉桩确定,并应根据地质情况随时调整,避免钢板桩底端产生严重卷边变形。

(3)双排钢板桩围堰的围囹与拉杆安装和堰中回填应需注意如下控制:

①围囹与拉杆的安装,应按施工方案规定的施工步距紧跟钢板桩的沉设对称进行。

②当采用成对背靠槽钢作为围囹时,围囹分段长度不宜小于4倍拉杆间距。围囹应与钢板桩凸面贴合,间隙大于10mm的部分应垫钢垫板。

③拉杆安装应施加初始拉力,并应根据回填情况对拉杆的张力进行调整。长度大于12m的拉杆中部宜装设紧张器。

④双排钢板桩围堰堰体的回填,应在围囹与拉杆安装后分层、均匀进行,填料应选用中砂、粗砂或其他非黏性材料。

(4)单排钢板桩围堰内外两侧棱体的回填,应按施工方案规定的施工步距对称进行。回填前应对基槽进行检查,如有淤泥应予清除。

(5)钢板桩围堰的合龙施工,应选择在堰内外水位差较小和水流流速较小的时段进行。内外水位差较大的围堰,宜在已成墙体适当位置开设临时过水闸口,围堰合龙后再关闭并焊接加固。合龙钢板桩组的组拼及尺寸应根据龙口的实际尺寸确定。

(6)格形钢板桩围堰的施工需注意如下控制:

①格形钢板桩围堰的施工,宜按先主格体沉桩、后副格体沉桩、再格内回填的顺序进行。

②主格体的沉桩,可采用水上拼插沉桩或陆上拼组成型、整体吊装沉桩等方法。当采用水上拼插沉桩方法时,钢板桩沉桩应采用圆形围囹架进行定位导向;当采用陆上拼组成型、整体吊装沉桩方法时,钢围囹、围囹支脚和顶部工作平台应具有足够的强度和刚度,满足格形体钢板桩整体吊装、下沉就位和沉桩等工序的需要。

③副格体的尺度及位置,应根据主格体实际位置及偏差确定,并应按先迎水面、后背水面的顺序,并应至少滞后一个格体的施工步距进行施工。

(7)钢板桩围堰形成后,应按设计要求对钢板桩与下卧岩层的交界面进行防渗处理。

三、围堰维护与拆除

(1)围堰在施工期和使用期间的观测和监测需注意如下控制:

①施工观测,应编制观测方案并纳入施工组织设计。观测方案中应明确观测项目、观测点设置、观测方法、观测频率、观测记录及数据整理分析要求等。

②施工监测,应编制专项监测方案。监测方案中应明确监测项目、测点布置、测试方法、围堰的稳定标准、警报数值、数据与报告传递及对施工配合的要求等。

③施工观测和监测的项目与要求,应符合现行《水运工程水工建筑物原型观测技术规范》(JTS 235)和《水运工程地基基础试验检测技术规程》(JTS 237)等的有关规定。

④在抽水过程中,当围堰的位移、沉降、变形或地基变形接近警报值或堰内水位异常时,应及时发出警报,并暂停抽水施工。

(2)围堰的使用和维护需注意如下控制:

①施工期围堰顶部的荷载不得超过设计荷载。当利用围堰作为施工道路时,应进行相应处理。

②使用期应对堰体的完整性和渗水情况等进行巡视、定期检查和维护检修。

③在台风、风暴潮和洪水期,应加强对堰体的观测和检查。对围堰的局部损坏处、渗水点和重点部位等,应及时进行检修加固。

(3)围堰的拆除需注意如下控制:

①围堰拆除应具备下列条件:

a. 堰内干地施工的建筑物及配套设施全部完工并通过检查验收;

b. 需作堰内充水检查的工程检查完毕,且不需抽干水后进行处理;

c. 坞门或闸门的启闭试验合格。

②围堰拆除的范围及底高程应满足设计要求,且不得遗留碍航障碍物或对河道、航道及周边环境造成影响。

第三节　基坑工程质量控制

一、概述

船闸工程多位于野外,基坑一般采用坡率法放坡开挖,必要时局部辅以支护结构。基坑开挖方法分为横向挖掘法、纵向挖掘法、混合式挖掘法。横向挖掘法(图 7-5)为从开挖基坑的一端或两端按全断面一次性开挖至设计高程;纵向挖掘法(图 7-6)为沿基坑全宽纵向分层开挖;混合式挖掘法为多层横向全宽和通道纵向配合开挖,开挖前一般采用降水井将地下水降至开挖层面 50cm 以下,基坑由上至下分层开挖,同时进行边坡防护。

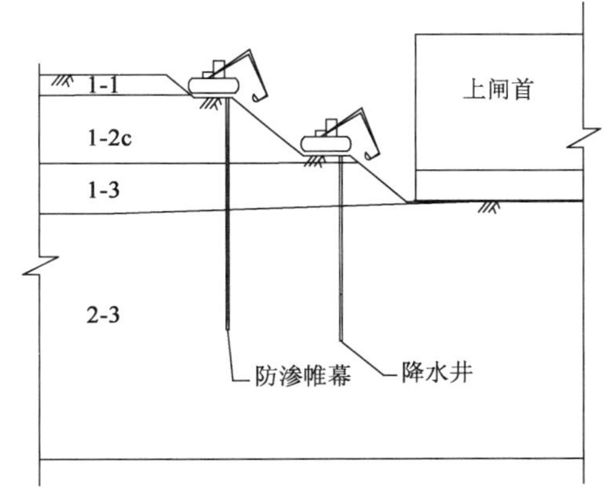

图 7-5　基坑横向开挖断面示意图

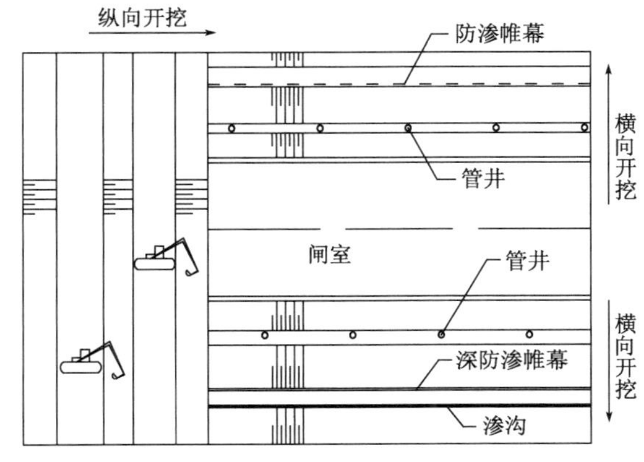

图 7-6　基坑纵向开挖断面示意图

基坑开挖根据不同的地质条件,选用相应的设备和工艺。土质基坑采用设备有挖掘机、推土机等;石质基坑一般采用钻爆与破碎锤开挖相结合的方式进行开挖。土方开挖工艺流程图和石方开挖工艺流程图如图 7-7 和图 7-8 所示。

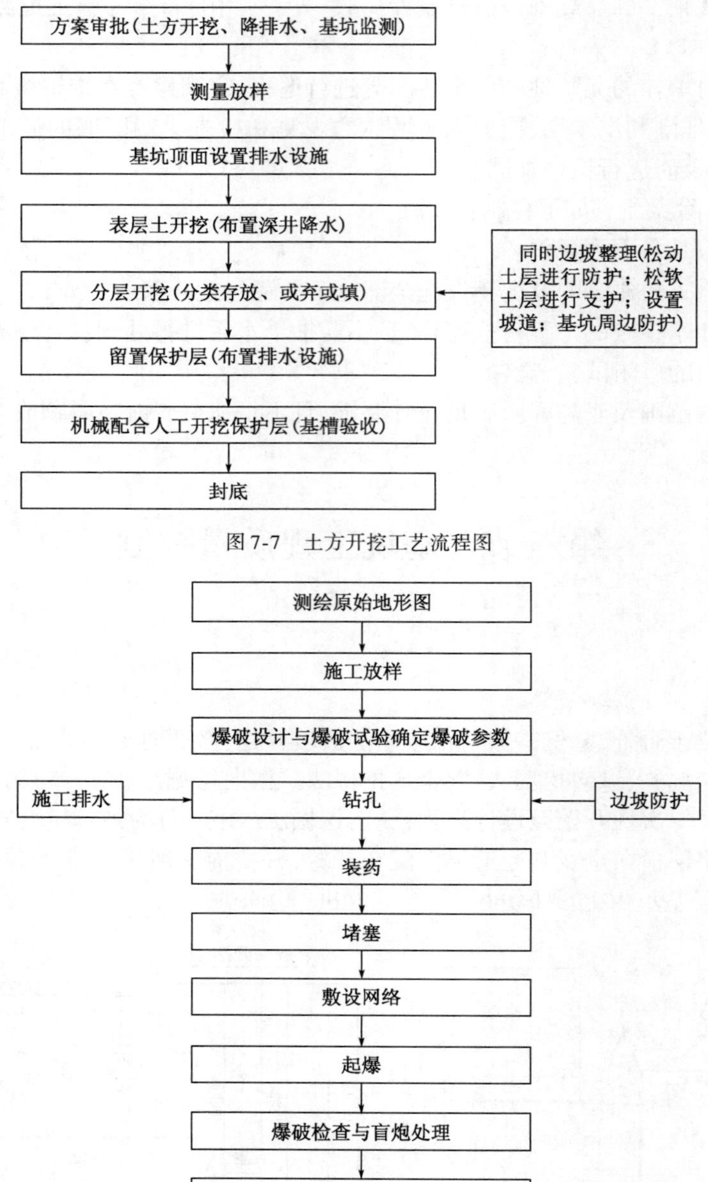

图 7-7　土方开挖工艺流程图

图 7-8　石方开挖工艺流程图

船闸基坑一般开挖深度均大于 5m,属于超过一定规模的危险性较大分部分项工程,基坑方案需组织专家论证。石方开挖的,尚应在施工前应向当地公安部门办理好爆破作业许可证。

基坑开挖前,围堰应通过验收,防渗体系已形成,降排水体系运转正常,且基坑内地下水位已降至待开挖层面以下至少 50cm;地连墙等支护结构已施工完成,基坑及周围建筑物沉降位移观测点布置完成并已采集初始数据。

二、基坑开挖质量控制重点

1. 测量控制

(1)对基坑和周围建筑物的沉降位移进行观测,发现问题及时分析解决。

(2)严格控制开挖边线、边坡,应在每级坡平台面上进行醒目标识。

2. 基坑降排水

(1)根据地质条件及降水试验,确定设置降水井的位置、间距及数量。

(2)降水期间应定期观测降水井内水位,雨季或者出现新的补给源时,应及时采取增加井数、改变抽水设备性能等措施。

(3)降低地下水位对周边邻近建筑物有影响时,应设置回灌井兼做观测井,定期观测与回灌,采用水位自动监测与控制系统控制水位的高程。

(4)在基坑顶面、开挖层面设置排(截)水沟(排水沟需做防渗处理),设置相应集水坑将水排出施工区域。

(5)在基坑底面设置排水沟及集水坑,采用水泵将水抽排至基坑处。

3. 出渣道路布置

根据地形条件的不同,出渣道路宜灵活采用不同的布置方式,出渣道路布置按布置形式的不同一般分为岸坡分层式、岸坡集中式、岸坡迂回式、基坑直进式等。

4. 土方开挖

(1)基坑开挖前,顶面设置排(截)水沟,防止地表水流流入基坑。

(2)逐层开挖基坑,留足上层土体边坡,做好边坡防护,做好土方平衡,合理调配土方。

(3)基坑开挖完成后,设置排水沟,防止浸泡基坑。

(4)开挖至基底底部时应预留保护层土方,保护层厚度宜为0.3~0.5m,严寒地区适当加厚,船闸结构垫层施工前宜采用对基底扰动较小的小型机械配合人工突击挖除,保护层挖除后应立即进行结构垫层施工。

(5)基底开挖完成后应及时验槽,确认基底土质与地勘报告是否相符。

5. 石方开挖

(1)石方明挖可采用梯段微差挤压爆破,永久边坡采用预裂爆破或光面爆破,沟槽开挖采用槽挖爆破。

(2)石方开挖前必须进行爆破试验,以确定经济、合理、安全的爆破方案。

(3)在各部位基础开挖过程中,预留一定的保护层,保护层厚度宜为1.0~1.5m,然后采用小型设备配合人工撬挖突击施工。

(4)开挖后对松散石方应及时清理,并联合验槽。

第四节 船闸主体工程施工质量控制

一、船闸底板质量控制

底板一般分为整体式和分离式两种,船闸底板宜采取“跳仓法”施工,相邻底板先低后高施工;

底板按照浇筑工艺分为一次浇筑工艺、分节浇筑工艺、分块浇筑工艺,其相应施工工艺分别为底板混凝土一次浇筑成型、底板分两节或多节浇筑成型、分块浇筑预留施工缝待二期封缝形成整体。

混凝土浇筑入仓方式一般有泵送法、吊罐法、皮带机输送法。

尺度较大的整体式底板(图 7-9)通过预留施工宽缝将底板分块浇筑,沉降变形稳定后封缝形成整体。分离式底板(图 7-10)通过纵横向施工缝将底板分成若干块进行浇筑。

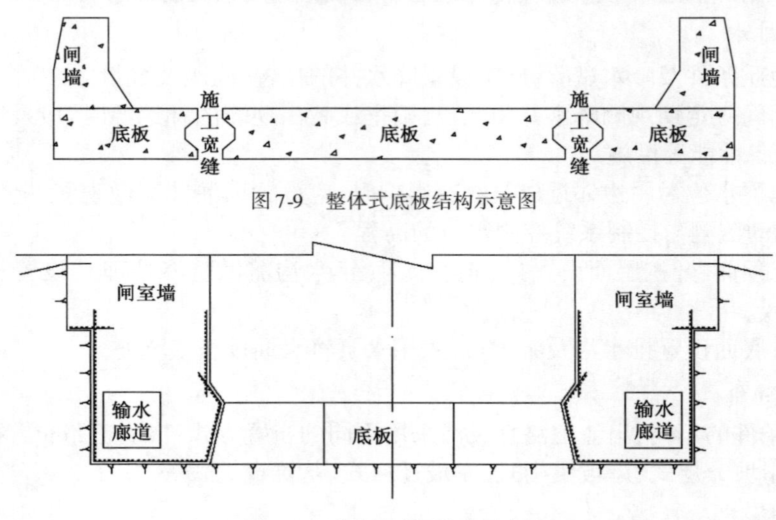

图 7-9　整体式底板结构示意图

图 7-10　分离式底板结构示意图

1. 船闸底板施工流程

底板施工工艺流程如图 7-11 所示。

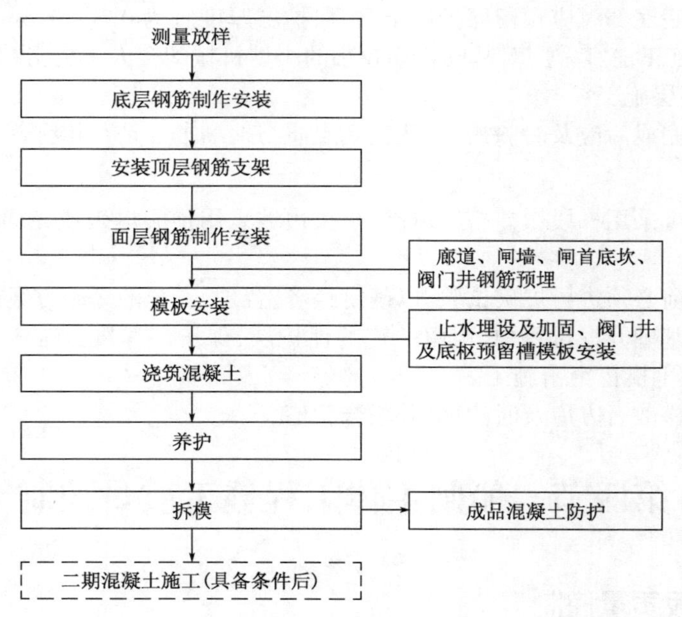

图 7-11　底板施工工艺流程

注:虚框为整体式底板二期封铰。

底板施工前,基槽降水、排水已满足要求(一般要求降至基槽底面50cm以下)。基坑边坡防护及边坡位移变化稳定,地基处理已验收合格,基底已通过联合验收并封底。

2. 底板施工质量控制重点

1)测量

(1)施工前对封底高程进行复测校核,不允许垫层混凝土侵占主体结构,面层钢筋绑扎前,对支撑钢筋高程进行控制。

(2)加强船闸中心线、底板角点等特征点的放样复核。底板钢筋绑扎后需对廊道、边墩及相关结构(集水井、闸首底枢、阀门井等)钢筋及预留槽进行精确放样。

(3)在底板侧模上加密高程测量点,浇筑过程中严格按高程进行浇筑。

(4)底板高程应按设计预留沉降量。

(5)底板底宜设置地基沉降观测管,浇筑过程中观测地基沉降对混凝土早期质量的影响。

(6)根据设计图纸布设沉降观测钉,底板浇筑后实施沉降观测。

2)钢筋制作安装

(1)顶面钢筋安装前应先布置槽钢支撑及宽缝型钢桁架支撑,槽钢及型钢桁架刚度需通过计算满足受力要求确保整体稳定;支撑纵横向间距不宜大于1.8m,按单个底板均匀分布安装支撑,单个支撑纵横向需设置钢筋斜撑并焊接牢固。

(2)面层钢筋绑扎后顶面不得集中堆载施工材料、机具,顶面钢筋不得随意切断。

(3)钢筋骨架保护层垫块采用高强混凝土垫块,垫块的强度与密实性不应低于构件本体混凝土,绑扎牢固;钢筋骨架支撑底端设置垫块,侧面钢筋保护层垫块应采用梅花状布设,当钢筋直径较小时,和异形钢筋骨架处适当加密。

(4)设置临时固定措施,严格控制预埋钢筋的位置与角度。

(5)预埋钢筋暴露时间较长的,底板施工完成后需对预埋钢筋进行阻锈保护处理;对预埋钢筋采取防腐措施。

(6)钢筋骨架顶面保护层采用定制型钢控制,混凝土浇筑前采用与保护层厚度相同的型钢同骨架顶面钢筋绑扎,混凝土浇筑面与型钢顶面齐平。

(7)止水安装与钢筋交叉处如需切割部分钢筋,需在止水安装完成后采用"过桥法"对切断钢筋进行连接。

(8)钢筋骨架成型应采用定位架,定位架应能准确定位主筋、分布筋和箍筋,从而保证钢筋间距。

3)模板制作安装

(1)模板与对拉螺栓交接处应设置圆台螺母,模板外侧面可采用发泡剂对拉条螺栓孔进行封堵。

(2)模板开槽或开孔需采用电钻施工,严禁使用氧割作业。

(3)整体式底板宽缝模板采用定型型钢桁架支撑。

(4)底板浇筑前,未设置抗浮锚杆的底板,需在基岩钻孔植筋,将拉条焊接在已植入基岩里的锚筋上(设置抗浮锚杆的底板,采用锚杆替代锚筋)。

(5)浇筑前记录模板各项检查参数的原始数据,随混凝土分层浇筑进度逐层检查模板变形数据,以便及时纠偏。

4)止水构件的制作及安装

(1)止水焊接需进行防渗漏检测,重点检查止水焊接质量无缺陷,确保止水效果。

(2)橡胶止水带、PVC 止水片宜采用热黏结。

(3)橡胶止水带对接时端部宜齐平,在距端部 10 ~ 12cm 处画线标出搭接范围,此范围内的肋条应全部割除并锉平,以保证黏结面平整。

(4)止水构件需存放于库房内,膨胀止水橡胶条需干燥存放,止水条安装后至混凝土浇筑期间,应做好防水措施。

(5)底板水平止水处模板由于止水上下模板分离,止水上方模板安装需控制整体线形,安装牢固,模板下端需与止水构件紧密贴合。水平止水铜片安装示意图如图 7-12 所示。

(6)底板与墙身衔接处 T 形或 L 形止水,将搭接铜片预留一定间隙,灌注沥青,防止因铜片不平整、密贴造成绕流渗水。底板与墙身衔接处止水布置图如图 7-13 所示。

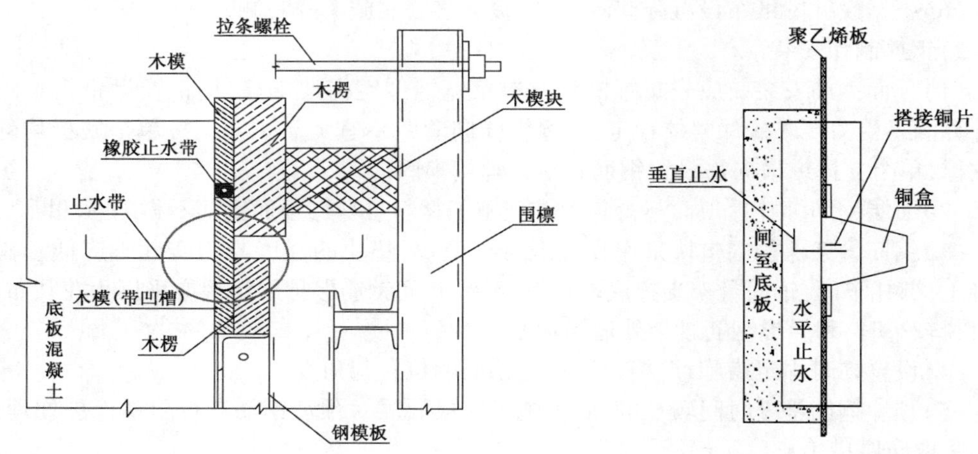

图 7-12　水平止水铜片安装示意图

图 7-13　底板与墙身衔接处止水布置图

(7)止水(浆)带安装时应采用专用支托卡具支撑牢固,竖向止水(浆)带的支托卡具每 0.5m一道,水平止水(浆)带的支托卡具每 1m 一道。

5)混凝土浇筑

(1)底板大体积混凝土应采用双掺技术,优选水泥、粗细骨料和外加剂,配合比设计宜采用连续级配,并适当提高骨料含泥量指标要求,施工过程中控制入仓温度和采取内部降温的方法(冷却水管)预防大体积混凝土裂缝;特殊季节混凝土的原材料采取加热或降温的措施,以保证混凝土的入仓温度;混凝土浇筑方法一般为泵送法和皮带机输送法(图 7-14)。

(2)浇筑面层前在面层钢筋上铺设与保护层厚度相同的型钢作为混凝土刮平导轨,以保证面层高程、平整度与保护层厚度。

(3)面层可采用坍落度较小的混凝土,浇筑时及时清理表面浮浆。

(4)为防止底板与闸墙结构连接处渗漏,底板顶面可预留笋槽或安装止水板。

(5)整体式底板宽缝封铰需对两侧混凝土切边修整,表面凿毛。宽缝浇筑需满足设计封铰条件,降水条件同底板浇筑期要求相同。

图 7-14 皮带机输送法混凝土浇筑

(6)闸首底板上纵横格梁等边、棱角拆模后采用角钢防护,保护棱角不破损。

6)混凝土养护

(1)底板顶面冬季采用“两布一膜”覆盖保温养护,夏季可以采取覆盖洒水养护。

(2)底板侧面冬季应覆盖保温,伸缩缝部位拆模后利用填缝材料覆盖保温,夏季采取洒水养护。

二、闸室墙质量控制

闸室墙施工工艺根据模板形式不同,分为移动模架法、翻模法和模板支架法。移动模架法使用龙门稳固、移动整体型钢模板,两侧闸墙同时施工对称浇筑,模板系统线性移动循环使用;翻模法为墙身竖向分层分块由下往上模板循环使用;模板支架法为利用脚手支架作为施工平台,模板安装一次到顶。整体式闸室墙结构断面图和分离衬砌式闸室墙结构断面图如图 7-15 和图 7-16 所示。

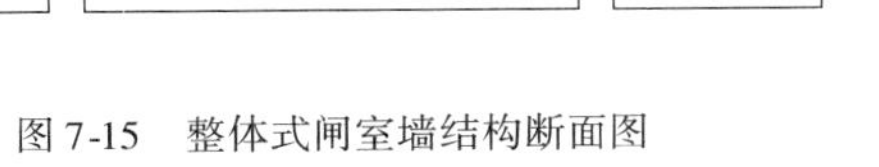

图 7-15 整体式闸室墙结构断面图

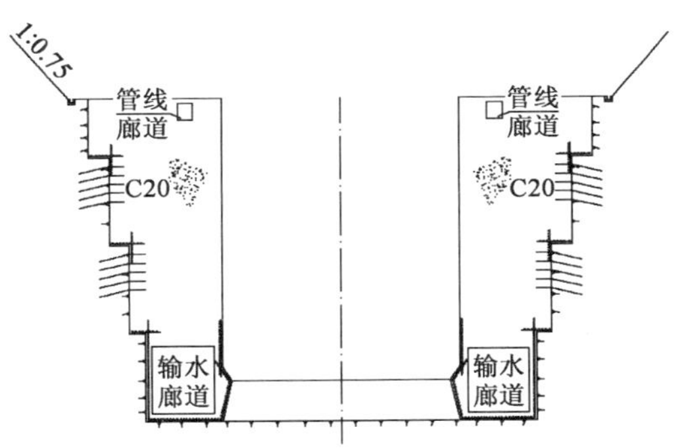

图 7-16 分离衬砌式闸室墙结构断面图

1. 闸室墙施工流程

整体式闸室墙施工工艺流程如图 7-17 所示。

衬砌式闸室墙施工工艺流程如图 7-18 所示。

图 7-17　整体式闸室墙施工工艺流程图

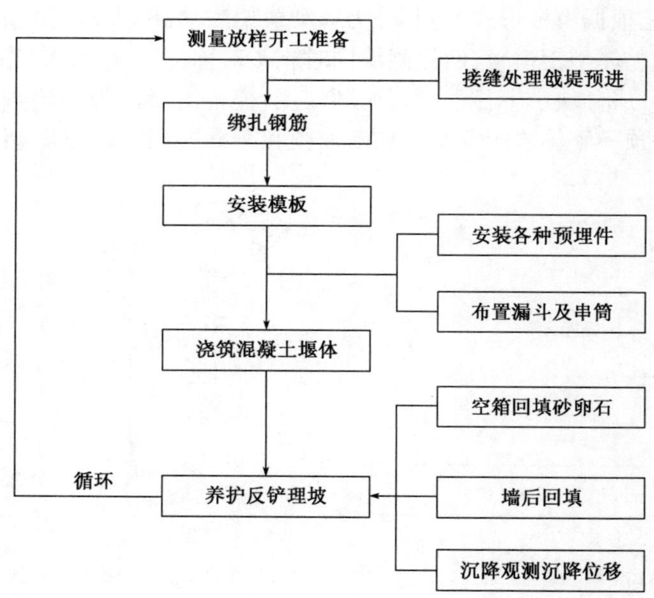

图 7-18　衬砌式闸室墙施工工艺流程图

整体式结构闸室墙施工的整体模板应有专项施工方案并通过专家论证。整体模板配套的移动模架使用前应通过验收。

分离衬砌式闸室墙施工脚手架需编制专项方案并经专家论证，衬砌式闸室墙锚杆施工完成，且经检验合格后，在施工前需按结构形式进行分层分块。

2. 闸室墙施工质量控制重点

1）测量

（1）闸室墙平面位置采用全站仪测放坐标 + 中线法"双控"。

（2）严格控制船闸室墙身前沿线，不得前倾，保证船闸口门尺度。

2）钢筋绑扎

（1）闸室墙钢筋应搭设辅助支架，闸室墙前后钢筋网片间应设置水平、斜向支撑，形成钢筋稳定骨架。闸室墙钢筋绑扎安装如图 7-19 所示。

图 7-19　闸室墙钢筋绑扎安装

（2）放置钢筋保护层垫块，采用水平支撑固定两侧钢筋网片保证垫块与模板贴合。

（3）在闸室墙结构底端向上 3 ~ 5m 范围内可增加防裂钢筋网片，以减小闸室墙混凝土约束裂缝。

3）闸室墙模板

（1）整体式闸室墙模板。

①移动模架包含支撑系统、行走系统、悬挂系统、模板系统。闸室墙模板为整体钢模结构，面板宜采用 5mm 以上的酸洗板。闸室墙模板龙门支架如图 7-20 所示。

图 7-20　闸室墙模板龙门支架

②闸室墙倒角模板采用整体定型钢模加贴透水模板衬垫(模板布)工艺,模板布毛面与钢模黏结,光面与混凝土密贴。模板布应每边预留5cm,折向模板边棱。

③底板施工时需预埋一定数量的压脚锚固螺栓,闸室墙施工时底端模板与预埋螺栓应连接锚固。压脚螺栓设置示意图如图7-21所示。

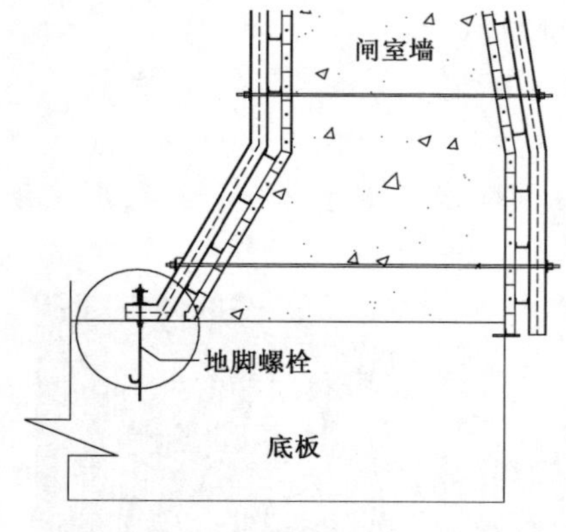

图7-21 压脚螺栓设置示意图

④模板就位后通过对拉螺栓以及龙门架上安装的横向支撑、螺旋顶托对模板整体线形进行调整。

⑤闸室墙模板采用对拉螺栓锚固,螺栓与两侧模板交接处需设置橡胶圆台螺母。

⑥移动模架就位后需安装斜撑临时稳固并龙门限位锁定。

⑦龙门支架每次移动模板前,必须派专职安全员和技术员对龙门架及平车、牵引设备、模板吊点、起吊模板的钢丝绳和手拉葫芦进行安全检查,同时检查混凝土强度是否满足脱模要求。

⑧为保证闸室净宽,模板应预留后倾量,预留量可采用规范允许的后倾值。

(2)分离衬砌式闸室墙模板。

①分离衬砌式闸室墙宜采用大型钢模板,面板宜采用5mm以上的酸洗板,大型钢模板高度一般大于2m。闸室墙翻模如图7-22所示。

图7-22 闸室墙翻模

②大型钢模板应自带高空作业操作平台,操作平台采用花纹钢板+槽钢的结构,操作平台应设置栏杆。

③次层模板底部应设置止浆条,模板与已浇筑混凝土需贴实,防止底脚漏浆出现挂帘的现象。

④次层模板安装前,应首先安装独立工作平台;独立工作平台采用预埋台型螺母进行固定,台型螺母个数按工作平台重量和施工荷载进行计算。

⑤钢模板安装加固时,先水平安装在预埋好的台型螺母上,利用台型螺母与钢模板底部进行加固。模板与工作平台安装与加固图如图7-23所示。

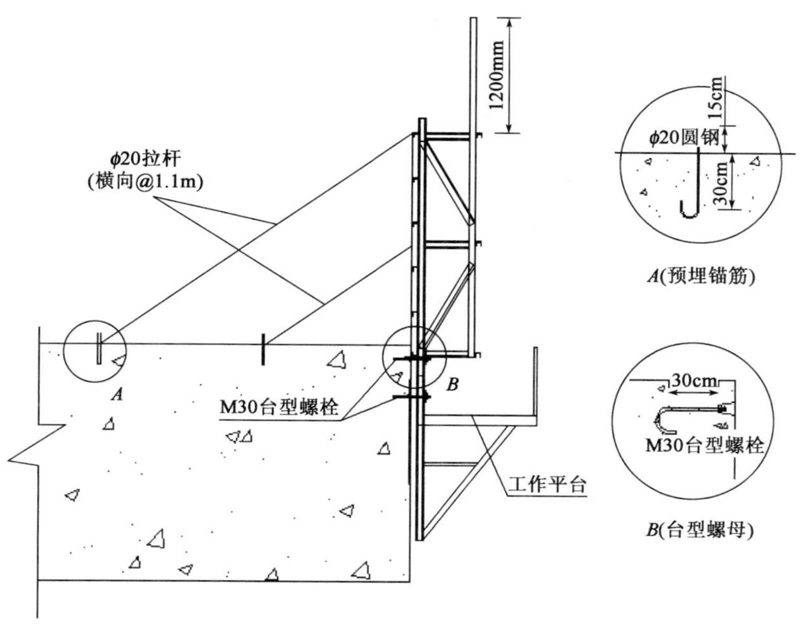

图 7-23　模板与工作平台安装与加固图

⑥衬砌锚杆施工。

a. 衬砌锚杆支护应随开挖逐级施工，分层、分段做到随开挖及时进行。

b. 衬砌锚杆施工其他要求参见边坡支护锚杆施工。

⑦止水安装。

a. 垂直止水沥青槽宜采用定型钢盒，安装时需与伸缩缝紧密贴合，安装前需对钢盒内杂物进行清理，沥青加热温度要使其在钢盒内自然流动填实。

b. 止水其他要求参见底板止水章节。

⑧防撞构件安装。

a. 钢护木采用螺栓与模板固定，钢板护面在胎架拼装焊接采用围檩框架加固整体安装。

b. 钢板护面应加焊扁钢以提高钢板护面整体平整度及锚固性能。

c. 钢板护面拼装焊接宜采用分段退焊法实施拼接形成整体。

⑨混凝土浇筑。

a. 整体式闸室墙浇筑。

a）闸室墙一般分两次进行浇筑，先进行倒角施工，再进行上部混凝土整体浇筑。

b）浇筑前必须明确倒角与底板浇筑的间隔时长，合理控制施工节奏，避免应力集中，产生裂缝。

c）闸室墙浇筑采用两侧对称，同时水平分层浇筑，一次到顶。模板顶口在龙门支架下挂水平分料滑槽，布料分层均匀浇筑上升，每层控制在 30cm 以内。泵送法两侧对称浇筑。泵送法浇筑闸室墙如图 7-24 所示。

d）浇筑过程中移动泵管时应采用编织袋包裹泵管防止抛洒滴漏，并及时清理模板溅浆。

图 7-24　泵送法浇筑闸室墙

e)浇筑过程中需注意对闸室墙内各类预埋件的保护。

f)混凝土浇筑过程中需及时处理混凝土表面泌水。

g)混凝土浇筑至顶面时需清理浮浆,及时补料并进行二次振捣。

h)闸室墙结构空间较小处及钢筋密集区域(如倒角结构内)宜人工喂料并采用加长型振捣棒振捣密实。

i)特殊季节混凝土的拌和需对原材料采取加热或降温的措施。

b. 分离衬砌式闸室墙浇筑。

a)闸室墙采用吊罐或泵送入舱工艺。吊罐法浇筑闸室墙如图 7-25 所示。

图 7-25　吊罐法浇筑闸室墙

b)截面较大的舱面,在混凝土浇筑前,应做混凝土浇筑策划,确定浇筑方向、分层厚度、台阶宽度等。

c)模板附近布料与振捣时应防止冲击模板,碰撞预埋锚筋。

d)止水(浆)片和埋件等部位,应由人工送料填满,严禁料罐或皮管直接下料。

⑩混凝土养护。

a. 夏季在闸室墙顶部通长布设喷淋管、墙面覆盖土工布保湿养护，加强温控措施，混凝土内部及表面温度应控制在设计要求的温差内，当设计无要求时，温差不宜超过25℃，同时养护水应经净化处理，水温应与混凝土的温度相近。闸室墙成品养护如图7-26所示。

图7-26　闸室墙成品养护

b. 冬季可在闸室墙钢模外侧敷贴保温材料，适当延长拆模时间，移模后墙面采用喷涂养护剂+敷贴塑料薄膜+土工布覆盖等方式进行保温保湿养护。

三、输水廊道质量控制

船闸输水廊道一般有短廊道和长廊道两种，廊道宜对称施工，一次浇筑成型。廊道施工按模板系统分为支架模板法和移动模架工艺，支架模板法为利用钢管支架，拼装模板；移动模架法为采用移动式整体钢模板。短廊道结构断面图如图7-27所示，闸室墙长廊道侧支孔结构断面图如图7-28所示。

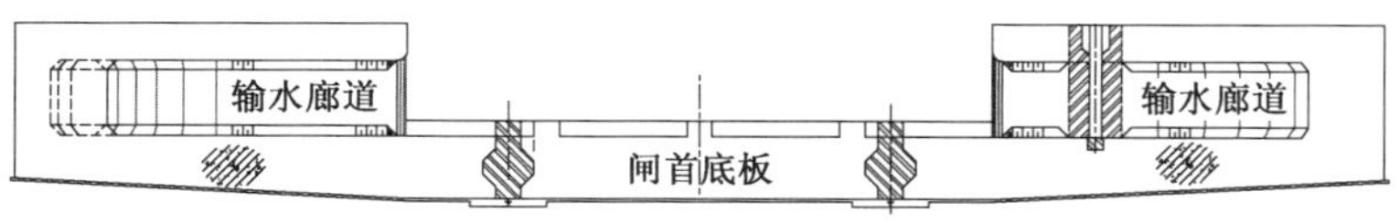

图7-27　短廊道结构断面图

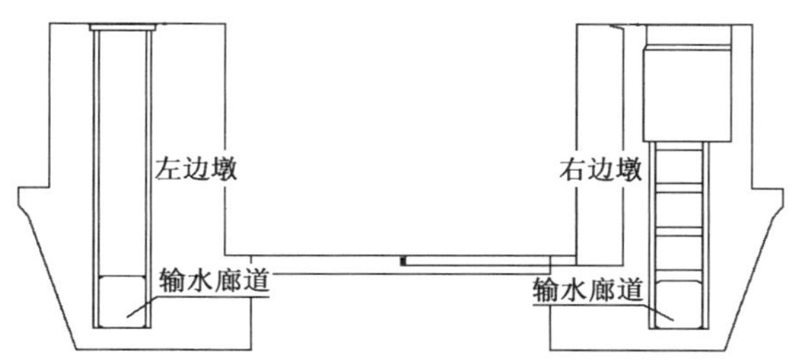

图7-28　闸室墙长廊道侧支孔结构断面图

1. 输水廊道施工流程

支架法施工工艺流程如图7-29所示。

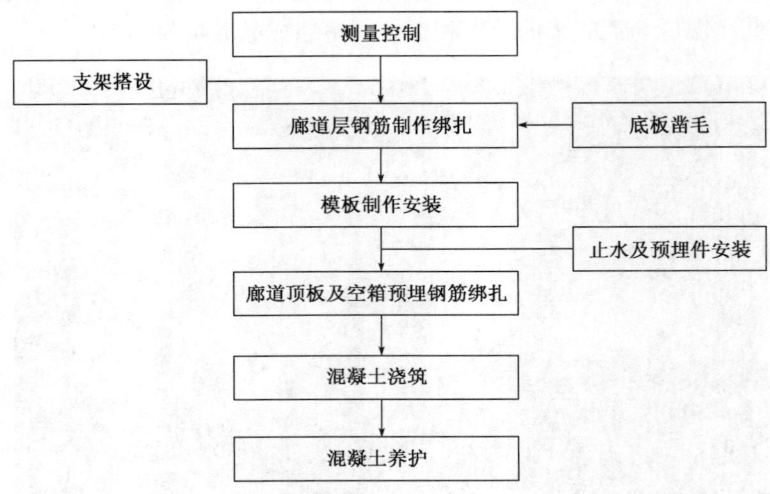

图7-29 支架法施工工艺流程

移动模架法施工工艺流程如图7-30所示。

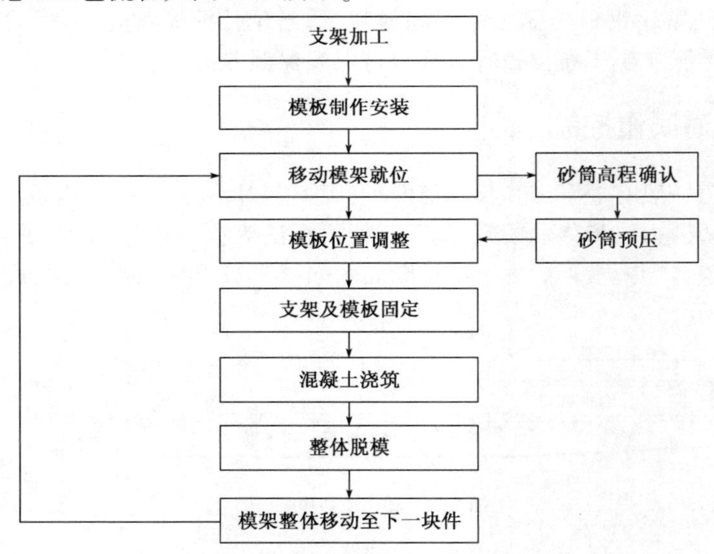

图7-30 移动模架法施工工艺流程

输水廊道的模板系统一般应编制专项施工方案并组织专家论证。廊道浇筑前底板沉降位移应满足结构稳定性要求。

2. 输水廊道施工质量控制重点

1)测量控制

(1)廊道平面位置采用全站仪测放坐标+中线法进行"双控"。

(2)严格控制廊道顶高程,确保与空箱层连接的施工缝平整、顺直。

2)廊道钢筋绑扎

(1)采用三角板定位倒角顶点并逐件标识,对倒角局部不规整钢筋及时调整,调整后采用水平靠尺对倒角钢筋校验。倒角钢筋定位示意图如图7-31所示。

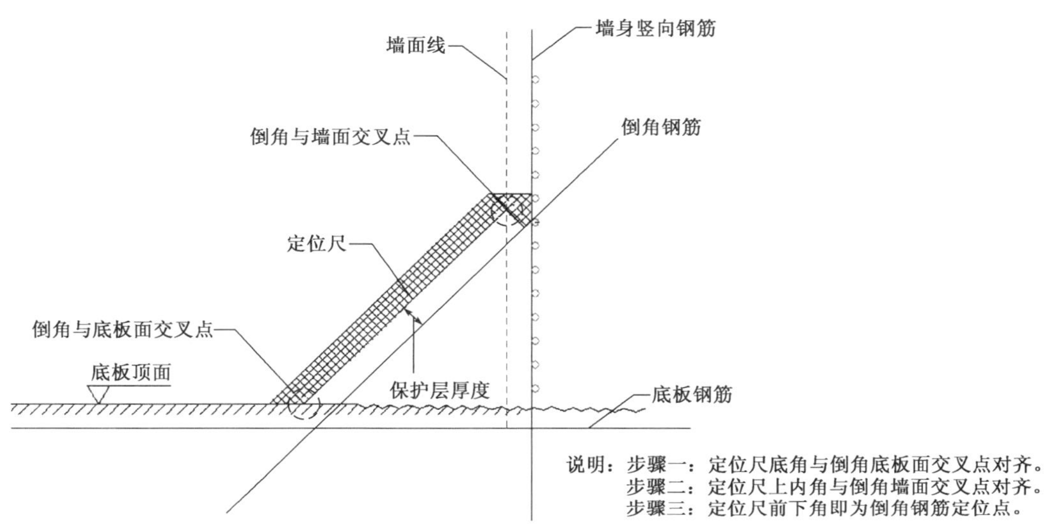

图7-31　倒角钢筋定位示意图

(2)钢筋绑扎前应先对竖向预埋钢筋进行调整,再设置临时支撑固定。

(3)钢筋绑扎采用点位尺控制钢筋间距。

(4)宜在弧形段增设防裂钢筋网片。

3)廊道模板制作与安装

(1)支架法模板制作与安装。

①廊道定型模板应合理划分单块尺寸,避免大小块,异形模板整体制作应提前预拼装,如廊道出水口上下倒角等。结构异形处定型钢模安装如图7-32所示。

图7-32　结构异形处定型钢模安装

②根据底板中心线,复核迎水面模板位置,同时控制模板垂直度。

③倒角模板处需对底板混凝土进行找平。

④模板拼缝处应做骑缝处理。

⑤曲线段与直线段模板支撑应做好搭接过渡,防止错台。

⑥廊道顶板:顶模衔接处增设立杆支撑,防止错台(图7-33);局部曲线及多边形区可单独下料拼装,底模拼装需减少拼缝数量;模板拼装完成后,模板表面覆盖塑料薄膜,防止廊道顶板钢筋锈迹或油渍对模板造成污染,影响混凝土外观。

图7-33　廊道满堂支架搭设

⑦对拉螺栓采用埋入式拉条+圆台螺母,应充分考虑受力合理布置。

(2)移动模架法模板施工。

①移动模架法模板制作与安装:

a.整体移动模架的骨架使用型钢框架,主要由底座、立柱、挑梁、横梁组成,全部由型钢焊接而成。

b.移动模架模板利用横、竖向围檩加固形成整体。边侧模板在拼装完成后,悬挂于支架挑梁之上。顶部模板的中部设置两处调节模板(宜用木模)。下倒角模板单独制作安装,与模架系统分开,两者间缝隙使用木条封闭(图7-34)。

图7-34　模架模板拼装图

c. 移动模架顶模高程调整主要通过砂筒或顶丝自身高度进行调节,砂筒或顶丝支撑布置在模架立柱处。

d. 模架侧模调整使用螺旋顶托和手动葫芦来完成,侧模调整到位以后,调紧对拉螺栓,完成模板安装。

②移动模架脱模(图7-35)。

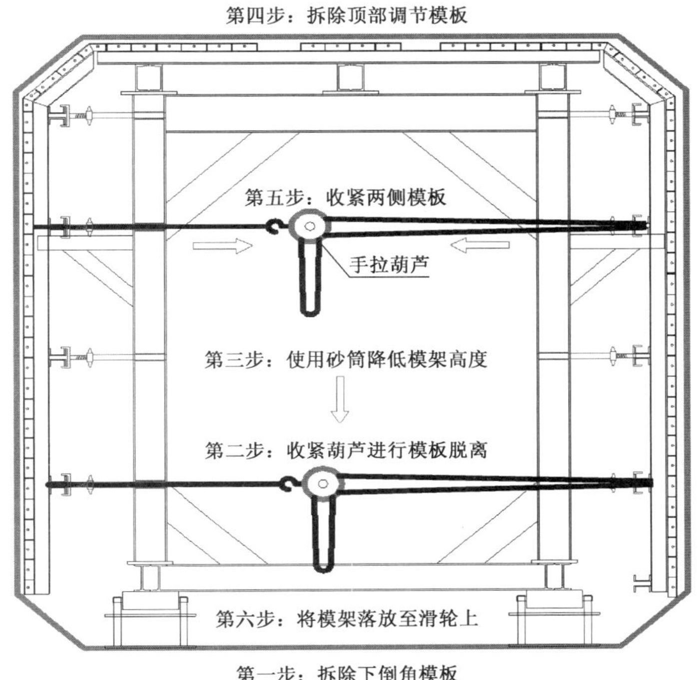

图7-35 移动模架脱模示意图

a. 拆除下倒角独立模板,为模架提供向下移动空间。

b. 拆除两侧模板的拉条螺栓和顶托,利用手拉葫芦拉紧两侧模板,使两侧模板与混凝土表面产生空隙。

c. 均匀降低砂筒或顶丝自身高度,模架系统依靠自身重量下移,顶部出现空隙,取出调节模板。

d. 使用手动葫芦将两侧模板向中间收紧,使两侧模板与混凝土表面留出约10cm的空间。

e. 使用千斤顶将模架稍微顶起,取出砂筒,将模架放至高度较低的滑轮上,完成脱模过程。

③移动模架整体移动。

a. 移动模架底部设有两道表面平整的纵梁作为移动轨道,模架移动过程中,模架导梁放于滑轮上,滑轮固定平放,通过牵引模架进行移动。

b. 滑轮放置左右对称,纵向间距不宜过大。模架移动时越过一组滑轮后,将本组滑轮搬运至前方导轨下方位置,重复此过程直到模架到位。

c. 模架的牵引可使用手动葫芦、卷扬机等,牵引速度必须缓慢。

d. 牵引绳索需设置在模架底座的中心,以便牵引时两边保持平衡。

④混凝土浇筑。

a. 廊道浇筑采用两侧对称,水平分层浇筑,一次到顶。

b. 浇筑过程中及时清理模板溅浆,防止拆模后混凝土表面麻点影响外观。

c. 混凝土浇筑过程中及时清理表面泌水。

d. 特殊季节混凝土的拌和主要对原材料采取加热或降温的措施,以保证混凝土的入仓温度。

e. 廊道墙体狭窄,拉条螺栓密集,布料需避让拉条螺栓,以防止混凝土冲击对模板及拉条螺栓稳定性造成影响。

f. 倒角处混凝土需人工喂料,模板渗水漏浆处要及时封堵后复振,以防发生烂根现象。

⑤混凝土养护。

a. 夏季在廊道顶面和侧面覆盖土工布保湿养护,廊道内封闭保湿养护。

b. 冬季延长拆模时间,廊道顶面和侧面及廊道内封闭保温保湿。

四、闸首边墩质量控制

闸首边墩施工工艺分为一次浇筑工艺和分节浇筑工艺两种,一次浇筑工艺为闸首边墩模板一模到顶一次浇筑成型;分节施工闸首边墩时,钢筋、模板混凝土分两节或多节浇筑成型。

闸首边墩混凝土浇筑一般有泵送法、吊罐法等入仓工艺。闸首边墩结构形式见图7-36。

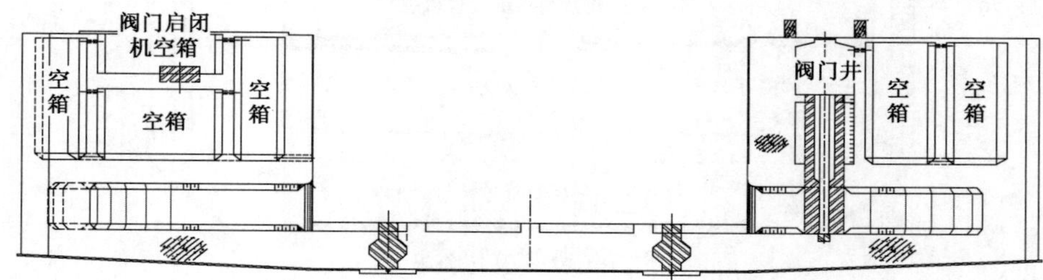

图7-36　闸首边墩结构形式

1. 闸首边墩施工流程

闸首边墩支架法施工工艺流程见图7-37。

闸首边墩模板系统一般应编制专项施工方案。边墩浇筑前底板沉降位移满足结构稳定性要求。闸首工程结构复杂、线形多变、门机电预埋件多,宜利用BIM技术进行校核、查漏。

2. 闸首边墩施工质量控制重点

1)测量控制

(1)施工前对廊道顶高程进行复测,校验沉降变化值,为边墩结构施工提供高程控制依据。

(2)二期混凝土施工前,复核底坎、口门宽度与中线位置,根据复核结果确定顶底枢、推拉座、启闭机支座、阀门井等埋件位置。

(3)施工过程中严格控制边墩结构垂直度,确保结构间相对尺寸准确。重点控制闸口及门库净宽。

2)脚手架搭设

(1)边墩搭设施工脚手架,脚手架平面布置见图7-38。

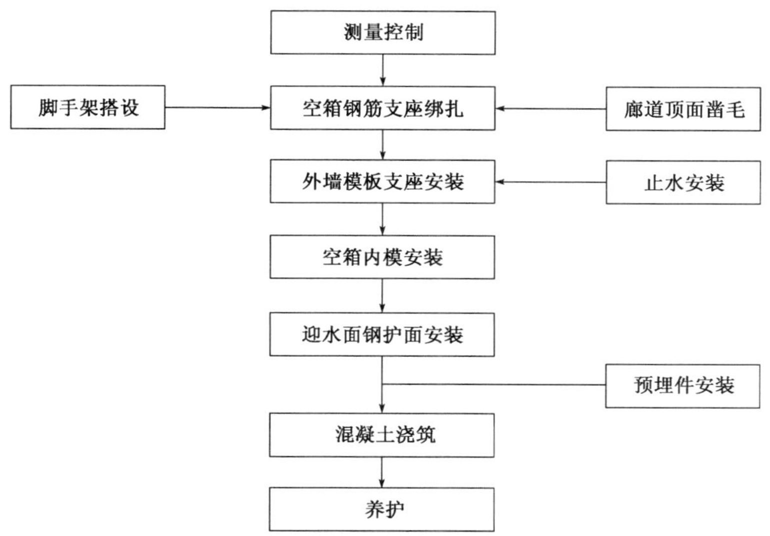

图 7-37　闸首边墩支架法施工工艺流程图

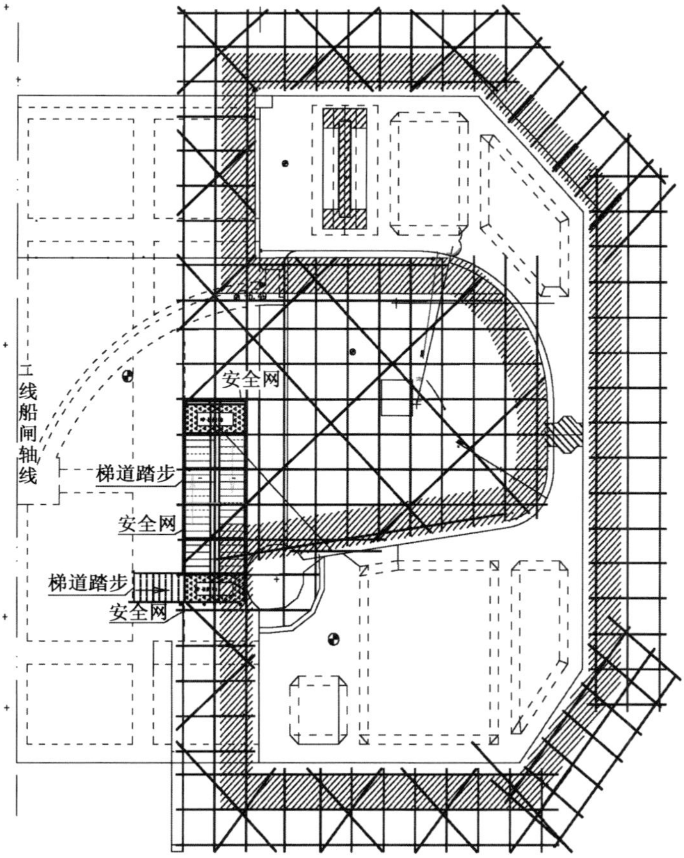

说明：
1.立杆间距基本为150cm，在门库梯形区域立杆间距稍作调整；横杆步距150cm。
2.其余构造符合规范规定。

图 7-38　脚手架平面布置示意图

(2)搭设过程中应及时安装斜撑及剪刀撑。

(3)脚手架顶面设置环形通道并需设置上下爬梯通向各空箱结构。

(4)两侧边墩间需搭设人行天桥支架相互贯通同时增强两侧脚手架稳定。

(5)施工脚手架仅供人员作业使用,严禁作为结构施工时模板支撑。

(6)脚手架需与已施工完成的廊道形成连接。

3)钢筋绑扎

(1)钢筋依次由下至上一次绑扎,设置骨架支撑,控制钢筋整体稳定性,确保钢筋保护层。

(2)钢筋骨架成型应采用定位架,定位架应能准确定位主筋、分布筋和箍筋,从而保证钢筋间距,边墩空箱层钢筋绑扎安装见图7-39。

图7-39　边墩空箱层钢筋绑扎安装示例图

(3)边墩内各空箱结构形式复杂,施工时需增加撑筋和垫块数量。

(4)阀门井壁或异形截面薄弱处适当增加防裂钢筋,以防结构裂缝产生。

4)模板制作与安装

(1)边墩外模宜采用大面钢模板。

(2)模板拼缝采用骑缝处理与双面胶嵌缝相接缝,避免模板错台及混凝土浇筑过程中漏浆。

(3)拼装完成后调整垂直度,安装时重点控制边墩内空箱间隔板间距;空箱模板顶面均需预留人孔洞。

(4)边墩模板安装施工前需对廊道顶面进行切缝处理,切缝需水平,保证边墩与廊道间连接线形顺直。

(5)边墩模板下端四周需利用廊道顶面一层拉条螺栓固定,防止新老混凝土间形成错台。

(6)边墩模板施工过程需检查电缆孔、泄水孔、油管槽等孔洞预埋,防止漏埋并确保预埋位置准确。

(7)顶枢、推拉杆孔、启闭机支座、阀门井二期混凝土的模板根据设计图安装,模板安装断面尺寸可比设计尺寸稍大一些,为二期混凝土施工预留空间,模板宜采用收口网制作。

5)钢板护面安装

(1)钢板护面拉条螺栓孔需提前在场内采用机械规则开孔。

(2)拉条螺栓孔修补需采用新圆形钢板补焊,表面磨平。

(3)钢板护面拼接处需坡口焊接。

(4)钢板加工背面须增加型钢或加筋肋板,减少钢板护面的变形和护面与混凝土的空鼓现象。

(5)钢板护面拼接宜采用水平拼缝,减少钢板护面的竖向拼缝,防止船舶碰撞易撕损钢板。

(6)钢板护面现场焊接时需对成品结构表面覆盖保护,防止焊渣烫伤结构成品。

(7)钢护面边缘或与混凝土交接处应向内侧折边嵌入或增加角钢锚固。

6)混凝土浇筑

(1)混凝土浇筑需配备足够的混凝土拌和、运输及浇筑设备,配置应急设备,防止分层浇筑时间过长,导致分层处产生冷缝或色差。混凝土布料采用串筒,防止混凝土离析;串筒应平衡、对称布置,间距为 3～5m(图 7-40)。

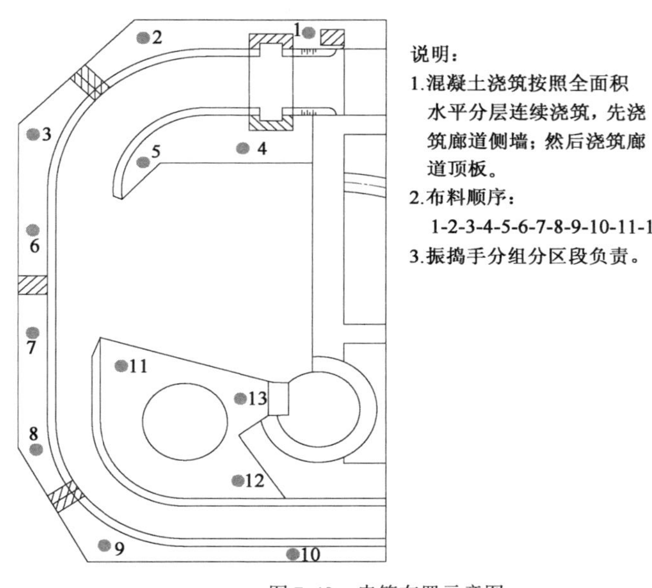

图 7-40 串筒布置示意图

(2)混凝土浇筑前,用水冲洗混凝土结合面,并充分润湿,低洼地方用海绵吸干。

(3)边墩墙体狭窄,拉条螺栓密集,浇筑卸料需避让拉条螺栓,以防止混凝土冲击模板及拉条螺栓对其稳定性造成影响。

(4)混凝土浇筑过程中应设置专人跟踪监控模板垂直度及拉条螺栓紧固情况。

(5)特殊季节混凝土的拌和主要采取对原材料加热和降温的措施,以保证混凝土的入仓温度。

(6)浇筑完成后需对混凝土顶面收光压实。

(7)混凝土浇筑过程中及时清理挂浆,防止污染已施工完成的成品结构。

7)混凝土养护

(1)夏季在边墩顶面和侧面采用覆盖土工布保湿养护。

(2)冬季延长拆模时间,边墩顶面和侧面保温保湿养护。

第五节　闸阀门与机电工程质量控制

船闸金属结构主要有工作闸门、工作阀门、检修闸门、检修阀门、浮式系船柱、拦污栅等。

船闸工作闸门形式主要有人字闸门、三角闸门、横拉闸门、平面闸门、一字闸门和弧形闸门等;工作阀门形式主要有平面阀门和反向弧形阀门,检修闸门主要有浮式检修闸门、浮式叠梁检修闸门、升降式平面闸门等。检修阀门则主要采用结构简单,无需专门启闭设备就可起吊的平面检修阀门。各闸门见图 7-41 ~ 图 7-46。

图 7-41　人字闸门

图 7-42　反向弧形阀门

图 7-43　三角闸门

图 7-44　平面阀门

图 7-45　浮式检修闸门

图 7-46　浮式叠梁检修闸门

机电工程主要包括闸阀门液压启闭机安装、船闸供配电系统、照明、电缆敷设、防雷接地装置、自动化、监控系统等各种机电设施安装、调试及试运转等工作。

船闸闸阀门与机电工程具体的施工工艺质量控制参见水运机电工程质量控制章节内容。

第八章

干船坞与船台滑道工程质量控制

1. 干船坞与船台滑道工程的组成、常见结构形式。
2. 基坑质量控制要点。
3. 干船坞主体结构中的重要环节控制要点。
4. 船台滑道主体结构中的重要环节控制要点。
5. 坞门质量控制要点。

第一节　概　　述

船坞是供修造船用的建筑物,通常分为干船坞和浮船坞。干船坞是建在水域沿岸供修、造船用的水工建筑物,习惯上称为船坞。干船坞坞底低于水面,迎水面设有坞门,船进坞后将坞内水排出,给船舶的修造提供干施工环境。浮船坞是系泊在船厂附近,一种两侧有墙、前后端开敞的槽形平底船。

船台是指供船舶在岸上修造的场地。船台与滑道往往联合使用,共成一体。滑道是指在沿岸斜面上利用机械设备曳拉上岸或溜放下水或靠船舶自重沿斜面滑行下水的专用轨道。

一、干船坞

(一)干船坞的组成及结构形式

1. 干船坞的组成

干船坞由坞室、坞口、坞门、灌排水系统、拖系缆设备、垫船设备、起重设备、动力及公用设施和其他设备等组成,坞室结构由底板和两侧坞墙组成。

2. 干船坞的结构形式

1)根据坞墙和底板的连接方式划分

(1)整体式:坞墙和底板刚性连接的称为整体式,就是通常所说的坞式结构,与船闸的坞式结构相同。

(2)分离式:坞墙和底板非刚性连接的称为分离式。分离式坞墙常用的结构形式有:重力式(包括实体式、悬臂式和扶壁式),适用于承载力较高的地基;桩基承台式和板桩式,适用于承载力较低的地基;衬砌式,适用于坞墙后全部或部分为岩体的情况。

2)根据结构克服地下水扬压力的方式划分

干船坞一般建在临水区,地下水位高,当干船坞排干水建造(维修)船舶时,承受巨大的地下水的扬压力(包括浮托力和渗透压力),为了保持在扬压力作用下的稳定可采用下列三种结构形式:

(1)重力式:以船坞结构的自重来保持结构的稳定性。重力式结构基坑开挖深,工程量很大,要求地基有足够的承载力,且地基的透水性比较大,在设置排水减压设施有困难或不经济时,可考虑采用该形式。

(2)锚固式:利用锚碇于地基的拉杆或锚桩来保持结构的稳定性。这些锚固设施的主要作用是承受部分扬压力和减小底板的跨度,当工程范围内地基有承压水土层时,锚固设施穿透承压水层后会造成地下水上涌,增大底板浮托力。

(3)排水减压式:在坞室底板下面和坞墙后面设置排水设施,用以部分或全部消除作用在底板上的浮托力和墙后的地下水压力,这种结构称为排水减压式坞室结构,排水设施主要有沟管式和排水层式两种。

上述三种坞室结构均是干地施工,即先修建围堰,再排干围堰内的水,在围堰内开挖基坑建造船坞。

3. 坞口结构

干船坞坞口是外海(江)和船坞相连接的部分,在坞口处设有坞门。坞口的结构形式可以与坞室相同,也可以不同。

坞口结构分为整体式和分离式。整体式(包括实体式、扶壁式和空箱式)是坞口门墩与底板结合为一体的坞口结构,以保证船坞工作的整体性。分离式(沉井式)是坞口门墩与底板分开的坞口结构。

4. 坞门

坞门是干船坞的重要组成部分,主要作用就是挡水。为了保证坞内船舶修造的安全,要求坞门必须具有良好的水密性,且要启闭方便。目前采用的主要坞门形式有浮箱式坞门和卧倒式坞门。坞门关系到坞内修造船的安全,坞门结构的安全等级应和船坞结构的安全等级一致。

1)浮箱式坞门

浮箱式坞门是一个钢制的浮箱,浮箱分为若干个水密的隔舱,包括操纵舱、压载水舱和潮汐舱。

浮箱式坞门承受水压力的能力较大,维修方便,门顶较宽便于车辆通行。但浮箱式坞门操作较复杂,启闭时间较长,造价较高,水位、风、浪和冰冻对浮箱式坞门的启闭操作影响较大。

2)卧倒式坞门

卧倒式坞门的底部与坞槛用水平轴连接,启闭时坞门绕该轴转动,开启时坞门平躺在坞口的门座上,故称卧倒式坞门。卧倒式坞门结构简单,操作方便,需要操作人员少,启闭时间短,水密性好,在波浪较大时仍能启闭自如,风、冰冻对卧倒式坞门影响很小,造价也较低。但维修不如浮箱式坞门方便,承受水压能力也相对较差,门顶宽度较小,通行条件比浮箱式坞门差,而且卧倒式坞门门坑比水泥底面低,容易淤积,在淤积较严重的地区清淤工作量较大,需采取门坑清淤的措施。卧倒式坞门在坞门启闭频繁、以修船为主的船坞中使用较多。

根据操作方法,卧倒式坞门可分为气控式和机械式。大、中型坞门宜选用气控式,小型坞门宜采用机械式。

坞门结构应进行强度、刚度与稳定性验算,对浮箱式坞门还须进行浮游稳定验算。

5. 灌、排水系统

根据船坞工艺要求、船坞及坞门结构形式、水文、气象等因素综合考虑,确定船坞灌水和排水系统。

当两座船坞共用一套灌水或排水系统时,应设置分隔门,分隔门宜采用双向止水平板闸门或大型专用阀门。

1)灌水系统

船坞灌水方式有短廊道灌水、坞门灌水等。

短廊道灌水是在坞首边墩内设置用阀门控制的灌水廊道,利用坞内外水位差引水绕过坞门,流入坞室。

坞门灌水是通过在坞门中设置一系列用阀门控制的灌水孔洞,向坞内灌水。

2)排水系统

船坞利用排水沟、集水池和泵站水泵来排干坞内的水,泵站内设有主泵、辅助泵、排渍泵、压舱泵、消防泵和坞地板减压排水泵。

(二)干船坞的主要尺寸

船坞的主要尺度及高程应根据设计采用的船舶尺度、工艺设计原则、进出坞工艺要求和坞址的水文条件等确定。

(三)船坞工艺布置

船坞工艺布置内容主要包括:起重设备、引船系统、墩木、系船柱、登船塔、下坞楼梯、下坞通道、栏杆、坞壁作业车、预埋槽钢、坞长度标志、中心线标志、水尺标志、拉环、坞底坑、船坞公用设施供应点、橡胶护舷等。

二、船台滑道

(一)船台滑道分类

1. 纵向滑道

当船舶下水或上墩时,船舶纵轴和移动方向均与滑道中心线相一致时成为纵向滑道。纵向滑道又可分为纵向木质滑道、纵向油脂滑道、纵向钢珠滑道、纵向机械化滑道等。

2. 横向滑道

当船舶纵轴与滑道中心线相垂直,称为横向滑道。横向滑道又分高低轨滑道、高低腿滑道、梳式滑道等。

(二)船台滑道结构组成

船台滑道的结构由基础和上部结构组成。

1.基础

随地质和使用条件的不同,基础形式可分为轨枕道砟基础、桩基以及抛石基床上安放方块、沉箱等,或上述几种的混合式基础。

2.船台滑道的上部结构

有钢筋混凝土轨枕、钢筋混凝土轨道梁或板以及钢筋混凝土井字梁等形式,若不用滑板(纵向木滑道)而用轨道,则必须采用重型钢轨。

三、干船坞与船台滑道工程总体要求

(1)干船坞工程整体尺度、船台主体整体尺度、油脂、滚珠和辊轴滑道整体尺度、钢轨滑道整体尺度应满足规范要求。

(2)按规范对观感质量进行检查和评价,综合得分率不应低于80%。

(3)干船坞、半坞式和带防水闸门斜船台工程完工后,在围堰拆除前应按设计要求进行充水检查、坞门启闭和排灌水试运转试验。围堰内充水后,应复核渗水量,坞室不应有明显渗漏。坞门启闭和排灌水试运转结果应满足设计要求。

(4)滑道工程完工后应进行整体功能性试验,试验内容应包括下滑速度、滑行轨迹、滑道温升等,试验方法和结果应满足设计要求。

四、分部分项划分

1.干船坞主体分部工程、分项工程划分

干船坞主体工程的分部工程、分项工程可按表8-1规定划分,当工程内容与表列项目不一致时,可根据设计内容和结构特点进行调整。

干船坞主体分部工程、分项工程划分　　表8-1

<table>
<tr><th>序号</th><th colspan="2">分部工程</th><th>分项工程</th></tr>
<tr><td>1</td><td colspan="2">基坑开挖</td><td>水下基坑开挖、陆上基坑开挖等</td></tr>
<tr><td>2</td><td colspan="2">地基基础</td><td>地基换填、水泥搅拌体、旋喷桩、岩石固结灌浆、帷幕灌浆、预制桩沉桩、灌注桩、基础抛石、基础夯实、基础整平、锚杆栽设、水下升浆块石混凝土等</td></tr>
<tr><td>3</td><td colspan="2">减压排水</td><td>排水盲沟、排水盲管安设、排水垫层、单向阀安装等</td></tr>
<tr><td>4</td><td rowspan="4">船坞结构</td><td>底板</td><td>现浇混凝土底板、变形缝及止水、底板边沟等</td></tr>
<tr><td rowspan="2">5</td><td>坞墙</td><td>现浇混凝土坞墙、坞墙衬砌、板桩沉桩、地连墙、锚碇结构、拉杆安装、沉箱安装、扶壁安装、浮箱安装、沉箱接缝、扶壁接缝、浮箱接缝、现浇混凝土承台、现浇混凝土廊道、现浇混凝土管沟、现浇混凝土导梁与帽梁、现浇混凝土下坞通道涵洞与明洞、变形缝及止水等</td></tr>
<tr><td>坞口</td><td>沉箱安装、方块安装、沉井下沉与封底、防渗墙、现浇混凝土坞门墩、现浇混凝土坞口底板与门槛、现浇混凝土排灌水明沟、现浇混凝土坞门坑、坞口止水等</td></tr>
<tr><td>6</td><td>泵房廊道</td><td>沉井下沉与封底、现浇混凝土泵房与灌排水廊道、现浇混凝土设备基础等</td></tr>
</table>

续上表

序号	分部工程	分项工程
7	坞口翼墙	水下基坑开挖、陆上基坑开挖、预制桩沉桩、灌注桩、基础抛石、基础夯实、基础整平、板桩沉桩、地连墙、锚碇结构、拉杆安装、沉箱安装、扶壁安装、现浇混凝土翼墙、现浇混凝土胸墙、现浇混凝土导梁与帽梁等
8	墙后工程	土方回填、黏土铺盖层回填、排水盲管、倒滤层、稳定土类垫层、碎石类垫层、现浇混凝土面层、铺砌面层等
9	起重机轨道	预制桩沉桩、灌注桩、现浇混凝土基础、现浇混凝土立柱、现浇混凝土轨道梁等
10	附属设施	护舷安装、系船柱安装、牵引小车基础、绞车与绞盘基础、护角与护面制作安装、护轮坎、扶梯制作安装、栏杆制作安装、拦污栅制作安装等

2. 船台主体分部工程、分项工程划分

船台主体的分部工程、分项工程可按表 8-2 规定划分。

船台主体分部工程、分项工程划分 表 8-2

序号	分部工程	分项工程
1	地基与基础	基槽与基坑开挖、基础换填、水泥搅拌体、挤密砂桩、碎石桩、旋喷桩、岩石固结灌浆、帷幕灌浆、预制桩沉桩、灌注桩、基础抛石、基础夯实、基础整平、沉箱安装、方块安装、沉井下沉、现浇混凝土基础、现浇混凝土地梁、锚杆栽设等
2	主体结构	现浇桩帽、现浇立柱、现浇梁、现浇板、预制安装梁、预制安装板、预制安装井字梁、现浇接缝、现浇混凝土面层、现浇边沟、现浇混凝土滑道梁、预制安装滑道梁、变形缝及止水、止滑器坑等
3	挡土墙与翼墙	现浇混凝土挡土墙、浆砌石挡土墙、板桩沉桩、地连墙、锚碇结构、拉杆安装、现浇混凝土导梁和帽梁、沉箱安装、扶壁安装等
4	滑道	油脂滑道、滚珠滑道、辊轴滑道、钢轨滑道、滑道试验等
5	附属设施	护舷安装、系船柱安装、铁梯制作安装、栏杆制作安装、拦污栅制作安装、水尺制作安装等

3. 独立滑道分部工程、分项工程划分

独立滑道的分部工程、分项工程可按表 8-3 规定划分。

独立滑道分部工程、分项工程划分 表 8-3

序号	分部工程	分项工程
1	基础	基槽开挖、基础抛石、基础夯实、基础整平、预制桩沉桩、灌注桩、预制安装沉箱、预制安装方块等
2	挡土墙与翼墙	现浇混凝土挡土墙、浆砌石挡墙等
3	滑道梁	现浇混凝土井字梁、现浇混凝土滑道梁、预制安装滑道梁、预制安装井字梁等
4	钢轨滑道	轨枕安装、钢轨安装等

4. 坞门和设备制作安装分部工程、分项工程划分

干船坞坞门、船台闸门、船坞和船台设备制作安装的分部工程、分项工程可按表 8-4 的规定划分。当工程内容与表列项目不一致时,可根据设计内容和结构特点进行调整。

坞门和设备制作安装分部工程、分项工程划分　　表 8-4

序号	分部工程	分项工程
1	坞门	浮箱式坞门制作、卧倒式坞门制作、坞门电气设备、坞门排灌水设备及管系安装、浮箱式坞门安装、卧倒式坞门安装等
2	引船设施	牵引小车及牵引系统安装、牵引绞车与绞盘安装等
3	止滑设施	止滑器制作安装、止滑器试验
4	排灌水设备	水泵安装、真空泵安装、阀门安装、管道安装等
5	电气安装	电缆敷设、母线安装、管内配线、变压器安装、高低压开关柜和配电箱安装、照明灯柱、灯架及灯具安装、低压电器安装、电机安装等
6	试运行	电气设备试运行、牵引设施试运行、浮箱式坞门试运行、卧倒式坞门试运行、排灌水设备试运行等

第二节　基坑质量控制

一、一般规定

(1)干船坞、船台与滑道工程的基坑开挖应结合围堰与支护结构特点、工程地质、水文地质、周边环境条件和工期等因素,编制专项施工方案和应急预案。

(2)基坑降水与排水应进行专门设计并编制排水与降水施工方案。基坑开挖前,应对降水与排水系统进行检查和运转试验,正常后方可进行基坑开挖施工。

(3)基坑开挖前必须对施工围堰进行专项检查验收。在施工过程中,应按照观测方案对围堰结构进行沉降、位移和变形进行监测和记录,发现异常情况应及时处理。

(4)基坑周边的弃土、施工材料、施工设备和车辆的荷载不得大于设计荷载。

二、基坑开挖施工质量控制要点

(1)基坑开挖前应根据地质条件、开挖方式、施工顺序、土石方挖量、土石方运距和弃土地点等,确定土石方机械的作业线路和运输车辆的行走路线。

(2)挖土机械、运输车辆通过坡道进入作业点时,应采取措施保证坡道的稳定。

(3)基坑开挖应采取相应措施保障围堰与支护结构、工程桩、降水井点的安全,减少对周边环境的影响。

(4)基坑开挖前应排干明水,并将地下水位降至开挖层面 0.5m 以下。

(5)基坑开挖应分层进行,分层厚度应根据土质、施工设备能力和支护条件等确定,避免土体卸载过快而导致边坡失稳。

(6)基坑边坡坡度和戗台宽度应满足设计要求。

(7)基坑开挖时应对基坑坑底进行保护,并根据土质、气候和施工机具等情况预留一定厚度的原土层。原土层的厚度,土质基底宜为 300 ~ 500mm,严寒条件应适当加厚;岩石基底宜为1.0~1.5m。原土层挖除后应及时进行上部结构垫层的施工。

(8)陆上基槽开挖基槽基底土质应满足设计要求,并防止扰动,基槽底层不得受水浸泡或受冻,基坑基底土质受扰动或被水浸泡致使原状土性状改变时,应进行相应处理。

(9)基坑边坡的坡面应根据坡面土质、当地降雨和暴露时间等情况采取水泥砂浆、挂网砂浆、混凝土等护坡措施。永久性边坡的坡面应按设计要求进行处理。

(10)岩石基坑爆破开挖除应符合现行《爆破安全规程》(GB 6722)和《水运工程爆破技术规范》(JTS 204)的规定外,尚应符合下列规定:

①基坑爆破开挖应对围堰止水系统、基坑边坡和周边环境采取保护措施。

②基坑爆破开挖应进行爆破设计,爆炸参数应通过典型施工验证或优化。

③基坑爆破开挖宜采用预裂爆破法,并先在基坑中间开槽爆破、再向基坑周边进行台阶式爆破开挖。超挖部分宜用混凝土填充。

④遇水软化的基岩,基坑开挖后应及时用混凝土等材料覆盖开挖面。

(11)坞口、泵房等局部深基坑开挖宜在基坑大面积垫层完成后进行。软土地基深基坑开挖的临时支护结构应进行设计。

(12)板桩结构坞墙的坞室基坑开挖除应符合上述规定外,还应符合下列规定:

①坞室基坑开挖应在墙体与锚碇系统可靠连接、锚碇结构具有足够强度后进行。

②开挖顺序、开挖方法、支撑与转换等应与设计工况一致。

③采用内支撑支护的深基坑开挖应按支护设计工况要求,采取先撑后挖、限时支撑、避免基坑无支撑时间过长和空间过大的施工方法和顺序进行施工。内支撑的安装位置、安装精度、预顶应力及施加顺序应满足设计要求。

④坞室基坑开挖过程应避免坞墙发生过大变位和变形,并宜按照先开挖中部、再开挖两侧的顺序进行施工。

⑤坞室基坑分段开挖后应及时进行减压排水系统施工、浇筑垫层和坞室底板,尽快形成底板对板桩墙的支撑。

(13)基坑开挖过程应对基坑、支护结构和围堰的安全稳定性以及相邻建筑物、周围地面沉降等进行观测或监测。

第三节 干船坞主体结构质量控制

一、一般规定

(1)干船坞与船台滑道主体结构分项工程检验批宜按设计结构单元或施工段划分,主体结构施工应合理安排主体结构与基坑开挖、地基处理、防渗和减压排水系统等施工的衔接。

(2)桩基顶部嵌入船坞底板结构中的长度、桩芯与桩顶处理和外伸钢筋均应满足设计要求。对于桩顶稍低的桩,可采取局部降低垫层高程的方法进行弥补;对于桩头破碎或出现断裂的桩,应挖开检查,并采取相应的处理措施。

(3)检验设有止水带或止水片的混凝土结构时,应同时对止水带或止水片的位置、偏差和外观质量进行检验。

(4)坞墙结构施工时,宜根据结构特点、墙后填土和施工经验预留坞墙后仰量。

(5)检验设备基础混凝土结构时,应同时对设备基础预埋件、预留孔和预埋螺栓等进行检验,预埋铁件除锈和防腐应满足设计要求。

二、坞口与泵房施工质量控制

(1)坞口防渗齿墙的施工需注意如下控制:

①施工前应对坞口防渗墙的顶部进行清理、凿毛和处理,墙体及外伸钢筋嵌入齿墙的长度及处理应满足设计要求。

②齿墙混凝土应与坞口底板混凝土连续浇筑并先于底板混凝土。浇筑时应避免损伤防渗墙体,并应保证底板混凝土与齿墙镶嵌严密。

(2)坞口底板与坞门墩施工需注意如下控制:

①整体式坞口的底板与坞门墩应整体浇筑,并应按照设计要求在底板的适当位置设置闭合块,闭合块的宽度宜为2.0~3.0m;当受现场条件限制,底板需与坞门墩分离施工时,应采用预留钢筋、预埋型钢等加强措施。

②分离式坞口的底板与坞门墩应按设计结构单元进行施工。

(3)坞口底板与坞门槛施工需注意如下控制:

①坞口底板与坞门槛混凝土的闭合块应按设计和施工方案要求设置和处理。浇筑闭合块的间隔时间从底板混凝土浇筑完成日期起不宜少于45d,且两侧的坞门墩已经完成,并宜选择在气温较低时进行施工。

②坞门槛前沿应按设计要求预留坞口止水镶面及二期混凝土施工的凹槽。

③坞门轴座预埋件的构造应满足设计和坞门安装的要求,预埋时应采用可靠的定位措施。

(4)坞门墩施工需注意如下控制:

①坞门墩分层浇筑时,分层高度宜与坞墙分层高度一致。

②坞门墩前沿应按设计要求预留坞口止水镶面及二期混凝土施工的凹槽。

(5)现浇泵房施工需注意如下控制:

①泵房可按结构特点并兼顾进、出水流道的整体性,由下至上分层施工。

②泵房混凝土浇筑,在平面上不宜分块。如根据大体积混凝土温度控制要求需分块施工时,应按设计要求在适当位置设置闭合块。

③泵房楼层结构分层施工时,墩、墙、柱底端的施工缝宜设在底板或基础老混凝土顶面,上端的施工缝宜设在楼板或大梁下面。泵房外墙不宜设置垂直施工缝,泵房外墙的水平施工缝宜做成凸凹榫槽形式。

④泵房进出水流道应按设计单元整体浇筑。流道模板应进行专门设计,施工中应采取措施防止产生混凝土缺陷,保证流道的线形平顺、各断面沿程的变化均匀合理、内表面粗糙度满足设计要求。

⑤泵房墙体进出水管道的钢套管外侧应加焊止水环或止水片。

⑥主机组基础、进出水流道和预留安装吊孔的位置及几何尺寸应满足设计要求。

(6)沉井式坞门墩或泵房的施工需注意如下控制:

①沉井施工前,应根据选定的下沉方式,计算沉井各阶段的下沉系数,确定沉井的预制、下沉施工方案。

②分节沉井的制作高度应保证沉井的稳定性和顺利下沉。第一节沉井的混凝土强度达到设计要求,其余各节达到设计强度的70%后,沉井方可下沉。

③下沉施工应采取保持沉井垂直、均匀下沉和防止拉裂沉井侧壁的措施。

④沉井下沉到设计高程并稳定后,应及时进行封底。

三、现浇重力式结构坞墙施工质量控制

(1)现浇悬臂式、扶壁式、混合式重力式坞墙的施工需注意如下控制:

①坞墙混凝土应按结构段划分浇筑单元。在立面上可由下至上分层施工,分层高度应根据坞墙结构形式、施工条件和防裂措施要求综合确定,坞墙分层浇筑的施工缝应保持水平顺直。首层坞墙与坞墙底板的施工缝宜留置在距坞墙底板顶面以上1.0~1.5m位置,施工缝以下墙体和坞墙底板的混凝土应连续浇筑。

②坞墙底板的混凝土应在地基及帷幕灌浆验收合格后进行。

③坞墙分层施工时,应控制上、下层混凝土浇筑的间隔时间,在正常温度下不宜超过14d。

(2)现浇承台施工需注意如下控制:

①现浇承台的分段应与坞墙的分段对齐。

②带有廊道或管沟的承台可分2层浇筑。

(3)现浇下坞通道箱涵的施工需注意如下控制:

①下坞通道箱涵的施工应与坞墙的施工相协调。

②箱涵的混凝土浇筑可按底板、立墙和顶板进行分层施工。

四、板桩结构坞墙施工质量控制

(1)板桩与地连墙结构坞墙施工应编制专项施工方案。施工中应按设计工况要求,对板桩墙、帽梁与导梁、锚碇结构和拉杆安装等的施工顺序、施工程序和施工衔接等进行控制,并应与基坑开挖及降水等相协调。

(2)板桩墙的施工除应符合现行行业标准规定外,需注意如下控制:

①板桩沉桩宜采用双层导架、导梁。导架、导梁应具有足够的刚度和稳定性。

②板桩沉桩宜采用屏风式先插桩、后再按阶梯式或间隔跳打沉桩工艺。沉桩过程应对板桩的平面位置及转角、锁口套锁、横向垂直度和纵向扇形倾斜以及是否有带桩等情况进行控制和检查,发现异常应及时调整或纠正。

③钢板桩插桩前,应在锁口内填塞油脂性防渗混合材料或设计要求的防渗材料。

④钢板桩坞墙转角处应设置异形桩,混凝土板桩坞墙转角处应设置转角桩。转角桩、异形桩的桩长宜较其他桩加长2~3m。

⑤混凝土板桩榫槽的空腔,应按设计要求进行处理。当采用模袋混凝土或砂浆填塞时,混凝土或砂浆的强度不宜低于20MPa。填塞前应将空腔中的泥土杂物清除干净。

(3)地连墙坞墙的施工除应符合现行行业标准的规定外,还需注意如下控制:

①成槽机械宜采用铣槽机或液压抓斗,并应配备相应的制浆和渣浆分离设备。

②成槽导墙内宽度应保证墙的设计厚度,并留有一定富余量。

③衬砌面预留的插筋应与地下连续墙钢筋笼焊接。插筋长度应满足衬砌锚固需要,插筋弯曲半径和方向应便于钢筋笼的入槽和衬砌时的剔凿。

④地连墙完成后宜在墙后采取压密注浆密实防渗处理。

⑤基坑开挖后应对地连墙墙面进行检查和相应处理。

(4)地下连续墙的衬砌需注意如下控制:

①衬砌施工前,应对地连墙衬砌面进行清洗、凿毛、修整或修补,并应将预留锚筋剔出、扳正。

②衬砌模板可采用整体提升模板或固定式大模板。支模拉杆应另外埋设,不得利用墙体的预留锚杆。

③衬砌混凝土的配筋应满足设计要求。钢筋骨架或钢筋网片宜与锚筋点焊连接固定。

④衬砌混凝土的厚度应满足设计要求。混凝土浇筑时应采取保证混凝土密实和避免出现麻面的措施。

(5)上部结构的施工需注意如下控制:

①上部结构应在基坑开挖至设计要求或施工方案确定的高程后进行施工。

②帽梁混凝土的底模不宜采用开挖面作为底胎模。当利用开挖面作为底模支撑面时,应对开挖面进行相应处理。

③板桩墙或地连墙钢筋嵌入帽梁的长度应满足设计要求。对混凝土板桩和地连墙的嵌入部分表面应凿毛并清洗干净。

④设有钢导梁的板桩墙在帽梁施工前应先安装钢导梁。

⑤带有廊道或管沟的上部结构的混凝土可分层浇筑。

(6)钢拉杆安装需注意如下控制:

①钢拉杆应选用专业厂家的产品。拉杆及组件的钢种、规格和力学性能应满足设计要求并应符合现行《钢拉杆》(GB/T 20934)的有关规定。

②拉杆的防腐应满足设计要求。当需外敷包裹型防腐层时,应先对拉杆进行除锈和防腐涂层处理;拉杆防腐包裹层应缠绕连续、紧密、均匀,涂料应浸透;拉杆紧张器等组件部分的防腐包裹层施工,应在拉杆张紧符合要求后进行。

③拉杆的张紧应在锚碇棱体回填完成、板桩墙帽梁和锚碇结构混凝土强度达到设计要求后方可进行。拉杆张紧应采用测力扳手施加初应力。在拉杆区回填高程接近拉杆时,应再用测力扳手对拉杆的拉力进行调整,使各个拉杆的受力均匀并满足设计的预拉力。

(7)板桩结构坞墙后的回填需注意如下控制:

①回填的顺序和速率应满足设计要求,并宜按先回填锚碇结构区、再回填拉杆区、最后回填上部大面积的顺序进行施工。

②回填施工应与拉杆安装及张紧相协调。当需要在拉杆安装前回填部分土体时,应采取防止墙体发生过大变形的措施。

③沿墙轴线方向的回填应均匀。分段回填相邻施工段的高差应满足设计要求。

④回填与密实施工不得损伤拉杆及防腐层。当采用机械碾压拉杆上部回填土时,拉杆上

部的覆土厚度不宜小于500mm。

五、衬砌式坞墙施工质量控制

衬砌施工前,应对围岩岩石的状况进行检查、清理和描述,对松动块石应予以清除,并应按设计要求布设减压排水管网。锚杆的栽埋需注意如下控制:

(1)钢筋锚杆应平直、无锈蚀或污染。

(2)钻孔直径应大于锚杆直径30mm以上,钻孔深度应满足设计要求,钻孔间距的允许偏差应为±150mm。

(3)锚杆插入锚杆孔时应保持位置居中,插入孔内的长度不得小于设计长度的95%。

(4)锚固砂浆配合比应经试验确定,并宜掺加微膨胀剂和速凝剂。

(5)锚杆栽埋可采用先插杆、后注浆或先注浆、后插杆方法,锚杆孔内灌注的砂浆应密实饱满。

六、沉箱结构坞墙沉箱接缝的止水施工质量控制

(1)沉箱预制时,应按设计要求在沉箱两侧结合腔内预埋止水带。在沉箱预制、拖运和安装过程应对止水带进行保护。

(2)沉箱安装与箱内回填后应及时进行接合腔内水下混凝土的施工。在灌注混凝土时,应采取防止止水带发生卷曲或偏位的措施。

(3)坞室抽水过程应对沉箱接缝的渗漏水情况进行检查,如发现漏点,应采取临时封堵措施,待坞室形成干地作业条件后再结合二期止水施工进行处理。

(4)沉箱接缝二期止水应按设计要求进行施工。施工前应对结合面进行凿毛、刷洗,应对接缝填充混凝土的缺陷进行处理。

七、坞底板施工质量控制

(1)分离式结构船坞的坞底板应按设计分块进行施工,板缝宽度应满足设计要求,板缝的分划线应纵横对齐、线条顺直;整体式结构坞底板闭合块的位置和宽度应保持一致。

(2)板桩结构船坞的坞底板,应以尽快形成底板对板桩墙的支撑作用为原则,安排中间板和边板的施工顺序和流水。

(3)坞底板钢筋应采用具有足够强刚度和稳定性的支架架设和固定。

(4)坞底板的混凝土浇筑需注意如下控制:

①同一板块混凝土应分层连续浇筑,不得斜层浇筑。采用台阶推进施工时,分层台阶的宽度不宜小于2.0m。

②在斜基面上浇筑时,应从低处开始浇筑,浇筑面宜水平。

③坞底板顶面应进行二次振捣和二次压面。表面拉毛应均匀。

(5)坞室边沟的施工的坡度应按设计要求逐段控制。沟底应抹平压光。

(6)设有抗浮锚杆的坞底板施工,应在锚杆栽埋验收合格后进行。

八、止水材料的制作与安装施工质量控制

(1)止水带安装前应整修平整,表面油污与浮皮等应清除干净,不得有砂眼与钉孔。

(2)铜止水片搭焊长度不宜小于20mm,并应采用连续双面焊。

(3)橡胶止水带连接宜采用硫化热黏结;PVC止水带连接,应按厂家的要求进行,当采用热黏结时,搭接长度不小于10cm。

(4)铜止水片与PVC止水带接头宜采用塑料包紫铜、螺栓栓接,栓接长度不宜小于350mm。

(5)变形缝填料板需要对接时,接头应顺直且不应留间隙。

(6)止水带安装应采用可靠的定位和固定措施。在混凝土浇筑过程中应采取避免止水带发生卷曲和损伤止水带的措施。

(7)填料板安装后应保持接触面平整、垂直、紧贴。

九、抗浮锚杆施工质量控制

(1)抗浮锚杆施工所用的钻机、灌浆泵和预应力张拉等机具设备,应根据设计要求和地质情况选用。

(2)抗浮锚杆施工前应按设计要求进行锚杆基本试验,对锚固体与岩土黏结强度特征值、锚杆设计参数和施工工艺等进行验证。

(3)锚杆制作需注意如下控制:

①锚杆钢筋应平直,沿杆体轴线方向应设置对中支架,间距宜为1.5~2.0m。灌浆管和排气管应与杆体绑扎牢固。

②锚杆钢绞线、高强钢丝应平直排列,每隔1.5~2.0m设置一个隔离支架,灌浆管和排气管应与杆体绑扎牢固。

③锚杆制作完成后应尽快使用,不得露天存放。并应采取防止杆体锈蚀或污染的措施。

(4)锚杆钻孔需注意如下控制:

①钻孔不得扰动周边地层。

②钻孔过程应对返出石渣的岩性进行鉴别。与设计要求或地质报告不符时,应会同有关单位进行处理。

③钻孔直径应满足设计要求,深度不应小于设计要求且不宜大于500mm。钻孔平面位置偏差不应大于100mm,钻孔倾斜率偏差不应大于锚杆长度的2%。

(5)锚杆安放需注意如下控制:

①锚杆应沿钻孔轴线对中垂直安放。安放时应防止锚杆扭压弯曲及损坏防腐层和灌浆管。

②钢筋锚杆插入钻孔内的长度不应小于设计长度的95%,预应力锚杆插入钻孔内的长度不应小于设计长度的95%。锚杆底端宜悬空100mm。

(6)锚杆灌浆需注意如下控制:

①灌浆料的配合比应经试验确定。水泥浆和水泥砂浆宜掺加微膨胀剂。

②灌浆液应随拌随用,并应在初凝前用完。施工中应防止石块、杂物混入浆液。

③锚杆灌浆应自下而上连续进行。浆液溢出孔口,排气管停止排气时,可停止灌浆。

④预应力锚杆张拉后,应对锚头段的空隙进行补灌。

(7)锚杆张拉应注意如下控制:

①锚杆的张拉施工宜采用“间隔跳打”的顺序进行。张拉时,锚固体强度应满足设计要求。

②锚杆张拉应按设计要求和试验施工确定的程序和参数进行张拉。张拉力达到设计拉力1.05~1.10倍后应停歇10min,再卸荷至锁定荷载设计值进行锁定。张拉过程应对每一级荷载、停歇时间和杆体位移进行控制和记录。

(8)抗浮锚杆施工后应按设计要求进行检测。抽查数量、检测项目应满足设计要求和现行规范有关规定。

十、防渗系统施工质量控制

(1)减压排水式干船坞的防渗系统应按照设计要求布设和施工,并应与基坑开挖、地基处理和主体结构的施工相结合。

(2)防渗系统施工前,应根据工程地质、水文地质、工程特点和施工条件等编制施工方案。

(3)帷幕灌浆施工除应符合一般规定外,需注意如下控制:

①帷幕灌浆施工应具备下列条件:

a. 结构底板或盖重混凝土的强度已达到设计强度的75%,或大于10MPa。

b. 同一地段的岩石灌浆已完成。

c. 该部位底层接缝灌浆已完成。

②帷幕的先灌排或主帷幕孔宜布置先导孔,先导孔的间距宜为16~24m,或按排数钻孔的10%布置。

③灌浆孔的直径应根据地质条件、钻孔深度、钻孔方法和灌浆方法确定。终孔孔径不宜小于56mm。

④灌浆应按分序加密的原则进行。由三排孔组成的帷幕,应先灌注背水侧排孔,再灌迎水侧排孔,后灌中间孔,每排孔分为二序;由二排孔组成的帷幕,应先灌注背水侧排孔,再灌迎水侧排孔,每排孔分为二序或三序;单排孔帷幕应为三序。

⑤灌浆应根据地质条件和工程要求采用自上而下分段灌浆、自下而上分段灌浆或孔口封口灌浆的方法。混凝土防渗墙下基岩帷幕灌浆应自上而下分段灌浆,但不宜利用墙体预埋的灌浆孔作为孔口管进行孔口封闭法灌浆。

⑥对设计要求进行钻孔压水试验的工程,压水试验可在灌浆结束14d后进行。

十一、减压排水系统施工质量控制

(1)减压排水系统的施工应与坞室结构的施工分段相适应,并宜按照系统划分施工区段。每段减压排水完成后应采取保护措施;坞室结构施工应防止损坏或污染减压排水。

(2)排水盲沟的施工应符合下列规定:

①沟槽开挖后应验槽,并按设计要求对沟底和沟壁进行处理。

②盲沟材料的种类、规格和质量应满足设计要求。采用的碎石应冲洗干净。采用土工布包裹时,包裹层应封闭。

(3)减压排水盲管与检查井的安装需注意如下控制:

①工程塑料管的滤孔应按设计要求钻眼,带孔塑料管、带孔混凝土管和无砂混凝土管的外壁应包裹土工布,软式土工合成材料滤管的接头应贴合并绑扎严密。

②盲管周围级配反滤层的分层和厚度应满足设计要求。所用碎石应干净。

③检查井底部垫层、井壁、透水管和爬梯应满足设计要求。井壁透水孔应便于排水盲管的插入和密封。安装后,井顶应安设密封盖板。

(4)排水垫层的施工需注意如下控制:

①施工前应对铺设面进行检查、平整和处理。

②采用无砂混凝土时,混凝土的配合比应经室内和现场试验确定,无砂混凝土的透水性能应满足设计要求。

③采用砂垫层时,宜选用粗砂,砂的含泥量不应大于3%。

④土工布与砂、碎石共同组成的排水垫层,土工布铺设时应预留适当松弛度,相邻土工布的搭接长度不宜小于500mm。

(5)单向阀的安装需注意如下控制:

①单向阀的形式、通径和开启水头应满足设计要求。

②单向阀应在产品质量保证书注明的保质期内使用。安装前,应对单向阀逐个进行开启水头和水密性试验。

③单向阀与排水管的连接应可靠。安装时应对单向阀的方向和高程进行控制,阀顶高程的允许偏差为±10mm。

十二、坞墙后回填质量控制

(1)回填前应对坞墙表面质量进行检查。对存在的混凝土缺陷,应按修补方案及时进行修补;对坞墙施工缝处的上下墙面,宜采取环氧树脂玻璃布涂层等附加防水措施。

(2)回填材料的种类、质量和含水率应满足设计要求。回填应水平分层、由内而外、层厚均匀。分层的厚度,应按压实后厚度不超过300mm进行控制。

(3)回填层表面如有积水,应予排除;对含水率较大的土层应翻松、风干或挖除换填。

(4)回填宜对称进行,相邻段的填土高差应满足设计要求。

(5)回填压实可按回填的部位、面积和施工条件,选用机械压实或人工夯实等方法。回填土的压实度或干土密度应满足设计要求。

(6)墙背与岩体间采用混凝土回填时,混凝土回填应与墙体混凝土浇筑协调。

(7)当回填区域设有排水管时,应回填至排水管顶面,压实后再开挖铺设排水管。

十三、坞口镶面止水施工质量控制

(1)坞口镶面止水施工应采取适宜的测量方法和措施,对坞门槛和坞门墩U形止水的共面度进行精确控制。

(2)坞口镶面花岗石止水的施工需注意如下控制:

①花岗石应采用优质细粒花岗岩制作,岩石的强度等级不应小于MU80,花岗石的规格及加工应满足设计要求。坞口止水花岗石加工精度应符合规定。

②花岗石的锚筋应采用环氧树脂砂浆栽埋。砌筑后,花岗石的锚筋应与坞口结构的钢筋焊接。

③花岗石砌筑时,应按设计要求控制砌缝宽度并做缝。当设计无具体要求时,砌缝宽度宜为10mm。

④花岗石的砌缝应采用环氧树脂砂浆勾缝并埋设灌浆嘴,勾缝的深度不宜小于20mm。

⑤花岗石砌缝的灌浆应在二期混凝土强度达到设计要求后进行,灌浆应密实饱满。

(3)坞口镶面钢板止水的施工需注意如下控制:

①不锈钢钢板的品种、规格和质量应满足设计要求,钢板与锚筋的焊接应牢固。坞口止水钢板的加工精度应符合规定。

②止水钢板安装时,锚筋应与坞口结构的钢筋焊接连接。

③二期混凝土施工时,应采取防止止水钢板发生移位和变形的措施。

④坞口镶面钢板止水的允许偏差应符合规定。

第四节　船台与滑道主体结构质量控制

一、船台架空段混凝土结构质量控制

(1)船台与滑道施工应合理安排主体结构与基坑开挖、地基处理施工的衔接。陆上架空段、陆上实体段和水下滑道段的施工应相互衔接。

(2)船台与滑道施工测量控制应按总体限制、分段控制、逐步减小施工偏差的原则进行,相邻段的测量放样应考虑已完工段连接部位施工误差的影响。

(3)架空段结构基础的施工应符合下列规定:

①独立基础混凝土应按台阶分层连续浇筑,每一台阶浇筑后宜稍停0.5~1.0h,初步沉实后再浇筑上一台阶。

②条形基础混凝土宜一次连续浇筑。当需分段浇筑时,施工缝应留设在结构受力较小处。

③筏形基础混凝土可一次连续浇筑或分块浇筑,当分块浇筑时,施工缝宜留设在结构受力较小处,且不应留设在柱脚范围。

④桩基墩台、桩基条形基础施工前,应对基桩位置、桩顶高程、桩头完整情况等进行检查及相应处理。

二、实体段结构施工质量控制

(1)地基与基础的施工应符合有关规定。

(2)船台板结构的施工需注意如下控制:

①碎石垫层应采用级配良好的碎石,垫层的厚度和压实度应满足设计要求。

②船台板混凝土结构的施工应按设计板块划分进行。板缝的形式、构造和宽度应满足设计要求。

③滑道梁的二期混凝土叠合面应按设计要求留置和处理。

④现浇船台板的允许偏差应符合规定。

(3)轨枕道砟结构船台滑道的施工需注意如下控制:

①混凝土轨枕的预制应采用专用模具和倒置振动成型工艺。

②道砟道床所用碎石的规格宜为 20 ~ 80mm,并应具有良好级配。道砟的厚度应满足设计要求,且不宜小于 300mm。

③轨枕安装的允许偏差应符合规定。

三、陆上滑道梁施工质量控制

(1)船台陆上架空段与实体段滑道梁的施工宜在船台结构沉降基本稳定后统一安排进行。

(2)滑道梁与船台板之间的连接及叠合面处理,应满足设计要求。

(3)止滑器坑位置及尺寸应满足设计要求,止滑坑及支承位置的允许偏差应为 20mm,高程的允许偏差应为 15mm。

(4)现浇滑道梁的允许偏差应符合规定。

四、水下滑道段结构施工质量控制

(1)水下桩基结构滑道的施工需注意如下控制:

①大头桩的沉桩应采取保证水下送桩桩顶高程、防止损坏桩顶牛腿和外伸筋的措施。

②现浇水下桩帽采用钢套筒形成干地施工条件施工时,钢套筒的直径、壁厚、沉设深度和支撑方式等应进行专门设计。

③井字形和日字形滑道梁水下安装应采用满足安装精度的测量仪器、方法和措施。当采用倒锤法测量控制水下滑道梁或轨道梁安装时,应对倒锤系统的稳定性进行核算。

④井字形和日字形滑道梁安装前,应复核基桩桩顶的位置和高程,并装设滑道梁安装导向装置。

⑤永久性支点采用充压水泥砂浆袋时,应通过现场试验确定充盈时间和工作压力,结合面的饱满程度和强度应满足设计要求。

⑥井字形和日字形滑道梁安装后,应及时进行套桩孔水下混凝土施工。混凝土宜采用水下不离析混凝土。

⑦井字形、日字形滑道梁预制安装的允许偏差应符合规定。

(2)水下重力墩式结构滑道的施工需注意如下控制:

①水下抛石基床应按滑道的坡度阶梯式抛填,并应分层夯实、整平。基床整平的允许偏差应满足设计要求,当设计无要求时,基床顶部的局部高差可按 0mm 和 -20mm 进行控制。

②沉箱、方块等重力墩构件的顶部,应做成斜面,倾斜的坡度应与滑道的坡度相同。

③没顶安装的构件,构件顶部宜配设出水钢导管,钢导管的位置应准确,并应保持垂直。

④沉箱、方块等重力墩安装允许偏差应符合规定。

⑤滑道梁的安装,宜在重力墩沉降趋于稳定后进行。

⑥井字形轨道梁安装的允许偏差应符合规定,板梁式道梁安装的允许偏差应符合规定。

五、滑道安装质量控制

(1)滑道安装前,应对滑道梁的轴线、坡度、高程、安装面平整度、预留孔和预埋件等进行检查复核,影响安装的过大偏差应提前处理。

(2)水下滑道与滑道梁预组装整体安装时,滑道梁的安装精度应按滑道要求的精度进行控制。

(3)油脂滑道安装需注意如下控制:

①滑道木的材质、连接件及配件的型号、质量应满足设计要求,并应按设计要求进行防腐处理。滑道木加工的允许偏差应符合规定。

②滑道木在滑道基础梁上的安装方式应满足设计要求。滑道木顶面的螺栓应缩进滑道木内 50mm,螺栓孔应按设计要求进行处理。

③油脂滑道安装的允许偏差应符合规定。

(4)滚珠滑道安装需注意如下控制:

①滑道连接件、橡胶垫板、轨板、导轨方(圆)钢、钢珠回收箱及配件的型号、质量应满足设计要求。

②滚珠滑道在滑道梁上的安装方式、橡胶垫板和导轨方(圆)钢与轨板的连接方式应满足设计要求。固定滑道的螺栓在轨板顶面以上的外露长度不应大于设计的预留长度。

③滚珠滑道在轨板接缝处,沿滑道坡面相邻下轨面的高程应低于上轨面的高程,高差不应大于 1mm。

④滚珠滑道安装的允许偏差应符合规定。

(5)辊轴滑道安装需注意如下控制:

①滑道连接件、辊轴、导向板及配件的型号、质量应满足设计要求。辊轴、导向板和配件应按设计要求进行防腐、润滑、防水处理。

②辊轴、导向板在滑道梁上的安装方式应满足设计要求。

③辊轴轴线相对于船舶滑行方向的垂直度、辊轴的水平度,应满足设计要求。

④辊轴滑道安装的允许偏差应符合规定。

(6)钢轨滑道安装需注意如下控制:

①钢轨、轨枕、连接件及配件的型号、质量应满足设计要求。

②钢轨在轨枕、滑道梁上的固定方式,轨枕在铺道砟床中埋入的方式应满足设计要求。

③垫板应平正,与钢轨底面接触应紧密,局部间隙不应大于 1mm。固定轨道、垫板的螺栓,应采取防振动松脱措施,螺母应满扣拧紧。

④当采用灌浆、填充方法固定螺栓时,灌浆、填充料的强度及握裹力必须符合设计要求。

⑤钢轨滑道安装的允许偏差应符合规定。

第五节　坞门制作安装质量控制

一、坞门制作质量控制

(1)钢质坞门的制作需注意如下控制:

①坞门门体的制作宜采取分段制作、总段组装的方式。

②坞门制作应根据门体结构特点、制作与组装方式和设计要求现场条件编制工艺流程和工艺方案,对钢结构的焊接变形和门体组装整体的变形进行控制。

③钢结构的制作、焊接、螺栓连接和涂装,应满足设计要求并符合国家现行有关标准的规定。

④浮箱式坞门和卧倒式坞门门体的水密性试验应在涂装前进行,试验的项目及标准应满足设计要求,并应符合现行《钢质海船船体密性试验方法》(CB/T 257)的有关规定。

⑤平板式坞门的组装应在自由状态进行,不得强制组合。

(2)坞门的承压装置及止水,应在坞门整体组装验收合格后装设。承压垫及止水的形式、材质和安装固定方式应满足设计要求。承压垫和止水应连续,固定应牢固;承压垫表面应平整,整体平整度偏差不应大于5mm,局部平整度偏差不应大于1mm;止水橡胶的顶缘宜凸出承压垫15～30mm。

(3)卧倒式坞门上、下铰链和门轴的钢种、质量和加工精度应满足设计要求,铰链环和门轴应按设计要求进行探伤检验,不得有气泡和砂眼、裂缝等缺陷。

(4)坞门门体制作的允许偏差应符合规定。

(5)坞门上甲板上的带缆桩、导缆钳、栏杆,以及坞门侧舷的防冲护舷和拉耳等,应按设计要求制作和固定。

二、坞门安装与试验质量控制

(1)浮箱式坞门的安装需注意如下控制:

①浮箱式坞门的安装,应在坞口围堰拆除、清理完毕、水下挖泥或炸礁符合设计要求和护坦施工完成后方可进行。

②坞门出厂安装前,应按设计要求和现行《船舶倾斜试验》(CB/T 3035)的有关规定进行倾斜和沉浮试验,对坞门稳性和沉浮性能进行检验。坞门在漂浮、下沉和上浮过程中的稳性、沉浮性能、横向倾斜和纵向倾斜等指标应满足设计要求。

③浮箱式坞门应在漂浮状态下安装。安装时宜采用绞拖方式牵引定位。坞门就位灌水下沉着底后,应开启大功率水泵抽排坞室内的水,形成内外水头差使坞门紧贴坞口门框。

④坞门安装后,应对工作状态下的坞门门体的挠度和坞门止水效果进行观测和检查。门体在工作状态时的最大挠度应满足设计要求,坞门止水与门框止水应贴合,无明显漏水。

(2)卧倒式坞门的安装需注意如下控制:

①坞门槛上的门轴下铰座,应在坞门槛施工时预埋或安装。安装的精度应满足设计要求,

且符合相关规范规定。

②卧倒式坞门宜采用水下安装工艺。安装前,围堰内的水深应满足坞门起浮、浮运出坞、坞门安装和坞门浮转的需要。

③坞门水下安装应根据现场条件和安装方法确定合适的安装水位。安装过程应使坞门处于平浮状态,并宜采取缆绳牵引、调整堰内水位和坞门倾角等措施,引导坞门就位、上下铰链对中、上铰链落入下铰链。坞门上铰链就位后应立即水下安装门轴并锁定。

④卧倒式坞门安装后,宜紧接进行启闭试验。坞门在卧倒打开、浮转关闭过程的姿态、时间及操作性能应满足设计要求;坞门卧倒时,坞门应完全自然卧倒在坞门坑内;坞门浮转关闭时,坞门止水应与门框止水贴合严密,无明显漏水。

(3)平板式坞门吊装应根据插板式坞门的制造工艺选择相匹配的吊装方案,采取可靠措施减少吊装变形。

第九章

道路与堆场、翻车机房质量控制

学习要点

1. 道路堆场与翻车机房地下结构工程的分部、分项工程划分。
2. 道路堆场与翻车机房地下结构工程总体。
3. 地基施工质量控制要点与质量检验。
4. 铺面基层施工质量控制要点与质量检验。
5. 铺面面层施工质量控制要点与质量检验。
6. 堆场构筑物施工质量控制要点与质量检验。
7. 标志、标线施工质量控制要点与质量检验。
8. 翻车机房地下结构工程质量控制与质量检验标准。

内容精要

第一节 概　　述

道路与堆场是水运工程不可缺少的配套设施。港口道路供各类车辆进出港口使用，其结构特点和普通道路基本相同。堆场供货物进出、转运时存储，一般由装卸机、运输车辆的走行道路与货物堆场组成。

一、分部分项工程划分

道路堆场、翻车机房地下结构工程的分部分项工程可按表9-1与表9-2的规定划分。当工程内容与表列项目不一致时，可根据设计内容和结构特点进行调整。道路与堆场结构断面示意图见图9-1。

道路与堆场工程分部分项工程划分　　表9-1

序号	分部工程	分项工程
1	基层与垫层	基底层碾压、稳定土类基层与垫层、级配碎石基层与垫层、块石基层等
2	面层	水泥混凝土面层（包括钢筋混凝土板）、沥青混凝土面层、预制混凝土板块铺砌面层（包括联锁块、方块、六角块等）、料石铺砌面层、泥结碎石面层、侧缘石安砌等
3	地下管井与管沟	基槽开挖、垫层、管沟、排水边沟、检查井与雨水井、盖板安装等
4	构筑物	集装箱跨运车跑道梁、集装箱箱角梁与箱脚块、现浇（浆砌）垛脚墙、现浇混凝土轨道梁、设备基础等

翻车机房地下结构与廊道工程分部分项工程划分　　表9-2

序号	分部工程		分项工程
1	基坑开挖		基坑支护、基坑降水与排水、非岩石地基基坑开挖、岩石地基基坑开挖等
2	地基基础		基础换填、预制桩沉桩、灌注桩、碎石垫层、混凝土垫层等
3	主体结构	翻车机房	现浇底板、现浇墙体、现浇漏斗梁、现浇承台梁板、沉降伸缩缝止水等
		廊道	现浇混凝土廊道等
4	墙后回填		土石方回填
5	设备基础与附属设施		现浇定位车轨道梁、现浇设备基础、铁梯制作与安装、栏杆制作与安装等

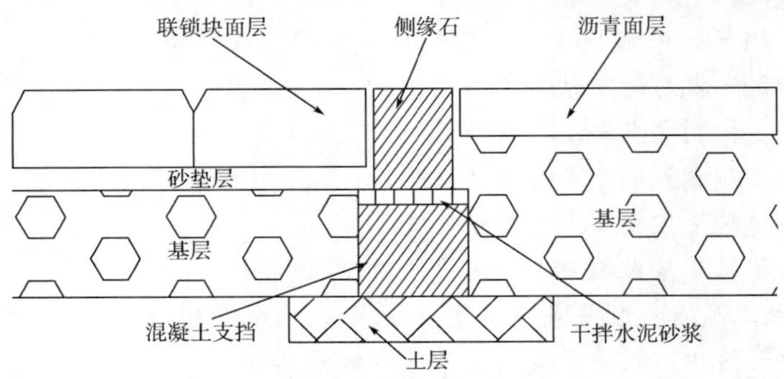

图9-1　道路与堆场结构断面示意图

二、一般规定

1. 道路堆场与翻车机房地下结构的总体尺度

道路堆场与翻车机房地下结构的总体尺度应分别符合现行《水运工程质量检验标准》(JTS 257)的有关规定。

2. 道路堆场与翻车机房地下结构观感质量

道路与堆场工程的观感质量应按表9-3的规定进行检查评价,其综合得分率不应低于80%。翻车机房与廊道工程观感质量评价项目和质量要求应分别符合现行《水运工程质量检验标准》(JTS 257)的有关规定。

道路、堆场观感质量评价项目和质量要求表　　表9-3

序号	评价项目	质量要求	标准分	评价等级		
				一级95%	二级85%	三级70%
1	混凝土面层	表面平整,坡向符合要求	10			
		拉毛均衡,线条宽窄、深浅一致	10			
		胀缩缝顺直,宽窄一致,灌缝饱满,周边无污染	5			
		表面无起砂、露石等缺陷;无明显龟裂与裂缝	5			
		无建筑污染	5			

续上表

序号	评价项目		质量要求	标准分	评价等级		
					一级 95%	二级 85%	三级 70%
2	铺砌面层		表面平整，坡向符合要求	10			
			与构筑物接茬紧密、平顺，铺砌线条顺直，砌缝宽度一致，灌缝密实	10			
			砌块表面完整，无破损	10			
			无建筑污染	5			
3	沥青面层		表面平整，坡向符合要求	10			
			颜色一致，颗粒均匀，无推挤、烂边和裂缝	10			
			无建筑污染	5			
4	侧缘石		砌缝及勾缝宽度一致	5			
			直线段顺直，曲线段圆滑，无折角	10			
			块体完整，无残缺、崩角等现象	5			
5	管沟、井及盖板		位置正确，与面层接茬平顺、紧密	10			
			铁件防腐，油漆色泽一致	5			
			盖板安装边线及吊孔排列顺直	10			
6	集装箱堆场	跨运车道	抹压密实、拉毛均衡，无碰损和裂缝	10			
			胀缩缝顺直，宽窄一致，灌缝饱满，周边无污染	5			
		箱角基础	边线与端线线条顺直	10			
			无碰损、明显龟裂与裂缝等表面缺陷	10			

3.道路与堆场质量控制基本规定

堆场基层与垫层分项工程的检验批宜按照结构单元划分，道路基层与垫层分项工程的检验批宜按照施工段划分。道路与堆场的基层与垫层应逐层控制标高，并应有相应的测量检测记录，上道工序未经检测合格，下道工序不得施工。

（1）施工单位应对技术条件复杂的工程进行多方案比选，编制安全可靠、技术可行、经济合理的专项施工技术方案。监理单位做好审核审批工作，重点审查施工单位的施工专项方案合理性、质量自检体系、人员资质、试验室功能及试验设施配置、各类自检计量系统的可靠性及认证情况等。

（2）港口道路与堆场施工应根据道路、堆场、构筑物、管线布置情况和相互关系，合理安排工序，道路宜采用分幅或分段施工，堆场宜采用分区或分条施工。分部分项工程及检验批划分必须经过监理单位等审批。

（3）施工区域应结合永久工程和施工进度做好施工期临时排水总体规划和建设，临时排水设施宜与永久排水设施相结合,并应与工程影响范围内的自然排水系统相协调。

(4)港口道路与堆场施工使用的水、水泥、矿物掺和料、细骨料、粗骨料、外加剂、水泥砂浆、混凝土拌合物等材料的各项性能指标应满足设计要求,试验方法应符合现行《水运工程混凝土试验检测技术规范》(JTS/T 236)的有关规定。地基土的试验应符合现行《水运工程地基基础试验检测技术规程》(JTS 237)的有关规定,土工合成材料、钢材等其他材料的指标应符合现行《水运工程材料试验规程》(JTS/T 232)的有关规定。

原材料进场前必须按照规范及设计要求进行见证取样并送有资质机构检测,监理单位按照规范要求进行平行检测、验证,检测合格并经监理工程师批准后方可进场、使用。

(5)港口道路与堆场施工可采用机制砂,机制砂宜选用优质石料生产,采用专用的制砂机制造,并应符合现行《建设用砂》(GB/T 14684)的有关规定;素混凝土施工可采用海砂,海砂的含泥量超过规定时应水洗合格后使用,其中的贝壳类材料必须筛除,并应符合现行《海砂混凝土应用技术规范》(JGJ 206)的有关规定。

(6)施工设备选型应满足标准化、自动化、机械化的施工要求,符合国家安全生产、环境保护和节能减排等有关规定,必要时应通过试验段施工确定;施工设备进场前应进行性能和技术状态检查。施工前,施工单位应对施工机械及运行质量等进行详细检查后,填报施工设备进场报验单,监理工程师审批同意后,方可在工程中使用。

(7)施工测量应按现行《水运工程测量规范》(JTS 131)的有关规定执行。测量方案、仪器、人员必须报验并经监理单位审批同意。施工前,施工单位应进行导线测量、中线测量、水准点复测和路线高程测量,监理单位按照要求进行对测量成果审核、复测。

(8)港口道路与堆场施工应根据设计要求、现行《港口道路与堆场施工规范》(JTS/T 216)规定和施工需要进行检测和监测,检测和监测机构、检测项目、人员资质等必须满足规定,必要时组织第三方进行专项检测、监测。

(9)港口道路与堆场施工应符合现行《水运工程质量检验标准》(JTS 257)、《港口道路与堆场施工规范》(JTS/T 216)的有关规定。

第二节　地基质量控制

一、地基施工质量控制

(1)港口道路与堆场地基施工除应符合现行《港口道路与堆场施工规范》(JTS/T 216)规定外,还应符合现行《水运工程地基基础施工规范》(JTS 206)的有关规定。

(2)地基施工应根据设计要求、场地情况等安排施工顺序并进行施工检测与监测。

(3)地基施工前,应了解施工范围内地下埋设的各种管线、电缆、光缆等情况,制定合理的安全保护措施;施工中发现有危险品和其他可疑物品时,应立即停止施工。

(4)地基填料应符合现行《港口道路与堆场设计规范》(JTS 168)的有关规定。

(5)软土、盐渍土、泥炭土和液化土等特殊土质区域、吹填区或水浸区段内的道路和堆场施工,应按设计要求进行地基处理,必要时应先进行试验段施工。

(6)地基必须在最佳含水率条件下分层碾压，压实遍数根据地基强度、土质、压实机具类型而定，碾压结束后施工单位应检查压实度并检测压实厚度，如表 9-4 所示，并将结果向监理工程师报验，地基顶面应整平压实至规定的平整度和压实指标。顶面高程应综合考虑地基沉降、验收高程等要求确定，并按设计要求预留施工期的地基沉降量。

地基施工质量控制现场部分检测项目　　表 9-4

检查项目	检查数量	检测方法	质量标准	
			允许误差(mm)	质量要求
压实度(%)	每一层，每 100m 检查 2 个断面，每个断面 3 点	环刀法或核密度仪法	—	不小于规定值
松铺土原始含水率(%)	每一个施工作业段，每一层检查 3 个断面 9 点	烘干法、酒精法或核密度仪法	—	接近最佳含水率，方可碾压
松铺土厚度(cm)	每一个施工作业段，每一层检查 3 个断面 9 点	用尺、钢钎丈量	±30	—
分层压实厚度(cm)	每一个施工作业段，每一层检查 3 个断面 9 点	水准仪抄平	≤20	—

(7)冬季施工应在保证地基和填料不受冻害的条件下进行。

(8)地基需要回填时，回填料质量应满足设计要求，并应符合下列规定：

①建筑渣土、工业废渣等回填料应经检验并符合环保要求。

②回填料中不应混有树根、草皮等杂物。

③填方区段应控制填料土质和含水率。

④使用不同填料填筑时各种填料不得混杂填筑，每一水平层的全宽范围内应使用同一种填料；渗水土填在非渗水土之上时，非渗水土层顶面应设置排水坡，坡向和坡度应满足设计要求。

⑤粒径相差较大的粒料用于同一区位上下土层填筑时，应采取反滤措施。

(9)基底范围内的树根应全部挖除并将坑穴填平夯实。基底和取土坑范围内的原地面腐殖土、表土和植被等应予以清除。

(10)软土地基上的填筑施工应按设计要求控制加载速率。

(11)回填的分层厚度、施工设备、施工工艺和工艺参数应通过试验确定。

(12)填料做一次性回填时，应按设计要求进行密实处理。

(13)对压路机不能进入之处宜采用小型夯实机具夯实至设计压实度，夯实分层厚度不宜大于 150mm。

(14)挖方区段基底处理和其上部结构层施工应衔接及时，不能及时衔接时应预留不小于 300mm 的土层作为基底保护层，留待具备后续施工条件时再行挖除。

(15)半填半挖或路堤路堑过渡段原地面纵坡大于 12%、横坡大于 20% 的基底面应按设计要求挖成台阶，坡向内、宽度不小于 2m。横坡台阶应与所对应的车道宽度一致、位置重合。石质山坡应清除原地面松散风化层，按设计要求开凿台阶。

二、地基质量检验标准

(1)地基处理区段、吹填区域和填方区段应按设计要求进行工后沉降观测,沉降量和不均匀沉降应满足设计要求。

(2)施工过程中,应及时对来源不同、性质不同的填筑材料取样试验,试验内容按工程部位和有关技术要求确定指标应满足设计和相关标准要求。

(3)地基施工应根据设计要求和施工需要进行地基顶面回弹模量、地基承载力、标准贯入击数等试验检测和必要的监测,并应符合现行《水运工程地基基础试验检测技术规程》(JTS 237)和《公路路基路面现场测试规程》(JTG 3450)的有关规定,试验检测结果应满足设计及规范要求。

(4)地基整平与碾压的范围应满足设计要求,地基碾压后表面应平整、密实,接茬平顺,无显著轮迹、波浪、起皮、弹簧土、松散和龟裂现象。

(5)地基碾压后的压实度、坡度和坡向应满足设计要求,平整度、高程允许偏差应符合现行《水运工程质量检验标准》(JTS 257)、《港口道路与堆场施工规范》(JTS/T 216)规定。施工单位按施工段抽样检验,监理单位见证取样并按规定抽样平行检验。

第三节　铺面基层质量控制

一、基层施工质量控制

基层与垫层应具有足够的强度、刚度、水稳性、冰冻稳定性,边坡应具有足够的稳定性。其次要具有足够的平整度,与面层结合良好。

所用的原材料包括:土、石灰、水泥、粉煤灰、煤渣或矿渣、碎石、砾石、石屑等。

各类基层混合料的配合比设计必须依据设计要求进行配合比试验。施工单位根据试验结果提出基层混合料施工用配合比,并报监理工程师审批。

为保证面层结构层具有足够的力学强度,从而保证面层的整体强度、质量与使用寿命,基层压实度等指标必须满足设计要求。

基层施工质量控制一般规定:基层原材料的规格、级配和质量应按设计要求选用;基层施工正式开工前应进行试验段施工;基层的压实宽度不应小于设计值。

1. 稳定材料基层

(1)水泥稳定材料应符合下列规定:

①用于一级、二级铺面的基层时,被稳定材料的公称最大粒径不应大于31.5mm,级配宜符合现行《港口道路与堆场施工规范》(JTS/T 216)的规定,被稳定材料中不宜含有黏性土或粉性土。

②用于三级铺面的基层时,被稳定材料的公称最大粒径不应大于37.5mm,级配宜符合现行《港口道路与堆场施工规范》(JTS/T 216)有关规定。

(2)水泥稳定级配碎石或砾石的级配可采用现行《港口道路与堆场施工规范》(JTS/T 216)

推荐的级配范围，被稳定材料的液限不宜大于28%，用于一级或二级铺面时塑性指数不宜大于5，用于三级铺面时塑性指数不宜大于7。

(3)用于被稳定材料的粗骨料规格宜符合现行《港口道路与堆场施工规范》(JTS/T 216)的有关规定。

(4)用于被稳定材料的粗骨料技术要求宜符合现行《港口道路与堆场施工规范》(JTS/T 216)的有关规定。

(5)用于被稳定材料的细骨料应洁净、干燥、无风化、无杂质，并应有适当的颗粒级配。细骨料的规格宜符合现行《港口道路与堆场施工规范》(JTS/T 216)的有关规定。

(6)用于被稳定材料的细骨料技术要求应符合现行《港口道路与堆场施工规范》(JTS/T 216)的规定。

(7)石灰粉煤灰稳定碎石或砾石可采用规范推荐的级配范围。

(8)水泥稳定材料的组成设计、石灰稳定材料的组成设计、石灰稳定工业废渣材料组成设计宜按现行《港口道路与堆场施工规范》(JTS/T 216)要求进行。

(9)石灰稳定材料所用的土，宜选用塑性指数为10~20的黏性土，其他稳定材料宜选用不均匀系数大于10、塑性指数小于12的土。

(10)土块应经粉碎，有机质含量不宜大于2%。

(11)土的硫酸盐含量，用于水泥稳定土时不应大于0.25%，用于石灰稳定土时不应大于0.8%。

(12)稳定材料中水泥和外加剂应满足下列要求：

①水泥采用强度等级为32.5~42.5的普通硅酸盐水泥、硅酸盐水泥或道路硅酸盐水泥；

②所用水泥初凝时间大于3h，终凝时间大于6h且小于10h；

③水泥稳定材料中掺加缓凝剂或早强剂时，对混合料进行试验验证；缓凝剂和早强剂的技术要求符合现行《公路水泥混凝土路面施工技术细则》(JTG/T F30)的有关规定。

(13)稳定材料可采用生石灰、生石灰粉或消石灰粉，并应符合现行《建筑生石灰》(JC/T 479)或《建筑消石灰》(JC/T 481)中的有关规定。

(14)稳定材料中粉煤灰和煤渣等工业废渣的技术要求应符合现行《公路路面基层施工技术细则》(JTG/T F20)的有关规定。

(15)稳定材料拌和用水，应采用符合现行《生活饮用水卫生标准》(GB 5749)有关规定的饮用水或符合规定的非饮用水。

(16)稳定材料应采用中心站集中拌和法施工不得采用装载机、反铲挖掘机或人工在场地上进行集中拌和。

(17)稳定材料的松铺系数可采用规范推荐值也可通过试验确定。

(18)水泥稳定材料从拌和到碾压的持续时间应控制在水泥的初凝时间内。

(19)水泥稳定材料混合料应拌和均匀，摊铺时不应有离析现象。

(20)水泥稳定材料混合料摊铺时的含水率宜控制在最佳含水率±2%范围内；从加水拌和到碾压终了的时间不应超过胶凝材料的硬化时间。

(21)稳定材料基层可采用分层摊铺或连续摊铺的施工方式。当采用分层摊铺时，应在上层结构施工前将下层养护用材料清理干净。上层施工前应封闭交通，并在施工前1~2h撒布水泥浆。当采用连续摊铺时,每层施工应配备独立的摊铺和碾压设备,不得采用一套设备在上下层来回施工。

(22)碾压应采用12t以上压路机。采用12~15t压路机碾压时,每层压实厚度不应大于150mm;采用18~20t压路机碾压时,每层压实厚度不应大于200mm;采用能量大的振动压路机碾压时每层压实厚度可根据试验结果适当增加。

(23)碾压应平整密实,接茬平顺,表面无明显轮迹、坑洼和离析。

(24)摊铺时宜避免纵向接缝。分幅摊铺时,纵向接缝处应加强碾压,纵缝应垂直相接,不得斜接。

(25)碾压后的稳定材料基层养护期不宜少于7d。养护期间应封闭交通,除洒水车和小型通勤车辆外,其他车辆不得通行。

(26)稳定材料基层不宜在室外平均气温连续5d低于5℃的冬季施工。

2. 级配碎石、砾石基层

(1)级配碎石、砾石进场后应及时取样进行筛分和击实试验。用于基层时,碎石、砾石中的针片状颗粒的总含量不应大于20%;级配碎石、砾石所用石料的骨料压碎值不应大于30%。

(2)级配碎石或砾石的级配范围可按现行《港口道路与堆场施工规范》(JTS/T 216)的相关要求确定。

(3)骨料的松铺系数宜通过试验确定。缺乏试验数据时,机械摊铺可采用1.25~1.35;人工摊铺可采用1.40~1.50。

(4)级配碎石、砾石采用12t以上三轮压路机碾压时,每层压实厚度应控制在150~180mm之间;采用重型轮胎压路机或振动压路机碾压时,每层压实厚度不应大于200mm。压路机行驶速度不应大于2km/h。

(5)级配碎石、砾石或填隙碎石的混合料应拌和均匀、无粗细颗粒离析现象。

(6)碾压应平整密实、坡向和坡度应满足设计要求,嵌缝料不得浮在表面或聚集成堆,边线应平整,无松散现象,中型压路机驶过应无明显轮迹。

3. 贫混凝土、碾压混凝土基层

(1)贫混凝土骨料公称最大粒径不宜大于31.5mm,胶凝材料用量不宜小于170kg/m^3,28d弯拉强度设计值不宜小于2.0MPa。

(2)碾压混凝土骨料公称最大粒径不宜大于26.5mm,胶凝材料用量不宜小于280kg/m^3,28d弯拉强度设计值不宜小于3.0MPa。

(3)贫混凝土、碾压混凝土宜采用强度等级32.5的硅酸盐水泥、普通硅酸盐水泥或道路硅酸盐水泥。采用机械拌和时,宜采用散装水泥,散装水泥的夏季出厂温度不宜高于65℃,混凝土拌和时的水泥温度不宜高于60℃,且不宜低于10℃。

(4)贫混凝土、碾压混凝土的粗骨料应选用质地坚硬、耐久性好的碎石、碎卵石或卵石。粗骨料的技术指标应符合现行《港口道路与堆场施工规范》(JTS/T 216)的规定。

(5)贫混凝土、碾压混凝土的细骨料应采用质地坚硬、耐久、洁净的天然砂、机制砂或混合砂,并应符合现行《港口道路与堆场施工规范》(JTS/T 216)的相关规定。机制砂宜由石灰岩、玄武岩、辉绿岩等破碎而成。

(6)贫混凝土、碾压混凝土基层材料成型后,可采用预设缩缝或锯切成缝,缝间距宜为5～15m,宜在养护的3～5d内切缝,切缝深度宜为基层厚度的1/3～1/4,切缝宽度宜5mm,预设缩缝或切缝应及时清理缝隙并用热沥青填满。

(7)碾压混凝土基层采用摊铺机摊铺时,应满足下列要求:

①摊铺前洒水湿润底基层,摊铺作业均匀、连续,摊铺过程中不随意变换速度或停顿;

②松铺系数控制在1.15～1.25之间,并通过试铺确定;

③两台摊铺机前后紧随摊铺时,两幅摊铺间隔时间控制在1h之内。

(8)碾压混凝土基层压实采用压路机施工时,应满足下列要求:

①碾压段长度控制在30～40m之间,压路机紧随摊铺机碾压;

②碾压分初压、复压和终压三个阶段;初压采用钢轮压路机或振动压路机静碾压,复压采用10～15t振动压路机振动碾压,终压采用15～25t轮胎压路机静碾压;

③压路机匀速稳定、连续行进,中间不停顿、急停、急拐或快速倒车。

(9)对压路机不能进入的区域混凝土基层可采用小型平板夯实。

(10)混凝土基层碾压密实后的表面应及时喷雾、洒水并应尽早覆盖养护。

(11)施工过程应采取控制碾压混凝土表面裂纹产生的措施,碾压终了后的基层表面不应有可见微裂纹。

(12)碾压混凝土基层分段施工时,应采取保证施工缝处基层施工质量的措施。

4.沥青混合料基层

(1)沥青混合料基层的沥青材料、骨料应符合现行《公路沥青路面设计规范》(JTG D50)和《公路沥青路面施工技术规范》(JTG F40)的有关规定。

(2)沥青混合料基层可采用热拌沥青碎石混合料、乳化沥青碎石混合料、沥青贯入式碎石混合料等。

(3)热拌沥青碎石混合料应在沥青拌和站拌制,拌和机可采用间歇式拌和机或连续式拌和机。沥青混合料应均匀一致,无花白料,无结块或明显的粗细料分离现象。

(4)热拌沥青碎石混合料宜采用机械摊铺,松铺系数宜为1.15～1.30;采用人工摊铺时,松铺系数宜为1.20～1.45。

(5)热拌沥青碎石混合料分层压实厚度不应大于100mm。

(6)乳化沥青碎石混合料宜采用拌和机拌和,拌和不宜超过30s。

(7)乳化沥青碎石混合料应具有充分的施工和易性。混合料的拌和、运输和摊铺应在乳液破乳前结束。

(8)沥青贯入式碎石混合料应在每层沥青浇洒完成后,立即撒布相应的嵌缝料,嵌缝料应撒布均匀。嵌缝料撒布后应采用8～12t钢轮压路机碾压,碾压时应随压随扫,使嵌缝料均匀嵌入。

(9)沥青贯入式碎石混合料使用乳化沥青时,嵌缝料撒布应在乳液破乳前完成。

5.底基层

(1)稳定材料底基层施工要求应符合本章"稳定材料基层"的有关规定。

(2)水泥稳定材料用于底基层时,级配范围可采用《港口道路与堆场施工规范》(JTS/T 216)的规定。当铺面等级为一级和二级时,压实度不应小于97%;当铺面等级为三级时,压实度不应小于95%。当被稳定材料中含有一定量的碎石或砾石且小于0.6mm的颗粒含量在30%以下时,土的不均匀系数应大于5。

(3)用于底基层的水泥稳定级配碎石或砾石的级配范围可采用现行《港口道路与堆场施工规范》(JTS/T 216)的相关规定。当铺面等级为一级和二级时,压实度不应小于97%;当铺面等级为三级时,压实度不应小于95%。被稳定材料的液限不宜大于28%,塑性指数不宜大于7。

(4)用于底基层的石灰粉煤灰稳定碎石其级配范围可采用现行《港口道路与堆场施工规范》(JTS/T 216)的有关规定。当铺面等级为一级和二级时,压实度不应小于97%;当铺面等级为三级时,压实度不应小于95%。用于底基层的石灰粉煤灰稳定砾石,其级配范围可采用现行《港口道路与堆场施工规范》(JTS/T 216)的有关规定。当铺面等级为一级和二级时,压实度不应小于97%;当铺面等级为三级时,压实度不应小于95%。被稳定材料的总质量不宜小于混合料总质量的70%。

(5)用于底基层的级配碎石或砾石,其级配范围可采用现行《港口道路与堆场施工规范》(JTS/T 216)的有关规定。

(6)级配碎石或砾石用于底基层时,粗骨料压碎值不应大于26%,针片状颗粒含量不应大于20%。

(7)级配碎石或砾石用于底基层时,宜采用集中厂拌法搅拌和摊铺机摊铺。

(8)级配碎石或砾石用于底基层时,压实度应较地基顶面压实度增加2%,且不宜小97%。

(9)级配碎石或砾石底基层的其他施工要求应符合本章的有关规定。

6. 垫层

(1)垫层的材料类型和级配的选用可参照底基层,宜采用碎石、砂砾等粒料类材料,压实度应较地基顶面压实度增加1%~2%。

(2)防冻垫层采用的粒料最大粒径不应大于53.0mm,粒径小于0.075mm的细粒含量不宜大于5%。

(3)排水垫层宜选用开级配骨料,其级配应满足现行《港口道路与堆场施工规范》(JTS/T 216)的相关要求。

(4)垫层施工前,应清除地基上的杂物、浮土等,并宜洒水湿润地基表面。

(5)稳定材料垫层施工应符合本章“稳定材料基层”的有关规定。

(6)粒料类垫层施工应符合本章“级配碎石、砾石基层”的有关规定。

二、铺面基层质量检验标准

对稳定土、级配碎石、块石、贫混凝土、碾压混凝土基层与垫层的检验标准,应分别符合以下要求:

1. 稳定土类基层与垫层

（1）稳定土所用材料的品种及质量应满足设计要求，分层厚度应满足设计和规范要求。石灰应充分消解，矿渣应经崩解稳定，土块应经粉碎。

（2）胶凝材料的用量、粒料的粒径、级配和配合比应符合配合比设计报告的要求。

（3）基层与垫层的压实度或强度应满足设计要求。

（4）混合料应拌和均匀，颜色一致，摊铺时不应有离析现象。混合料摊铺时的含水率应满足最佳含水率要求；从加水拌和到碾压终了的时间不得超过胶凝材料的硬化时间。碾压应平整密实、接茬平顺，表面应无明显轮迹、坑洼和离析。碾压后的养护方法和养护龄期应符合现行《港口道路与堆场施工规范》（JTS/T 216）的有关规定。

（5）稳定土类基层和垫层允许偏差、检验数量和方法应符合现行《水运工程质量检验标准》（JTS 257）、《港口道路与堆场施工规范》（JTS/T 216）的有关规定。

2. 级配碎石基层与垫层

（1）碎石的规格、级配和质量应满足设计要求，且不得含有杂质。

（2）基层与垫层的分层厚度和压实度应满足设计要求。

（3）级配碎石和填隙碎石的混合料应拌和均匀、无粗细颗粒离析现象。

（4）碾压后表面应平整密实，坡向应满足设计要求，嵌缝料不得浮在表面或聚集成堆，边线应整齐、无松散现象，中型压路机驶过应无明显轮迹。

（5）级配碎石基层与垫层的允许偏差、检验数量和方法应符合现行《水运工程质量检验标准》（JTS 257）、《港口道路与堆场施工规范》（JTS/T 216）的有关规定。

3. 块石基层

（1）块石的规格应满足设计要求，块石表面应无风化和裂纹。

（2）块石排砌应嵌紧，嵌缝料应均匀。压实后，表面应平整、密实，中型压路机驶过应无明显轮迹。

（3）块石基层允许偏差、检验数量和方法应符合现行《水运工程质量检验标准》（JTS 257）的有关规定。

4. 贫混凝土、碾压混凝土基层、底基层和垫层

（1）整平与碾压的范围满足设计要求。

（2）弯拉强度满足设计要求，评定结果符合现行《水运工程混凝土施工规范》（JTS 202）的有关规定。

（3）贫混凝土、碾压混凝土基层、底基层和垫层的允许偏差符合现行《港口道路与堆场施工规范》（JTS/T 216）的规定。

第四节　铺面面层质量控制

一、铺面面层施工质量控制

铺面面层施工质量控制一般规定:铺面面层原材料应按设计要求选用,并应现场随机选取样本进行质量检验。铺面面层施工前应对基层进行检查,基层质量不符合设计要求时不得进行面层施工。当基层产生纵向断裂、横向断裂、隆起或碾坏时,应进行修复。

1. *沥青铺面面层*

(1)施工应根据铺面的面层厚度、沥青混合料的种类和组成、施工季节等,确定铺筑层次及各分层厚度。

(2)沥青混合料面层不得在雨、雪天气和环境最高温度低于5℃时施工。当天加热的沥青宜当天用完。

(3)热拌沥青混合料的拌制应符合下列规定:

①沥青混合料搅拌及施工温度应根据沥青标号及黏度、气候条件、铺装层厚度、下卧层温度确定。

②普通沥青混合料搅拌及施工温度宜通过在135～175℃条件下测定的黏度-温度曲线确定。缺乏黏度-温度曲线数据时可按现行《港口道路与堆场施工规范》(JTS/T 216)确定。

(4)热拌沥青混合料的运输应符合下列规定:

①运料车应具有保温、防雨、防混合料遗撒与沥青滴漏等功能。

②沥青混合料运至摊铺地点,应对搅拌质量与温度进行检查,合格后方可使用。

③沥青混合料的运输,车厢内应均匀涂隔离剂。当气温低于5℃时,应采取保温措施。

④运料车轮胎上不得沾有泥土等可能污染面层的脏物。施工时发现沥青混合料不符合施工温度要求或结块、已遭雨淋则不得使用。

(5)热拌沥青混合料的摊铺应符合下列规定:

①热拌沥青混合料宜采用机械摊铺。

②沥青混合料的最低摊铺温度应根据风速、气温、下卧层表面温度、摊铺层厚度与沥青混合料种类等经试验确定。

③沥青混合料的松铺系数宜根据混合料类型、施工机械和施工工艺等通过试验段确定;长度大于1km时应做试验段,长度小于1km时可根据经验,按现行《港口道路与堆场施工规范》(JTS/T 216)相关要求确定。施工中应随时检查铺筑层厚度、路拱及横坡并以铺筑的沥青混合料总量与面积之比校验平均厚度。

④摊铺沥青混合料应均匀、连续不间断,不得随意变换摊铺速度或中途停顿,摊铺速度宜为2～6m/min。

⑤摊铺层发生明显离析、波浪、裂缝、拖痕时,应分析原因,必要时停机检查,排除机械故障,消除摊铺层缺陷。

⑥双层沥青混合料面层的上、下层之间分开铺筑时,宜在当天内完成。上、下层施工有中

断时，上、下层之间应浇洒黏层沥青，并应对下层受到污染处进行清扫。

⑦人工摊铺时，卸下的沥青混合料宜采取保温措施，摊铺层的均匀性应满足设计要求。

（6）热拌沥青混合料的压实应符合下列规定：

①压实应选择合理的压路机组合方式及碾压步骤。

②压实应按初压、复压、终压三个阶段进行。压路机应以均匀的速度碾压，压路机的碾压速度宜符合现行《港口道路与堆场施工规范》（JTS/T 216）的有关规定。

③初压温度应能稳定混合料，且不产生推移、裂缝。碾压应从外侧向中心碾压，碾压速度应稳定。初压宜采用轻型钢筒式压路机碾压 1 ~ 2 遍。初压后应检查平整度、路拱，必要时应进行修整。

④复压应紧跟初压连续进行，并宜满足下列要求：

a. 复压连续进行，当采用不同型号的压路机组合碾压时，每一台压路机均做全幅碾压；

b. 沥青混合料优先采用重型的轮胎压路机进行碾压，碾压到要求的压实度为止；

c. 大型压路机难于碾压的部位，采用小型压实工具进行压实。

⑤终压应碾压至无明显轮迹为止。

⑥碾压过程中碾压轮应保持清洁，可对钢轮涂刷隔离剂或防黏剂，不得刷柴油。

⑦压路机不得在未碾压成形路段上转向、掉头、加水或停留。在当天成形的路面上，不得停放各种机械设备或车辆，不得散落矿料、油料等杂物。

（7）沥青混合料面层的施工接缝应紧密、平顺。上、下层的纵向热接缝应错开 15cm；冷接缝应错开 30 ~ 40cm。相邻两幅及上、下层的横向接缝均应错开 1m 以上。

（8）热拌沥青混合料面层应待摊铺层自然降温至表面温度低于 50℃ 后，方可开放交通。沥青混合料面层完成后应加强保护，控制交通，不得在面层上堆土或拌制砂浆。

（9）冷拌沥青混合料面层应符合下列规定：

①冷拌沥青混合料可用于港口道路的面层、沥青路面的基层、连接层或整平层。冷拌改性沥青混合料可用于沥青面层的坑槽冷补。

②冷拌沥青混合料宜采用密级配。冷拌沥青混合料路面施工结束后宜封闭交通 2 ~ 7h，并应做好早期养护。

（10）透层、黏层及封层施工应符合现行《公路沥青路面施工技术规范》（JTG F40）的有关规定。气温低于 10℃、大风天气、即将降雨时不得喷洒透层油。

2. 联锁块铺面面层

（1）联锁块应采用机制，一次成型，质量应符合现行《水运工程质量检验标准》（JTS 257）的有关规定。

（2）联锁块应进行配合比设计、试制，强度、尺寸、外观质量和吸水率等满足设计及规范要求后方可批量生产。联锁块预制成品在搬运和储存过程中应采取保护措施。

（3）联锁块铺筑前应进行模拟排列，通过制作边块、半块等异形块方式，确保块体铺设紧密顺直，优化联锁块面层与其他面层相接处理方式，确定联锁块铺设方案。

（4）联锁块面层下找平砂垫层的厚度应均匀，砂垫层应均匀松铺在基层顶面上，其上不得行车和站人，按坡度要求整平后铺筑联锁块。施工时的松铺厚度应经试验确定，联锁块面层经振压后的砂垫层厚度应与设计值相符。砂垫层边缘和有漏砂隐患的区域，砂垫层下宜铺设土工布。

(5)联锁块面层砂垫层的级配应符合现行《港口道路与堆场施工规范》(JTS/T 216)的有关规定。

(6)联锁块面层块体间最大缝宽应小于5mm,平均缝宽不宜大于3mm。

(7)填缝砂宜选用含泥量小于3%、含水率小于3%的中细砂,级配应符合现行《港口道路与堆场施工规范》(JTS 216)有关规定。填缝砂宜添加5%的石灰粉并搅拌均匀,块体间填缝砂应填实,扫砂和振实应交替进行2~3遍至填缝砂全部充实,余砂应扫净。

(8)联锁块面层应分段、分区铺筑。铺筑时应拉控制线,道路分段长度和堆场分区边线宜为5m。应从下坡向坡脊方向人字形铺筑,铺面边缘应设置边缘约束。

(9)邻近各类井、路缘石等不足整块的相接处,应采用预制异形块、机械切割异形块体或采用强度等级不小于C40的细石混凝土浇筑的方式进行补铺。

(10)联锁块面层铺筑后应采用强力平板振动器或小型振动压路机在其顶面振压2~3遍,距施工自由边1m范围内不宜碾压,待下一段的块体衔接铺好后,再一道振压。

3. 水泥混凝土铺面面层

(1)原材料应满足下列要求:

①配制混凝土用的水泥,采用强度等级不低于42.5号的硅酸盐水泥、普通硅酸盐水泥或道路硅酸盐水泥。水泥的物理性质和化学成分符合现行《道路硅酸盐水泥》(GB/T 13693)、《通用硅酸盐水泥》(GB 175)的有关规定;

②配制混凝土用的砂、碎石、砾石、水和外加剂等符合现行《水运工程混凝土施工规范》(JTS 202)的有关规定;

③接缝用填缝材料采用成品,品种、规格和质量符合设计要求。

(2)混凝土配合比应符合下列规定:

①混凝土配合比,应根据设计的混凝土强度等级、质量检验和混凝土施工和易性的要求确定。在冰冻地区尚应满足抗冻性的要求。

②混凝土的配合比设计应按现行《水运工程混凝土施工规范》(JTS 202)的有关规定进行计算和试配,以弯拉强度为强度检验标准。试配时,混凝土弯拉强度与抗压强度的相应关系可按现行《港口道路与堆场施工规范》(JTS/T 216)有关规定确定,混凝土的试配强度宜按设计强度提高10%~15%。

③混凝土的最大水胶比不应大于0.50。

④混凝土的单位用水量,应根据骨料的种类、最大粒径、级配、施工温度和掺用外加剂等通过试验确定并应满足下列要求:

a. 以碎石为粗骨料时,不大于160kg/m^3;

b. 以卵石为粗骨料时,不大于155kg/m^3;

c. 掺用外加剂或掺合料时,相应增减用水量。

⑤混凝土的单位胶凝材料用量应根据选用的水胶比和单位用水量计算确定。单位胶凝材料用量不宜小于250kg/m^3,且不宜大于420kg/m^3。

⑥混凝土的砂率宜根据砂的细度模数和粗骨料种类按现行《港口道路与堆场施工规范》(JTS/T 216)规定选取。

⑦施工时，应根据现场砂石料的含水率，将理论配合比换算为施工配合比，作为施工配料的依据。

（3）高效减水剂、引气剂、缓凝剂和早强剂的掺量可根据施工季节、气温和运距等的变化进行微调，保持摊铺现场的混凝土坍落度始终适宜于铺筑，减小摊铺前混凝土拌合物的工作波动性。

（4）混凝土应采用机械搅拌。混凝土原材料必须称量，按质量计的允许偏差应符合现行《港口道路与堆场施工规范》（JTS/T 216）的有关规定。

（5）混凝土应搅拌均匀。自全部材料装入搅拌机起至开始卸料时止，其连续搅拌的最短时间应按搅拌设备出厂说明书的规定，并经试验确定，当缺乏资料时，可按现行《港口道路与堆场施工规范》（JTS/T 216）的有关规定采用。

（6）混凝土施工模板的材料宜采用钢材，钢模板应顺直、平整，支撑装置间距不宜大于1m。采用木模板时材质不宜低于Ⅲ等。模板制作的允许偏差应符合现行《港口道路与堆场施工规范》（JTS/T 216）的有关规定。

（7）混凝土拌合物宜采用搅拌运输车运输。运距较短时也可采用自卸车运输。混凝土从搅拌完成到浇筑成型的时间，不得超过混凝土的初凝时间，并应符合现行《港口道路与堆场施工规范》（JTS/T 216）有关规定。

（8）摊铺填当混凝土的时间，按两侧混凝土最晚浇筑的时间算起，最早摊铺填当混凝土面层的时间应符合现行《港口道路与堆场施工规范》（JTS/T 216）的有关规定。

（9）装运混凝土拌合物不应漏浆，并应防止离析。出料和铺筑时的卸料高度不应大于1.5m。当有明显离析时，应在铺筑时重新拌匀。

（10）混凝土拌合物的摊铺，当厚度不大于250mm时，可一次摊铺；当厚度大于250mm时，宜分两次摊铺，下部厚度宜为总厚度的3/5，摊铺时应均匀分布。摊铺厚度宜预留1/10的振实高度。

（11）混凝土拌合物的振捣应满足下列要求：

①对厚度不大于250mm的混凝土面层，边角部位先用插入式振捣器顺序振捣，后用平板振捣器纵横交错全面振捣，再用振动梁振平；

②对厚度大于250mm的混凝土面层，分两次摊铺时，先用插入式振捣器振捣，后用平板式振捣器振捣；振捣上层混凝土拌合物时，插入式振捣器插入下层混凝土拌合物50mm，上层混凝土拌合物的振捣在下层混凝土拌合物初凝以前完成；

③振捣器在每一位置振捣的持续时间，以混凝土拌合物停止下沉并泛出水泥浆为准，不过振；

④振捣时辅以找平。

（12）采用真空脱水工艺施工的混凝土面层，施工应符合现行《水运工程混凝土施工规范》（JTS 202）的有关规定。

（13）混凝土拌合物整平时，填补面层表面应选用碎石或砾石较细的混凝土拌合物，不得用纯砂浆填补找平。经用振动梁振平后，可用铁滚筒进一步整平。道路设有路拱时，应使用路拱成形板整平。

（14）混凝土抹面应满足下列要求：

①当暴晒时,抹面在遮阳棚下进行。

②抹面前,做好清边整缝,清除黏浆,修补掉边、缺角。

③抹面采用滚杠、整平尺或抹面机三遍整平至面层无缺陷。

④抹面后沿横坡和排水方向拉毛或压槽,拉毛和压槽的深度,道路为1~2mm,堆场不小于0.4mm。

⑤不在混凝土面层抹面时洒水或撒水泥粉。

(15)混凝土抹面完毕应及时覆盖,结硬后保湿养护。养护宜采用洒水、土工布覆盖浇水、包裹塑料薄膜或喷洒养护剂等方法并应符合下列规定:

①高温期采用洒水覆盖保湿养护时,应控制养护水温与混凝土面层表面的温差不大于12℃。

②当日平均气温低于5℃时,不宜洒水养护。

③实测混凝土强度大于设计强度的80%后,可停止养护,不同气温条件下混凝土面层最短养护龄期可按现行《港口道路与堆场施工规范》(JTS/T 216)有关规定确定。

(16)接缝施工应符合下列规定:

①胀缝缝壁应垂直,缝隙宽度应一致,缝中不得连浆,缝隙上部浇灌填缝料,下部设置填缝板。胀缝传力杆可采用顶头木模或支架固定安装的方法固定。胀缝传力杆的活动端,可设在缝的一边或交错布置。固定后的传力杆应平行于路场面中心线,其偏差不得大于5mm。

②缩缝的缝槽施工应采用切缝机切割。切缝应根据当地昼夜温差,参考现行《港口道路与堆场施工规范》(JTS/T 216)有关规定选用适宜的切缝方式、时间和深度。

③施工缝的位置应与胀缝或缩缝的设计位置吻合。施工缝应与路场面中心线垂直,并应避免设在同一横断面上。施工缝传力杆长度的一半应锚固于混凝土中,另一半涂沥青并裹覆聚乙烯膜允许滑动。传力杆应与缝壁垂直。

④纵缝施工方法应按纵缝设计要求确定并应满足下列要求:

a. 平缝纵缝,对已浇筑混凝土面层的缝壁涂刷沥青;

b. 企口缝纵缝,先浇筑混凝土面层凹槽的一边,缝壁涂刷沥青;

c. 纵缝设置拉杆时,拉杆采用螺纹钢筋,设置在面层厚度中央,并对拉杆中部100mm范围内进行防锈处理。

⑤混凝土面层养护期满后,缝槽应及时填缝。填缝时缝内应清洁。灌入式填缝的施工应满足下列要求:

a. 灌注填缝料在缝槽干燥状态下进行,填缝料与混凝土缝壁黏附紧密,饱满不渗水;

b. 填缝料灌注深度为30~40mm,当缝槽深度大于40mm时,先填入多孔柔性衬底材料;填缝料的灌注高度,夏天与面层顶面齐平,冬天略低于面层顶面;

c. 热灌填缝料加热时,搅拌均匀,加热至规定温度;当气温较低时,用喷灯加热缝壁。

(17)模板拆除的时间应根据气温和混凝土强度增长情况确定。采用普通水泥时,最早拆模时间应按现行《港口道路与堆场施工规范》(JTS/T 216)有关规定确定;采用矿渣水泥时,最早拆模时间宜延长50%~100%拆模时,不得损伤混凝土板的边和角。

(18)冬季日平均气温低于5℃时,不宜进行混凝土面层施工。

(19)混凝土面层的钢筋应满足下列要求:

①钢筋的品种、规格、数量满足设计要求。

②钢筋的质量符合现行国家标准《钢筋混凝土用钢　第2部分：热轧带肋钢筋》(GB/T 1499.2)等的有关规定。

③钢筋的保护层厚度不小于设计要求，其正偏差不大于10mm。

(20)钢纤维混凝土的配制和施工应符合下列规定：

①配合比设计应符合现行《公路水泥混凝土路面施工技术细则》(JTG/T F30)的有关规定。

②配制拌和摊铺过程应采取保证混凝土内纤维分布均匀性和连续性的措施。

③松铺厚度应通过试铺确定。拌合物坍落度相同时，宜比相同机械施工方式的水泥混凝土面层松铺厚度增加10mm。

④新摊铺混凝土中发现纤维结团应立即剔除。

⑤采用平板振捣器或模外振捣器振捣成型时，振捣频率不应低于167Hz。

⑥整平后的面层表面不应有直立、上翘的钢纤维。

4. 独立块铺面面层

(1)边长不大于400mm的独立块宜采用机制，一次成型，不宜现场浇筑。块体不得有裂纹、分层、表面脱皮现象。

(2)找平砂垫层应均匀松铺在基层顶面找平至规定的高度且独立块尚未铺设前不得压实、踩踏或损坏。施工时的松铺厚度应经试验确定，独立块面层经振压后的砂垫层厚度应符合设计要求。

(3)独立块面层下找平砂垫层施工、级配应按现行《港口道路与堆场施工规范》(JTS/T 216)有关规定执行。

(4)铺筑块体应稳固，表面应平顺，砌缝应均匀；块体间缝隙的最大宽度对于混凝土四角块不应大于10mm，对于混凝土六角块不应大于15mm；缝隙宜通过专用工具用砂填实。

(5)填缝砂要求应按现行《港口道路与堆场施工规范》(JTS/T 216)有关规定执行。

(6)独立块经初步振实后，应将填缝砂铺撒到独立块面上并扫到缝隙中，填缝时应保证所有缝隙充分填实。施工时，扫砂和振实应交替进行2～3遍至填缝砂全部充实，余砂应扫净。

(7)道路两侧与堆场周边外缘应设置侧缘石，侧缘石应埋置稳固，其宽度宜为100～150mm。

(8)独立块面层与侧缘石或其他构筑物的相接应平顺、挤紧；邻近各类沟井周围、侧缘石等构筑物不足整块的相接处应采用预制异型块、切割块镶嵌或用强度等级为C40细石混凝土填补，填补深度应达基层。

(9)独立块铺筑后应用强力平板振动器或小型振动压路机在其顶面振压2～3遍，距施工自由边1m宽范围内不得振压，待下一区段块体铺好后，再一道振压。

二、铺面面层质量检验标准

1. 沥青铺面面层

(1)沥青混凝土混合料的各项指标应满足设计要求。沥青混合料的拌和应均匀，应无白花、粗细料分离和结团块等现象。摊铺应平整,不应有离析现象。

(2)沥青混合料压实后的表面应平整、密实、接茬平顺,不应有泛油、松散、裂缝、堆挤、烂边和粗细料集中等现象。面层与其他构筑物相接应紧密平顺,不应有积水。

(3)沥青混合料的压实度应满足设计要求。

(4)热拌沥青混合料的配合比设计应符合现行《公路沥青路面施工技术规范》(JTG F40)的有关规定。

(5)沥青取样成型试件应进行马歇尔试验,测定空隙率、稳定度、流值,计算合格率。

(6)沥青混合料面层的允许偏差、检验数量和方法应符合现行《港口道路与堆场施工规范》(JTS/T 216)、《水运工程质量检验标准》(JTS 257)的规定。

2. 联锁块铺面面层

(1)联锁块面层应平整、格缝清晰,表面应无砂浆和沥青等污染。

(2)联锁块面层与路缘石和其他构筑物的相接应紧密平顺。

(3)预制混凝土联锁块的质量应符合现行《水运工程质量检验标准》(JTS 257)、《港口道路与堆场施工规范》(JTS/T 216)的规定。

(4)预制混凝土联锁块应在预制场经标准养护达到龄期后方可运至铺设现场。

(5)联锁块面层的允许偏差、检验数量和方法应符合现行《水运工程质量检验标准》(JTS 257)、《港口道路与堆场施工规范》(JTS/T 216)的规定。

3. 水泥混凝土铺面面层

(1)混凝土面层应振捣密实,压抹平顺,外观不应有蜂窝、麻面、裂缝、脱皮、啃边、掉角、印迹等现象。

(2)混凝土面层拉毛或机具压槽等抗滑措施的构造深度应满足设计要求。

(3)混凝土面层范围内的雨水井或排水口设置应满足设计要求,与面层相接应平顺,面层边缘无积水现象。

(4)混凝土面层弯拉强度应满足设计要求。

(5)道路混凝土面层、堆场混凝土面层的允许偏差、检验数量和方法应符合现行《水运工程质量检验标准》(JTS 257)、《港口道路与堆场施工规范》(JTS/T 216)的规定。

(6)混凝土面层外观质量不应有严重缺陷。

(7)钢纤维混凝土拌合物性能应满足钢纤维在混凝土拌合物中的均匀性要求,不应出现钢纤维结团现象。

(8)胀缝填缝材料应满足设计要求,填塞应饱满,不污染面层混凝土。

4. 独立块铺面面层

(1)找平砂垫层的厚度应均匀。

(2)砌块铺砌应紧密、稳固,砌缝应均匀,灌缝应饱满。

(3)铺砌面层应平整,格缝应清晰,表面应无砂浆和沥青等污染。

(4)与侧缘石和其他构筑物的交接应平顺、挤紧。

(5)预制混凝土独立块的质量应符合现行《水运工程质量检验标准》(JTS 257)、《港口道路与堆场施工规范》(JTS/T 216)的有关规定。

(6)独立块面层的允许偏差、检验数量和方法应符合现行《水运工程质量检验标准》(JTS 257)、《港口道路与堆场施工规范》(JTS/T 216)的有关规定。

第五节　堆场构筑物质量控制

一、堆场构筑物施工质量控制

堆场构筑物一般规定:混凝土结构的模板、钢筋和混凝土施工应符合现行《水运工程混凝土施工规范》(JTS 202)和《水运工程施工安全防护技术规范》(JTS 205-1)的有关规定。

1. 轨道基础

(1)钢筋混凝土轨道梁施工应符合下列规定:

①采用桩基础时,桩基施工除应符合现行《码头结构施工规范》(JTS 215)的有关规定外,桩嵌入钢筋混凝土轨道梁的深度和钢筋伸入长度应满足设计要求。采用混凝土桩时,应对其嵌入部分的表面进行处理。

②采用天然地基或复合地基时,轨道梁施工宜在地基沉降和位移基本稳定后进行,宜根据现场试验和监测数据在基础顶面预留沉降量。轨道梁施工前宜采用素混凝土对基础表面进行找平处理。

③轨道梁变形缝施工应满足设计和使用功能要求。填缝板和填缝料的材质和性能指标应满足设计要求填缝板应固定牢靠、线条整齐填缝料应饱满、密实。轨道梁变形缝的施工应考虑季节温差的影响。

④轨道螺栓安装可采用预埋法或后植法。螺栓预埋施工应采用固定架控制其位置精度和垂直度,并应根据沉降情况预留外露长度;螺牙应做好包裹保护措施,混凝土施工过程应保护固定架和螺栓,不应出现偏移、下沉、受损、污染等情况。螺栓后植施工应预留螺栓孔或后期钻孔,宜采用固定架或定位板控制螺栓位置精度和垂直度,并应灌注结结材料进行固定。

⑤电缆线槽和轨道槽两侧护边角钢应固定牢靠、线条整齐,混凝土填充应密实饱满、表面平整顺直。

⑥轨道槽排水管道预埋管的管径、位置和排水坡度等应满足设计和使用功能要求。排水管道内杂物应清理干净,确保排水畅顺。

(2)轨枕道砟结构施工应符合下列规定:

①钢筋混凝土轨枕宜采用定型模具工厂化生产也可购买定型产品。轨枕宜无棱角化预制,预埋螺栓应采用定位架固定。

②轨枕在存放和运输中应枕底向下按水平层次放置每两层间应采用方木条或其他垫层垫好。

③道砟应分层填铺、振动密实顶部应整平;道砟的规格和强度、铺设宽度和厚度、密实度应满足设计要求,并应符合现行《铁路碎石道砟》(TB/T 2140)的有关规定。

④轨枕应采用吊架铺放。

2.跑道梁

(1)跑道梁应根据设计要求分段进行施工。跑道梁间距应满足设计要求。跑道梁应保持边线顺直美观,混凝土表面应进行拉毛处理。

(2)跑道梁的平面位置、尺寸和构造应满足设计要求。

(3)跑道梁缩缝、变形缝和传力杆设置应满足设计要求,并应符合本章的有关规定。

(4)转向道板设置应满足设计要求,当采用预埋钢板时,钢板上应预留圆孔,采用小型振捣棒或辅助手段振捣密实钢板下混凝土,并对预留孔进行覆盖处理。

3.集装箱箱角基础

(1)采用天然地基或复合地基时,钢筋混凝土条形基础或连片式基础施工宜在地基沉降趋于稳定后进行,施工前宜采用素混凝土对基础表面进行找平处理。

(2)条形基础伸缩缝施工应满足设计和使用功能要求,伸缩缝施工可按本章的有关规定执行。

(3)集装箱箱角基础间的场地或面层的顶面高程不应高于箱角基础的顶面高程。

4.其他构筑物

(1)车挡、顶升、防风锚碇和防风拉索基础施工应符合下列规定:

①车挡安装施工应满足设计和使用功能要求。

②预埋螺栓宜采用固定架或定位板进行准确定位和可靠固定,预埋件位置、螺栓间距和垂直度应符合设备安装精度要求,螺牙应采取包裹保护措施,混凝土施工过程应保护固定架和螺栓,不得出现偏移、下沉、受损、污染等情况。

③锚碇坑排水管道预埋管的管径、位置和排水坡度等应满足设计和使用功能要求。

④防风拉索基础和预埋件施工应满足设计和使用功能要求。

(2)管沟和管线施工应符合下列规定:

①管沟宜分段施工,分段长度应符合设计要求。管沟分段处或与其他构筑物相接处应按设计要求采取倒滤、防水措施。

②管沟与活动盖板接触的边角宜采取角钢包覆等保护措施。

③管沟盖板宜采用工厂化定制生产构件。

④管线的轴线和高程应符合设计要求,管线接口应紧密牢固,管线支垫找平宜采用砂砾或贫混凝土。下穿道路的管线施工应在基层施工后反开挖埋管,该部分基层宜采用贫混凝土回填密实。

(3)井施工应符合下列规定:

①混凝土井筒或井圈宜采用工厂化定制生产、现场安装或者采用定型钢模板现浇。

②砖砌井筒或井圈的砌筑砂浆应填充饱满,水泥砂浆标号应符合设计要求。砖砌井筒或井圈内外壁粉刷应按设计要求进行,内外壁粉刷应在回填土之前进行,且在排干井筒或井圈内积水后一次粉刷到底。

③井周围的基础回填和结构层施工应采用适宜的机具和工艺,并按设计要求自下而上分层施工。

④雨水井井底应采用水泥砂浆形成向雨水管线集水的泛水坡。井与管线相接的接头部位,应按设计要求进行紧密连接或封堵严密。

⑤井盖板底座应结实牢固,盖板顶面高程应与道路或堆场的面层顶面高程一致。

(4)路缘石施工应符合下列规定:

①混凝土路缘石宜采用定型产品,也可采用定型模具工厂化生产。混凝土路缘石应进行随机抽样检验,强度等级和吸水率应满足设计要求。

②天然石材路缘石应为同一石质、无裂纹和风化等现象。石材强度和磨耗率应满足设计要求。

③不规则部位的路缘石应采用预制或现浇混凝土不应采用砌砖抹面处理。

(5)锚碇基础、管沟、井等构筑物周围应分层回填夯实,压实度应满足设计要求。

二、堆场构筑物质量检验标准

(1)基槽开挖:基槽基底土质应满足设计要求,并应防止扰动。

(2)垫层:垫层材料的种类和质量应满足设计要求。垫层铺设前,基层表面应干净、无积水。

(3)管沟与边沟:管沟与边沟所用材料的种类和质量应满足设计要求。砂浆或混凝土强度应满足设计要求。现浇管沟的混凝土应密实;砌筑管沟和边沟的砌筑砂浆应饱满,勾缝应密实。沟底坡向和坡度应满足设计要求。变形缝及止水应左右对齐、上下贯通。沟侧回填的材料应满足设计要求,并应分层压实。

(4)检查井和雨水井:检查井和雨水井规格、数量和位置应满足设计要求。井圈及盖板的种类、规格和质量应满足设计要求。砌体砂浆应饱满密实,井壁水泥砂浆抹面不得有空鼓。井圈或盖板底座应安砌牢固,盖板顶面高程应与堆场或路面高程一致,井口周围不得有积水,井内应保持清洁。雨水井井底集水的泛水坡应满足使用要求。

(5)盖板:盖板的型号和质量应满足设计要求。安装前,支承结构的混凝土或砌体砂浆强度应满足设计要求。盖板安装应平正、顺直。顶面应与堆场或路面高程一致。

(6)路缘石:路缘石应安砌稳固,背后填料应密实;路缘石外露面应平顺,勾缝应密实并进行养护,养护期不得少于3d,养护期间不得踩踏、碰撞;预制混凝土路缘石质量、安砌路缘石的允许偏差应符合现行《港口道路与堆场施工规范》(JTS/T 216)的规定。

(7)现浇轨道梁、跑道梁、集装箱箱角基础、井施工的允许偏差应符合现行《水运工程质量检验标准》(JTS 257)、《港口道路与堆场施工规范》(JTS/T 216)的规定。

第六节 标志、标线质量控制

一、标志、标线施工质量控制

港口道路与堆场标志、标线所涉及的交通工程设施产品应满足设计要求和质量要求。

交通安全设施采用钢制材料时,防腐处理应按现行《建筑钢结构防腐蚀技术规程》(JGJ/T

251)的有关规定执行。

标志、标线施工应按现行《道路交通标志和标线　第4部分:作业区》(GB 5768.4)的有关规定设置施工作业区,在作业区设置施工标志、标线、施工警告等安全设施。

1. 标志

(1)标志的制作应符合现行《道路交通标志和标线》(GB 5768)等的有关规定。

(2)标志安装前应确定基础承载力满足设计和使用要求。

(3)标志板面不应有划痕、气泡、颜色不均等缺陷。安装过程中应防止损伤标志板面。

(4)基础埋设施工应满足下列要求:

①预埋基础前,采用水平尺或其他专用仪器校准至水平;

②标志立柱的基础按施工图规定的尺寸埋设,小型基础、孔壁稳定可以不立模板,在浇筑混凝土前进行基础修正,压实基底;

③现浇混凝土振捣密实;

④设置在人行道上基础的顶面高程与人行道高程一致,基础周围的填土夯实,表面平整;

⑤基础法兰的边线与侧实线或车行道边线平行,标志安装后的侧向净距符合现行《公路交通标志和标线设置规范》(JTG D82)的有关规定。

(5)安装施工应满足下列要求:

①基础养护达到设计强度后安装标志立柱。

②立柱通过法兰盘与基础连接。

③双柱式路侧标志的两根立柱竖直并互相平行,其顶端在同一高度上,连接件对称布设。

④悬臂、门架式标志吊装横梁的预拱度满足设计要求。

⑤里程碑、百米桩按照实际里程准确定位和设置,其混凝土预制件的施工和强度满足设计要求。

⑥标志板安装到位后,调整板面平整度和安装角度。

2. 标线

(1)标线的颜色、形状和施画应符合现行《道路交通标志和标线》(GB 5768)等的有关规定。

(2)标线涂料应符合现行《路面标线涂料》(JT/T 280)的有关规定,应使用抗滑材料,并应具有良好的耐久性、施工方便性、经济性和昼夜可视性。

(3)标线施工应满足下列要求:

①施工前清洁施工范围内的顶面,保证清洁干燥、无起灰现象。

②在施工区域内,设置相应的施工安全设施,雨、雪、冰冻、沙尘暴、强风和气温低于规定温度的天气不施工。

③标线施工按设计的颜色、形状、厚度和位置等要求放样,反光标线玻璃珠撒布均匀,标线表面不出现折线、网状裂缝、起泡等现象。

④标线涂漆后,待涂料干燥后撤走锥形路标等防护物体。

⑤施工时按设计要求预留排水孔,并在施工完成后对排水孔进行清理。

(4)涂漆后的标线应平滑顺直,边缘无明显毛边。

二、标志、标线质量检验标准

（1）标志的施工质量应符合现行《公路交通标志和标线设置规范》（JTG D82）的有关规定，标志的施工允许偏差应满足现行《港口道路与堆场施工规范》（JTS/T 216）有关要求。

（2）标线的厚度规定值、标线施工允许偏差应满足现行《港口道路与堆场施工规范》（JTS/T 216）有关要求。

（3）标志和标线原材料的使用寿命、环保和性能应符合设计要求。

（4）质量检查应满足下列要求：

①玻璃珠撒布的质量和数量在夜间检查，对不符合要求的进行修整，并将残留物清除干净。

②标线质量要求和检测方法符合现行《道路交通标线质量要求和检测方法》（GB/T 16311）和《新划路面标线初始逆反射亮度系数及测试方法》（GB/T 21383）的有关规定。

第七节　翻车机房质量控制

一、翻车机房地下结构概述

翻车机房是港口工程的重要组成部分，是煤炭及矿石输出码头陆上工程的核心部分。翻车机房主要作用是翻卸由铁路火车运至港口的煤炭或矿石，而后经皮带运输机输送到堆场临时堆存，或者直接运至码头装船外运。

翻车机房地下结构是翻车机系统设备安装的基础和上部厂房的承台基础，它与地下廊道相连接，共同起接卸货物并将其转输到地上的地下构筑物。翻车机房主体结构复杂、整体尺度大、施工周期长，除了常规项目的质量控制外，对变形缝、结构防渗、预埋件等工序需要加强控制。

二、质量检验标准

翻车机房地下结构一般可以分为基坑开挖、地基基础、主体结构、墙后回填、设备基础与附属设施 5 个分部工程。翻车机房地下结构与廊道分项工程检验批宜按设计结构单元或施工单元划分。上部厂房属于房建工程。

（1）翻车机房地下结构的深基坑支护，当采用板桩和地下连续墙结构时，应符合设计及规范规定，但其施工质量不参加翻车机房地下结构的质量检验。

（2）翻车机房地下结构的基坑开挖、地基与基础、现浇混凝土、墙后回填、设备基础及混凝土结构的模板、钢筋和混凝土质量检验应符合现行《水运工程质量检验标准》（JTS 257）的有关规定。

（3）翻车机房地下结构的变形缝及止水质量检验，应符合现行《水运工程质量检验标准》（JTS 257）的有关规定。

(4)现浇混凝土廊道的廊道段间的变形缝应顺直,缝宽应一致,嵌缝应饱满,且不应有渗漏。廊道防滑坡道的形式和坡度应满足设计要求。

(5)现浇翻车机房地下结构、现浇廊道箱涵的允许偏差、检验数量和方法应符合现行《水运工程质量检验标准》(JTS 257)的有关规定。

第十章

水运机电工程质量控制

学习要点

1. 质量控制点的类型和含义。
2. 原材料及成品验收控制要点。
3. 主要制造过程质量控制要点。
4. 金属结构质量控制要点。
5. 港口设备安装工程基本规定。
6. 钢结构安装质量控制要点。
7. 机电设备调试、验收和试运行质量控制。

内容精要

第一节　概　　述

一、水运机电设备的组成

水运工程机电设备项目包括:港口工程,航道工程,航运枢纽工程,通航建(构)筑物工程,修造船水工建筑物工程项目中的装卸输送机械、车船、水上航标设备及电气系统、控制系统、信息系统、环保系统、消防系统等,其中又以港口装卸设备为主导。随着现代港口装卸技术的发展,港口装卸设备也呈自动化和智能化、大型化和高效化、专业化和多用化、标准化和系列化、环保化的总体发展趋势。港口装卸机械可分为起重机械、输送机械和装卸搬运机械三种基本类型。目前港口应用的装卸机械有百余种,其中应用较广的有30种左右。本章以大型港口设备为例,介绍设备制造、安装、调试阶段的质量控制。

二、质量控制点设置

质量控制点是对施工质量进行控制的关键点。质量控制点的设置应根据工程项目的类别、特点,结合影响施工质量的主要因素、关键工序、薄弱环节、隐蔽工程等进行设置。质量控制点根据各项工程中各工序的重要性或质量后果影响程度等不同分为R点(文件见证点)、W点(现场见证点)和H点(停止见证点)三大类。

1. R点

由监理工程师对机电工程的有关文件、记录或报告等进行见证而预先设定的监理控制点,简称 R 点。

2. W 点

由监理工程师对机电工程的过程、工序、节点或结果进行现场见证而预先设定的监理控制点,简称 W 点。

3. H 点

由监理工程师见证签认后方可转入下一个过程、工序或节点而预先设定的监理控制点,简称 H 点。

第二节　原材料及成品验收

水运机电设备用的主要材料、零(部)件、成品件、标准件等产品应按照规范、设计文件及合同等进行进场验收。

一、钢材质量合格验收应符合的规定

(1)全数检查钢材的质量合格证明文件、中文标志及检验报告等,检查钢材的品种、规格、性能等应符合国家现行标准的规定并满足设计要求。

(2)对钢材,应核对质量证明书上的化学元素、机械性能是否在国家标准范围之内,核对质量证明书上的炉号、批号、材质、规格是否与钢材标注一致,对属于下列情况之一的钢材,应进行抽样复验,其复验结果应符合国家现行标准的规定并满足设计要求:

①对结构安全等级为一级的重要建筑使用的钢材,应进行复验。

②对大跨度钢结构来说,弦杆或梁用钢板为主要受力构件,应进行复验。结构安全等级为二级的一般建筑,当其结构跨度大于 60m 或高度大于 100m 或承受动力荷载的需要验算疲劳的主体结构用钢材。

③厚钢板存在各向异性(X、Y、Z 三个方向的屈服点、抗拉强度、伸长率、冷弯、冲击值等各指标,以 Z 向试验性能最差,尤其是塑性和冲击功值)。因此,当板厚大于或等于 40mm,且承受沿板厚方向拉力时(设计有 Z 向性能要求时),应进行复验。

④对强度等级大于或等于 420MPa 的高强度钢材,应进行复验。

⑤进口钢材、混批钢材或质量证明文件不齐全的钢材,应进行复验。对国外进口的钢材,应进行抽样复验,当具有国家进出口质量检验部门的复验商检报告时,可以不再进行复验;由于钢材经过转运、调剂等方式供应给用户后容易混炉,而钢材是按炉号和批号发材质合格证,因此对于混批的钢材应进行复验。

⑥设计文件或合同文件要求复验的钢材应进行复验。

二、钢板的质量验收

(1)钢板的品种、规格、性能应符合国家现行标准的规定并满足设计要求。钢板进场时,应按国家现行标准的规定抽取试件且应进行屈服强度、抗拉强度、伸长率和厚度偏差检验,检

验结果应符合国家现行标准的规定。

(2)质量证明文件全数检查,抽样数量按进场批次和产品的抽样检验方案确定,并检查抽样检验报告。

(3)钢板厚度及其允许偏差应满足其产品标准和设计文件的要求,每批同一品种、规格的钢板抽检10%且不应少于3张,每张检测3处,可用游标卡尺或超声波测厚仪量测。

(4)钢板的平整度应满足相应标准的要求,每批同一品种、规格的钢板抽检10%且不应少于3张,每张检测3处,可用拉线、钢尺和游标卡尺量测。

(5)钢板的表面外观质量除应符合国家现行标准的规定外,尚应符合下列规定:当钢板的表面有锈蚀、麻点或划痕等缺陷时,其深度不得大于该钢材厚度允许负偏差值的1/2,且不应大于0.5mm;钢板表面的锈蚀等级应符合《涂覆涂料前钢材表面处理　表面清洁度的目视评定　第1部分:未涂覆过的钢材表面和全面清除原有涂层后的钢材表面的锈蚀等级和处理等级》(GB/T 8923.1—2011)规定的C级及C级以上等级;钢板端边或断口处不应有分层、夹渣等缺陷。

三、型材、管材的质量验收

(1)型材和管材的品种、规格、性能应符合国家现行标准的规定并满足设计要求。型材和管材进场时,应按国家现行标准的规定抽取试件且应进行屈服强度、抗拉强度、伸长率和厚度偏差检验,检验结果应符合国家现行标准的规定。

检查数量:质量证明文件全数检查;抽样数量按进场批次和产品的抽样检验方案确定。

检验方法:检查质量证明文件和抽样检验报告。

(2)型材、管材截面尺寸、厚度及允许偏差应满足其产品标准的要求。

检查数量:每批同一品种、规格的型材或管材抽检10%,且不应少于3根,每根检测3处。

检验方法:用钢尺、游标卡尺及超声波测厚仪量测。

(3)型材、管材外形尺寸允许偏差应满足其产品标准的要求。

检查数量:每批同一品种、规格的型材或管材抽检10%,且不应少于3根。

检验方法:用拉线和钢尺量测。

四、主要机电设备及专用零部件材料的进货检验

1.主要机电设备

1)外观质量的检查。

(1)铸件表面应清除型砂,应无毛刺、瘤疤、气孔、密集针眼及影响铸件强度的其他缺陷。

(2)检查经过加工的金属表面,应无擦伤、碰撞痕迹、裂纹等缺陷,并应配有防锈措施。

(3)检查所有紧固螺栓应拧紧,无缺损。

(4)检查外表面油漆,应光洁完整,色调一致。

(5)检查焊接质量,必须符合合同要求。

(6)核对减速箱铭牌、参数。

(7)输入轴转动应灵活,无异声,无滞重感,无卡住现象。

(8)键销应紧密配合在键槽内,输入轴轴端螺母配合良好。

(9)检查油尺应完好无损伤,应无漏油、渗油现象。

2)需要装配的尺寸检查,如轴径、底座螺栓孔。

3)必要时空载试验抽检。

2. 电动机

1)外观质量的检查。

(1)检查电动机的外表应无裂纹、变形损伤、受潮、发霉、锈蚀等缺陷,零部件齐全。

(2)检查电动机的风叶应无损伤、变形、锈蚀等现象。

(3)检查电动机润滑脂无变色、变质及硬化现象。

(4)检查电动机所有紧固螺栓,应无松动现象,电机出线端的接线完好,出线盒应无损伤。

(5)检查电动机电刷提升装置应工作可靠。

(6)检查电动机引导的接线端子应采用焊接或专用工具压接,应保证可靠接触,接线端子的端面应平整、清洁、无油污,其表面镀层不宜锉磨;引线编号齐全。

(7)检查电动机有固定接线板,接线牢固,注意铁质螺栓位置,连接后不得构成闭合磁路。

(8)检查直流电动机的换向火花不超过规定的等级。

(9)检查转轴的外露部分应有防锈措施,键销应镶嵌在转轴键槽内并检查固定措施。

(10)检查电动机的出轴螺纹,应配合良好,无损伤。

2)需要装配的尺寸测量,如轴、底座螺栓孔。

3)测试。

(1)用手转动转子应灵活,细听应无杂音,直流电机需检查电刷与滑环接触面应达到80%。

(2)用兆欧表测量电机定子、转子,励磁线圈的绝缘电阻值不得小于1MΩ。

(3)必要时空载通电试验抽查。

3. 低压电气设备

(1)电动机、控制屏、操纵台、接线箱的防护等级,室内使用符合不低于IP23,室外使用符合不低于IP55。当室外设备的防护等级到IP55较为困难时,应采取相应的补充措施后才能使用。

(2)组合控制屏的排列,目测检查整齐,底座焊接牢固。控制屏的进线孔,应加装封板。

(3)控制屏的散热通风口应有防尘措施。屏内防潮加热器周围100mm处无电缆通过,控制屏内的接线端子板应加透明防护罩。

(4)所有电气设备、正常不带电的金属外壳必须可靠接地,接地线采用多股铜线,导线截面符合国家标准规定,接地线颜色无特殊要求的一般为黄绿彩线。

(5)司机室操纵台主令控制器操作手柄挡位清楚,零位明显,操作灵活、无卡塞现象。

(6)所有电气设备的绝缘性能良好,用兆欧表测试绝缘电阻应符合相应标准的规定;进行绝缘测量时,注意是否有电子元件和弱电装置的部件,测量前应将这部分电子元件和弱电装置从线路中解脱。

4. 变压器、高压滑环箱、大车电缆卷盘等高压设备

1)外观检查。

(1)合格证和各种技术数据、试验报告应齐全,铭牌内容、尺寸大小应与图纸相符。

(2)罩壳应接地,其接地线线径应在 35 ~50mm^2 范围内,且在罩壳外有警告标牌。

(3)高压瓷件表面严禁有裂纹、缺损和瓷釉损坏等缺陷,低压绝缘部分完整。

(4)高压滑环箱应有永久性的相序色标(N、A、B、C),箱外应有警告标牌、接地螺栓,且应有明显的标志。

(5)应有足够的接线空间方便接线;高压电缆在空间内可以很好固定。

2)基本尺寸检查。

对需要安装和装配的尺寸进行测量,检查是否和实物及图纸符合。

5. 电缆

(1)根据清单核对电缆型号、数量及长度。

(2)检查电缆外表是否有绞拧、铠装压扁、护层断裂、压扁、绝缘皮厚薄不均匀、划伤等。

(3)电缆端末的水密处理。

(4)电缆外径是否在标准范围内。

(5)必要时对电缆进行绝缘测试;高压电缆通电前必须进行耐压试验。

第三节　主要制造过程的质量控制

一、金属结构制作的质量控制

1. 钢材预处理的质量检验

组成结构件的钢材元件,如型钢、钢板、钢管等,都必须经过表面预处理。预处理包括:

(1)钢材的矫形质量检验,主要是检查钢板或型钢的平面度和直线度,以保证其形状在一定的精度范围内。

(2)钢材的预处理及质量检验。一般情况下,钢材表面附有有害物质及锈蚀物,不仅影响施工人员身体健康,还污染环境,因此要对钢材进行预处理。钢材预处理的常用方法包括抛丸处理、冲砂处理、酸洗处理和手工处理。

(3)防锈层质量检查。经除锈后的钢材元件,表面应清洁、无浮灰和砂粒,并按规定涂防锈底漆。

2. 钢材元件放样下料质量检查

(1)下料切割表面质量检查。下料件表面应无夹渣、夹灰及严重锈蚀等缺陷,如发现板材表面有起皱、脱皮,切削边有裂缝等,要进一步检查其深度及范围。

(2)下料切割件的尺寸检查。一般要对结构件的放样下料件进行尺寸检查,如对角线尺寸、长宽尺寸、形状位置尺寸等。

(3)画线钻孔的质量检查。孔的画线主要检查孔的中心位置偏差及孔径偏差。钻孔后要

检查成孔后的中心偏差。

(4)冷加工后质量检查。冷加工后主要检查钢材刨边前的平面度及直线度,同时检查刨边口的尺寸及表面粗糙度。

3. 胎架的质量检查

胎架作为构件组装的基础承载物,必须对其刚性和精度有一定要求。

4. 装、焊质量检查

结构件组装、焊接和质量检查应按规范、标准要求进行检验,主要包括:材料检查;组装前的下料质量检查;元件的定位线尺寸检查;元件的拼装间隙检查;焊接坡口的尺寸精度检查;焊前质量检查;焊接过程中质量检查;焊接后的质量检查;结构件的外形尺寸、相关尺寸和整体变形量的检查。

5. 焊接质量控制

(1)焊接材料与母材的匹配应符合设计文件的要求及国家现行标准的规定,焊接材料在使用前,应按其产品说明书及焊接工艺文件的规定进行烘焙和存放。

检查数量:全数检查。检验方法:检查质量证明书和烘焙记录。

(2)持证焊工必须在其焊工合格证书规定的认可范围内施焊,严禁无证焊工施焊。

检查数量:全数检查。检验方法:检查焊工合格证及其认可范围、有效期。

(3)施工单位应按现行《钢结构焊接规范》(GB 50661)的规定进行焊接工艺评定,根据评定报告确定焊接工艺,编写焊接工艺规程并进行全过程质量控制。

检查数量:全数检查。检验方法:检查焊接工艺评定报告,焊接工艺规程,焊接过程参数测定、记录。

(4)焊缝应冷却到环境温度后方可进行外观检测,无损检测应在外观检测合格后进行,具体检测时间应符合现行《钢结构焊接规范》(GB 50661)的规定。

(5)焊缝施焊后应按焊接工艺规定在相应焊缝及部位做出标志。

(6)设计要求的一、二级焊缝应进行内部缺陷的无损检测,一、二级焊缝的质量等级和检测要求应符合规定。

检查数量:全数检查。检验方法:检查超声波或射线探伤记录。二级焊缝检测比例的计数方法应按以下原则确定:工厂制作焊缝按照焊缝长度计算百分比,且探伤长度不小于200mm;当焊缝长度小于200mm时,应对整条焊缝探伤;现场安装焊缝应按照同一类型、同一施焊条件的焊缝条数计算百分比,且不应少于3条焊缝。

(7)焊缝内部缺陷的无损检测应符合下列规定:采用超声波检测时,超声波检测设备、工艺要求及缺陷评定等级应符合现行《钢结构焊接规范》(GB 50661)的规定;当不能采用超声波探伤或对超声波检测结果有异议时,可采用射线检测验证,射线检测技术应符合现行国家标准的规定。

(8)焊缝的外观检查应该符合相关规定。

(9)对于需要进行预热或后热的焊缝,其预热温度或后热温度应符合国家现行标准的规定或通过焊接工艺评定确定。

检查数量:全数检查。检验方法:检查预热或后热施工记录和焊接工艺评定报告。

二、涂装的质量控制

通常,在水运机电设备制造的整个过程中,涂装工作分为以下几个工艺阶段:钢材预处理后涂车间底漆;钢结构完工后表面进行二次冲砂处理;部件涂装;总装后整机的涂装。漆膜总厚度设计应符合现行《港口机械钢结构表面防腐涂层技术条件》(JT/T 733)的要求,施工应满足现行《钢结构工程施工质量验收标准》(GB 50205)以及《港口设备安装工程技术规范》(JTS 217)的要求。按水运机电设备的结构可将涂装工作划分为以下几个系统:主结构外表面油漆系统;箱型结构件内表面油漆系统;封闭箱体内表面油漆系统;镀锌件表面油漆系统;三室(司机室、理货室、俯仰室)、二房(机房、电气房)内油漆系统;有特殊要求的油漆系统;标准机电配套件油漆系统和涂层修补工艺。

1. 钢材的表面处理

有数据表明,表面处理对防腐寿命的影响率可达50%以上,是涂装工程中不可忽视的一项重要工序。表面处理的方法有多种,最主要的有喷射处理(冲砂)、手工和动力工具处理、火焰处理、酸洗和磷化处理等,常用的是前两种处理方式。在钢板表面会附有氧化皮、锈或油脂、灰尘等污垢物,如果在涂装前不把这些异物除去,必将造成涂膜剥落、龟裂、返锈,尤其是锈蚀如不除去,将会在膜层下继续扩展而失去涂装的意义。涂装预处理的目的可以归纳为:去除金属表面附着或生成的异物,使金属表面有一定的耐蚀性;提高金属与涂膜的附着力。由于水运机电设备的钢结构或钢材体积(面积)较大,而其所用的底漆多数为富锌类底漆,这类底漆需要一定的表面粗糙度来提高其涂膜的附着力,因而采用机械预处理较为合适。化学处理如酸洗等方式更适合小型或形状更为复杂的构件。钢材表面处理常用标准为瑞典标准化协会(SIS)标准和美国涂装协会标准(SSPC)。

(1)表面预处理。

在未处理的钢板或加工后的钢结构表面,通常有油污、油渍、锌盐及其他盐分等污染物。此类污染物必须在喷砂前用清洁剂进行清洗。盐分通常用热的清水清洗,油污、油渍用碱性清洗剂清洗。如清理不当,将导致在喷砂或工具打磨后,油类等污染物被扩散至整个钢表面,造成新的污染并影响油漆附着力。冲砂能够彻底清除钢材表面的氧化皮,冲砂常用的磨料为钢丸、钢砂、矿砂及钢丝段。这些材料可以单独作为冲砂磨料,也可以按一定比例混合使用。为了保证被处理的钢表面有一定的粗糙度、能有效去除氧化皮及铁锈,磨料应具有一定的形状和大小,带有棱角的磨料冲砂效率最高、有一定的硬度,硬度检验在现场可以简单地用锤子敲击来检查,磨料选用见表10-1。

钢板喷丸、抛丸清理弹丸选用(单位:mm)　　表10-1

钢板厚度	3~4	4~6	7~12	14
丸径	0.8	1.0	1.5	2~2.5

在实际表面处理过程中,过高或过低的表面粗糙度都是不利的。过高的表面粗糙度会在被处理的钢材表面留下较深的凹孔,同时造成较高的峰尖。凹孔太深会在同样涂膜厚度的情况下消耗更多的油漆;峰尖过高会因为峰尖处的涂膜过薄而出现顶峰锈蚀,即使涂层有足够的厚度,但顶峰部分的防护膜厚度仍不足则达不到良好的防腐作用,致使产品在使用过程中过早

生锈。一个合适的表面粗糙度与漆膜厚度密切相关,而漆膜厚度取决于产品特定的使用环境及其防腐要求,一般情况下,表面粗糙度不超过设计膜厚的1/3,一般为Rz30~75μm。由于峰尖容易产生锈蚀,一般喷砂后用砂纸打磨去除过高的峰尖。除了表面粗糙度之外,清洁度也是一个重要的指标,特别是在通风条件还不理想时。此时钢材表面的灰尘和油脂会严重影响附着力,在现场可以用胶带黏着来测试。

(2)表面二次处理。

除了钢材表面预处理外,在施工中由于钢结构焊接、矫正、搬运、探伤等造成油漆损坏,因此需进行钢材表面二次处理。二次处理有冲砂、动力工具打磨、手动工具磨铲、清洗等。钢结构冲砂前,被涂件所有的锐角均要打磨成倒角,因为呈锐角边上涂的油漆无法达到规定的漆膜厚度,且咬不住,是最易产生锈蚀的地方。

2. 油漆施工的环境要求

大多数油漆施工受环境条件的严格限制,如温度、湿度、灰尘等,见表10-2。

环境条件对油漆施工的影响 表10-2

环境	对施工的影响	环境	对施工的影响
温度过高	溶剂挥发过快,易干喷	湿度过低	无机锌底漆不易固化
温度过低	不易固化,干燥期过长	工业灰尘	影响外观,易产生锈点
湿度过高	表面发白,影响油漆性能	风速过大	不易控制膜厚,油漆损耗过大

一般油漆的施工环境温度为5~38℃,空气相对湿度不应大于85%,也可以控制钢材表面的温度,即钢材表面温度应高于露点温度3℃以上,才允许施工。例如测得的环境温度为20℃,空气相对湿度为85%,查表得露点温度为17.4℃,则钢材表面温度应在20.4℃以上时,才能施工。当然,每一种油漆对环境的适应性不尽相同,施工时要严格按照油漆的使用说明书进行,雨天严格禁止进行油漆施工(有些油漆产品的环境适应性较强,温度-5~45℃、湿度90%左右均可施工)。空气中的灰尘(或工业粉尘)及打磨时的金属飞溅物对油漆的质量也会产生极不利的影响。灰尘颗粒会造成漆面不光滑,附着力差,较大颗粒的嵌附使该处漆膜较薄,磨损后极易产生锈蚀。飞溅铁粉、氧化物造成漆表面产生黄斑,必须及时清理。

3. 预涂漆施工

预涂漆施工是很重要的一道工序。在钢结构的焊缝、触角、凸角、狭小区域及喷涂不易的地方,必须进行油漆的预涂。预涂的作用是更有效地控制构件的漆膜厚度,使构件整体膜厚均匀一致。由于这些区域施工空间的限制,喷涂不能达到规定的膜厚,所以,通常用漆刷或滚筒先将这些部位均匀地预涂一遍。另外,这些被预涂的部位如焊缝,表面凹凸不平,喷涂时难免疏漏,预涂能良好地弥补喷涂的不足。

4. 底漆施工

无机锌底漆施工较为复杂,表面处理较高,必须达到Sa2.5级,从喷漆开始到结束,应不停地搅拌油漆,锌粉易沉淀,会造成漆膜锌含量不均匀或龟裂等现象。无机锌底漆一般不宜采用滚涂或刷涂,施工温度控制在5~38℃之间,固化时间一般为7d,表面干燥2~4h,即2~4h后才可以搬运,喷涂结束后应增加周边环境湿度(湿度应达70%以上),如环境湿度较小,则漆膜固化时间较长。对于无机硅酸锌涂料的固化测试,可以应用标准 ASTMD4752-87MEK 测试法。涂层表面先用清水清洁,除去锌盐。用一块白色的布蘸 MEK(甲乙酮)试剂,来回摩擦表面 50 次。如果 MEK 试剂对其影响很小或几乎没有影响,涂膜可以认为已经固化。另一种简易的检查方法是用刀或硬币刮擦涂层表面,固化后的涂膜显示闪亮的痕迹,则仅有很少的锌粉产生。

无机锌底漆上复涂中层漆应注意下列事项:

(1)除去涂层表面的锌盐,确认无机锌底漆已固化,用细砂皮或旧砂皮打磨去除表面漆雾,漆膜厚度不足或破损处只能用环氧富锌底漆进行修补(因无机硅酸富锌底漆不能复涂)。

(2)采用专用封闭漆或稀释的中层漆进行雾喷,雾喷的目的是对无机锌底漆表面进行封闭,把孔内的空气逼出(因锌粉底漆表面有许多肉眼所看不到的细孔),避免产生气泡和针孔。所以雾喷工作十分重要,应特别注意油漆的调配和厚度。油漆调配:将雾喷的专用封闭漆或中层漆加入 30% ~40% 的稀释剂;雾喷的油漆厚度不宜过厚,控制在 20 ~ 30μm,即薄薄一层即可,但要喷涂到位将各个部位都封闭。

(3)待雾喷的涂层干透后进行常规中层漆施工。如还发现中层漆表面出现针孔或气泡应再按(2)的程序重新进行表面雾喷工作。

5. 中层漆施工

从理论上讲,底漆一经固化,除去表面的灰尘、油污即可进行后道油漆施工。但实际施工中,中层漆的施工往往要间隔很长时间,此时底漆表面除了灰尘和油污外,还有锌粉的氧化物——锌盐,锌盐的存在严重影响油漆层间附着力而导致涂装失败。同时,构件在搬运、拼装过程中会对底漆表面造成损坏及油漆的重涂间隔增长,因此中层漆施工前要用砂皮打磨表面,并配以清水清洗,底漆损坏处需按油漆修补工艺进行处理。中层漆允许用滚涂和刷涂作为辅助手段。中层漆漆膜较厚,施工时要合理使用稀释剂,避免流挂,中层漆的固化时间为 7d 左右,表面干燥为 4 ~24h,施工温度 5 ~38℃,冬用型油漆可在 -5℃的情况下施工,施工时应用湿膜卡进行测量湿膜厚度以便更好地控制干膜厚度。

6. 面漆施工

面漆施工前先进行表面清洁,清除灰尘、水分和油污,并用细砂皮轻轻地打磨,使表面有一定的粗糙度。聚氨酯面漆对水分极为敏感,必须清除构件表面水分,在相对湿度低于 85% 的条件下进行施工。面漆作为构件的最后一层漆,表面清洁工作及施工环境十分重要。施工前应该完成所有的焊接工作和表面漆膜修补工作,整台港口装卸机械的面漆施工应在较短的时间内同时完成,以避免颜色上的差异,部分面漆可在交付用户前施工。港口装卸设备涂装用滚涂和喷涂相结合的方法进行施工,除手不可及的高空部位或无法操作的狭小部位外,应尽量采用喷涂,以追求最佳的表面效果。面漆施工时要非常重视漆膜均匀和油漆完全覆盖。避免漏漆和露底,表面应光亮、平滑,无任何油漆弊病,施工温度控制在 5 ~38℃之间。

7. 镀锌件及不锈钢表面油漆

镀锌及不锈钢表面油漆前,先用溶剂彻底清除构件表面的油脂、水分,并用砂纸或动力工具将构件表面打毛,使之有一定的粗糙度并在一个干燥的环境中油漆。一般在表面处理后先涂磷化底漆 5 ~10μm,然后按产品油漆配套施工,但不能将锌粉底漆作为后道漆,直接涂中层漆都是可行的。采用哪种工序,视工艺要求而定。国际上逐渐采用新型无溶剂纯环氧类油漆代替磷化底漆,因为环氧类油漆渗透力强,比磷化底漆有更好的附着力,同时更适合环保要求。

8.涂层修补

由于各种因素,在港口装卸设备的制造过程中可能会导致涂层破坏,需要修复。这是对涂装质量控制的重点,因为无论采取什么样的修补工艺,修补后的油漆不管从任何方面都要比在相同条件下整体喷涂的油漆质量差。尽可能减少修补量是提高涂装质量有效的方法之一。涂层修补的方法为:先去除表面油污和松脱涂层,将被破坏的涂层区域打磨至 St3 级,并留有一定的斜坡过渡面,然后按工艺要求逐层修补。

9.钢材表面预处理的质量检查

钢材表面预处理是在抛丸、喷漆流水线上进行,其质量的好坏主要取决于设备的调整。检查的内容包括抛丸质量和喷漆质量两大部分。钢材、型材必须经过预处理方可应用。良好的预处理是涂装能否保持较长使用寿命的关键。预处理应用机械方法进行,钢结构冲砂前应先检查设备是否正常,压缩空气是否有油或水,空压机是否安装油水分离器,通风及除尘系统是否良好,喷砂嘴是否磨损过大(标准 0.8mm 左右),钢丸、钢砂、钢丝段配比是否合理,磨料是否干燥、干净,钢材、型材表面应无油污。该焊接的附属件应尽量装配完毕,自由边丝应倒角,冲砂质量符合 SSPC-SP-10 等标准,表面无氧化皮,呈金属灰色(参照标准卡),不得有片状及连续点状大面积残余氧化皮。用粗糙度检测仪检查表面粗糙度,应达到国际通用的 SSPC-SP10 标准的要求,粗糙度宜在 50μm 左右(可用标准卡对照或用粗糙度仪测量)。预处理后,必须彻底清除钢材表面的粉尘,不得有油、水和杂质。钢材预处理后应立即(4h 内)喷涂规定的车间底漆或工作底漆,硅酸锌粉底漆喷涂时应不停地搅拌。测量平均膜厚的方法是在喷漆的钢材上放一块光滑平整的钢材样板,待喷涂及油漆干燥后测量样板上的漆膜厚度,该厚度即为被测件底漆的平均厚度。

10.对结构件油漆工作的质量要求

(1)按涂装工艺的规定检查所用的车间底漆、底漆、中层漆、面漆及所用稀释剂、固化剂的品质。检查油漆的生产日期是否在保质期内,包装是否完好,油漆是否有沉淀现象,检查油漆的牌号、色号是否与工艺要求相符,常用型和冬用型油漆不能混用,检查油漆的固体含量是否与厂家的说明书相符。

(2)喷涂油漆工作必须在环境温度不低于 -5℃、湿度不超过 85%、钢板温度必须高于露点温度 3℃的条件下进行,低温时应更换低温固化的油漆,不准在雨、雾、大风天、黎明或夜晚钢板表面结露时喷涂油漆。

(3)喷涂油漆前,工件表面不得有灰尘、杂物及水、油渍,确认底层涂膜是否存在缺陷及是否按正确的方法修补好,覆涂前必须用砂皮打磨、清洁油漆表面,保证粗糙度,确保层间附着力,每道油漆的复涂间隔应按油漆供应商的规定进行施工,确认油漆的混合配比是否符合说明书的要求,同时对周围物件及不需要涂装的零部件进行有效保护,防止油漆交叉污染。

(4)轴类、卡轴板、端盖、轨道压板、法兰螺栓孔、平台与扶手栏杆螺栓连接处等零部件除配合面和摩擦面外必须油漆后进行装配,避免雨后出现“流黄水”现象。

(5)检查油漆表面质量,不得有色差、漏涂、流挂、厚度不匀、起泡、气孔、皱皮、分层、龟裂等涂装缺陷。

(6)用检测仪测量油漆的附着力,构件油漆的附着力应大于3.5MPa。

(7)对于涂膜干燥或固化,需要参考产品的技术说明书和施工记录来进行判断。技术说明书中会有关于该产品的固化或干燥时间。涂膜的固化或干燥受到诸如通风、温度、涂膜道数等诸多因素的影响,而且实际施工后涂层不可能像在试验室中一样有恒定的固化或干燥环境。所以说明书上的时间只能进行基本参考。涂膜的固化和干燥在试验室中所测定的条件是20℃以及60%~70%的相对湿度。

(8)漆膜厚度测量,使用测厚仪(干膜测厚仪、湿膜测厚仪)检查漆膜厚度,层间漆膜厚度应符合工艺要求(特别是槽钢反面、箱体内隔板、R孔内、死角部位、筋板边缘等部位的油漆厚度)。在进行干膜厚度(DFT)测量时,我们要遵守"80－20"和"90－10"原则或相似的测量原则。"80－20"原则的意思为:80%的测量值不得低于规定干膜厚度,其余20%的测量值不得低于规定膜厚的80%。对于集装箱涂装,或者储存成品油或化学品的储存罐舱室来讲,这个原则要更为严格,通常使用"90－10"测量原则。除了相关规范中介绍的干膜厚度的测量方法外,美国SSPC-PA2标准关于涂膜厚度测量原则为:

①每$10m^2$测量5个点。

②每一个点的测量在一个很小面积内测量3个点的平均值。

③5个测量点的平均值必须符合规定的涂膜范围。

④单一测量点的膜厚不能低于规定膜厚的80%。

⑤不同测量点内的读数可以低于规定膜厚的80%。

⑥对于一定面积内的测量,按SSPCPA2规定。

⑦$10m^2$取5个测量点,每一测量点要进行3次测量。

⑧$30m^2$内的测量,按上面规定进行。

⑨$100m^2$面积的测量,选取3个代表性的$10m^2$面积进行测量;超过$100m^2$时,第一个$100m^2$按照③进行,接下来的$100m^2$内可随意选取$10m^2$进行测量;在③和④的测量中,如果发现测量不符合规格书要求,则每一个$10m^2$都要进行测量。

11. 相关检验标准

1)锈蚀等级

钢材表面的锈蚀程度分为四个等级,分别用字母A、B、C、D表示:

(1)A为全面覆盖着氧化皮而几乎没有铁锈的钢材表面。

(2)B为已发生锈蚀、并且部分氧化皮已经剥落的钢材表面。

(3)C为氧化皮已因锈蚀而剥落,或者可以刮除,并且有少量点蚀的钢材表面。

(4)D为氧化皮已因锈蚀而全部剥离,而且已普遍发生点蚀的钢材表面。

2)除锈等级

国家标准对喷射或抛射除锈过的钢材表面设有四个除锈等级,分别表示为Sa1、Sa2、Sa2.5、Sa3;对手工和动力工具除锈过的钢材表面设有两个等级,以St2、St3表示,不设St1级是因为达到这个等级的表面也不适宜涂装。各个不同的等级都有不同的文字含义,例如Sa2.5是指经非常彻底的喷射或抛射除锈,在不放大的情况下进行观察,钢材表面应无可见的油脂、污垢、氧化皮、铁锈和油漆涂层等附着物,任何残留物的痕迹应仅是点状或条纹状的轻微色斑。除锈等级一般应根据钢材表面原始状态、可能选用的底漆、可能采用的除锈方法、涂装维护周期等来确定。

3)湿度和露点

(1)湿度:在一定的大气温度下,定量空气中所含水蒸气的量与该温度时同量空气所能容纳的最大水蒸气的量之比值(%)。

(2)露点:在一定温度条件下,具有一定相对湿度的空气在逐渐冷却时,相对湿度就会不断提高,当冷却到水蒸气饱和时,水蒸气则开始凝聚,此时的温度则为该空气的露点。

湿度越大露点也越大。

4)油漆施工注意事项

(1)首先要了解油漆的性能,按工艺规定施工,不同油漆具有各自的性能和施工方法,因此在产品油漆施工中应事先了解、熟悉其性能并按油漆说明书的涂装工艺规范施工。

(2)做完整的表面处理,表面是否处理适当,表面油污、异物等是否处理干净对漆膜性能与寿命有很大影响,因此必须完全彻底除去铁锈、油污、异物并要充分干燥后才能施涂。

(3)油漆应做到充分搅拌,油漆的混合配比要按油漆厂商说明书的规定混合,并要熟化一段时间。

(4)一次刷涂油漆不能太厚,刷涂如果太厚,很容易产生流挂现象,还会产生起皱现象,因此要适当控制油漆厚度。

(5)叠层涂装时应待下层油漆干透后再涂漆,如下层漆膜未干透很容易产生起皮,甚至发生剥离、针孔等现象(因底层油漆的溶剂要往外挥发,容易产生气泡、针孔)。

(6)避免在低温和潮湿气候中施工,气温降至5℃以下应停止施工或用低温固化油漆,同时湿度超过85%时会产生油漆表面减光,甚至影响涂层附着力,因此要避免在此环境中施工。

(7)除去灰尘,灰尘不但会影响漆膜性能,也会影响美观,因此被涂物表面必须彻底清洁干净。

(8)避免在高温太阳光直射下涂漆,特别在夏季太阳光直射下很容易产生针孔、气泡、油漆干喷等现象。

(9)在涂装过程中应遵循先里后外、先难后易、从上到下的原则,涂层之间喷涂时必须用砂皮打磨油漆表面,保证粗糙度,确保油漆层漆附着力。

(10)注意稀释剂的用量,不能因油漆太厚而随意稀薄,如果稀释剂用量不当会影响涂层遮盖力,容易产生流挂,影响漆膜厚度、光泽度等。一般情况下以稀释剂用量不超过5%为原则。

(11)注意安全,施工场地要通风良好;前处理时需戴好防护镜、穿好工作服;高空作业必须佩戴安全带;箱体内通风条件无法改善时,需戴氧气面罩并缩短工作时间,并要有专人监护;搬运工件时不能违章操作;电器工具发生故障时,应立即切断电源并及时报修;油漆施工现场严禁明火作业。

(12)以下有些部位不做油漆(或中层漆和面漆):电缆、液压油管、机加工面、法兰面和高强度螺栓接触面、不锈钢、液压油缸推杆。

三、金属加工质量控制

机械零件均由几何形体组成,并具有不同的尺寸、形状和表面状态。为了保证机器的性能和使用寿命，设计时根据零件的不同作用对制造质量提出要求，包括表面粗糙度、尺寸精度、形状精度、位置精度以及零件的材料、热处理和表面处理(电镀、发黑)等。检测内容主要包括直径检测、直线度检测、圆度检测、垂直度检测、同轴度检测等。

四、机械传动装置质量控制

机电设备中的机械传动装置包括从动力部分到工作装置之间的传动零件，如传动轴、联轴器、齿轮传动、链传动、皮带传动、减速装置、换向装置、离合器、制动装置、车轮、滑轮、轴承以及为实现将动力传递到工作装置并满足其功能要求的其他零部件。传动装置的质量不仅直接影响产品的质量及安全，而且对产品的成本、效能、维护运行有很大的影响，在机电设备监理工作中的质量控制必须认真把好机械传动机构的质量关。机械传动装置零件主要破坏形式有强度破坏(包括屈服破坏和破断破坏)、疲劳破坏、刚度破坏、失稳破坏、磨损破坏、振动破坏、低应力脆断破坏。

1. 机械传动装置质量控制要点

(1)传动零部件的几何尺寸及精度必须满足设计图样、技术文件及相应标准规定要求。

(2)传动零部件材料型号及性能，加工工艺、热处理工艺等必须符合设计技术文件及标准规定。

(3)传动装置的强度、刚度、稳定性必须满足设计规范、标准规定要求，保证安全可靠工作。

(4)传动装置的功能，如减速、换向、离合、变速、制动、润滑等应满足工作装置功能要求，制动可靠，操作方便。

(5)传动装置的相对运动接合部应保证良好的密封性，不得出现油、气渗漏现象；相对运动部位不得有相互阻滞、摩擦、碰撞等现象。

(6)传动装置应具有良好的可维修性和维修保障性，装拆方便。

(7)传动装置应保证运行平稳，变速、换向灵活，制动安全可靠，不得出现不正常的振动和异常声响、温升过高等现象，并应满足设计技术文件及标准规定要求。

(8)对室外工作的传动装置以及运动部分的传动装置必须加装安全防护设备；对于设计任务书和相应标准中明确规定的安全保护装置，如限位开关、超速保护、超负荷保护、相互联锁保护、止挡保护装置等，必须配备，并安全可靠。

(9)传动装置应布置紧凑，排列整齐，颜色符合图样规定，外观造型力求稳定、均衡、协调、美观。

(10)其他在设计技术文件和产品标准中规定的技术要求。

2. 传动装置通用零部件装配检验

将合格的零件按工艺规程装配成组(部)件的工艺过程为部装。部装检验的依据是相关标准、图样和工艺文件。为了检验方便，便于记录和存档，必须设立部装检查记录单。

1)零件外观和场地的检查

在部装之前，要对零件外观质量和部装场地进行检查，要做到不合格的零件不准装配，场地不符合要求不准装配。

(1)零件加工表面无损伤、锈蚀、划痕。

(2)零件非加工表面的油漆膜无划伤、破损,颜色要符合要求。

(3)零件表面无油垢、污物,装配时要擦洗干净。

(4)零件不得碰撞。

(5)零件出库时要检查其合格证或质量标志或证明文件,确认其质量合格后方准进入装配线。

(6)中、小件转入装配场地时不得落地(要放在工位器具内)。

(7)大件吊进装配场地时需检查放置地基的位置,防止变形。

(8)需要大件质量(配件)的处理记录。

(9)配备重要焊接零件的超声波或射线探伤检查质量记录单。

(10)装配场地要清洁,无不需要的工具和多余物,装配场地要进行管理。

2)装配过程的检查

监理人员根据检验依据,采用巡回方法,监督检查每个装配工位,操作人员遵守装配工艺规程,检查有无错装和漏装的零件。装配好后,要按规定对产品进行全面检查。

3.传动机构总装的检验

传动机构总装应依据产品图样、装配工艺规程以及产品标准进行检验。总装过程的检查方法与部装过程的检查方法一样,采用巡回方法监督检查每个装配工位,监督操作人员遵守装配工艺规程,检查有无错装和漏装等,检验内容为:

(1)装配场地必须保持环境清洁,光线要充足,通道要畅通。

(2)总装的零、部件(包括外购、外协件)必须符合图样、标准、工艺文件要求,不准装入图样未规定的垫片和套等多余物。

(3)装配后的螺栓、螺钉头部和螺母的端部(面),应与被紧固的零件平面均匀接触,不应倾斜和留有间隙,装配在同一部位的螺钉长度一般应一致,紧固的螺钉、螺栓和螺母不应有松动的现象;影响装配精度的螺钉,紧固力应一致。

(4)螺母紧固后,各种止动垫圈应达到制动要求。根据结构的需要,可采用在螺纹部分涂上低强度防松胶代替止动垫圈。

(5)机构传动和移动部件装配后,运动应平稳、轻便、灵活,无阻滞现象,定位机构应保证准确可靠。

(6)总装时应注意高速旋转的零部件的动平衡精度(其精度值由设计规定)。

(7)必须检查两配件的结合面配合的接触质量,若两配合件的结合面均是刮研面,则用涂色法检验,刮研点应均匀,点数应符合规定要求。

(8)若两配合件的结合面均是用机械切削出来的,则用涂色法检验接触斑点,检验方法应按标准规定进行。

(9)重要固定结合面和特别重要固定结合面应紧密贴合,重要固定结合面在总装紧固后,用塞尺检查其间隙量,其量值不得超过标准的规定。

(10)特别重要固定结合面,除用涂色法检验外,紧固前、后均应用塞尺检查间隙量,其量值应符合标准规定。

(11)与水平垂直的特别重要固定结合面,可在紧固后检验。

(12)滚动轴承的结构,检验位置是否保持正确,受力是否均匀,有无损伤现象;对过盈配合的轴承,检验加热是否均匀;检查轴承的清洁度及其润滑脂的用量,润滑脂应符合规定要求。

(13)齿轮装配时,检验齿轮与轴的配合间隙和过盈量应符合标准及图样的规定要求;两啮合齿轮的错位量不允许超过标准规定;装配后齿轮转动时,啮合斑点和噪声应符合标准规定。

(14)机构经过总装检验合格,要将检验最后确认的结果填写在总装检验记录单内方可转入下序,总装检验记录单要汇总成册、存档,作为质量追踪和质量服务的依据。

4.机构性能的检验

1)外观质量检验

(1)机构外观不应有图样未规定的凸起、凹陷、粗糙不平和其他损伤,颜色应符合图样要求;

(2)防护罩应平整、匀称,不应翘曲、凹陷;

(3)零部件外露结合面的边缘应整齐、均匀,不应有明显的错位,其错位及不均称量不得超过规定的要求;

(4)当配合面边缘及盖边长尺寸的长、宽不一致时,可按长边尺寸确定允许值;

(5)外露的焊缝应修整平直、均匀;

(6)装入深孔的螺钉不应突出于零件表面,其头部与沉孔之间不应有明显的偏心;固定销一般应略突出于零件表面,螺栓尾端应略突出于螺母端面,外露轴端应突出包容件的端面,突出值约为轴端倒角值;

(7)外露零件表面不应有磕碰、锈蚀,螺钉、铆钉和销子端部不得有扭伤、锤伤、划痕等缺陷;

(8)金属手轮轮缘和操纵手柄应有防锈镀层;

(9)镀件、法兰件、发黑件色调应一致,防护层不得有褪色或脱落现象;

(10)润滑管道的外露部分,应布置紧凑、排列整齐、美观,必要时应用管夹固定,管道不应产生扭曲、折叠等现象;

(11)未加工件的表面,应涂油漆,涂漆应符合相应的规定要求。

2)机构性能参数及几何尺寸检验

根据机构的设计性能参数,检验各机构在空载与额定载荷下的实际性能参数是否符合设计的性能参数,误差应符合相关标准规定的要求,检查机构安装于整机后的几何尺寸,几何尺寸应符合图样的规定。

3)机构空载的运转检验

(1)机构空载运转应在机构无负荷状态下进行,以检验各机构的运转状态的温度变化、功率消耗,操纵机构动作的灵活性、平稳性、可靠性及安全性。检查各机构的联锁装置、限位装置的可靠性及安全性。

(2)空载运转,各机构应从最低速度起,依次运转,每级速度的运转时间按规定要求进行,在最高速度时应运转足够的时间,使滚动轴承达到稳定温度。

(3)检验变速机构运转速度,包括变速装置是否灵活、可靠,以及指示标牌的准确性。

(4)检验机构转位、定位、分度动作是否灵活、准确、可靠。

(5)检验读数指示装置和其他装置是否灵活、准确、可靠。

(6)检验各机构动作有无障碍与异常声响。

(7)检查制动器各转动铰点的灵活性,制动瓦与制动轮的接触面应符合图样中有关标准规定。

4)机构负荷检验

(1)机构负荷检验是机构在承受额定载荷状态下运转时工作性能及可靠性,即承载能力、运转状态平稳性、噪声、润滑度、密封性等。

(2)各机构的负荷运转工作应从中速起至最高速度。在最高速度时应持续工作8h,以检验轴承、电动机、减速器的温升情况是否满足规定要求。

(3)测取减速器运转时的噪声,噪声应小于85dB(A)。

(4)测取各机构起、制动时间,起、制动时间应符合设计规定。

(5)运转中各机构应工作正常,无异常响声,固定结合面不得渗油,运动结合面不得滴油,制动器作用应有效、可靠。

(6)运转后检查各机构零部件应无裂纹、永久变形、油漆打皱,连接处应无松动。

第四节　港口设备安装工程的基本规定

一、基本规定

(1)安装工程施工前应进行设计交底,施工应符合设计要求和设备技术文件的规定。当施工发生变更时,应办理设计变更手续,并按变更后的设计施工。

(2)安装工程应按批准的施工组织设计进行施工,并应实行工序检验。隐蔽工程封闭前,应按有关规定进行隐蔽工程验收,合格后方可进行下一道工序。

(3)安装工程的设备及主要材料的型号和规格应符合设计要求,并应检验合格。

(4)施工及验收采用的计量检测仪器和仪表应按现行有关标准规定检定合格。

(5)新建集装箱码头、干散货码头、邮轮码头和客滚轮等码头的船舶岸电设施安装调试应符合设备技术文件的有关规定。

二、基础

(1)设备安装前应根据设备的安装基准复核设备基础的尺寸和位置,当偏差超过允许值时,应进行修正。

(2)设备基础尺寸和位置的允许偏差应符合安装技术规程的规定。

(3)设备基础表面和地脚螺栓预留孔中的油污、碎石、泥土和积水等均应清除干净,预埋地脚螺栓的螺纹应保护完好,放置垫铁部位的表面应平整,垫铁与基础应紧密接触。

(4)当采用中碳钢作为基础螺栓材料时,基础螺栓与定位板的连接不得采用焊接固定。

(5)对于设备安装精度要求高的地脚螺栓预埋时,应采用定位板工艺埋设地脚螺栓,并应保证螺栓与定位板垂直。

(6)化学黏着螺栓的埋设应符合下列规定:

①螺栓中心线距混凝土基础边缘的距离不应小于 4 倍的螺栓直径,且不宜小于 100mm。当小于 100mm 时,应采取加固措施。

②螺栓孔应避开基材受力钢筋和水电、通信管线等埋设物。

③钻地脚螺栓孔时,基础混凝土强度不得小于 20MPa,螺栓孔应垂直,孔壁应完整,周围无裂缝和损伤,水平位置的允许偏差为 2mm。

④成孔后,应立即清除孔内的粉尘、积水,其深度应符合产品技术文件的规定,并将孔口临时封闭。在浇注化学黏着物前,应使孔保持清洁和干燥。

⑤地脚螺栓表面的油污、铁锈和氧化皮,应擦洗干净。化学黏着物必须达到产品技术文件规定的硬化时间后,方可触碰及使用。

⑥药剂应与螺栓配套。当进行环氧树脂砂浆调制时,应符合现行《机械设备安装工程施工及验收通用规范》(GB 50231)的有关规定。

(7)设备安装用的垫铁,每组不宜超过 3 块,每块的厚度不宜小于 2.0mm。薄垫铁宜放置在中间,并应将各垫铁用定位焊固定。

(8)承受重载或动载荷的设备安装时,宜使用平垫铁。

(9)楔形垫铁应成对使用,且在设备调平基础灌浆之前应用电焊固定。

(10)垫铁应放置在基础螺栓附近或底座主要受力部位,每个螺栓旁至少有一组垫铁。

三、轨道与车挡

(1)轨道的实际中心线与安装基线的水平位置偏差,不应大于 5.0mm。特殊设备的轨道中心线安装水平位置偏差应符合设备设计文件要求。

(2)设备安装前,应对大车行走轨道安装段尺寸进行复测。其允许偏差应符合规定。

(3)当轨道采用现场对接焊时,应符合下列规定:

①轨道焊接应按焊接工艺试验报告编制焊接作业指导书,焊接材料应与轨道等强度匹配。

②轨道的焊缝接头顶面及侧面均应打磨平整光滑,外观尺寸符合要求,并应进行超声波探伤检验。

(4)轨道固定方式应符合设计要求。

(5)当钢轨的压板螺栓采用硫磺砂浆或胶泥固定时,砂浆或胶泥的强度及握裹力应符合设计要求。

(6)当轨道采用弹性垫板作垫层时,弹性垫板的规格和材质应符合设计要求。当钢轨与弹性垫板有间隙时,应在弹性垫板下加钢板垫实,钢板的宽度应比弹性垫板长 10 ~ 20mm。

(7)使用钢卷尺测量轨道轨距时,应采用弹簧秤张紧并计入长度修正值。

(8)车挡的位置及焊接质量应符合设计要求。

(9)车挡应在安装设备前安装和调整好,同一跨端轨道上的车挡与缓冲器应接触良好。

四、钢丝绳

(1)钢丝绳严禁有变形、缩径、腐蚀、扭结和断丝等缺陷,钢丝绳不得接长使用。

(2)安装前应完全放松钢丝绳的弹性旋绕,当钢丝绳从卷盘或绳卷展开时,应采取避免钢丝绳扭转或降低钢丝绳扭转程度的措施。钢丝绳在释放过程中应保持清洁,放绕时不得损伤钢丝绳。

(3)钢丝绳的配置及穿绕应符合设计要求,工作机构处于设计极限位置时,卷筒上的钢丝绳除压绳部位外不得少于 3 圈。

(4)用绳卡连接时,绳卡数量与夹持方向应符合相关规定,绳卡夹紧度以 U 形螺栓将钢丝绳直径压缩 1/3 为宜,连接处承载能力不应小于钢丝绳破断拉力的 80%。

(5)用编结连接时,编结长度不应小于钢丝绳直径的 15 倍,且不得小于 300mm,连接处承载能力不得小于钢丝绳破断拉力的 75%。

(6)用锥形套浇筑连接时,应按钢丝绳直径选用相应的标准锥形套,并按标准工艺操作,连接处承载能力不得小于钢丝绳的破断拉力。

五、液压系统

(1)液压管的加工应符合下列规定:

①液压管及其附件均应进行检查,其材质、规格与数量应满足设计要求。

②管材应采用机械方法切割,切口表面应平整、无裂纹、无重皮、无毛刺、无凹凸和氧化物等。切口平面与管轴线的垂直度偏差,应小于管外径的 1%,且不得大于 3.0mm。

③管端需要加工螺纹时,其螺纹应符合现行国家标准的有关规定。管端接头的加工应满足卡套式、扩口式、插入焊接式等管接头的加工尺寸与精度要求。

④液压管路应采用无缝弯头或冲压焊接弯头,其弯管应满足下列要求:

a. 液压管通常采用机械常温弯曲,对大直径厚壁管采用热弯时,弯制后保持管内的清洁度要求。

b. 液压管的弯曲半径除耐油橡胶编织软管、合成树脂高压软管外,管外径不大于 42mm 时,弯曲半径大于或等于管外径的 2.5 倍;管外径大于 42mm 时,弯曲半径大于管外径的 3 倍。

c. 管壁冷弯的壁厚减薄量不大于壁厚的 15%,热弯的壁厚减薄量不大于壁厚的 20%。

d. 管外径小于 30mm 时,管的短长径比不小于 90%,无波纹和扭曲;管外径大于 30mm 时,管的短长径比不小于 80%,无凹痕及压扁现象。

(2)液压管焊接应符合现行《液压传动　系统及其元件的通用规则和安全要求》(GB/T 3766)等有关规定。

(3)管道的安装应符合下列规定:

①管道敷设时,管外壁与相邻管道的管件边缘距离不应小于 10mm。同排管道的法兰或活接头相互错开的距离不应小于 100mm。穿墙管道应加套管,其接头位置与墙面的距离宜大于 800mm。

②管道直管段支架间距应符合表 10-3 的规定。弯曲段的管道,应在起弯段附近增设管道支架。

直管段支架间距　　表 10-3

直管外径(mm)	<10	10~25	25~50	50~80	>80
支架间距(mm)	500~1000	1000~1500	1500~2000	2000~3000	3000~5000

③管道不应直接焊在支架上。不锈钢管道与支架间应垫入不锈钢垫片、不含氯离子的塑料或橡胶垫片,安装时不应用铁质工具直接敲击不锈钢管道。

④管道与机械设备连接时不应使设备承受附加外力,并不得使异物进入设备和部件内。

⑤管道的坐标位置、标高的允许偏差为 ±10mm,管道的水平度或铅垂度偏差不应大于长度或高度的 2/1000。

⑥软管的安装应满足下列要求:

a. 外径大于 30mm 的软管,其最小弯曲半径不小于管道外径的 9 倍;外径不大于 30mm 的软管,其最小弯曲半径不小于管道外径的 7 倍。

b. 软管与管接头连接处,有不小于软管外径 6 倍的直线过渡长度。

c. 在静止及随机移动时,没有扭转变形现象。

d. 软管长度过长或受较强振动时,用管卡夹牢。

e. 当自重会引起较大变形时,设支托或按其自垂位置进行安装。

f. 软管长度除满足弯曲半径和移动行程外,留有 4% 的余量。

g. 软管相互间及与其他物体没有摩擦现象,靠近热源时,有隔热措施。

⑦双缸同步回路中,两液压缸管道应对称敷设。

⑧液压泵和液压马达的排放油管的安装位置,应稍高于液压泵和液压马达本体的高度。

(4)管道的酸洗、冲洗与吹扫应符合下列规定:

①液压管道的除锈,应采用酸洗法。管道的酸洗,应在管道配置完成且已具备冲洗条件后进行。酸洗方法及管道的清洗液和脱脂剂的配方及使用,应符合现行《机械设备安装工程施工及验收通用规范》(GB 50231)的有关规定。

②液压系统的管道经酸洗投入使用时,应采用工作介质或相当于工作介质的液体进行冲洗,其冲洗应满足下列要求:

a. 液压系统在安装位置上组成循环冲洗回路时,将液压缸、液压马达及蓄能器与冲洗管路分开,伺服阀和比例阀用冲洗板代替。

b. 冲洗管路中,当有节流阀或减压阀时,将其调整到最大开口度。

c. 冲洗液加入储液箱时,经过滤,过滤器等级不低于系统的过滤器等级。

③管道冲洗完成后,其拆卸的接头及管口,应立即用洁净的塑料布封堵;对需要进行焊接处理的管路,焊接后该管路必须重新进行酸洗和冲洗。

④管道清洗后的清洁度等级,应符合设备技术文件的规定;当无规定时,应符合现行《机械设备安装工程施工及验收通用规范》(GB 50231)的有关规定,并应满足下列要求:

a. 液压系统中的伺服系统、带比例阀的控制系统和静压轴承的静压供油系统,其管道冲洗后的清洁度,采用颗粒计数法检测;液压伺服系统的清洁度等级不低于 15/12 级;带比例阀的液压控制系统和静压轴承的静压供油系统的清洁度等级,不低于 17/14 级。

b. 液压传动系统、动压及静压轴承的静压供油系统,其管道冲洗后的清洁度,采用颗粒计数法或目测法检测;采用颗粒计数法检测时,其清洁度等级不低于 20/17 级;采用颗粒目测法检测时,连续过滤 1h 后,在滤油器上无可见的固体物。

(5)管道的压力试验应符合下列规定:

①压力试验应根据设计文件编制试验大纲。

②压力试验应在管路冲洗合格后进行,试验完毕后应填写管路系统压力试验记录。

③管道的试验压力和试验介质,应符合表 10-4 的规定。

管道的试验压力和试验介质(单位:MPa) 表 10-4

系统名称	系统工作压力	试验压力	试验介质
液压系统 滑动轴承的静压 供油系统	≤16	$1.5P$	工作介质
	16 ~31.5	$1.25P$	
	>31.5	$1.15P$	

注:P 为系统工作压力。

④试压时应先缓慢升压至工作压力,检查管道无异常后,再升至试验压力,保持压力 10min,然后降至工作压力。检查焊缝、接口和密封处等,均应无渗漏、变形现象。

⑤液压系统压力试验时,应脱开系统内的泵、伺服阀、比例阀、压力传感器、压力继电器和蓄能器。

⑥压力试验期间不得锤击管道,且不得在试验区域周围 5m 范围内进行明火作业或重噪声作业。

六、润滑系统

(1)润滑系统管路安装应符合有关规定。

(2)润滑油系统的回油管道,应设置朝向油箱方向的坡度,其坡度宜为 1.25% ~2.5%。

(3)润滑脂系统的管路中,给油器或分配器与润滑点间的管道,在安装前应充满润滑脂,管内不得有空隙。

(4)润滑管道应采用酸洗法除锈,管道在酸洗合格后应进行冲洗。润滑管道在安装位置上组成循环冲洗回路时,应使润滑点与冲洗回路分开。

(5)润滑管路充脂后,应及时安装,且不得在管路上进行焊接或烘烤作业。

(6)润滑系统的管路应进行严密性试验,试验压力应符合设计要求。当设计无要求时,进油管路应为 0.45MPa,回油管路应为 0.1MPa。在试验过程中不应有渗漏现象。

(7)双线式润滑脂系统的主管与给油器及压力操纵阀连接后,应使系统中所有给油器的指示杆及压力操纵阀的触杆在同一润滑周期内同时伸出或缩入。

(8)润滑油、润滑脂的性能、规格和数量应符合设备技术文件的有关规定。

七、设备运输

(1)设备的运输形态应满足码头条件、安装工艺、运输能力和作业安全的要求。

(2)设备的包装应符合现行《机电产品包装通用技术条件》(GB/T 13384)的有关规定。

(3)部件发运时应符合下列规定:

①液压件管口应密封。

②裸露在外的螺纹应采取保护措施。

③外露加工面应涂防锈剂。

④裸装的电器应采取防雨、水措施。

(4)运输部件的标识应清晰、齐全,易于观察。

(5)大件运输时应符合下列规定:

①大件分段应结合装运设备能力,运输路线限制,吊卸安装设备等情况综合考虑。

②大件的重量、重心及外形尺寸等分段信息应有明确标牌显示。

③分段吊装吊耳应预先设置,运输支撑位置应布置在强肋处。

④节点板、高强度螺栓连接法兰面等重要接口部位应做必要保护,便于现场连接。

⑤构件在装运设备上的支撑点、系固点应牢靠有效,避免物件永久变形、窜动及倾翻。

⑥大件装卸、运输、堆积时应注意油漆涂层保护。

⑦规格类似散件应成组成束打包或装箱运输。

⑧电气元件应做好包扎,防止磕碰破损。

(6)整机运输应符合下列规定:

①运输船舶的选用、整机的绑扎和加固等必须根据运输区域自然和环境条件进行专门设计,并应满足设备装卸,配载及运输破舱稳性等有关要求。

②码头岸线长度、码头面高程、区域水深、潮位变化及系泊能力应满足运输船靠泊和整机卸船安装条件。

③码头承载力应满足整机卸船及顶升入位的要求。

④采用滚装就位方案时,应对运输船舶与码头岸边接口进行专门设计。

⑤载货布置应满足甲板强度和总强度要求。

⑥设备应设置整机吊装吊耳或滚装卸船专用装置或接口。

⑦整机系固应符合有关国家和船级社运输安全的各项规定,确保绑扎有效;设备自身强度应满足海运要求,避免结构失稳;活动小件应临时拆除或系固牢靠,防止坠落及损坏。

⑧裸露电气元件应采取防水措施,包扎完好或装箱,避免海水盐雾腐蚀。

⑨驳船运输应满足海上拖航指南等有关要求。

八、设备开箱

(1)开箱检验应由建设单位、监理单位、施工单位和供货单位共同进行,并应做出设备开箱检验记录。

(2)开箱检验应包括下列内容:

①设备及零部件的箱号、箱数和装箱情况。

②设备及零部件的名称、规格、型号和数量。

③装箱清单或供货清单、设备技术文件、资料和专用工具。

④设备表面有无损坏、变形、锈蚀,电器部件有无浸水受潮等。

⑤其他需要记录的情况。

(3)设备及零部件、专用工具和各类文件资料应妥善保管。

九、安全装置

(1)安全装置的位置、型号、规格和数量应满足设计要求。

(2)机内电梯安全装置的安装应符合设备技术文件的有关规定。

(3)起重机运行行程限位器的安装应符合下列规定。

①起升机构的起升高度限位器安装位置,在吊钩上升到极限位置时,应能立即切断起升动力源,极限位置上方应留有足够的空余高度。

②起升机构的下降深度限位器安装位置,在吊钩下降到极限位置时,应能立即切断下降动力源,极限位置时钢丝绳在卷筒缠绕圈数除固定绳尾圈数外不应小于3圈。

③起重机或小车的运行行程限位器在达到规定的极限位置时,应能立即切断前进方向的动力源。

④变幅机构的幅度限位器在臂架俯仰到达极限位置时,应能立即切断运动方向的动力源。变幅机构的幅度指示器应能正确显示吊具所在幅度或臂架的仰角。

⑤防止臂架向后倾翻装置的安装位置,在变幅机构行程开关失效时,应能阻止臂架的向后倾翻。

⑥回转机构的回转限位和回转锁定装置应工作灵敏、安全可靠。

⑦起重机或小车的缓冲器应有良好的避振和吸收冲击能量的功能,车挡结构应牢固,焊接质量应满足设计要求。

⑧大跨度门式起重机或装卸桥的偏斜指示器或限制器应正确显示偏斜情况。当偏斜达到设计规定值时,应使运行偏斜得到调整和纠正。

(4)起重机防超载安全装置的安装应符合下列规定:

①起重机限制器在实际起重量大于95%额定起重量时,应立即切断起升动力源,但应允许机构做下降运动。

②起重力矩限制器在实际起重量大于实际幅度所对应的起重量额定值的95%时,宜发出报警信号。实际起重量在100%~110%实际幅度所对应的起重量额定值时,应立即切断上升、增幅、臂架外伸等不安全方向的动力源,但应允许机构做安全方向的运动。

③回转机构的极限力矩限制装置在回转运动受到阻碍时,应发生旋转滑动动作。

(5)起重机抗风防滑和防倾翻装置的安装应符合下列规定:

①无锚定装置起重机的制动器、夹轨器、顶轨器等抗风防滑装置应使起重机在非工作状态风载荷作用下不发生滑移。

②锚定装置应固定有效、安全可靠。

③防倾翻安全钩应牢固可靠,与轨道间隙应满足设计要求。

(6)起重机联锁保护装置的安装应符合下列规定:

①进入桥式或门式起重机的门和从司机室登上桥架的舱口门,应进行联锁保护。当门打开时,应断开由于机构动作可能会对人员造成危险的机构的电源。

②司机室与进入通道有相对运动时,进入司机室的通道口应进行联锁保护。当通道道口的门打开时,应断开由于机构动作可能会对人员造成危险的机构的电源。

③可在两处或多处操作的起重机,应进行只能一处操作,不能两处或多处同时操作的联锁保护。

④既可电动、又可手动驱动时,相互间的操作转换应进行联锁保护。

⑤锚定装置、抗风抗滑装置与大车运行机构间应进行联锁保护。

⑥俯仰机构与安全钩间应进行联锁保护。

⑦电缆卷筒收放终端与大车运行机构间应进行联锁保护。

⑧起升和俯仰机构均应设置超速联锁保护。

⑨悬臂梁位置与小车动作间应进行联锁保护,应使俯仰悬臂放平后小车方能运行。

⑩小车停车位置与悬臂梁动作间应进行联锁保护,应使小车在悬臂位置时悬臂不能进行俯仰动作。

(7)起重机其他安全防护装置的安装应符合下列规定:

①风速仪和风速报警器在风力大于工作状态的计算风速设定值时,应发出报警信号。

②轨道清扫器的扫轨板底面与轨道顶面的间隙应为5.0~10.0mm。

③报警装置应使大车行走机构工作时发出声光报警信号。

④起重机的标记、标牌、安全标志、界限尺寸和净距应符合现行《起重机械安全规程 第1部分:总则》(GB/T 6067.1)的有关规定。

⑤登机信号按钮应动作可靠,安装位置应易于触及。

⑥航空信号灯的信号应良好。

⑦避雷针高出航空障碍灯高度不应小于300mm。

(8)输送设备防护装置的安装应符合下列规定:

①防偏装置在输送带跑偏到极限位置时应能使电动车在规定时间内停止工作。

②防打滑装置在输送带打滑时应能使电动机在规定时间内停止工作,并及时报警。

③防撕裂装置在输送带发生撕裂、戳破、绞结等损坏时应使电动机在规定时间内停止工作,并及时报警。

④过载保护装置在工作电流达到规定值时应使电动机在规定时间内停止工作。

⑤断链报警装置在出现断链事故时应使电动机在规定时间内停止工作,并及时报警。

⑥输送机紧急停车装置在紧急情况下电动机应立即停止工作。急停开关动作后应能锁定,直到人工手动复位。

⑦速度检测装置应具有失速检测、超速检测和断带检测功能,并及时报警。

⑧物料检测装置应具有轻载和满载的检测功能。

⑨堵料报警装置在物料堵塞时应及时报警。

⑩输送带防风装置的防风链安装位置应准确,并固定牢固。

⑪防逆转装置在载荷工况下停止工作时应有效防止逆转产生。

(9)起重机和输送机外露有伤人可能的活动零部件时,应设置安全有效防护罩。

(10)起重机和输送机露天电气设备应设置有效防雨罩。

(11)起重机和输送机梯子、栏杆、走道和平台应符合现行《起重机械安全规程 第1部分:总则》(GB/T 6067.1)的有关规定。

第五节　钢结构安装质量控制

一、钢结构安装前的准备工作

(1)应编制施工组织设计或专项方案,重要钢结构工程施工和安全技术方案应组织评审。

(2)钢结构在运输、存放和安装过程中,应采取防止变形和损坏的保护措施。构件变形应进行矫正,涂层损坏处和安装连接部位应进行修复和清理。

(3)运至现场的构件应进行复验。复验时应按照构件明细表核对构件的规格、品种和数量,查验构件原材料质量证明材料和构件合格证明材料等文件资料。

(4)应对安装构件的基础轴线位置、地脚螺栓位置和高程等进行复测,并办理交接验收手续。

(5)应复测与安装有关的构件结构尺寸。当不符合要求时,应采取措施进行处置至符合要求后,方可进行安装。

二、钢结构的现场组装

(1)经工厂预拼装的构件在现场组装时,应根据出厂记录和标识进行组装。

(2)未经工厂预拼装的构件在现场组装时,应符合相关规范的规定。

(3)钢结构安装的顺序和方法应保证结构的稳定性和刚性。构件安装就位后应立即进行调整和固定,形成稳定的空间结构。

(4)构件就位后进行调整和固定用的缆风绳或临时支撑,选用的材料和规格应根据设置数量和支撑角度等实际受力情况决定。缆风绳或临时支撑的设置与构件安装应同步进行。

(5)吊点数量和位置必须满足钢结构强度和刚度的要求。起重设备和吊索具的选用必须经过计算确定,正式吊装前必须经过检查,确认合格后方可使用。

(6)用吊装法安装应符合下列规定:

①起重机作业区域内应平整,地基承载力应大于起重机械接地压力。

②采用双机抬吊安装时,每台起重机的实际载荷应控制在0.8倍的本机额定载荷能力以内,起吊构件总重量不应超过两台起重机额定载荷总和的0.75倍,吊装过程中应保持吊索与地面的垂直,各吊点的移动和升降速度应同步。

③多点吊装时,各吊点的起升和下降速度应同步。

(7)用滑移法安装应符合下列规定:

①各滑轨应保持平行,接口应平顺光滑,滑轨两侧无障碍,滑轨的固定应牢固。

②滑移起动和停止时,应采取措施降低由惯性产生的冲击力。

③多点牵引时,各点的牵引速度应同步,防止侧向偏移。

(8)用提升法安装应符合下列规定:

①应根据被提升钢结构的变形控制和受力分析设计、计算确定提升吊点及支承位置。根据各吊点反力选择提升设备和设计计算支承系统的强度、刚度和稳定性。

②采用液压千斤顶提升时，吊点的千斤顶的额定载荷能力宜大于该处实际提升力的1.5倍。

③提升时应保持各吊点处液压千斤顶的同步，各吊点之间的高度偏差应由提升受力分析确定，现场进行监测。

(9)用顶升法安装应符合下列规定：

①应根据被顶升钢结构的变形控制和受力分析确定顶升点及支承位置，并根据各点反力选择千斤顶的参数和设计支承座。

②顶升用的螺旋或液压千斤顶，其顶升时的使用载荷应将额定载荷能力乘以折减系数。

③千斤顶顶升过程中应保持垂直。

④顶升时各顶升点的升值差应进行监测和调正。

⑤顶升时被顶升物应有防回落保护措施，避免千斤顶失稳或失效引发事故。

三、高强度螺栓连接质量控制

1.高强度螺栓施工检验

(1)对接触面积的检验。由于高强度螺栓紧固后，螺栓均不宜承受剪力，而是通过被连接板之间的摩擦力起到连接作用，因此对连接板之间的接触面积必须加以控制。为了保证连接有较大的摩擦力，应对构件接触表面进行喷砂、喷小铁丸和酸洗等除锈处理，再涂以无机富锌漆，以防止再生锈。一般允许摩擦面有一层底漆。对连接板无拘束力时，一般要求板材平面平整度不大于2/1000。对于有拘束力的连接板，则要求接触面积不小于70%，螺栓拧紧后，螺孔周围不得有间隙，连接板边缘局部允许有0.25～0.5mm的空隙并用塞尺检查，插入深度不大于30mm。对部分接触面间隙处理方法见表10-5。

接触面间隙处理方法　　表10-5

接触面间隙处理方法	示意图	处理办法
1		$t<1.0$mm时不予处理
2		$t=1.0\sim3.0$mm时，将板厚一侧磨成1:10的缓坡，使间隙小于1.0mm
3		$t>3.0$mm时加垫板，垫板厚度不小于3mm，最多不超过3块，垫板材质和摩擦面处理方法应与构件相同

(2)螺栓的施工过程控制。高强度螺栓连接副应按批配套进场，并附有出厂质量保证书，高强度螺栓连接副应在同批内配套使用；高强度螺栓连接副的保管时间不应该超过6个月，当保管时间超过6个月使用的，必须按要求重新进行扭矩系数或紧固轴力试验，检验合格后方可使用。高强度螺栓连接安装时，在每个节点应穿入临时螺栓和冲钉数量，按安装时可能承担的载荷计算确定，并符合下列规定：

①不得少于安装总数的1/3，不得少于两个临时螺栓，冲钉穿入数量不宜少于临时螺栓的30%，不得用高强度螺栓兼作临时螺栓，以防损伤螺纹引起扭矩系数的变化。螺母带圆台面的一侧应朝向垫圈有倒角的一侧，螺栓头下垫圈有倒角的一侧应朝向螺栓头。

②安装高强度螺栓时,严禁强行穿入,当不能自由穿入时,该孔应用铰刀进行修整,修整后孔的最大直径不应大于 1.2 倍螺栓直径,且修孔数量不应超过该批螺栓数量的 25%,修孔前应将四周螺栓全部拧紧,使板密贴后再进行铰孔,严禁气割扩孔。

③安装高强度螺栓时,工件的摩擦面应保持干燥,不得在雨中作业。

对因板厚公差、制造误差或安装偏差等产生的接触面间隙,应符合相关要求。施工所使用的扳手必须经过校验,其扭矩误差不得大于 ±5%,合格后方可使用。校正用的扭矩扳手,其扭矩误差不得大于 ±3%。螺栓穿入方向尽量一致,个别螺栓由于现场条件的原因可以方向相反。高强度螺栓在初拧和终拧时,连接处的螺栓应按一定顺序施拧,一般由螺栓群中央顺序向外拧紧;在同一连接接头中,高强度螺栓连接不应与普通螺栓连接混用,承压型高强螺栓连接不应与焊接连接并用。

2. 高强度螺栓施工后检验

用 5 磅小锤敲击法对高强度螺栓进行普查,以防漏拧。对每个节点螺栓数的 10% 且不少于一个螺栓进行扭矩检查,如发现不符合规定的,应再扩大检查 10%,如仍有不合格者,则整个节点的高强度螺栓应重新拧紧。扭矩检查应在螺栓终拧 1h 后、24h 之前完成。

转角检查,在装置上做试验时得出基准转角 α,α 为在装置做试验的三副合格试样转角的平均值,α 的公差为 ±30°。高强度螺栓终拧后螺栓头部应露出 2~3 牙。

3. 涂装

对于表面经达克罗处理的螺栓副,检验合格后,如达克罗涂层有损坏,则需用由螺栓制造厂提供的达克罗处理涂料进行修复;对于露天使用或接触腐蚀性气体的钢结构,在高强度螺栓拧紧检查验收合格后,连接处板缝和螺栓副四周应及时用特殊密封胶封闭;经检查合格后的高强度螺栓连接处,应按涂装工艺要求涂漆防锈。

第六节　电气设备质量控制

随着水运机电设备自动化程度的不断提高,各种电气设备广泛应用于机械中。电气设备的质量对机械的质量十分重要,不仅影响机械的工作效率和使用寿命,而且直接危及操作人员的人身安全。根据机械故障分析,电气故障约占全部故障的 70% 以上,因此加强电气设备质量检验和控制是一项十分重要的工作。电气设备的质量控制应当贯穿于设计、制造、安装、调试、检测的全过程中。任何一个环节出现不满足规范、标准的要求,都可能出现质量事故。只有对每个环节加强质量控制,才能确保机电设备的整体质量。

一、电气设备质量控制的目的

电气设备质量控制的目的包括三个方面:

(1)可靠性。所有电气设备必须满足有关规范、标准的要求,达到要求的性能指标,在有效使用期限内能安全可靠的工作。电气设备所具有的保护单元应能有效地实施保护,防止发生电气故障。

(2)安全性。所有电气设备应可靠接地,电气设备导线的相与相之间,相与地之间应有足够的绝缘电阻。有的机械设备应设置避雷装置,确保操作人员安全性。

(3)经济性。选择电气设备时,一是考虑性能指标;二是要考虑价格,使其性能/价格比值适当,保证电气设备既有足够的使用寿命和良好性能,又有较低廉的价格。

二、影响电气设备质量的主要因素

影响电气设备质量的因素主要有三个方面:

(1)设计的合理性。电气设计内容广泛,大到供电方案确定、电气传动及控制方案的选择,小到某个元件参数的计算和选型是否合理,都会直接或间接影响电气设备的质量。

(2)电气元器件的质量。如果电气设计合理,但元器件的质量低劣,势必影响电气性能,发生电气故障。特别是在电气绝缘不能满足要求情况下,电气设备质量就根本无法保证。

(3)电气设备安装的质量。电气设备质量除设计及元器件质量外,很大程度上取决于安装工艺水平的高低。安装质量的好坏直接影响设备的性能及使用寿命。不按工艺规范要求施工安装就可能留下故障隐患,在振动、高温、高湿等恶劣环境下就可能产生电气事故,造成设备损坏甚至人身伤亡事故,应该引起足够的重视。为了确保电气设备的质量,对电气设备的配套、安装、接地及接线等各个环节要进行严格的质量控制。质量控制必须按有关的规范标准,在施工的全过程中进行,以便及时发现问题,解决问题,以防留下隐患,造成不必要的经济损失。

三、成套电气设备安装阶段的质量控制

1.通用要求

(1)电气设备、元件的质量检查。

要求全部电气设备及元件均有合格证(实行生产许可证的产品应有生产许可证)。合格证应表明产品名称、型号规格、生产厂家、生产日期、检查记录、检验员及检验日期。

(2)安装前的复查。

主要电气设备、元件安装前必须进行质量复查。其电气性能指标不得低于该产品规定的要求,不合格的设备、元件严禁安装。

(3)安装质量控制。

根据各单元的安装图,现场检查内容包括:①安装位置(方位、间距、高度)应满足设计及安装规范要求。②固定方式应满足设计及安装规范要求。③防护要求按设计及安装要求,采取防水、防潮、防损伤、防高温、防腐污、防雷措施。④安全措施应满足安装规范要求。

2.变压器安装质量控制

(1)运输和安装前的检查应符合下列规定:①变压器在装卸和运输过程中,不应有严重冲击和振动,倾斜角不得大于15°,干式变压器应有防雨和防潮措施;②变压器的法兰连接处应无渗油现象,变压器油位应正常;③绝缘油应储藏在密封清洁的专用容器内,到达现场的绝缘油应有试验记录,不同牌号的绝缘油应分别储存,并具有明显标识。

(2)器身检查时,环境空气温度不宜低于0℃。当空气相对湿度小于75%时,器身暴露在空气中的时间不得超过16h;相对湿度和露空时间超过规定时,应采取相应可靠的防止变压器受潮措施。

(3)接地装置引出的接地干线与变压器的低压侧中性点应直接连接;接地干线与变压器的N母线和PE母线应直接连接;油浸变压器箱体、干式变压器的支架或外壳应接地(PE),所有连接应可靠,紧固件及防松零件齐全。

(4)本体和附件安装应符合下列规定:①保护栏杆和网门等安全设施应齐全;②装有气体继电器的变压器,除制造厂规定不需升高坡度外,其顶盖气体继电器气流方向应有1%~1.5%的升高坡度;③法兰连接处应用耐油密封垫圈密封,法兰连接面应平整、清洁,密封垫圈安装位置应正确,橡胶密封垫的压缩量不宜超过其厚度的1/3,法兰螺栓应按对角线位置依次均匀紧固,紧固后的法兰间隙应均匀,紧固力矩值应符合产品技术文件要求。

(5)变压器高低压进线套管固定螺母不应同时用于引入和引出导线的紧固。

(6)母排节点处宜贴温敏黏膜。

(7)附件安装应符合设备技术文件的规定。

(8)注油应符合下列规定:①绝缘油应符合相关规定。试验合格后方可注入变压器。②变压器真空注油工作不宜在雨天或雾天进行,注油时应排尽本体及附件内的空气,注油和真空处理应符合产品技术文件要求;③变压器注油时,宜从下部油阀进油;④加油完毕后应静置24h。

(9)变压器基础的轨道应水平,轨距与轮距应相符,装有滚轮的变压器就位后,应将滚轮用可拆卸的制动部件固定。

(10)箱式变压器的基础应高于室外地坪,周围排水通畅,有通风口时风口防护网应完好;箱体应接地或接零且标识清晰。

3. 开关设备安装质量控制

(1)开关设备通常焊接在基础槽钢上,安装时要求槽钢对地水平平直,每米的允许误差不大于1mm。

(2)安装后,手车到达工作位置时应满足:①手车的锁定轴销应准确插入工作位置定位孔内,工作位置开关可靠动作,断路器能进行分合闸。②一次隔离动、静触头融合,其融合深度公差为7±3mm,水平线不对称度为4mm。③二次隔离插头应被机构锁住,不能拔出。④脚踏锁定跳闸机构应能可靠地使断路器分闸,而当装有防误拉手车引起开关误跳的机构时,在断路器合闸后,脚踏锁定跳闸机构应被锁住。⑤接地触头应保证手车与壳体的接地回路可靠相连,其接触电阻应不大于1000μΩ。⑥接地开关闭合后才能拆卸壳体后封板。后封板未装上时,接地开关不能分闸。

4. 控制屏(柜)安装质量控制

(1)控制屏(柜)底架采用间断焊焊接在机房底架上,间断焊要求焊缝至少大于100mm,焊缝间距至少100~200mm,控制屏(柜)离墙留有50mm空间。

(2)所有屏(柜)应尽量靠壁安装,如需背面操作,则必须留有不小于600mm的通道。屏(柜)前必须留有不少于800mm的空间,以便操作及检修。柜对面相对布置,则必须保证当一边的柜门打开时，与对面的距离仍有600mm或600mm以上的距离。

(3)成排安装的屏(柜)必须排列整齐，屏(柜)间无较宽的缝隙，垂直偏差≤1.5mm，水平偏差≤5mm，不平度偏差≤5mm，平面间隙≤2mm。具体偏差见表10-6，高压屏(柜)前应铺设厚度为10mm绝缘橡胶地毯。

盘柜安装的允许偏差 表10-6

项目		允许偏差(mm)
垂直度(每m)		<1.5
水平偏差	相邻两盘顶部	<2
	成列盘顶部	<5
盘面偏差	相邻两盘面	<1
	成列盘面	<5
盘间接缝		<2

(4)对于高于2m的控制屏，需在控制屏顶部加以固定，如果控制屏之间有连接孔，需适当用螺栓固定。

(5)司机室内控制屏通常通过螺栓直接固定在地板上，上部用螺栓和墙壁内预埋的钢板(通常预放厚度至少为5mm厚的钢板)相连。箱门至少打开90°。

5. 各类电气控制箱安装质量控制

内部需接线箱体的称为接线箱，只用于分电缆不需接线的称分线箱，内部有模块的称为模块箱。

(1)各类电气控制箱的安装位置应充分考虑检修方便，进线口避免朝上。

(2)各类电气控制箱的安装高度与施工、操作人员站立的平面距离为标准：顶部不超过1800mm，底部不高于1200mm，凡两个距离有冲突时，以顶部有准；箱子高于1m的，箱子准落地安装；成排安装的箱子以顶部对齐为标准；带有操作手柄的箱子，操作手柄转轴中心与地面的距离，宜为1200～1500mm，侧面有操作用柄的与其他设备之间的距离宜不小于200mm。

(3)仪表箱、操作箱的定位原则：能使操作者操作时清楚、方便地观察或操作为原则。

(4)屏(柜)、箱内电气元件的安装要求：

①安装的电气元件的型号、规格必须与设计图纸相符，并按安装设计要求，确定安装位置；

②所有元件必须完好无损，外观清洁，开关、断路器动作灵活、可靠，接触器、继电器触头平整、接触可靠、动作灵活、无卡阻。

③元件安装排列整齐，固定牢靠，且注意检查以下几点：各种电器元件应能独立拆装更换，而不影响其他元件及线束的固定；电器元件的可动衔铁必须在下方；电器元件的标牌应尽可能处于可见位置；电子元件切勿排列在强电场邻近处，应集中独立安装；电子元件的散热片应安装在空气对流的位置。

④变压器的静电隔离层有良好的接地。

⑤直径大于10mm、长度大于40mm的电阻、电容元件必须用紧固件固定，不得借用连接线固定。

⑥带有电磁装置的元件需用防松垫圈紧固,陶瓷质电器元件要加装绝缘橡胶或胶木垫紧固。

⑦接线端子板、插接件底座必须紧固定位,严禁依靠导线悬挂。

(5)屏(柜)、箱内布线要求。

①屏(柜)、箱内导线型号、规格、长度应按接线图及安装工艺要求截取。主电路、控制器回路、接地回路等导线颜色应符合相关标准规定。

②控制回路导线的敷设,不应妨碍电器元件的拆装。屏(柜)、箱内的连线及相互间的连线必须通过接线端子。

③屏(柜)、箱内导线不允许有中间接头。

④屏(柜)、箱内导线应配置整齐、美观,横平竖直,转弯处成直角。两根以上导线平敷应扎有线夹,线夹间距不大于100mm,转角处前后各扎一只线夹。

⑤电器元件的接线端不得超过两根导线,同一接线端上两导线如果截面不同,接线时大截面导线在下,小截面导线在上。

⑥单股铜芯线连接时,线端头剥去绝缘层,同螺栓拧紧方向一致弯曲成圆环,圆环直径比螺栓直径大0.5~1.0mm。

⑦多股铜芯线连接时,线端头剥去绝缘层先烫锡,再压制相应的接线片,接线片的选择参照有关要求。

⑧连接可动部位(门上电器元件等)的导线应采用多股钢芯软导线,导线长度应留有余量,可动部位两侧应用卡子固定。

⑨多根成束导线,需增加备用线,可按设计要求预留或按10根备1根(大于3根不足10根也备1根)原则预留。

⑩动力线的端头压接线片时需用专用工具,大电流动力线可从电器元件触头上直接引出。

⑪导线两端都应有永久性编号,编号与图纸编号一致。

⑫导线间的电气间隙和爬电距离应满足《港口装卸机械电气设备安装及检测规范》(JT/T 93—2008)标准中有关条款的要求。

(6)安装调试的基本要求。

①对照图纸复查屏(柜)、箱内的电器及接线,保证正确无误。

②按设计要求调整所有整定要求的继电器及其他电器,调整后要锁定,并点上珠光红漆。

③检查全部带电部件的电气绝缘,其绝缘电阻一次回路大于或等于2MΩ,二次回路大于或等于1MΩ。

6. 接地和屏蔽接地质量控制

(1)为抑制附加在电源或输入、输出端的干扰,控制器应有专用地线,禁止将其接到其他装置的地线上或利用其金属体作为地线。

(2)接地点应尽可能接近控制器,接地电阻应小于10Ω。

(3)输出电缆的屏蔽接地点应在接收信号端,电缆的另一端可不接地;输出电缆的接地点应在发出信号端,电缆的另一端不接地。

7. 电源安装质量控制

(1)为防止电源、大地、电线等引起的干扰,在电源和控制器之间可安装隔离变压器或滤波器,也可在输入回路中接入吸收回路。

(2)对于交流输入时,控制器的输入端应接入 RC 浪涌吸收回路;直流输入时,应接入二极管吸收回路,其反向峰值电压应选用额定电压的 3 倍以上。

8. 电气照明装置安装质量控制

(1)灯具安装应符合下列规定:①成套灯具的型号和规格应满足设计要求;②室外安装的灯具,灯具底部距地面的高度不宜小于 3m,当无设计要求时,室外墙上安装灯具时,灯具底部距地面的高度不应小于 2.5m;③特殊危险场所,当灯具距地面高度小于 2.4m 时,应采取防护措施或使用额定电压为 36V 及以下的照明灯具;④螺口灯具的中心触点应接相线,螺纹接零线;⑤每套灯具的导电部分对地绝缘电阻值应大于 2MΩ;⑥金属立杆和灯具的可靠近裸露导体及金属软管的接地或接零应可靠,且有标识。

(2)插座、开关的安装应符合下列规定:①插座和照明的开关应接在相线上;②同一室内安装的插座或开关高度应一致,高度差不宜大于 5.0mm,并列安装相同型号的插座或开关,高度差不宜大于 1.0mm;③带接地插孔的单相插座和三相插座中接地线不得与工作零线混用,接地线应与相应的相线截面一致,颜色宜采用黄绿色;④室外插座和冷藏集装箱插座宜采用专用插座,露天和潮湿场所的开关应采用防水防溅型专用开关。

(3)照明配电箱、板的安装应符合下列规定:①箱、板安装应牢固,垂直度偏差不应大于 1.5%,照明配电板底边距楼地面高度不应小于 1.8m,当无设计要求时,照明配电箱安装高度应符合现行《港口设备安装工程技术规范》(JTS 217)的规定;②箱、板内相线、中性线(N)、保护接地线(PE)的编号应齐全、正确,多股电线应压接接线端子或搪锡,螺栓垫圈下两侧压的电线截面积应相同,同一端子上连接的电线不得多于两根;③箱、板内应分别设置中性线(N)和保护接地线(PE)汇流排,零线和保护线应进行编号,且应连接在各自的汇流排上;④照明配电箱、柜不带电的外露可导电部分应与保护接地线(PE)连接可靠;装有电器的可开启门,应用裸铜编织软线或黄绿软电缆与箱体内接地的金属部分做可靠接地。

(4)堆场高杆灯安装应符合下列规定:①灯具与基础应固定可靠,地脚螺栓应有防松措施,灯具接线盒盒盖防水密封垫齐全、完整;②灯杆的检修门防水措施应可靠,闭锁装置应工作可靠。

(5)变电所内高低压配电设备及裸母线正上方,不得安装灯具,灯具与裸母线的水平净距不应小于 1m。

(6)露天安装的灯具和与其相连的导管、接线盒等应采取防腐蚀和防水措施。

9. 线管敷设质量控制

(1)一般在不相对移动的地方尽量采用硬管,有相对移动的地方以及到电气终端设备时(为隔离振动及方便拆装)可使用软管或裸线过渡。但金属软管不适用于快速和频繁运动的场合。

(2)金属 3/4″硬管相邻两个固定点之间的距离不应超过 2000mm(执行 CSA 标准时 3/4″电缆管的固定间距不大 1500mm),离弯头、端头和软管接头处 300mm 之内应设有固定点。如果安装的是金属软管,在每隔至多900mm应有固定。

(3)一般分线盒如相对两侧均有硬管时,硬管固定点不能超过距分线盒900mm以外,如相邻两侧有硬管时,硬管固定点一个应在900mm之内,一个在450mm之内,只有一端有硬管固定时分线盒需增加固定。

(4)硬管与分线盒、硬管与硬管、硬管与箱体连接后螺纹最多露出3牙。

(5)风速仪、航空灯使用11/4″硬管,保证其刚性和穿线。

(6)机房内同排线管延伸应保持一致,固定夹在同一高度。

(7)当水平线管与垂直线管交叉敷设时,水平线管做延伸避让。同排敷设或交叉敷设时均要考虑到线管有油漆的空间。

(8)管道进入接线盒、箱处应顺直,在接线盒、箱内露出的长度小于5mm。

(9)管路进入电气设备管口位置正确,应低于电气元件的进线口,管路最低点需有漏水孔。电缆管进入室外的接线箱、分线箱时,应优先考虑从底部进入。

(10)每一根独立的连续的电缆管,累计的弯曲角度必须小于360°。超过360°时,需要用分线盒或者三通过渡。每个弯头的弯曲角度不允许超过90°。

(11)丝牙连接处加厚白漆。厚白漆的作用是防水防锈,在现场配管时涂漆,不可漆干后再配管或在车间内涂好漆后再拿到现场安装。使用厚白漆的元件安装要一次到位。

(12)开放式金属管路:敷设在非水平开放式金属管路中的电缆,在管口的上方出口处,用电缆扎带将电缆固定在专门的固定架上;相邻管口之间的裸线长度、管口到元件之间的裸线长度要符合设计要求。

(13)同一项目不同机上的管路走线,分线盒三通位置、使用软管还是硬管要统一。

(14)金属硬管的弯折必须采用专门的弯管机进行,弯曲处不应有明显的凹陷、褶皱、扁塌。硬管的中心弯曲半径应大于所穿电缆中允许的最小弯曲半径。

四、电气调试、检测阶段的质量控制

1. 电气调试及检测质量控制的一般要求

(1)调试及检测环境条件应满足相应标准、规范的要求。

(2)调试及检测使用的仪表必须符合有关标准的要求。

(3)调试及检测结果的数据处理必须满足有关标准要求。

2. 电气调试的质量控制

(1)调试必须按试验大纲逐项进行,并对逐项试验进行数据或波形记录。调试结果应有在场调试人员签字。

(2)调试过程中,因故对原设计、安装进行变动时,必须有详细记录,并有两名或两名以上现场调试人员签字。必要时应先经设计部门(单位)同意后再作调试。

(3)高压的电气设备和布线系统及继电保护系统的交接试验,必须符合现行《电气装置安装工程电气设备交接试验标准》(GB 50150)的规定。

3. 电气检测的质量控制

(1)检测必须按要求的项目逐项进行,并逐项进行数据、波形记录。检测结果应有在场检测人员签字。

(2)检测的数据和波形会受电网、负载、环境条件(规范允许范围内)变化的影响,因此检测的最终结果,应是按有关标准要求取平均值。

4. 检测注意事项

(1)测量仪器、仪表的基本要求。

①应采用不低于0.5级精度的测量仪器、仪表(其中兆欧表、功率因数表及直流电桥应不低于1.0级)。

②仪器、仪表的选用应使所测量值在30%~95%仪器、仪表量程范围内。

③测量仪器、仪表必须有计量管理机构鉴定的证书,并且在有效使用期内方可使用。

(2)测量的环境条件。

①海拔高度<1000mm。

②环境温度-5~45℃。

③最大相对湿度不大于90%,可有凝露。

(3)电器检查注意事项。

①参加检测的电器操作人员不得少于两人,要有专人指挥。

②试验设备、电表及仪器及时检修,出现故障应停止使用。

③试验设备的固定线路不可任意更动。工作需要变动时,必须交代清楚,并做出明显标记。

④高低压系统的隔离开关、刀开关不得带电分合。在高低压投入运行时,需先合隔离开关,后合断路器,断电时相反。

⑤电源已经切除,电机仍在转动时,不得进行接线或拆线。

⑥工作前,容量大的电容应对地放电后才可工作。

⑦各种专用电器线路未经允许,严禁改动。

⑧高压试验、泄漏试验、介损试验完毕切除电源时,必须对被试器件放电后再拆线。

⑨试验用临时电源线要架空或加保护管,不得任意乱拉。试验用的开关需有专人看护。如果临时中断试验,继续试验时需检查线路,否则不得合闸。

⑩试验前应佩戴好防护用品。试验场地应有遮挡栏,并挂有警示牌。

(4)电机检查注意事项。

①工作前必须检查仪表、开关、电气设备、电机绝缘电阻等是否正常。

②严禁用手接触电机运转部位及电气设备带电部分。

③检查电机底脚螺丝是否可靠,旋转方向是否正确。一切正常,再进行试验。

④测量电机转速应在后端进行,若不允许时,可在轴前端进行,但要注意测量时的安全。试验时严禁跳越转动部位。

⑤被试的电机必须紧固在试验架上,未紧固前不得起动。

⑥空、负载试验注意事项:试验前用手转动几转;在电机运转时,不许任何人员停留在传动装置两端,传动装置应设保护罩或防护栏杆;进行线圈短路试验时,操作人员应坚守岗位,准确控制开关,一旦发生故障立即切断电源。

(5)耐压试验注意事项。

①做耐压试验时,周围应设遮挡栏,并有"高压危险"等警示牌。试验时不得少于两人,并

有专人监护。

②试验前检查地线是否接地,否则不准试验。

③耐压试验后,应对地放电,否则禁止拆线。

④耐压试验设备的引线、断路器应保持完好。

⑤耐压试验操作台下要垫绝胶皮。

⑥耐压试验区必须有警铃、警示牌和安全灯。

⑦非试验人员未经允许严禁进入高压试验区。

⑧电器试验完毕后必须对地放电。

⑨试验场地不准放置无关的电器、绝缘材料及易燃易爆物品。

(6)超速试验注意事项。

①测量线圈电阻、转子电阻、绝缘电阻时,应注意安全。

②超速试验时,试验人员不得立于机器旋转的径向位置,防止物件崩出。

③轴承状态及油压系统不良时,禁止进行试验,应在修复或更换后进行。

④超过额定转速后,任何人员不得接近转子。

⑤超速时应逐步增加到规定转数,不得延长超速时间。

⑥超速和降速时,应严格遵照工艺规程进行操作。

⑦超速时一切人员应在安全地带,防止事故发生。试验应在专门隔离的地方进行。

第七节　机电设备调试、验收、试运行质量控制

一、设备调试质量控制

设备调试分为检查调整和试车两个阶段。在完成设备的结构、机构和电气系统的安装作业,并全面检验达到要求以后,才可进入调试阶段。调试工作不论是在制造厂内进行,还是在设备运抵港口码头安装后进行,都应根据厂方制定的试车大纲要求,由制造厂的技术人员严格按顺序逐项完成。

1.设备检查与调整

检查调整阶段的任务,是对机械和电气系统进行全面检查的同时,进行局部的调整调试,为设备的全面试车做好准备。其主要工作包括四个方面:

(1)结构总体检查。检查结构的安装尺寸,各人行步道、扶梯栏杆、平台等附属构件的安装连接焊缝及紧固情况,铰轴的安装及固定,高强度螺栓的抽查等。

(2)各工作机构检查。各工作机构的安装应符合图纸要求和有关技术标准,如制动器的松闸间隙、开式齿轮传动的侧隙与顶隙、钢丝绳卷绕的路径和方向、车轮与轨道的接触状态、离合器或极限力矩限制器的结合力度等。

(3)润滑系统检查。润滑系统检查包括润滑系统的安装、泵送情况,减速箱内润滑油的添加和漏油情况等。

(4)电气系统检查。电气系统检查是较为复杂的工作,主要包括以下几个方面:①线路正

确性检查。本项检查包括检查外部敷设的高、低压线路的连接是否正确，是否符合国家电气线路规程（如安全距离、导线和端子的固定方式、防水措施、防机械碰伤措施、防干扰措施、安全接地等），以及电气元件间导线的连接是否正确，低压回路和绝缘值等。为此，必须对照图纸对电气原理图逐条检查，发现有错误应立即改正；②高压电路检查。采用高压供电和高压电机等器件的港口机械设备，必须对高压电柜、变压器、开关、继电器及有关电器的功能、绝缘程度逐一检查。测量高压线路相间及相地之间、操纵回路的相间及相地间的绝缘电阻，做高压耐压试验，且都需符合国家标准；③继电回路动作正确性检查。对于设有 PLC（可编程序逻辑控制器）控制系统的港口机械设备，需先将 PLC 及故障诊断系统与常规的继电控制系统脱离，以人工操纵方式进行调试。调试过程中，所有主回路的自动开关全部置于开路状态，将控制电源分别引入各控制柜的控制回路，根据图纸分机构有序地操纵司机操纵手柄、按钮，注意观察相应继电器、接触器动作是否与图纸一致，各时间继电器动作时间是否符合要求，各限位开关能否正确控制有关电路，安装位置能够确定的即行调准固定好。观察验漏表的指示值是否在允许范围内。上述工作完成后，即控制回路一切正常时，才具备主回路通电动车的条件。

2. 设备空载试验

机械部分空载试车的工作内容是：

（1）分别启动各机构电动机，检查和校正电动机与各自控制器的转向是否一致，同时观察机构动作时有无异常冲击和振动。

（2）各机构在规定参数范围内，做 10～20min 的重复动作，调整限位开关和主令控制器的行程，初步测定各机构空载运行的电机电流、电压和转速。

（3）观察各机构运转情况，是否有异声、振动、发热、颤抖等异常情况发生。

（4）观察车轮与轨道、闸瓦和制动轮、齿轮与齿轮之间的接触情况和间隙情况。

（5）观测各种行程开关、安全保护装置的工作情况和控制保护功能，根据实际情况予以调整、定位。

（6）电气系统空载试车。根据设备不同的电力拖动方式和电控方式，对交流拖动系统、直流拖动系统、晶闸管整流柜、电缆卷筒系统等分别进行空载运行调试，直至正常。

3. 负载运行状态

（1）设备在负载状态下，操作各机构手柄，考察机构的启动、加速、减速、停止的性能及工作状态下行程开关的动作情况，并予以必要的调整处理，如制动器上闸力、行程开关位置、电阻箱电阻值等。

（2）设有 PLC 控制系统的港口机械，待人工控制系统工作正常后，即可进行 PLC 调试。将编程器接插到 PLC 的主体 CPU（中央处理器）上，接入“试验”工况。操作编程器，对照 PLC 控制梯形图，一项一项地“读”出 CPU 内存的数据是否与梯形图一致（控制柜出厂前已在工厂内输入梯形图），有错误的地方用编程器做“写入”修改，然后检查 PLC 柜的输出是否正常。梯形图设计正确，即转入“运行”状态进行负载运行试验，根据机构实际负载运行的需要，分析需要做什么修改，通过编程器的键钮进行修改，直至正常。

二、设备验收质量控制

设备的验收,通常是指设备的购方对供方所提供产品的质量及技术文件进行的检查与验收。检查验收合格并签字后,才能正式接收设备。

1.机电设备的验收

如前所述,机电设备根据其体积、重量、运输路径和运输方式的不同,设备的安装、交付方式可能有多种形式。但从设备购方的验收地点考虑,大体可分为两类:第一类,制造厂厂内验收,即设备在制造厂内总装、调试、检验和试验合格后,购方予以验收;第二类,使用现场验收,即设备在使用现场整体就位或现场安装、调试、检查和试验合格后,需进行生产性试运行 8h 或完成 1~2 条实船装卸作业,证明设备能满足使用要求,再由购方予以验收。如果不考虑运输过程以及设备整体就位或现场安装可能造成的损伤因素,以上两种验收方式均应按照产品出厂试验(或出厂检验)合格的条件进行检查、验收。

(1)检查项目。

①由制造厂外购的重要机电配套产品(如支承转盘大轴承、电动机、减速器、电缆卷筒、力矩限制器)的合格证及有关使用说明书。

②由制造厂外购或自行冶炼的重要结构材料或特殊材料(如高强度钢、低合金结构钢、特种耐腐蚀材料、工程塑料)的成分化验单和物理试验报告单。

③对生产厂制造的重要零件、部件和构件的质量检验记录单和试验报告进行检查(如重要构件的焊缝探伤检查记录、高强螺栓的破坏试验报告、液压油缸的耐压试验报告、吊钩的检查报告等)。

④检查制造厂提供的产品试车大纲是否符合该类产品现行的试验规范与标准。

(2)验收项目。

①出厂试验的验收。按照产品试验方法标准的规定,由制造厂逐项完成出厂试验必须进行的主要性能参数测定和产品工作性能试验,并出具试验报告。必要时购方监制人员可参加产品的出厂试验。在使用现场安装试车的设备时,按相同的规定试验,制造厂必须派员参加现场试验和验收。

②设备外观检查。零、部件表面应光滑、平整,不得有明显变形及损伤,不得有余留冒口、黏砂和毛刺,焊缝要均匀、美观;油漆颜色应符合合同约定,色泽均匀,没有涂斑、漏漆和剥落;紧固件无松动、漏装,各相同部件的紧固件的外露长度要基本一致;电线管路线路和液压管路排列整齐,定位牢实;液压系统和稀油润滑的各密封端和结合部位不得有油液外漏;产品标牌、性能标牌、吊装标志、功能标志、警惕标志应齐全,安装位置要合理,表示要清楚。

③产品出厂应交付文件。产品合格证明书,产品使用与安装说明书,产品总图及部件图、电气原理图及布线图,试验报告,易损件清单及施工图,主要外购机电产品的合格证和说明书,随机专用工具、用具清单,产品装箱发运清单。

④其他。设备运输与安装、就位过程中如出现结构变形、损伤和机械、电气部件的磕碰、破损等情况,应视其严重程度及产生原因,分别与制造厂、承运单位和安装单位进行交涉,形成处

置意见并进行处理(包括修复、更换直至赔偿);设备的交付与验收按供购双方的合同进行,合同中约定不详的内容,供购双方应根据国家的有关规定、产品技术条件和试验方法标准协商解决,以保证验收和交付顺利进行。

2. 机电设备的鉴定验收

机电设备中的新产品、改型产品和非标设计产品如需定型及批量生产,必须由生产厂商上级主管部门或产品行业归口部门组织鉴定验收,由同行专家组成产品鉴定验收委员会对产品提出鉴定验收意见,确认该型产品的设计质量、制造质量、技术性能、经济性,定型生产的可能性及其推广应用价值。提交鉴定验收委员会审查的技术文件一般应包括如下内容:

(1)产品设计委托书与设计任务书。

(2)产品设计计算书与安装使用说明书。

(3)产品总图及主要装配图(新产品投产鉴定时,需提供产品全套图纸)。

(4)产品鉴定大纲。

(5)产品设计(研究)报告。

(6)产品制造报告。

(7)产品测试报告。

(8)工业性试验报告或用户使用意见报告。

(9)产品标准化审查报告。

(10)国际联机检索查新报告(必要时)。

3. 设备试运行

设备验收并投入正常使用后,按合同的约定在一定期限内进行试运行,进一步验证产品适应实际生产的能力及工作可靠性、安全性。承包人应在售后服务方面做好工作,继续为业主提供技术服务。

第十一章

水运工程施工安全监理

第一节　水运工程安全风险评估

学习要点

1.《公路水运工程施工安全风险评估指南》(JT/T 1375—2022)对于水运工程安全风险评估的基本规定。

2.总体风险评估、专项风险评估、风险控制措施、风险评估报告的要求。

一、风险评估相关要求

1.评估阶段划分

施工安全风险评估分为总体风险评估和专项风险评估两个阶段。总体风险评估宜在项目施工招标前完成。专项风险评估包括施工前专项风险评估、施工过程专项风险评估和风险控制预期效果评价等环节,贯穿整个施工过程。

2.评估方法选择

施工安全风险评估方法应根据工程的特点和实际进行选择。总体风险评估宜采用专家调查法和指标体系法等方法;专项风险评估可综合采用安全检查表法、作业条件危险性评价法(LEC法)、专家调查法、指标体系法、风险矩阵法等方法,必要时宜采用两种以上方法比对验证风险评估结果,当采用不同方法得出的评估结果出现较大差异时,应分析导致较大差异的原因,确定合理的评估结果。

3.评估实施步骤

施工安全风险评估工作包括以下几个步骤:前期准备、现场调查、总体风险评估、专项风险评估、风险评估报告编制、风险评估报告评审。

4.风险等级划分

总体风险评估和专项风险评估等级均分为四级:低风险(Ⅰ级)、一般风险(Ⅱ级)、较大风险(Ⅲ级)、重大风险(Ⅳ级)。

5.评估结论应用

总体风险评估结论可为建设单位的项目组织实施、安全管理力量投入、资源配置和施工单位选择等方面决策提供支持,可作为施工单位编制施工组织设计和开展专项风险评估的依据。专项风险评估结论应作为施工单位完善施工组织设计、编制完善专项施工方案的依据。

6. 评估工作要求

开展施工安全风险评估工作应成立评估小组,评估小组成员应严格按照评估流程和要求开展评估工作,评估结果应通过评估小组集体讨论确定。桥梁工程、隧道工程、边坡工程、港口工程、航道工程和船闸工程施工安全风险评估工作还应符合各类工程的具体要求。

7. 风险控制要求

工程施工应实施全过程风险分级管控和风险警示告知、监控预警制度。在项目实施前期阶段,应根据总体风险评估结果采取相应措施,并在后续项目施工阶段根据专项风险评估结果采取事前预控、事中监控、事后评价的方式,实施动态、循环的风险控制,直至将风险至少降低到可接受的程度。施工过程中的风险监控宜采用信息化、智能化、可视化方式。

二、总体风险评估

1. 一般要求

(1)水运工程中功能相同、位置相邻、条件相似的两个或多个水工主体结构可作为一个总体风险评估对象。

(2)总体风险评估应依据项目前期立项批复文件、环评报告、地质勘察报告、水文气象资料、设计风险评估报告(如有)、初步设计文件、施工图设计文件、评估人员的现场调查资料等开展。

2. 专家调查法

(1)评估小组成员应不少于5位专家,且为单数。每位专家应独立、客观给出评估结果及信心指数。

(2)专家应具备高级及以上技术职称,并具有15年及以上公路水运工程建设管理、施工、监理、勘察设计或风险评估等工作经历,其中,组长应选择专业技术能力强、施工管理经验丰富的专家担任。

3. 指标体系法

(1)评估小组应根据影响施工安全风险的主要因素,将其分为工程特点、施工环境、地质条件、气象水文、资料完整性等项别,对每个项别细分提出若干评估指标,并确定指标的分级区间及对应的基本分值范围,从而建立评估指标体系。

(2)评估指标取值应首先由评估小组根据工程实际情况和指标分级情况,确定指标所在的分级区间,在分级区间的分值范围内,采用插值法等方法,集体讨论确定指标的分值。在确定指标所在的分级区间时,应遵循最不利原则,越不利的情况取值越大。

(3)评估应采用权重系数对各评估指标重要性进行区分。权重系数可采用重要性排序法、层次分析法、复杂度分析法等方法确定,必要时可综合运用多种方法进行比对后确定。

三、专项风险评估

1. 一般要求

(1)公路水运工程施工安全专项风险评估的基本程序应包括风险辨识与风险分析、风险估测、风险控制。

(2)分部分项工程开工前,应完成施工前专项风险评估。施工前专项风险评估结论及重大作业活动清单应作为专项施工方案的专篇,在此基础上细化改进施工安全风险监测与控制措施。

(3)施工过程中,出现如下情况之一的,应开展施工过程专项风险评估:

①重大作业活动存在遗漏;

②经项目建设、施工、监理单位或评估单位提出并经论证出现了新的重大作业活动;

③经项目建设、施工、监理单位或评估单位发现并提出原有的作业活动发生了重大变化,如现场揭示水文地质条件与事前判别的水文地质条件相差较大且趋于劣化、主要施工工艺发生实质性改变、发生对施工安全风险产生较大影响的设计变更、发生重大险情或生产安全事故等情况;

④有关法律、法规、标准提出了新的要求;

⑤对于较大风险(Ⅲ级)和重大风险(Ⅳ级)的作业活动,应在实施风险控制措施、完成典型施工或首件施工后,开展风险控制预期效果评价。

2. 风险辨识与风险分析

(1)风险辨识与风险分析应包括5个步骤:工程资料的收集整理、施工现场地质水文条件和环境条件的调查(或补充勘察)、施工队伍素质和管理制度调查、施工作业程序分解和风险事件辨识、致险因素及风险事件后果类型分析。

(2)风险辨识与风险分析需收集、整理的相关工程资料应包括:

①本工程的可行性研究报告、环评报告、地质勘察报告、设计风险评估报告(如有)、初步设计文件、施工图设计文件、施工组织设计文件、总体风险评估报告(如有)及海事、港航、水利、环保等部门作出的与工程建设安全相关的文件;

②工程区域内的环境条件,包括建筑物、构筑物、通航船舶、埋藏物、管道、缆线、民防设施、铁路、公路、外电架空线路、饮用水源、养殖区、生态保护区等可能造成事故的环境要素;

③工程区域内地质、水文、气象等灾害事故资料;

④同类工程事故资料;

⑤其他与风险辨识对象相关的资料;

⑥施工过程专项风险评估时,还应收集重要设计变更资料、施工记录文件、监控量测资料、质量检测报告等;

⑦风险控制预期效果评价时,还应收集典型施工或首件施工情况、风险控制措施落实情况等。

(3)施工现场地质水文条件和环境条件调查应包括:

①工程地质条件;

②气候水文条件；

③周边环境条件；

④施工过程专项风险评估的调查，还应调查补充地质勘察结果（如有）、现场开挖揭露地质情况的差异、周边环境的变化情况。

(4)施工队伍素质和管理制度调查应包括：

①企业近五年业绩、近三年信用等级，同类工程经验和施工事故及处理情况；

②施工队伍素质，施工队伍的专业化作业能力、施工装备和技术水平；

③项目各种管理制度是否齐全，是否适用和具有针对性；

④专职安全管理人员配置情况；

⑤施工过程专项风险评估的调查除①～④外，还应调查人员队伍变化情况、施工装备进出场情况、管理制度落实情况等。

(5)施工作业程序分解和风险事件辨识应包括：

①依据施工图设计文件以及施工组织设计等，通过现场调查、评估小组讨论、专家咨询等方式，将施工过程划为不同的作业活动；

②辨识各作业活动中可能发生的典型风险事件类型。

(6)致险因素及风险事件后果类型分析应包括：

①从物的不安全状态（如地质条件、施工方案、施工环境、施工机械、自然灾害等方面）和人的不安全行为（如施工操作、作业管理等方面）分析致险因素；

②从人员伤亡和直接经济损失等方面分析风险事件后果类型，其中，可能受到风险事件伤害的人员类型应包括作业人员自身、同一作业场所的其他作业人员、作业场所周围其他人员。

(7)各作业活动的致险因素和风险事件后果类型分析通过评估小组讨论会的形式实施，宜采用风险传递路径法、鱼刺图法、故障树分析法等安全系统工程理论进行分析。

3. 风险估测

1)风险估测方法

(1)桥梁工程、边坡工程、港口工程、航道工程和船闸工程风险估测方法应结合作业活动的复杂程度、潜在风险事件的特点等因素确定，隧道工程风险估测方法按相关要求确定。

(2)作业活动按照复杂程度分为一般作业活动和重大作业活动。桥梁工程、边坡工程、港口工程、航道工程和船闸工程应分别确立常见重大作业活动清单。具体桥梁工程项目、边坡工程项目、港口工程项目、航道工程项目和船闸工程项目应对照常见重大作业活动清单，结合风险辨识与风险分析结果，确定一般作业活动和重大作业活动。

2)一般作业活动风险估测

(1)一般作业活动风险估测可采用定性（如检查表法）或半定量方法（如 LEC 法）。

(2)检查表法把检查对象加以分解，将大系统分割成若干子系统，以提问或打分的形式，将检查项目列表逐项检查。

(3)LEC 法根据作业人员在具有潜在危险性环境中作业，用与作业风险有关的三种因素指标值的乘积来评价风险。

3)重大作业活动风险估测

(1)重大作业活动风险估测可采用定性与定量相结合方法。风险事件后果严重程度的估测方法宜采用专家调查法,风险事件可能性的估测方法宜采用指标体系法。

(2)物的不安全状态、人的不安全行为以及两者的组合所导致的风险事件可能性等级分为5级。

(3)风险事件后果严重程度的等级分为5级,主要考虑人员伤亡和直接经济损失。当多种后果同时产生时,应采用就高原则确定风险事件后果严重程度等级。

(4)物的不安全状态引起的风险事件可能性评估指标,应根据可能发生的风险事件类型,从本质安全的角度出发,分析可能导致风险事件发生的致险因素,在此基础上选取提出。评估指标宜从工程自身特点、地质条件、气象水文条件、施工方案、施工作业环境等方面提出。

(5)人的不安全行为引起的风险事件可能性评估指标采用安全管理评估指标,宜从企业资质、分包情况、作业班组及技术管理人员经验、安全管理人员配备、安全生产费用、机具设备船舶配置及管理、施工组织设计、专项施工方案、企业工程业绩及信用情况等方面提出。

(6)根据风险事件发生的可能性、后果严重程度等级,可采用风险矩阵法等方法确定重大作业活动的施工安全风险等级。将专项风险评估的风险等级用不同颜色在施工形象进度图中标识出来,形成“红橙黄蓝”四色施工安全风险分布图,并附在评估报告中,同时以列表方式汇总重大作业活动风险等级。

4.风险控制预期效果评价

(1)风险控制预期效果评价包括对风险控制措施落实情况的确认评价以及采取风险控制措施后预期风险的评价。

(2)对风险控制措施落实情况的确认评价,宜通过对典型施工或首件施工的总结与分析,采用检查表法针对风险控制措施落实情况进行检查、确认,以确认风险控制措施是否得到完整实施,分析风险控制措施实施过程中的问题和不足,进一步完善风险控制措施。

(3)采取风险控制措施后预期风险的评价宜采取专家评审方式,成立专家组,专家组成员不应少于3人,专家应具备高级及以上技术职称,并具有10年及以上公路水运工程建设管理、施工、监理、勘察设计或风险评估等工作经历。

(4)专家组根据典型施工或首件施工情况,针对风险控制措施落实情况,对采取措施后的风险事件可能性以及后果严重程度进行集体评定,在此基础上通过风险矩阵法,确定采取措施后预期风险的等级。

四、风险控制措施

1.一般要求

(1)应根据总体风险评估结果与接受准则,提出风险控制措施。

(2)应根据专项风险评估结果与接受准则,提出风险控制措施。对于重大作业活动,还应根据不同的风险等级提出分级控制措施,确定层级责任和责任人,实施现场管理和监控预警。

2.风险控制措施建议

(1)总体风险评估和专项风险评估均应提出风险控制措施建议。

(2)总体风险评估应提出主要风险控制措施建议,重点提出风险控制总体思路,以及安全管理力量投入、资源(财、物)配置、施工单位选择的建议。

(3)专项风险评估应针对作业活动或施工区段提出系统全面、重点突出的风险控制措施建议,为现场安全管理、专项施工方案编制和完善、安全技术交底、应急处置提供依据。专项风险评估中风险等级为Ⅲ级(较大风险)及以上时,应分析找出导致较大或重大风险的关键指标,提出有针对性的措施降低风险。

(4)施工前和施工期间宜采取的风险控制措施包括调整施工方案、加强安全措施、提高管理水平和人员的素质等。

(5)调整施工方案主要包括:

①合理调整施工顺序。对施工工序从时间顺序和空间次序上进行合理安排或调整,降低施工安全风险。

②改进施工工艺。从专用设备、施工方法、工艺参数上改进,预防和减少施工事故发生。

(6)加强安全措施,除应执行现行的有关标准、规范外,还应根据实际工程特点,采取有效、可操作性强的安全措施,降低施工安全风险。主要包括:

①现场安全管理措施。包括监测预警、对不安全场所进行安全隔离或加固防护、设立警告标志、人工警戒或专人指挥等。

②安全替代措施。对人工直接操作有较大风险的,宜用机械或其他方式替代人工操作。

③应急救援措施。制定应急预案和做好应急准备,明确关键岗位应急职责、危险作业应急处置措施。

(7)从管理和人员等方面控制安全风险主要包括:

①提高管理水平。强化安全管理目标管理,重点是强化安全管理人员落实、安全管理制度落实、安全资金投入落实和现场安全防护措施落实,同时,对重大作业活动安排人员巡逻检查。

②提高人员素质。主要是进行经常性的安全教育和培训,强化安全意识和观念,提高安全操作技能;对特种作业人员进行专门培训,做到持证上岗;施工人员身体健康状况应符合上岗要求;施工前做好安全技术交底。

五、风险评估报告

1. 一般要求

(1)风险评估报告应反映风险评估过程的全部工作,将风险评估过程中的工作记录、采用的评估方法、获得的评估结果、风险控制措施建议等都应写入评估报告。

(2)风险评估报告应客观科学、内容全面、文字简洁、数据完整,提出的风险控制措施具有可操作性。

(3)风险评估报告应进行归档管理。

2. 风险评估报告编制内容

1)总体风险评估报告

(1)编制依据:

①相关的国家和行业标准、规范;

②项目批复文件;

③项目可行性研究报告、工程地质勘察报告、初步设计文件、施工图设计文件,以及海事、

港航、水利、环保等部门作出的与工程建设安全有关的文件等;

④现场调查资料。

(2)工程概况。

(3)评估过程和评估方法。

(4)评估内容。

(5)风险控制措施建议。

(6)评估结论:

①风险等级(各评估对象);

②重要性指标清单(指标体系法);

③专项风险评估对象;

④风险控制措施建议;

⑤评估结果自我评价及遗留问题说明。

(7)附件(评估计算过程、评估人员信息表等)。

2)施工前专项风险评估报告

(1)编制依据:

①相关的国家和行业标准、规范;

②项目可行性研究报告、工程地质勘察报告、初步设计文件、施工图设计文件以及审查意见等;

③总体风险评估成果及工程前期的风险评估成果;

④现场调查资料;

⑤第三方检测监测资料。

(2)工程概况。

(3)评估过程和评估方法。

(4)评估内容,包括风险事件辨识、致险因素分析以及风险估测。

(5)风险控制措施建议。

(6)评估结论:

①风险等级汇总;

②重要性指标清单(指标体系法);

③风险控制措施建议;

④评估结果自我评价及遗留问题说明。

(7)附件(评估计算过程、评估人员信息表等)。

3)总体风险评估报告和施工前专项风险评估报告的格式

(1)封面(包括评估项目名称、评估单位、报告完成日期);

(2)著录项(评估人员名单,并应亲笔签名);

(3)目录;

(4)正文;

(5)附件。

4)施工过程专项风险评估报表

施工过程专项风险评估应形成评估报表，格式由评估小组自定，应包含以下内容：

(1)施工作业变化情况；

(2)重新评估的风险等级及计算过程；

(3)拟建议的风险控制措施等内容；

(4)评估人员信息表。

5)风险控制预期效果评价报表

风险控制预期效果评价应形成评价报表，格式由评价专家组自定，应包含以下内容：

(1)典型施工或首件施工安全风险控制情况；

(2)采取措施后预期风险的等级；

(3)风险控制措施的完善建议；

(4)评估人员信息表。

3. 风险评估报告评审

(1)总体风险评估报告或专项风险评估报告(包括施工前专项风险评估报告、施工过程专项风险评估报表和风险控制预期效果评价报表)编制完成后，应组织评审。

(2)总体风险评估报告应由建设单位组织评审，专项风险评估报告应由施工单位组织评审。评审应邀请设计、监理(如有)等单位代表和专家参加，专家人数应不少于3人，专家及专家组长条件应符合相关要求。评估小组应根据评审意见对评估报告进行修改，形成最终报告。

第二节 水运工程中危险性较大的分部分项工程

学习要点

1. 危险性较大分部分项工程范围内容。
2. 专项方案的编制、审批程序。
3. 专项施工方案实施。

内容精要

根据《建设工程安全生产管理条例》《公路水运工程安全生产监督管理办法》《危险性较大的分部分项工程安全管理规定》、《公路工程施工安全技术规范》(JTG F90—2015)、《公路水运工程施工安全风险评估指南》(JT/T 1375—2022)等有关规定以及实践经验对公路工程、水运工程危险性较大工程及超过一定规模的危险性较大工程专项施工方案的范围进行分类划定。

危险性较大的分部分项工程，是指公路水运工程在施工过程中存在的、可能导致作业人员群死群伤或造成重大不良社会影响的分部分项工程。危险性较大的分部分项工程专项施工方案，是指在公路水运工程建设中，施工单位在编制施工组织设计的基础上，针对危险性较大的分部分项工程单独编制的质量安全技术措施文件。

根据《建设工程安全生产管理条例》《公路水运工程安全生产监督管理办法》规定，工程项目危险性较大的分部分项工程应编制专项施工方案。超过一定规模的危险性较大的分部分项工程专项施工方案，应经专家论证，论证通过后方可实施。专项施工方案实施时，应落实项目负责人轮流带班生产制度。

一、危险性较大分部分项工程范围

危险性较大的分部分项工程和超过一定规模的危险性较大的分部分项工程如表 11-1 所示。

危险性较大的分部分项工程和超过一定规模的危险性较大的分部分项工程　表 11-1

序号	危险性较大的分部分项工程	超过一定规模的危险性较大的分部分项工程
1	不良地质条件下有潜在危险性的土方、石方开挖	1. 深度≥5m 的基坑(槽)的土(石)方开挖; 2. 开挖深度虽未超过 5m,但地质条件、周围环境和地下管线复杂,或影响毗邻建筑(构筑)物安全,或存在有毒有害气体分布的基坑(槽)的土方开挖、支护、降水工程
2	滑坡和高边坡处理	1. 滑坡量大于 $10 \times 10^4 m^3$ 的中型以上滑坡体; 2. 高度≥20m 的土质边坡,或高度≥30m 的岩质边坡
3	桩基础、挡墙基础、深水基础及围堰工程	1. 深度≥15m 的人工挖孔桩或开挖深度不超过 15m,但地质条件复杂,存在有毒有害气体分布的人工挖孔桩工程; 2. 深度≥5m 的挡墙基础; 3. 水深≥20m 的深水基础;水深≥10m 的围堰工程
4	桥梁工程中的梁、拱、柱等构件施工	1. 长度≥40m 的预制梁的运输与安装,钢箱梁吊装; 2. 长度≥150m 的钢管拱的运输安装; 3. 高度≥40m 的墩柱、高度≥100m 的索塔等的施工
5	隧道工程中的不良地质隧道、高瓦斯隧道、水底或海底隧道等	1. 隧道穿越高地应力区、岩溶发育区、区域地质构造、煤系地层、采空区等工程地质或水文地质条件复杂地质环境; 2. 浅埋、偏压、连拱、小净距、大跨度、变化断面等结构受力复杂的隧道工程; 3. Ⅵ、Ⅴ级围岩连续长度占总隧道长度 10% 以上且连续长度超过 50m 以上; 4. 高瓦斯隧道; 5. 长度≥1000m 的水底、海底隧道
6	水上工程中的打桩船作业、施工船作业、外海孤岛作业、边通航边施工作业等	1. 离岸无掩护条件下的桩基施工; 2. 开敞式水域大型预制构件的运输与吊装作业; 3. 沉箱的浮运与安装作业; 4. 深水防波堤施工; 5. 在三级及以上通航等级的航道上进行的水上水下施工
7	水下工程中的水下焊接、混凝土浇筑、爆破工程等	1. 水下爆破工程; 2. 30m 水深以上的潜水作业(水下焊接、混凝土浇筑等)
8	爆破工程	爆破工程为 c 级及以上
9	大型临时工程中的大型支架、模板、便桥的架设与拆除;桥梁、码头的加固与拆除	1. 50m 及以上落地式钢管脚手架工程。用于钢结构安装等满堂承重支撑体系,承受单点集中荷载 700kg(约 7kN)以上; 2. 混凝土模板支撑工程高度≥8m;跨度≥18m,施工总荷载≥$15kN/m^2$;集中线荷载≥20kN/m; 3. 挂篮、移动模架等模板施工工艺; 4. 便桥搭设、中型桥梁、中型码头的加固与拆除
10	其他危险性较大的工程	上跨下穿或邻近既有线路施工

二、专项施工方案编制

(1)施工单位应在危险性较大工程施工前编制专项施工方案,专项施工方案由施工单位技术负责人组织编制。

(2)专项施工方案编制应包括以下内容:

①工程概况:危险性较大工程概况、工程地质与水文、周边环境、施工平面布置、施工要求和技术保证条件;

②编制依据:相关法律、法规、规范性文件、标准、规范及图纸(国标图集)、施工组织设计等;

③施工计划:包括施工进度计划、人员配备及分工计划、材料与设备计划;

④施工工艺技术:技术参数、工艺流程、施工方法、检查验收等;

⑤施工安全保证措施:组织保障、风险因素识别与评估、技术措施、安全检查与验收、应急预案、监测监控等;

⑥劳动力计划:专职安全生产管理人员、特种作业人员等;

⑦人员培训计划;

⑧计算书及相关图纸。

(3)实行施工总承包的,应由施工总承包单位组织编制,实行专业工程分包的,其专项施工方案可由专业承包单位组织编制。

(4)专项施工方案应由施工单位组织本单位技术、安全、质量、材料、设备等相关专业人员进行审核。

经审核合格的,由施工单位技术负责人签字。实行施工总承包的,专项施工方案应由总承包单位技术负责人及相关专业承包单位技术负责人签字并加盖所属单位公章。

(5)专项施工方案编制时,应根据危险性较大工程的特点和要求进行必要的设计计算,对所引用的计算方法和数据,应说明其来源和依据。为了便于方案的实施,方案中除应有详尽的文字说明外,还应有必要的构造详图,图示应清晰明了,标注规范。

三、专项施工方案审查

(1)不需专家论证的危险性较大工程专项施工方案,经施工单位审核合格后报监理单位,由项目总监理工程师审查签字并加盖执业印章和监理单位项目公章后方可实施。

(2)对于超过一定规模的危险性较大工程,施工单位应组织专家对专项施工方案进行论证。实行施工总承包的,由施工总承包单位组织召开专家论证会。专家论证前专项施工方案应通过施工单位审核和项目总监理工程师审查。下列人员应参加专家论证会:

①专家组成员;

②建设单位项目负责人或技术负责人;

③监理单位项目总监理工程师及相关人员;

④施工单位技术负责人、分管安全的负责人、项目负责人、项目技术负责人、专项方案编制人员、项目专职安全生产管理人员;

⑤勘察、设计单位项目技术负责人及相关人员;

⑥涉及既有铁路、公路、海事和构筑物保护区安全等情况的,应邀请权属单位和监管部门参加方案论证会。

(3)专家组成员应由不少于5名且符合相关专业要求的专家组成。专家应具备以下基本条件:

①诚实守信、作风正派、学术严谨;

②从事专业工作15年以上或具有丰富的专业经验;

③具有高级专业技术职称。

(4)项目参建各方以及利益相关方的人员不应以专家身份参加专家论证会。

(5)专家论证的主要内容应包括:

①专项施工方案内容是否完整、可行,是否符合相关标准规范;

②专项施工方案计算书和验算依据是否符合有关规定;

③专项施工方案是否满足现场实际情况,并能够确保施工安全。

(6)专项施工方案经论证后,专家组应提交论证报告,对论证的内容提出明确的意见和结论,并在论证报告上签字。该报告作为专项施工方案修改完善的指导意见。

(7)超过一定规模的危险性较大工程专项施工方案经专家论证后结论为"通过"的,施工单位可参考专家意见自行修改完善;结论为"修改后通过"的,专家意见应明确具体修改内容,施工单位应按照专家意见进行修改,并履行有关审核和审查手续后方可实施,修改情况应及时告知专家;结论为"不通过"的,施工单位应按照本文件要求重新编制专项施工方案和履行专家论证流程。

(8)施工单位应根据论证报告修改完善专项施工方案,并经施工单位技术负责人、项目总监理工程师签字后,方可组织实施。实行施工总承包的,应由施工总承包单位、相关专业承包单位技术负责人签字。实行专业分包的,由施工总承包单位、专业分包单位技术负责人签字。

(9)监理单位的审查内容和范围主要包括:

①编审程序应符合本文件要求;

②安全技术措施应符合相关工程建设标准;

③是否按专家审查意见修改和完善。

四、专项施工方案实施

(1)专项施工方案经审核、审查或专家论证通过后方可组织实施。

(2)专项施工方案实施前,施工单位应在施工现场显著位置公告危险性较大工程名称、施工时间和具体责任人员,并在危险区域设置安全警示标志。

(3)专项施工方案实施前,项目技术负责人或编制人员应组织对现场管理人员和作业人员进行安全技术交底,并由双方和项目专职安全管理人员共同签字确认。

(4)施工单位应严格按照专项方案组织施工,不得擅自修改、调整专项施工方案。

(5)专项施工方案在实施过程中需要作局部调整的,应说明修改原因和理由,并书面提交原专家论证会专家和参与论证各方单位审核同意后,可不再重新组织专家论证会。因规划、设计、结构、地质以及环境等原因,专项施工方案需作重大修改的,施工单位应按要求重新履行审查、论证流程。

(6)超过一定规模危险性较大工程施工时,施工单位项目负责人应在施工现场带班履职,现场负责人应全过程旁站。

(7)施工单位应指定专人对专项施工方案实施情况进行现场监督和跟踪。发现不按照专项施工方案施工的,应要求其立即整改;发现有危及人身安全紧急情况的,应立即组织作业人员撤离危险区域。

(8)施工单位技术负责人应动态跟踪专项施工方案实施情况。

(9)需进行第三方监测的危险性较大工程,应委托具有相应资质的单位对危险性较大工程施工进行第三方监测。监测单位应编制监测方案,并由监测单位技术负责人审核签字并加盖单位公章,报送监理单位同意后方可实施。监测单位应按照监测方案开展监测,及时向委托单位报送监测成果,并对监测成果负责,发现异常时,及时向建设、设计、监理、施工单位报告,建设单位应立即组织相关单位采取处置措施。

(10)监理单位应对危险性较大工程施工实施旁站监督;对不按专项施工方案实施的,应责令整改;施工单位拒不整改的,应及时向建设单位报告;建设单位接到监理单位报告后,应立即责令施工单位停工整改;施工单位仍不停工整改的,建设单位应及时向工程所在地行业主管部门报告。

(11)对于按规定需要验收的危险性较大工程,验收合格后,方可进入下一道工序。

(12)施工、监理单位应建立危险性较大工程安全管理档案。

①施工单位应将专项施工方案及审核、专家论证、相关交底、现场检查、验收及整改等资料纳入档案管理。

②监理单位应将监理实施细则、专项施工方案审核资料、现场巡查、验收及整改资料等纳入档案管理。

③危险性较大工程施工验收合格后,应编写施工总结报告。

第三节　水运工程安全监理工作的主要工作内容

学习要点

1. 依据《水运工程施工监理规范》(JTS 252—2015)对施工准备阶段、施工阶段安全监理工作、交工验收阶段进行安全生产控制。

2. 安全监理月报、安全监理日志填写内容。

3. 水运工程安全监理工作要点。

一、施工准备阶段安全监理工作

(一)安全监理准备工作

1. 建立健全安全管理体系

(1)建立安全监理的相关组织机构。

(2)制定安全生产管理制度、安全监理责任制。

(3)参加设计交底会,了解结构安全的技术要求和施工过程的安全注意事项。

(4)编制安全监理实施细则。

(5)对监理人员进行安全交底和安全教育。

(6)审核专项施工方案。

(7)审查分包单位资质,核查施工单位安全生产条件。

(8)核查进场机械设备安全设施。

(9)审查工程开工申请报告。

(10)制定安全监理程序、记录方法和表格[《水运工程施工监理规范》(JTS 252—2015)所列表格]。

2.编制安全监理实施细则

根据法律法规、委托合同中的安全监理约定的要求,以及工程项目特点、施工现场的实际情况,明确安全监理机构的安全监理工作目标,确定安全监理工作制度、方法和措施,并根据情况的变化予以补充、修改和完善。

安全监理实施细则包括以下主要内容:

(1)安全监理工作内容。

(2)安全监理工作目标。

(3)项目监理机构监理人员安全监理职责。

(4)安全监理工作程序。

(5)安全风险分析、隐患排查和监理控制措施。

(6)安全监理资料。

(二)审查施工单位安全生产管理体系

(1)检查施工单位安全管理机构。

(2)检查施工单位的各项安全管理规章制度是否健全和完善。

(3)检查施工现场各种安全标志和临时设施的设置。

(4)检查、督促施工单位与分包单位之间签订施工安全生产协议书。

(5)检查施工单位安全技术措施费用的使用计划。

(6)督促施工单位制定安全事故应急救援方案。

(7)在第一次工地会议上对有关施工安全生产管理体系的检查项目,书面告知施工单位。

(8)明确本项目工程安全事故上报与处理程序。

(9)监理工程师应在施工单位进场后,督促施工单位在编制施工组织设计的同时,将安全生产管理体系上报监理工程师。总监办应在收到施工单位后3天内完成审批。

(三)审查施工单位的安全设施、设备、特种作业人员进入现场的报验手续

1.安全设施的审查

监理工程师在安全设施未进入施工现场前按下列步骤进行监督:

(1)督促施工单位应提供安全设施的产地、厂家以及出厂合格证书,以供审查。

(2)根据需要对这些厂家的生产工艺等进行调查了解。

(3)必要时对安全设施取样试验,确保安全设施满足要求。

2. 大、中型施工机械和船舶设备的进场审查

(1)要求施工单位报送拟进场施工的大、中型施工机械和船舶设备资料并予以审查,对设备实物与资料符合情况进行核查,审核同意后,允许施工单位进场使用。

(2)项目监理机构对大、中型施工机械和船舶设备的审核应包括下列主要内容:

①设备的有效证书或有效的检验合格证明文件。

②设备操作人员资格证书。

③船机设备作业区域是否为核定的适航区。

④相应的救生、消防、通信等安全配套设施的配备是否符合相关规定。

(3)对大、中型施工机械和船舶设备及现场主要临时设施的日常维护保养记录进行检查。

3. 特种作业人员的进场审查

要求施工单位报送拟进场施工的特种作业人员,审核特种作业人员资格,包括垂直运输机械作业人员、安装拆卸作业人员、起重信号工、登高架设人员、爆破作业、电工、预应力张拉、水上作业、大(中)型机械操作员等特种作业人员的名册、岗位证书的相符性和有效性。

对不符合要求的人员不予进场施工,并要求施工单位更换合格人员。

(四)审查施工现场平面布置

施工现场平面图由总监办审查。总监办在收到报告后3天内审批,审批前应到现场核实。从安全角度审查施工现场平面图设计的合理性和符合性。主要有:

(1)施工现场的生活生产房屋、变电所、发电机房、临时油库等是否设在干燥地基上,是否符合防火、防洪、防风、防爆、防震的要求。

(2)施工现场消防设备配备是否满足要求。

(3)生产生活房屋安全净距是否满足。

(4)易燃易爆的仓库、发电机房、变电所的安全防护措施是否满足要求,严禁用易燃材料修建。炸药库的设置应符合国家有关规定,工地的小型油库应远离生活区50m以外,并外设围栏。

(5)工地上较高的建(构)筑物、临时设施及重要库房均应加设避雷装置。

(6)对环境有污染的设施和材料应设置在远离人员居住的空旷地点。

(7)场内道路应保持畅通。

(8)施工现场的临时设施,必须避开泥沼、悬崖、陡坡、泥石流等危险区域,选在水文、地质良好的地段。

(五)审查安全技术措施及专项施工方案

安全技术措施包括防火、防毒、防爆、防洪、防尘、防雷击、防触电、防坍塌、防物体打击、防机械伤害、防溜车、防高空坠落、防交通事故、防寒、防暑、防疫、防环境污染等方面的措施。

1. 审查施工组织设计中的安全技术措施

主要审查下列内容:

(1)进入施工现场的安全规定。

(2)水上水下爆破、疏浚、深坑、高边坡、临水面施工作业的防护措施。

(3)水上、高处及立体交叉施工作业的防护措施。

(4)施工用电安全技术措施。

(5)机械使用过程中的安全防护及夜间施工安全防护措施。

(6)为确保安全,对于采用新工艺、新材料、新技术制定的安全技术措施。

(7)预防自然灾害(台风、雷击、洪水、地震、高温、寒冻、泥石流等)的措施。

2. 审查专项施工方案

监理工程师应依据《公路水运工程安全生产监督管理办法》《危险性较大的分部分项工程安全管理规定》(中华人民共和国住房城乡建设部令第 37 号)、《住房城乡建设部办公厅关于实施〈危险性较大的分部分项工程安全管理规定〉有关问题的通知》(建办质〔2018〕31 号)、《危险性较大工程安全专项施工方案编制及专家论证审查办法》(建质〔2004〕213 号)、《公路水运工程施工安全生产标准化指南》规定对危险性较大的分部分项工程的专项施工方案进行审查。包括:

(1)不良地质条件下有潜在危险性的土方、石方开挖。

(2)滑坡和高边坡处理。

(3)桩基础、挡墙基础。

(4)桥梁工程中的梁、拱、柱等构件施工等。

(5)隧道工程中的不良地质隧道、高瓦斯隧道等。

(6)混凝土浇筑。

(7)爆破工程。

(8)大型临时工程中的大型支架、模板、便桥的架设与拆除,桥梁的加固与拆除。

(9)其他危险性较大的工程。

同时对工程中特有的、危险性较大的工程,如:施工安全专项风险评估报告中风险等级较高的分部分项工程,采用新技术、新工艺、新材料的工程,以及可能影响建设工程质量、安全,已经行政许可但尚无技术标准的施工,也进行专项施工方案审查。

另根据现行《施工现场临时用电安全技术规范》(JGJ 46),对于施工现场临时用电设备在 5 台及 5 台以上的或设备总容量在 50kW 及 50kW 以上的,也进行专项施工方案审查。

3. 专项施工方案的审查要点

(1)程序性审查——专项施工方案按规定须经专家认证、审查的,是否执行;专项施工方案是否经施工单位技术负责人签认,不符合程序的应退回。

(2)符合性审查——专项施工方案必须符合强制性标准的规定,并附有安全验算的结果。须经专家论证、审查的项目应附有专家审查的书面报告,专项施工方案应有紧急救护措施等应急救援预案。

(3)针对性审查——专项施工方案应针对本工程特点以及所处环境、管理模式,具有可操作性。

分部分项工程的专项施工方案,要在施工前办理监理报审。专项施工方案由总监办审查。总监办应在收到方案后 3 天内审查完。特别复杂的专项施工方案,由总监办在收到方案后

7 天内审查完毕。

(六)审查施工单位的事故应急救援预案

督促施工单位在开工前根据各自项目施工现场和周边单位、社区安全的重大危险源类别、周边重要基础设施以及本项目工程特点、环境条件、人员素质、物质资源评估等情况制定相应的事故应急救援预案,建立健全施工的现场应急救援体系。对应急救援体系的管理网络内的人员组成情况、危险源辨识结果、预案编制的针对性、可操作性以及完整性进行审查,提出整改意见,督促建立健全安全事故应急救援体系。

(七)审查工程开工申请报告

工程开工前,施工单位要提出书面开工申请报告,由专业监理工程师审查现场准备情况,如各项安全工作审批手续是否完善;现场技术、管理、施工作业等人员是否到位;机械设备及安全设施是否已到达现场并处于安全状态。符合开工条件时,监理工程师批准开工申请,报建设单位备案。

二、施工阶段安全监理工作内容

施工阶段安全监理是根据安全监理计划和安全监理实施细则,采取巡视的方式对现场施工安全进行监督管理,对危险性较大的部位或工序施工应加强巡视,对发现的各类安全隐患,通知施工单位,督促其立即整改;情况严重的,及时下达工程停工令,要求施工单位停工整改,并同时报告发包人。隐患消除后,检查整改结果,签署复查或复工意见。施工单位拒不整改的,应当及时向发包人或工程所在地交通运输主管部门报告。

1. 施工现场日常安全监理的工作和程序、审批时限

(1)加强督促。

①监督施工单位按照国家有关法律、法规、工程建设强制性标准和经审查同意的施工组织设计或专项施工方案组织施工,制止违规作业。

②督促施工单位定期进行安全生产自查工作。

③督促施工单位,分阶段进行自查自评。

(2)巡视检查。

监理工程师应对施工现场安全生产情况进行巡视检查,监督施工单位落实各项安全措施。巡视检查前,应根据施工现场实际施工进度、施工项目和内容进行分析,排列出现场的高危作业点和安全管理的关键部位、工序等方面,并根据以上安全隐患的轻重缓急,确定当日巡视检查计划。

①对危险性较大的分部分项工程的全部作业面,每天应巡视到位,发现问题要求改正的,应跟踪到改正为止,对暂停施工的,应注意施工方的动向。

②其他作业部位巡视——根据现场施工作业情况确立巡视部位。

③巡视检查应按专项监理实施细则的要求进行,并作好相应的记录。

④对安全隐患的处理:监理工程师在巡视检查中,发现违章施工、违规操作、违反安全制度等各种违章违规现象以及存在安全事故隐患,应当及时处理(一般问题可以口头处理,严重隐

患应签发监理通知单)。

(3)监理会议。

①将安全生产列入监理会议主要内容之一。

②发现施工单位违反安全施工有关要求时,应在监理例会上提出或签发“监理通知单”,责成施工单位整改。

③在“监理月报”或“安全监理月报”中向发包人汇报有关安全、文明施工情况。

2. 监督施工单位按已批准的施工方案组织施工,及时制止违规施工作业

(1)监督检查施工安全技术措施的实施。主要监督检查:

①安全生产责任制的落实。

②安全管理机构的建立及人员配备。

③对分包单位安全生产的管理。

④三类人员及特种作业人员的资格。

⑤安全生产教育培训制度落实。

⑥紧急救援人员和物资、器材的配备。

⑦施工安全技术交底。

(2)监督专项施工方案实施。

危险性较大的分部分项工程必须按照批准的专项施工方案进行施工,在施工过程中需要对专项施工方案进行修改的,必须报原批准部门同意,不得擅自修改。

对专项施工方案的实施进行重点监督检查、评价。

(3)及时制止违规行为。

监理工程师对施工现场实施监理工作中,发现施工单位有违反国家法规、标准、安全操作规程的行为,应及时制止,并按日常巡视监理程序采取措施。

3. 核查现场机械和安全设施的验收手续并签署意见

对施工单位施工现场使用的施工机械和设施的采购租赁,起重机械的检测与验收情况进行检查核查。核查施工单位提交的有关施工机械、安全设施等验收记录,并由项目专监在验收记录上签署意见。

4. 巡视检查

重点巡视检查:机电设备使用、气割、电焊作业、电气安装、维修作业、施工机械作业等是否按施工方案实施,对违规作业应及时制止。巡视应包括下列主要内容:

(1)施工单位专职安全生产管理人员到岗情况。

(2)施工单位按已批准的施工组织设计或专项施工方案组织施工的情况。

(3)现场安全标志、标识、安全防护设施、用电、消防等安全技术措施符合工程建设强制性条文规定及落实情况。

(4)现场作业执行安全施工标准、规章制度和操作规程的情况。

(5)作业人员按规定佩戴与使用安全防护用具情况。

(6)核查现场特种作业人员持有上岗证书情况。

5. 检查现场安全防护设施等是否符合规范要求,并签认所发生的费用

(1)检查施工现场安全防护用品的提供及使用情况。

检查防护用品“三证”:即生产许可证、产品合格证和安全鉴定证。教育职工做到防护用品“三会”:即会检查防护用品的可靠性;会正确使用防护用品;会正确维护保养防护用品。

(2)检查安全标志。

督促检查施工单位在施工航道、临时用电设施、有害气体和液体存放处及孔洞口等危险部位,设置明显的安全警示标志和必要的安全防护设施。

(3)检查安全防护设施。

检查施工船舶、水上施工、临边作业、交叉作业以及专项防护工作。

(4)检查临时用电防护。

注意检查接地线、电缆线路、配电箱及开关等防护。

(5)检查施工中爆破工程的清场、隔离及安全警戒。

(6)检查安全生产费用的投入、使用。

监理工程师应依据国家有关法律、法规、规章的规定,以及通过审核后的施工组织设计中的施工安全技术措施,对列入建设工程概算的安全作业环境及安全施工措施所需费用使用情况进行审核签认。投标中的安全费用,应当用于施工安全防护用具及设施的采购和更新、安全施工措施的落实、安全生产条件的改善,不得挪作他用。主要用于以下方面:

①安全设施建设,如防火工程、通风工程、安全防护设施等;

②增设安全设备、器材、装备、仪器、仪表等以及这些安全设备的日常维护;

③按国家标准为职工配备劳动保护用品;

④职工的安全生产教育和培训;

⑤其他预防事故发生的安全技术措施费用,如用于制定及落实施工安全事故应急救援预案等。

6. 督促施工单位安全自检、进行抽查及参与安全生产专项检查

督促施工单位进行安全自检,按日常性检查、专业性检查、季节性检查、节假日前后的检查和不定期检查等开展检查工作。

7. 对施工单位自查情况进行抽查

监理工程师对施工单位自查情况进行抽查,抽查后应编制安全检查报告,对施工单位自检情况进行综合评价。监理工程师对施工单位自查情况进行抽查,主要规定如下:

(1)定期或不定期对施工单位自查情况进行抽查、评价和考核;

(2)抽查中发现作业中存在的不安全行为和隐患,签发安全整改通知,督促施工单位制订整改方案,落实整改措施,整改后应予复查;

(3)抽查应采取随机抽样、现场观察和实地检测的方法,并记录检查结果,纠正违章指挥和违章作业。

对安全生产的检查,除每日巡视检查外,节假日前由总监办组织检查一次,落实整改情况。

(4)抽查的一般内容:

①检查施工单位在施工过程中,人员、施工机械设备、材料、施工方法、施工工艺及施工环

境条件等是否符合保证施工安全的要求;

②重要的和对工程施工安全有重大影响的工序、工程部位、施工过程中的施工专项方案、施工组织设计中的安全技术措施落实情况;

③施工单位自查记录资料整理情况,自查存在问题整改情况;

④施工工艺、机械设备安全操作规程执行情况;

⑤现场安全防护设施、文明施工、用电安全及消防安全管理情况等。

8. 安全生产管理记录

安全监理工程师应检查下列施工单位安全生产管理记录:

(1)进场作业人员安全教育培训记录;

(2)安全生产技术交底记录;

(3)现场安全检查和整改复查记录;

(4)安全生产会议记录。

9. 监督检查与应急演练

监理单位应对施工单位安全生产应急预案的人员构成、应急救援器材与设备配备及定期组织演练情况进行监督检查,并应参加建设单位或施工单位组织的应急演练。

10. 安全监理日志

安全监理工程师应将施工安全监督检查情况按时记入安全监理日志,总监理工程师或总监理工程师代表应对安全监理日志进行审阅并签认,安全监理工程师应对安全监理行为进行记录并建立台账。

11. 工地例会及专题会议

安全监理工程师应参加工地例会及与安全监理有关的专题会议,会上应对施工单位安全生产管理情况进行评述,对施工单位安全管理工作提出要求。

12. 签发工程复工令

对施工单位整改完成后上报的工程复工报审材料,项目监理机构应组织进行复查,复查符合要求的,总监理工程师应及时签发工程复工令。

13. 整改

施工单位无正当理由拒不执行监理指令或不按指令要求进行整改的,项目监理机构应及时向建设单位或有关主管部门书面报告,并有权拒绝计量支付审核。

14. 安全事故报告及处理

(1)发生安全事故时,总监理工程师应立即向施工单位下达工程暂停令,并责令施工单位采取措施,积极抢救人员和财产,防止事故扩大,同时向建设单位和有关主管部门报告。

(2)事故发生现场有关单位安全负责人员应遵循“迅速、准确”的原则,在规定的时间内逐级上报重大生产安全事故的情况。监理单位应积极配合有关部门进行安全事故调查和事故原因分析,参与并配合事故处理。

(3)紧急情况下,可采取电话、传真、电子邮件的形式先后报告事故概况,有新情况下及时报告,在12h内补齐书面材料。

(4)启动应急救援预案,对事故有关情况进行调查、核实,做好抢险救援工作,防止事态扩大或再次发生次生、衍生的质量安全事故,同时保护现场,妥善收集有关物证。

(5)从行业角度初步分析事故原因,总结经验教训,为事故调查做准备。

三、交工验收阶段安全监理工作内容

交工验收阶段安全监理主要工作内容包括:协助发包人落实工程建设项目"三同时"的规定;审查安全设施等是否按设计要求与主体工程同时建成交付使用;承担交工验收至竣工验收阶段质量缺陷和问题修复施工作业安全监理责任。

四、安全监理日志、安全监理月报内容

1. 安全监理月报

监理工程师应根据工程建设施工现场的实际情况,将工程安全、文明施工等综合情况,按月填写到安全监理月报中,安全监理方面的主要内容有:

(1)施工现场安全情况评述。主要内容包括:

①本月施工现场的主要风险源,风险点及控制、预防措施实施情况。

②施工单位在施工现场投入的大、中型机械设备的数量和施工现场主要工种(岗位)作业人数及安全管理人员到位情况。

③施工单位在施工现场执行安全法律及国家和地方以及行业有关安全生产强制性条文的情况。

④现场安全施工状况及对安全问题和隐患的处理情况。

⑤施工单位对施工现场安全管理的其他有关情况。

(2)监理执行情况。主要内容包括:

①本月中,安全监理的工作开展情况(方案审批、交底告知、分包单位安全资质及机械、人员等各类材料报审、安全检查等)。

②监理工程师对所发现的安全问题或隐患的处理和采取的措施(包括口头指出、签发工作指令、工程暂时停工指令等)。

(3)下一个月的安全监理工作计划。

2. 安全监理日志

安全监理日志是监理工程师在一天中执行安全监理工作情况的记录。安全监理日志也是安全监理内业中可追溯检查的最具可靠性和权威性的原始记录之一。安全监理日志的主要内容:

(1)天气记录:天气记录应视工程建设的实际情况确定所记录的内容;

(2)施工单位在施工现场投入的人力、材料、机械设备的详细情况;

(3)施工现场的安全状况;

(4)发现的安全隐患及处理措施(口头指令或书面指令情况);

(5)其他监理工作活动记录;

(6)上级部门检查情况等。

五、水运工程安全监理工作要点

(一)港口工程安全监理工作要点

1. 水上锤击、振动、水冲沉桩安全监理工作要点

(1)水上打桩船和运桩船驻位应按船舶驻位图抛设错缆,并应设置浮鼓。

(2)船舶在陆域设置的地锚的抗拉力应满足使用要求。地锚和缆绳通过的区域应设立明显的安全警示标志,必要时应有专人看守。

(3)打桩架上的作业人员应在电梯笼内或作业平台上操作。电梯笼升降应在回至水平原位并插牢固定销后进行。

(4)打桩船作业时应随时观察锚缆附近的情况,注意其他作业船舶和人员的动态。移船时锚缆不得绊桩。如桩顶被水淹没,应设置高出水面的安全警示标志。

(5)立桩时,打桩船应离开运桩驳船一定距离,并应缓慢、均匀地升降吊钩。

(6)在可能溜桩的地质条件下打桩作业应认真分析地质资料,并采取预防溜桩的措施。

(7)封闭式桩尖的钢管桩沉桩应采取防止钢管桩上浮措施。在砂性土中施打开口或半封闭桩尖的钢管桩应采取防止管涌措施。

(8)水上悬吊桩锤沉桩应设置固定桩位的导桩架和工作平台。导桩架和工作平台应牢固可靠,并在工作平台的外侧设置安全护栏。

(9)沉桩后应及时进行夹桩。

2. 水上作业船舶安全监理工作要点

(1)根据交通运输部《中华人民共和国水上水下作业和活动通航安全管理规定》,在水上施工作业前,检查施工单包的"水上水下施工作业许可证",以及航行警告、航行通告等有关手续。

(2)严格施工船舶进场报验制度,核查施工船舶是否具有海事、船前检验部门核发的各类有效证件,以及船舶操作人员是否具有与岗位相适应的适任证书。

(3)施工船舶在施工中要严格遵守《国际海上避碰规则》《中华人民共和国海上交通安全法》《中华人民共和国内河交通安全管理条例》等有关规定及要求。按规定在明显处昼夜显示号灯、号型,同时设置必要的安全作业区业区域警戒区并设置符合有关规定的标志。

(4)施工船舶应配备有效的通信和救生设备,并保持设备技术状态良好。

(5)在编制水上工程施工组织设计的同时,必须制定工程船舶施工安全技术措施。

(6)工程开工前,认真审核工程施工方案中的施工安全技术措施,监督、检查施工单位对水上施工区域及船舶作业、航行的水上、水下、空中及岸边障碍物等进行实地勘察,制定防护性安全技术措施。

(7)施工现场技术负责人,应向参加施工的工程船舶、水上水下作业人员进行施工安全技术措施交底,并做好记录备查。

(8)施工人员必须严格执行安全操作技术规程,杜绝违章指挥、违章作业、违反纪律的现象,保障船舶航行、停泊和作业安全技术措施的落实。

(9)项目经理部应根据施工作业区域的实际情况和季节变化,制订防台、防风、防火等预案以及能见度不良时的施工安全技术措施。

(10)施工单位施工时应保证船机处于良好状态,不得带故障作业。

(11)施工单位应及时掌握当地气象及水文情况,遇不良海况或大风时应停止水上作业,并采取必要安全措施或转移至安全区域;遇有雨、雾天气,视线不清时,施工船舶必须悬挂规定信号灯,或按规定鸣号,必要时应停止作业。

(12)施工单位施工船舶作业时,应随时注意瞭望周围水域船舶的动态,避免其他船舶驶入作业区域,造成与施工船舶及锚缆发生碰撞和缠绕的事故。

(13)监理工程师在实施监理过程中,应加强日常现场巡视,主要做好以下监督、检查工作。

①检查进入施工现场的水上施工作业人员,必须穿救生衣和戴安全帽,严禁酒后上岗作业,严禁船员在船期间饮酒。

②检查施工作业船舶是否按有关规定在明显处设置昼夜显示的信号及醒目标志。

③检查施工单位在施工作业期间,是否按海事部门确定的安全要求,设置必要的安全警戒标志或警戒船。

④检查施工单位施工船舶是否配备有效的通信设备,并在指定的频道上收听,是否主动与过往船舶联系沟通,将本船的施工、航行动向告知他船,确保航行和船舶安全。

⑤现场监督、检查施工船舶作业情况,要求施工单位必须严格执行安全操作技术规程,严禁超载或偏载。

⑥检查施工船舶靠岸后人员上下船,是否搭设符合安全要求的跳板。

⑦施工单位交通船应按额定的数量载人,严禁超员,船上必须按规定配备救生设备。

⑧水上作业船舶如遇有大风、大浪、雾天时,超过船舶抗风浪等级或能见度不良时,督促施工单位停止作业。

⑨在水上搭设的作业平台,必须牢固可靠,悬挂的避碰标志和灯标应符合有关安全技术规定;水上作业平台应配备必要的救生设施和消防器材。

3.基床、岸坡开挖安全监理工作要点

(1)督促施工单位基床、岸坡开挖施工前,结合施工工况、水域环境、通航密度和当地气象条件等情况制定相应的安全技术措施,施工前应组织对船员进行安全技术交底,并作好记录备查。

(2)工程开工前,认真审核工程施工方案中的施工安全技术措施,监督、检查施工单位对水上施工区域及船舶作业、航行的水上、水下、空中及岸边障碍物等进行实地勘察,制定防护性安全技术措施。

(3)施工单位夜间挖泥作业时,施工船舶应按有关规定悬挂信号灯标志;作业区域及周边必须设置充分的照明设施。

(4)施工单位挖泥作业,应在泥驳靠泊本船系缆稳妥后,挖掘机才能进行作业。

(5)挖掘机工作时,作业半径范围内禁止站人,以免造成人身伤亡。

(6)挖掘机起动前,操作员必须事先发出信号;抓斗自由落体时,严禁紧急制动。

(7)基床、岸坡开挖过程中,督促检查施工单位勤测水深,加强水下地形测量,以保持岸坡稳定。

4. 水上安装结构及构件安全监理工作要点

(1)水上安装结构及构件前,施工单位应组织安装施工有关人员察看施工现场,掌握当地水文、气象、地貌等情况,并办理航行通告等有关手续报送监理备案。

(2)审查水上安装结构及构件施工方案中安全技术措施是否符合工程建设强制性标准要求。

(3)施工单位应将需持证上岗人员(如起重作业人员)的有效证书报送监理审查;施工前,施工单位应向参加施工人员进行安全技术交底,并做好记录备查。

(4)水上安装结构及构件等吊装前,施工单位应严格检查起重机具、索具的安全性和可靠性,并进行试吊后方可正式施工。

(5)巡视中检查安全施工技术措施的落实情况,查找安全隐患。

(6)检查、督促施工单位在施工作业期间,按海事部门确定的安全要求,设置必要的安全警戒标志或警戒船。

(7)抽查起重吊装指挥人员和操作人员持证上岗情况,起重吊装指挥人员和操作人员应严格按设备操作规程作业。

(8)检查预制构件吊运时,构件的混凝土强度是否符合规范规定和设计要求,如需提前吊运,必须验算,并报送监理审查。

(9)预制构件吊运时,应使各吊点同时受力;采用绳扣吊运时,其吊点位置偏差不能超过设计规定允许偏差位置。

(10)驳船装运构件时,应注意甲板的强度和船体的稳定性,宜采用宝塔式和对称的间隔方法装驳,驳船甲板面上要均匀铺设垫木,构件宜均匀对称地摆放在垫木上;吊运构件时,应使船体保持平稳;驳船装构件长途运输时,必须采取安全加固措施。

(11)检查施工所需的脚手架、作业平台、防护栏杆、上下梯道、安全网等是否齐备,良好状态。

(12)采用机械吊装前,检查施工单位是否已检查机械设备和绳索的安全性和可靠性,特别是钢丝绳;对大型构件,应先进行试吊;各种起重机具均不得超负荷使用。

(13)吊装作业应由专人统一指挥,与其他操作人员密切配合,严格执行规定的指挥信号;操作人员应按照指挥人员的信号进行作业,当信号不清或错误时,操作人员不得盲目执行。

(14)吊钩的中心线必须通过构件的重心,严禁倾斜吊卸构件,安装构件时必须平起稳落。

(15)检查吊装梁、板等构件时,是否符合起重吊装的有关安全规定。

(16)水上作业船舶如遇有大风、大浪、雾天时,超过船舶抗风浪等级或能见度不良时,督促施工单位停止作业。

5. 水上现浇混凝土工程安全监理工作要点

(1)审查施工方案中的安全技术措施方案。

(2)检查临水作业安全防护设施及操作人员安全防护的情况。

(3)检查现场设备用电、接电箱及线路连接是否符合安全生产要求。

(4)检查夜间施工安全措施、现场照明是否符合安全生产要求。

(5)检查施工单位混凝土施工前搭设脚手架、临时施工通道和作业平台的情况,设置的防护栏杆和安全网是否符合安全生产要求。

(6)检查模板及支撑系统的连接固定是否符合安全要求。

(7)检查模板作业场地安全设施设置情况;模板作业场地四周应设置围栏、防火通道等,并配备必需的防火器具;作业场内严禁烟火;作业场地应避开高压线路,安全用电。

(8)采用机械吊运模板时,检查施工单位是否已检查机械设备和绳索的安全性和可靠性,起吊后下面不得站人或通行;模板下放至距地面1m时,作业人员方可靠近操作。

(9)检查钢筋加工场地是否满足安全作业要求,机械设备的安装必须牢固、稳定,施工单位作业前应对机械设备进行检查,合格后方可使用;作业后要清理场地,切断电源,锁好电闸箱。

(10)检查各类钢筋加工机械是否严格按操作规程使用和安全防护设施设置情况;作业时,非作业人员不得进入现场;加工较长的钢筋时,要有专人帮扶,并听从操作人员指挥,不得任意推拉。

(11)采用泵送或吊斗运送混凝土施工时,检查其安全技术措施是否符合安全生产要求。

(12)检查施工单位是否严格按操作规程使用各类焊接、气割(焊)设备,如电弧焊、交(直)流电焊机、埋弧自动、半自动焊机、对(点)焊机、乙炔气割(焊)等。

(13)检查高处作业所需工具是否装在工具袋内;作业人员传递工具不得抛掷或将工具放在平台和木料上,更不得插在腰带上。

(14)施工单位在浇筑混凝土时,应设专人指挥;检查泵送混凝土输送臂移动范围内是否违反规定站人。

(15)混凝土振捣器应由专人操作,检查作业人员是否穿戴个人安全防护用品;检查振捣器电源是否安装漏电保护装置,接地或接零是否安全可靠;振捣器电缆线应满足操作所需的长度,检查电缆线是否堆压物品,作业人员是否用电缆线拖拉或吊挂振捣器。

(16)检查拆除模板作业时施工单位是否划定禁行区和制订相应安全措施。

(17)督促施工单位水上施工过程中配备安全警戒和救助船舶。

(18)水上作业船舶如遇有大风、大浪、雾天时,超过船舶抗风浪等级或能见度不良时,督促施工单位停止作业。

6.抛石棱体、倒滤层及后方回填安全监理工作要点

(1)施工单位应编制安全施工技术措施方案报送监理审查。

(2)巡视检查施工现场的安全警示标志和防护设施是否满足要求。

(3)施工单位在施工前应进行施工车辆、设备和船舶的安全检查,并做好记录,监理将抽查有关安全自检记录,杜绝设备带故障作业。

(4)抛填时,施工单位作业船只、车辆均需服从抛石指挥人员统一指挥,不得擅自进入作业区,不得随意乱抛。

(5)现场监督、检查施工船舶作业情况,巡视中随时检查运石料的船舶或车辆装载情况。

(6)不得超载、超高运输。

(7)督促检查施工单位勤测水深,加强水下地形测量,以保持岸坡稳定。

(8)检查施工船舶靠岸后人员上下船,是否搭设符合安全要求的跳板。

(9)施工单位交通船应按额定的数量载人,严禁超员,船上必须按规定配备救生设备。

(10)水上作业船舶如遇有大风、大浪、雾天时,超过船舶抗风浪等级或能见度不良时,督促施工单位停止作业。

7. 陆上现浇上部结构混凝土工程安全监理工作要点

(1)检查施工现场的交通安全工作,施工单位应设立明显标志,并由专人看管和负责指挥,维护交通和施工安全。

(2)检查施工机电设备是否有专人负责保管和修理,确保安全生产。

(3)检查模板作业场地安全设施设置情况;模板作业场地四周应设置围栏、防火通道等,并配备必需的防火器具;作业场内严禁烟火;作业场地应避开高压线路,安全用电。

(4)检查支立模板是否按工序操作规程执行。

(5)检查钢筋加工场地是否满足安全作业要求;机械设备的安装必须牢固、稳定;施工单位作业前应对机械设备进行检查,合格后方可使用;作业后,要清理场地,切断电源,锁好电闸箱。

(6)检查各类钢筋加工机械是否严格按操作规程使用和安全防护设施设置情况;作业时,非作业人员不得进入现场;加工较长的钢筋时,要有专人帮扶,并听从操作人员指挥,不得任意推拉。

(7)检查施工单位是否严格按操作规程使用各类焊接、气割(焊)设备,如电弧焊、交(直)流电焊机、埋弧自动、半自动焊机、对(点)焊机、乙炔气割(焊)等。

(8)检查施工单位是否严格按操作规程使用混凝土搅拌设备。

(9)检查施工现场是否做好各种混凝土输送车辆的安全管理工作,混凝土输送车辆不得超载和超速行驶,车辆停稳后方可卸料。

(10)检查施工单位混凝土施工前搭设脚手架、临时施工通道和作业平台的情况,设置的防护栏杆和安全网是否符合安全生产要求,并处于良好状态。

(11)检查塔式起重机或汽车式起重机浇筑混凝土时,起吊、运送、卸料是否有专人负责;现场施工人员应注意吊斗的升降和移动,检查起重臂移动范围内是否违反规定站人。

(12)检查泵送过程中,布料杆是否会碰到障碍物,尤其应远离高压线路;督促任何人不得接近布料杆下的危险区域,布料杆不能作起重机使用;泵送工作时,变幅应平稳,严禁猛起猛落。

(13)混凝土振捣器应由专人操作,检查作业人员是否穿戴个人安全防护用品;检查振捣器电源是否安装漏电保护装置,接地或接零是否安全可靠;振捣器电缆线应满足操作所需的长度,检查电缆线是否堆压物品,作业人员是否用电缆线拖拉或吊挂振捣器。

(14)施工过程中,作业人员应随时检查支架和模板,发现异常情况及时采取措施;支架和模板的拆除,应按设计和施工规定的程序进行,并应设置禁行区和制定相应安全措施。

8. 水电、环保及消防工程安全监理工作要点

(1)审查施工安全技术措施,检查施工单位施工前安全技术交底记录。

(2)正确使用个人防护用品,执行安全防护措施,进入施工现场必须正确佩戴安全帽。特种作业人员必须佩戴安全防护用品,机械操作工人必须持证上岗;夏季施工,气温比较高,一定要注意防暑降温和饮食卫生。

(3)焊接作业除应按规定穿戴劳动防护用品外,尚应根据不同作业环境采取防止触电、高处坠落、一氧化碳中毒和火灾事故的安全措施。

(4)氧气瓶、乙炔瓶等搬运时,不得撞击、水平滚动或剧烈震动,也不得在烈日下暴晒。乙炔瓶使用时应立放,并采取防倾倒措施。氧气瓶和乙炔瓶间的距离不得小于5m。

(5)土建和设备安装人员与施工管理人员要认真贯彻国家有关安全生产方针、政策,严格执行有关劳动保护法规、条例和规定,严格遵守有关安全规定和安全操作规程进行作业。对施工人员进行安全教育,强化施工作业人员的安全意识,杜绝违章作业。

(6)电气安装、维修应严格遵守《公路水运工程施工安全标准化指南》临时用电的规定。

(7)在低压系统电气设备和线路上检修工作,应停电作业。必须带电操作时,应有两名电工配合,严格执行监护制度,并做好安全防护绝缘措施。

(8)施工期间监理工程师要监督施工单位的砂石料加工系统及混凝土拌和系统产生的废水,采用自然沉淀法处理。含高悬浮物的废水从砂石料加工系统和混凝土拌和系统流出,进入沉淀池,在沉淀池中进行自然沉淀,达标后再允许自然排放。

(9)不管是生活污水还是含油废水,监理工程师要经常督促施工单位应加强施工区及服务区的卫生管理,施工区人员产生的生活污水,经一体化污水处理设备处理,达到《污水综合排放标准》一级标准。

(10)现场临房、仓库、易燃料场和用火处要有足够的灭火工具和设备,消防器材设专人管理并定期检查。

9. 基坑(沟、槽)开挖安全监理工作要点

(1)挖土方应从上而下分层进行,人工挖土时,作业人员必须按施工员的要求进行放坡或支撑防护,作业人员的横向间距不得小于2.5m,纵向间距不得小于3m,严禁掏洞和从下向上拓宽沟槽,以免发生塌方事故。

(2)开挖坑(槽)、沟深度超过1.5m时,一定要根据土质和挖的深度按规定进行放坡或加可靠支撑。如果既未放坡,也不加可靠支撑,不得施工。

(3)坑(槽)、沟边1m内不得堆土、堆料和停放机械。1m以外堆土,其高度不宜超过1.5m。坑(槽)、沟与附近建筑物的距离不得小于1.5m,危险时必须采用加固措施。

(4)挖土方不得在石头的边坡下或贴近未加固的危险楼房基底下进行。操作时应随时注意上方土壤的变动情况,如有裂纹或部分塌落应及时放坡或加固。

(5)作业人员上下沟、坑(槽)应预先搭设稳固的安全阶梯,并且设置不低于1m的扶手,两侧立面用立网封严,下设挡脚板,避免上下时发生坠落。

(6)开挖深度超过2m的沟、坑(槽)、边沿处,必须设两道1.2m高牢固的防护栏杆(水平杆不少于2道),另加一周踢脚板,并在夜间挂红色标志灯,任何人严禁在深坑(槽)、悬壁、陡坡下面休息。

(7)在雨季挖土方时,必须排水通畅,并应特别注意边坡的稳定;施工中要防止地面水流入坑、沟内,以免边坡塌方;下大雨时应暂停土方施工。

(8)夜间挖土方时,应尽量安排在地形平坦、施工干扰较少和运输道路通畅的地段,施工场地应有足够的照明。

(9)人工挖大孔径桩及打底桩施工前,必须制定防坠入、防落物、防坍塌、防人员窒息等安

全措施,并指定专人负责实施。

(10)参加机械挖土的人员必须遵守所使用机械的安全操作规程,作业前必须要有安全技术交底,施工机械的各种安全装置要齐全有效,司机要持证上岗。

(11)使用机械挖土前,要先发出信号,配合机械挖土的人员,在坑、槽内作业时要按规定坡度顺序作业,任何人不得进入挖土作业的范围内。

(12)在有支撑的沟坑中使用机械挖土时,必须注意不得使机械破坏支撑。

(13)机械开挖后边坡一般较陡,应用人工加以整修,达到设计要求后再进行其他作业。

(14)开挖过程中,作业人员要随时注意土壁的变化情况,如发现有裂纹或部分塌落现象,要立即停止作业,撤到坑上或槽上并报告施工员,待处理稳妥后方可继续进行开挖。

(15)在深坑、深井内开挖时,要保持坑、井内通风良好,并且注意对有毒气体的检查工作,遇有可疑情况,应该立即停止作业并且报告上级处理。

(16)在软土和膨胀土地区开挖时,要有特殊的开挖方法,作业人员必须听从施工员的指挥和布置。切勿私自做主,冒险蛮干,以免发生事故。

(17)深基础施工在城市或城乡接合部还应该注意邻近建筑物的安全,严防造成邻近建筑物的沉降或垮塌。

10. 预制构件安全监理工作要点

(1)检查施工现场的交通安全工作,施工单位应设立明显标志,并由专人看管和负责指挥,维护交通和施工安全。

(2)检查施工机电设备是否有专人负责保管、修理,确保安全生产。

(3)检查模板作业场地安全设施设置情况;模板作业场地四周应设置围栏、防火通道等,并配备必需的防火器具;作业场内严禁烟火;作业场地应避开高压线路,安全用电。

(4)检查支立模板是否按工序操作规程执行。

(5)检查钢筋加工场地是否满足安全作业要求,机械设备的安装必须牢固、稳定;施工单位作业前应对机械设备进行检查,合格后方可使用;作业后,要清理场地,切断电源,锁好电闸箱。

(6)检查各类钢筋加工机械是否严格按操作规程使用和安全防护设施设置情况;作业时,非作业人员不得进入现场;加工较长的钢筋时,要有专人帮扶,并听从操作人员指挥,不得任意推拉。

(7)检查施工单位是否严格按操作规程使用各类焊接、气割(焊)设备,如电弧焊、交(直)流电焊机、埋弧自动、半自动焊机、对(点)焊机、乙炔气割(焊)等。

(8)检查施工单位是否严格按操作规程使用混凝土搅拌设备。

(9)检查施工现场是否做好各种混凝土输送车辆的安全管理工作,混凝土输送车辆不得超载和超速行驶,车辆停稳后方可卸料。

(10)检查施工单位混凝土施工前搭设脚手架、临时施工通道和作业平台的情况,设置的防护栏杆和安全网是否符合安全生产要求,并处于良好状态。

(11)检查塔式起重机或汽车式起重机浇筑混凝土时,起吊、运送、卸料是否由专人负责;现场施工人员应注意吊斗的升降和移动,检查起重臂移动范围内是否违反规定站人。

(12)检查泵送过程中,布料杆是否会碰到障碍物,尤其应远离高压线路;督促任何人不得接近布料杆下的危险区域,布料杆不能作起重机使用;泵送工作时,变幅应平稳,严禁猛起猛落。

(13)混凝土振捣器应由专人操作,检查作业人员是否穿戴个人安全防护用品;检查振捣器电源是否安装漏电保护装置,接地或接零是否安全可靠;振捣器电缆线应满足操作所需的长度,检查电缆线是否堆压物品,作业人员是否用电缆线拖拉或吊挂振捣器。

(14)施工过程中,作业人员应随时检查支架和模板,发现异常情况及时采取措施;支架和模板的拆除,应按设计和施工规定的程序进行,并应设置禁行区和制定相应安全措施。

11. 钢筋工程施工安全监理工作要点

(1)钢筋加工区要设置明显的警示标志。

(2)钢筋加工车间内的照明灯要加设安全网罩。雷雨天气不得进行露天钢筋加工作业。

(3)钢筋对焊机要安装在室内或搭设的防雨棚内,并设有可靠的接地,接零装置多台并列安装时,其间距小于3m。对焊作业时,闪光区四周要设置挡板。

(4)绑扎的钢筋骨架高度超过2m时,要设置脚手架或作业平台,作业人员不得直接踩踏钢筋骨架。

(5)钢筋骨架要有足够的稳定性,稳定性不足时要采取防倾倒措施。

(6)成捆钢筋和预绑钢筋骨架吊运时,应确定吊点位置和捆绑方法,不得一点起吊。

(7)钢筋工程安全监理一般规定如下所述:

①作业前必须检查机械设备、作业环境、照明设施等,并试运行符合安全要求后方可作业。作业人员必须经安全培训考试合格,才能上岗作业。

②脚手架上不得集中堆放钢筋,应随使用随运送。

③操作人员必须熟悉钢筋机械的构造性能和用途,并应按照清洁、调整、紧固、防腐、润滑的要求,维修保养机械。

④机械运行中停电时,应立即切断电源。收工时应按顺序停机,拉闸,锁好电箱门,清理作业场所。电路故障必须由专业电工排除,严禁非电工接、拆修电气设备。

⑤操作人员作业时必须扎紧袖口,理好衣角,扣好衣扣,严禁戴手套。

⑥电动机械转动齿轮、皮带盘等高速运转部分,必须安装防护罩或防护板。

⑦电动机械的电箱必须按规定安装漏电保护器的专用开关箱。

⑧工作完毕后,应用工具将铁屑、钢筋头清除,严禁用手擦抹或嘴吹。切好的钢材,半成品必须按规格堆放整齐,配料、弯料等工作应在地面进行,不准在高空操作。

⑨搬运钢筋要注意附近有无障碍物、架空电线和其他临时电气设备,防止钢筋在回转时碰撞电线引发触电事故。

⑩钢筋绑扎安装规定包括以下几项内容:

a. 在高处(2m或2m以上)、深基坑绑扎钢筋和安装钢筋骨架,必须搭设脚手架或操作平台,临边应搭设防护栏杆。

b. 绑扎立柱和墙体钢筋时,不得站在钢筋内架上或攀登骨架上下。

c. 绑扎在建施工工程的圈梁、挑梁、挑檐、外墙和边柱等钢筋时,应站在脚手架或操作平台上作业,无脚手架必须搭设水平安全网。悬空大梁钢筋的绑扎,必须站在满铺脚手板或操作平台上操作。

d. 绑扎基础钢筋,应设钢筋支架或马凳。深基础或夜间应使用低压照明灯具。

e. 钢筋骨架安装,下方严禁站人,必须待骨架降落至地面 1m 以内方准靠近,就位支撑好,方可摘钩。

f. 起吊钢筋时,规格必须统一,不准长短参差不一,细长钢筋不准一点吊。

g. 绑扎和安装钢筋,不得将工具、箍筋或短钢筋随意放在脚手架或模板上。

h. 在雷雨时必须停止露天操作,预防雷击钢筋伤人。

i. 钢筋骨架不论其固定与否,不得在上行走,严禁从柱子上的钢箍上下。

(8)钢筋机械操作的规定如下所述:

①使用钢筋调直机应遵守如下所述的规定:

a. 调直机安装必须平稳,料架料槽应平直,对准导向筒、调直筒和下刀切孔的中心线。电机必须设可靠接零保护和漏电保护装置。

b. 按调直钢筋的直径,选用调直块及速度。调直短于 2m 或直径大于 9mm 的钢筋应低速进行。

c. 在调直块未固定,防护罩未盖好前不得穿入钢筋。作业中严禁打开防护罩及调直间隙。严禁戴手套操作。

d. 喂料前应将不直的料头切去,导向筒前应装一根 1m 长的钢管,钢筋必须先通过钢管再送入调直机前端的导孔内。当钢筋穿入后,手与压辊必须保持一定距离。

e. 机械上不准搁置工具、物件,避免振动落入机体。

f. 圆盘钢筋放入圈架上要平稳,螺栓或钢筋脱架时,必须停机处理。

g. 已调直的钢筋,必须按规格、根数分成小捆,散乱钢筋应随时清理堆放整齐。

②使用钢筋切断机应遵守以下规定:

a. 操作前必须检查切断机刀口,确定安装正确,刀片无裂纹,刀架螺栓紧固,防护罩牢靠,然后手扳动皮带轮检查齿轮啮合间隙,调整刀刃间隙,空运转正常后再进行操作。

b. 钢筋切断应在调直后进行,断料时要紧握钢筋。多根钢筋一次切断时,总截面积应在规定范围内。

c. 切断钢筋,手与刀口的距离不得小于 15cm。断短料手握端小于 40cm 时,应用套管或夹具将钢筋短头压住或夹住,严禁用手直接送料。

d. 机械运转中严禁用手直接清除刀口附近的断头和杂物。在钢筋摆动范围内和刀口附近,非操作人员不得停留。

e. 发现机械运转异常、刀片歪斜等,应立即停机检修。

f. 严禁在弯曲钢筋的作业半径内和机身不设定固定销的一侧站人。弯曲好的钢筋应堆放整齐,弯钩不得朝上。

③使用对焊机应遵守下列规定:

a. 对焊机应有可靠的接零保护和漏电保护装置,多台对焊机并列安装时,间距不得小于 3m,并应接在不同的相线上,有各自的控制开关。

b. 作业前应进行检查,对焊机的压力机构应灵活,夹具必须牢固,气、液压系统应无泄漏,正常后方可施焊。

c. 焊接前应根据钢筋截面,调整二次电压,不得焊接超过对焊机规定直径的钢筋。

d. 应定期磨光短路器上的接触点、电极，定期紧固二次电路全部连接螺栓，冷却水温度不得超过 40℃。

e. 焊接较长钢筋时应设置托架，焊接时必须防止火花烫伤其他人员。在现场焊接竖向柱钢筋时，应确保焊接牢固后再松开卡具，进行下道工序。

④使用点焊机应遵守下列规定：

a. 作业前，必须清除上、下两极的油污。通电后，检查机体外壳应无漏油。

启动前，应首先接通控制线路的转向开关调整极数，然后接通水源、气源、最后接通电源。电极、触头应保持光洁，漏电应立即更换。

b. 作业时气路、水冷系统应畅通。气体保持干燥，排水温度不得超过 40℃。

c. 严禁加大引燃电路中的熔断器。当负载过小使引燃管内不能发生电弧时，不得闭合控制箱的引燃电路。

d. 控制箱如长期停用，每月应通电加热 30min，如更换闸流管亦要预热 30min，正常工作的控制箱的预热时间不得少于 5min。

(9)检查已施工完成的施工段是否设置明显的安全防护标志。

(10)检查钢筋加工场地是否满足安全作业要求；机械设备的安装必须牢固、稳定，施工单位作业前应对机械设备进行检查，合格后方可使用；作业后，要清理场地，切断电源，锁好电闸箱。

(11)检查各类钢筋加工机械是否严格按操作规程使用和安全防护设施设置情况；作业时，非作业人员不得进入现场；加工较长的钢筋时，要有专人帮扶，并听从操作人员指挥，不得任意推拉。

(12)检查施工单位是否严格按操作规程使用各类焊接、气割(焊)设备，如电弧焊、交(直)流电焊机、埋弧自动、半自动焊机、对(点)焊机、乙炔气割(焊)等。

(13)检查施工单位是否严格按操作规程使用混凝土搅拌设备。

(14)钢筋网片要具有足够的刚度，可采取加焊钢筋桁架或在主筋平面内加斜拉条等措施；起吊要慢起慢落，一定要平稳。

(15)检查吊放预制件时是否符合起重吊装的有关安全规定；吊装作业应由专人统一指挥，与其他操作人员密切配合，执行规定的指挥信号。

12. 预留孔洞安全防护监理工作要点

(1)检查施工现场的孔洞安全措施工作，施工单位应设立明显标志，并由专人看管和维护，确保施工安全。

(2)检查施工单位预留孔洞的安全防护工作内容应注意以下细节：

①短边边长小于 50cm 的洞口，一般加设竹、木板等进行遮盖，盖板须能保持四周搁置均衡，并有固定其位置的措施，洞口周边设置醒目标志，防止车辆、人员误入。

②短边边长为 50～150cm 的洞口，必须设置以扣件扣接钢管搭设的临边防护栏杆，并在其洞口上满铺竹笆或脚手板。也可采用贯穿于混凝土板内的钢筋构成防护网，钢筋网络间距不得大于 20cm。

③边长或直径在 150cm 以上的洞口，四周除了设置防护栏杆外，洞口下还必须张设安全平网。

13.起重吊装工程、高空作业安全监理工作要点

1)起重吊装工程安全监理工作要点

(1)起重吊装作业要明确作业人员分工,专人指挥,统一指挥信号。

(2)起重吊装所使用的钢丝绳和锁具必须有具备生产资质的制造厂商提供的出厂合格证和材质证明。

(3)起重绳索必须进行受力计算,索具、滑车等必须根据计算结果合理选配,吊装前必须对其进行检验。

(4)起重船、起重机起吊构件时,驻位应得当。起吊异型构件时应根据构件的重量、重心和吊点位置计、配置起重绳索,进行试吊。

(5)当被吊物的重量达到起重设备额定起重能力的90%及以上时,应进行试吊。

(6)起重吊装作业时,指挥和操作人员不得站在建筑物或构件边缘、死角等危险部位。

(7)一台起重设备的两个主吊钩起吊同一重物时,两钩升降要协调,且每个钩的吊重不得大于其额定负荷。

(8)两台起重设备起吊同一重物时,必须制定专项起吊方案。起吊前必须根据重物位置等合理布置吊点。吊运过程中,必须统一指挥,两台起重设备的动作必须协调。各起重设备的实际起重量,严禁超过其额定起重能力的80%,且钩绳必须处于垂直状态。

(9)陆用起重机在驳船上作业时,必须制定专项施工方案,并附船舶稳定性和结构强度验算结果。并对起重机的吊重、作业半径做出规定。起重机、吊臂及吊钩必须设置固定装置。

(10)水下吊装构件要符合下列规定:

①构件入水后,要服从潜水员的指挥。指挥信号不明,不得移动船舶和吊钩。

②构件升降回旋速度应缓慢,不得砸、碰水下构件或船舶锚缆。

③水下构件吊装完毕,应待潜水员解开吊具、避至安全水域,发出指令后方可起升吊钩后移船。

2)高空作业安全监理工作要点

(1)高处作业的安全技术措施及其所需料具,必须列入工程的施工组织设计。

(2)单位工程施工负责人应对工程的高处作业安全技术负责并建立相应的责任制。施工前,应逐级进行安全技术教育及交底,落实所有安全技术措施和人身防护用品,未经落实时不得进行施工。

(3)高处作业中的安全标志、工具、仪表、电气设施和各种设备,必须在施工前加以检查,确认其完好,方能投入使用。

(4)攀登和悬空高处作业人员及搭设高处作业安全设施的人员,必须经过专业技术培训及专业考试合格,持证上岗,并必须定期进行体格检查。

(5)施工中对高处作业的安全技术设施,发现有缺陷和隐患时,必须及时解决;危及人身安全时,必须停止作业。

(6)施工作业场所有坠落可能的物件,应一律先行撤除或加以固定。高处作业中所用的物料,均应堆放平稳,不妨碍通行和装卸。工具应随手放入工具袋;作业中的走道、通道板和登高用具,应随时清扫干净;拆卸下的物件及余料和废料均应及时清理运走,不得任意乱置或向下丢弃。传递物件禁止抛掷。

(7)雨天和雪天进行高处作业时,必须采取可靠的防滑、防寒和防冻措施。水、冰、霜、雪均应及时清除。对进行高处作业的高耸建筑物,应事先设置避雷设施。遇有6级以上强风、浓雾等恶劣气候,不得进行露天攀登与悬空高处作业。暴风雪及台风暴雨后,应对高处作业安全设施逐一加以检查,发现有松动、变形、损坏或脱落等现象,应立即修理完善。

(8)因作业必需,临时拆除或变动安全防护设施时,必须经施工负责人同意,并采取相应的可靠措施,作业后应立即恢复。

(9)防护棚搭设与拆除时,应设警戒区,并应派专人监护。严禁上下同时拆除。

(10)高处作业安全设施的主要受力杆件,力学计算按一般结构力学公式,强度及挠度计算按现行有关规范进行,但钢受弯构件的强度计算不考虑塑性影响,构造上应符合现行的相应规范的要求。

14.脚手架搭设与拆除作业监理工作要点

(1)脚手架或模板支架必须与邻近高压架空线路保持安全距离,特殊情况下不能保持安全距离时,应搭设外电防护隔离设施;若遇无法保持安全距离又无法建立外电防护设施的情况,必须在外电线路停电后方可进行搭设。

(2)脚手架的基础应根据脚手架及模板支架的搭设高度、承载要求、土质情况及《建筑地基基础工程施工质量验收标准》(GB 50202—2018),按专项施工方案的要求,进行加固处理和验收,场地内不得有积水。

(3)对脚手架及模板支架所使用的材料,应进行检查验收,不合格的产品不得使用。脚手钢管应采用《直缝电焊钢管》(GB/T 13793—2016)或《低压流体输送用焊接钢管》(GB/T 3091—2015)中规定的3号普通钢管,其质量应符合《碳素钢结构》(GB/T 700—2006)中Q235A级钢材的规定,宜采用ϕ48mm×3.5mm的钢管。新扣件应有生产许可证,法定检测单位的测试报告和产品质量合格证,应按现行国家标准《建筑施工扣件式钢管脚手架安全技术规范》(JGJ 130—2011)等的规定进行抽样检测。

(4)脚手架及模板支架基础验收合格后,应按专项施工方案的要求进行放线定位。

(5)脚手架和模板支架在搭设或拆除时,应设立作业警戒区,并派专人进行监控,严禁非操作人员入内。

(6)脚手架和模板支架在搭设过程中,应进行分步验收,全部验收合格,挂牌后方可投入使用。

(7)在脚手架和模板支架的使用期间,严禁拆除主接点处的纵、横向水平杆及纵、横向扫地杆、连墙件。

(8)在脚手架及模板支架上进行电、气焊作业时,必须有防火措施并设专人监护。

(9)脚手架作业层上的施工荷载应符合设计要求,不得超载;不得将模板支架、缆风绳、泵送混凝土和砂浆的输送管等固定在脚手架上。

(10)脚手架及模板支架应按《施工现场临时用电安全技术规范》(JGJ 46—2005)采取接地防雷措施。

(11)不得在脚手架、模板支架基础及邻近处进行挖掘作业。

(12)当有六级以上大风和雾、雨、雪天气时应停止脚手架搭设和拆除作业,雨、雪后上架作业应有防滑措施,并应扫除积雪。

(13)支架施工前,应进行详细的结构计算,满足支架承重的要求,确保支架结构安全,并报监理工程师批准后实施。

15. 大模板堆放、安装、拆除作业监理工作要点

(1)平模存放时应满足地区条件要求的自稳角,两块大模板应采取板面对板面的存放方法,长期存放模板,应将模板连成整体。大模板存放在高处,必须有可靠的防倾倒措施,不得沿外墙围边放置,并垂直于外墙存放。

(2)没有支撑或自稳角不足的大模板,要存放在专用的堆放架上,或者平堆放,不得靠在其他模板或物件上。

(3)模板起吊前,应检查吊装用绳索、卡具及每块模板上的吊环是否完整可靠,并应先拆除一切临时支撑,经检查无误后方可起吊。模板起吊前,应将吊车的位置调整适当,做到稳起稳落,就位准确。

(4)筒模可用拖车整体运输,也可拆成平模用拖车水平叠放运输。平模叠放时,垫木必须上下对齐,绑扎牢固,用拖车运输,车上严禁坐人。

(5)在大模板拆装区域周围,应设置围栏,并挂明显的标志牌,禁止非作业人员入内。组装平模时,应及时用卡具或花篮螺栓将相邻模板连接好。

(6)现浇结构安装模板时,必须将悬挑担固定,位置调整准确后,方可摘钩,外模安装后,要立即穿好销杆,紧固螺栓。安装外模板的操作人员必须系挂好安全带。

(7)在模板组装或拆除时,指挥、拆除和挂钩人员,必须站在安全可靠的地方操作,严禁人员随模板起吊。

(8)大模板必须有操作平台、上下梯道,走道和防护栏杆等附属设施。

(9)拆摸起吊前,应拆除穿墙销杆。拆除外墙模板时,应先挂好吊钩,紧绳索,再拆除销杆。吊钩应垂直模板,不得斜吊。摘钩时手不离钩,待吊钩吊起超过头部方可松手。吊钩超过障碍物的允许高度,才能行车或转臂。模板就位和拆除时,必须设置缆风绳。

(10)在大风情况下,不得作高空运输。

(11)模板安装就位后,要采取防止触电的保护措施,要设专人将大模板串联起来,并同避雷网接通。

16. 场内道路材料堆场及预制场、加工场作业监理工作要点

(1)场内临时单向机动车道路的宽度不宜小于施工车辆宽度的 1.5 倍,坡度不宜大于 8%,弯道半径不宜小于 15m。交叉道口或事故多发地段应设置明显的警示标志。

(2)场内机动车道路与外电架空线路交叉时,架空线的最低点与路面的垂直距离不得小于表 11-2 的数值。

架空线的最低点与路面的垂直距离 表 11-2

外电线路电压(kV)	1 以下	1～10	35
最小垂直距离(m)	6	7	8

(3)施工现场的原材料、半成品、成品、预制构件等的堆放和机械、设备的摆放应整齐、稳固规范、标识清楚,不得侵占场内道路或影响安全。工程垃圾和废弃物应进行分类堆放,并及时清运处理。

(4)小型预制块的堆放高度不宜超过1.5m。

(5)成捆钢筋及半成品应按品种、规格、型号码放,垛底和垛中应铺设垫木,垛高不宜超过1.2m。

(6)构件焊接、钢筋对焊或其他明火作业的场地,必须与易燃易爆或危险品的存放场所、木材加工场地等分开,并用实体墙隔离或采取其他有效隔离措施。

(7)材料加工场应符合下列规定:

①宜设围墙或围栏防护实行封闭管理,并宜设排水设施。

②场内应设置明显的安全警示标志及相关工种的操作规程。

③加工棚宜采用轻钢结构,并应采取防雨雪、防风等措施。

(8)预制场、拌和场应符合下列规定:

①应合理分区、硬化场地,并应设置排水设施。

②拌和及起重设备基础的地基承载力应满足要求,材料及成品存放区地基应稳定。

③料仓墙体强度和稳定性应满足要求,料仓墙体外围应设警戒区,距离宜不小于墙高2倍。

④拌和及起重设备应设置防倾覆和防雷设施。

17. 现场办公区和生活区监理工作要点

(1)办公区和生活区选用的建筑材料应符合环保和防火的规定。在地震频发区宜选用轻型结构或集装箱式房屋。

(2)办公区和生活区的选址应符合安全性要求,临时搭建的建筑物应当符合安全使用要求,装配式活动房屋具有产品合格证。

(3)办公区和生活区的供电应与动力线路分闸、分路设置,且不得随意改动线路或增设用电设备。

(4)自建用房屋排水通畅,砖混结构墙体下部设0.5m高的墙裙。拼装式活动板房应能够抵抗10级风,在台风、季风期间,应采取相应的加固措施。

(5)办公区和生活区应挂设治安、卫生、防火管理制度;生活区室内严禁存放易燃易爆物品,严禁乱拉电线、明火做饭和使用大功率电气设备;夏季设有消暑、防蚊虫措施,冬季有保暖和防煤气中毒措施。

(6)施工现场应配备常用药品及紧急救助医疗设施。有条件的可配备医务人员。

18. 土建混凝土工程作业监理工作要点

(1)混凝土搅拌站应按设计要求安装在有足够承载力的稳固基础上。操作平台应设置安全护栏。

(2)混凝土搅拌前,操作人员应确认搅拌、供料、控制等系统的运行正常。

(3)维修、保养或清理搅拌系统、供料系统时,必须切断电源,悬挂“严禁”合闸安全警示标志,并派专人看守。

(4)检修或清理搅拌滚筒必须封闭下料口、切断电源、悬挂“严禁”合闸安全警示标志,并派专人看守。

(5)搅拌机运转时,作业人员不得将手臂伸入料斗或搅拌筒内。

(6)疏通搅拌机砂石下料口时,作业人员不得站在砂石料堆上操作。

(7)袋装水泥堆放应压茬码放整齐,高度不宜超过10袋,且不得紧靠墙壁。

(8)采用吊罐浇筑混凝土时,起吊、运送、卸料应由专人指挥,吊罐下不得站人。

(9)采用泵送混凝土应符合下列规定:

①混凝土输送泵的安装应平整、稳定、牢固。管道布设应平顺,接头和卡箍应密封、紧固。管道敷设后,应进行耐压试验。

②混凝土作业前,应对泵送和布料管线系统进行检查。泵送混凝土时,操作人员应随时监视各种仪表和指示灯,发现异常,应立即停机检查。

③浇筑混凝土时,应设专人牵引、移动输送泵出灰软管。采用布料臂浇筑混凝土时,布料臂下不得站人。

④拆卸混凝土输送管道接头前,应释放管内剩余压力。

⑤浇筑结束清洗管道时,作业人员不得靠近管道端部的软管。管道出口端前方10m不得站人。混凝土振捣器的配电箱应安装漏电保护装置,接地或接零应安全可靠。移动振捣器应切断电源,并不得使用自身电缆线直接拉动。

(10)孔道高压灌浆时,喷嘴与孔口应紧固,输浆管与压浆泵应连接牢固。排浆或堵孔应戴好防护眼镜,作业人员不得面对排浆孔。

(11)混凝土养护应符合下列规定:

①使用覆盖物养护混凝土时,预留孔洞周围应设置安全护栏或盖板,并设置安全警示标志,不得随意挪动。

②电热法养护混凝土应设置围栏和安全警示标志,无关人员不得进入养护区域。

③洒水养护混凝土应避开配电箱和周围电气设备。

④高处混凝土养护宜采用自动喷淋或涂刷养护液等工艺。

19. 现场安全防护安全监理工作要点

(1)施工人员进入现场要佩戴好安全帽,高空作业系好安全带,施工现场严禁抽烟,严禁酒后作业。

(2)现场特种作业人员持有相关部门颁发的在有效期内的安全操作证。

(3)现场安全防护工作认真执行现行《水运工程施工安全防护技术规范》(JTS 205—1)、《公路水运工程施工安全标准化指南》《施工现场临时用电安全技术规范》(JGJ 46)、《建筑施工高处作业安全技术规范》(JGJ 80)等,实现安全防护标准化。

(4)施工现场临时用电按规范要求执行三相五线制,应采用接零保护系统,在专用保护零线的始端、终端及中间做重复接地。实行三级配电、二级保护,即:总配电箱、分配电箱、开关箱三配电;总配电箱、开关箱处设漏电保护器,现场所用设备全部设漏电保护器。开关箱要防潮、防雨、上门上锁,实行一机一闸保护。干线与外电线路保证安全距离。

(5)加强用电及防火管理,进行消防教育,建立消防制度,防止火灾发生及电气事故发生。

(6)施工现场的平面布置、施工方法应符合消防安全要求。易燃易爆品要专人管理,氧气瓶、乙炔瓶及焊割设备上的安全附件齐全有效,使用中氧气瓶、乙炔瓶两者间距不小于5m,与明火间距不小于10m。

(7)施工方案的制定必须针对施工工艺结合作业条件,针对施工过程中可能造成的坍塌以及周边建筑、道路等可能产生的不均匀沉降,应制定并采取具体可行措施加以预防。

(8)基坑开挖之前,要按照土质情况、基坑深度以及周边环境确定支护方案,其内容应包括:放坡要求、支护结构设计、机械选择、开挖时间、开挖顺序、分层开挖深度、坡道位置、车辆进出道路、降水措施及监测要求等。

(9)基础及地下工程模板安装时,必须检查基坑土壁边坡的稳定状况,基坑上口边沿1m以内不得堆放模板及材料。向槽内运送模板构件时,严禁抛掷。使用溜槽或起重机械运送,下方操作人员必须远离危险区域。

(10)在沟、槽、坑内作业必须经常检查沟、槽、坑壁的稳定状况,上下沟、槽、坑必须走坡道或梯子。

(11)模板及其支架在安装过程中,必须采取有效的防倾覆临时固定措施。

(12)在拆模过程中,如发现实际混凝土强度并未达到要求,有影响结构安全的质量问题时,应暂停拆模,经妥当处理,实际强度达到要求后,方可继续拆除。

(13)各类模板拆除的顺序和方法,应根据模板设计的规定进行。如果模板设计无规定时,可按先支的后拆、后支的先拆,先拆非承重的模板、后拆承重的模板及支架的顺序进行拆除。

(14)悬空作业所用的索具、脚手板、吊篮、吊笼、平台等设备,均须经过技术鉴定或验证方可使用。

(15)吊装前应检查机械索具,夹具、吊环等是否符合要求并应进行试吊。吊装时必须有统一的指挥、统一的信号。高空作业人员必须系安全带,安全带生根处须安全可靠。

(16)吊车行走道路和工作地点应坚实平整,以防沉陷发生事故。

(17)遵守有关起重吊装的“十不吊”中的有关规定。

(二)航道工程安全监理工作要点

1. 水上作业船舶安全监理工作要点

1)作业船舶要求:

(1)施工作业船舶应当按照船舶检验证书要求配置通信、消防、救生设备及应急报警设备,机舱宜加装漏水报警器。

(2)施工船舶的梯口、应急场所等应当设有醒目的安全警示标志或标识,甲板、通道和作业场所应当根据需要设有防滑装置,在大风浪中航行或冰冻天气作业时,甲板、通道和作业场所应当增设临时安全护绳。

(3)上下船舶应当搭设跳板,跳板下面宜挂安全网;使用软梯上下船舶应当设专人监护,并备有带安全绳的救生圈;使用舷梯应当控制舷梯的升降速度,升降时舷梯上严禁站人,踏步应设置防滑装置,如图11-1所示。

(4)施工船舶在作业、航行或停泊时,应当按规定显示号灯或号型。

(5)施工船舶应当根据施工水域的水底土质、水深、水流、风向等,选择合适的锚型、锚重、锚缆,确定锚缆长度和位置。内河施工时,靠近或跨越航道的锚缆应当采用链式沉缆。

(6)施工期间应配备监护船,船舶须满足适航相关规范管理要求。

图11-1　安全网、救生圈设置

2)船舶锚泊:

(1)各船舶抛锚前应详细了解抛锚处水下情况,以防止挂断水下光缆或输油管道。

(2)各船舶锚泊须选择适当的地点抛锚,锚泊地点应远离大型作业船舶与通航航道。

(3)各船舶在锚泊期间必须昼夜安排人员值班,随时注意观察船舶状况,当发现走锚,锚缆断损及其他船舶碰撞等紧急情况时,应立即报警,并及时组织采取应急措施。

(4)各船配置的首锚重量与锚缆强度必须满足船舶锚泊要求,应定期检查锚缆的磨损情况,当锚缆磨损断股超过30%时须更换新锚缆。

(5)主机出现故障的船舶,维修期间应在安全的锚泊地点抛锚,如在施工现场锚泊维修,必须安排专门船舶守护,以便随时处理应急情况。

3)船舶航行及作业:

(1)施工单位应严格执行国家和地方有关部门发布的有关船舶的安全管理规定。

(2)船舶航行时,应遵守《国际海上避碰规则》和《中华人民共和国内河避碰规则》等相关规定。

(3)施工船舶必须在核定航区或作业水域内施工。

(4)施工船舶应按规定配备有效的通信、消防、救生、堵漏设备,制定各项安全技术措施及应急预案,并定期进行演练。

(5)施工船舶的梯口、应急场所等,应设有醒目的安全警示标志或标识。楼梯、走廊、通道应保持畅通。

(6)施工船舶在作业、航行或停泊时,应按规定显示号灯或号型。

(7)施工船舶的各种设备、设施、安全装置及工索具等,应定期进行检查、维护、保养或更换。

(8)船舶甲板、通道和作业场所,应根据需要设有防滑装置。在大风浪中航行或冰冻天气作业时,应在甲板、通道和作业场所增设临时安全护绳。

(9)上下船舶时,应安设跳板、张挂安全网。使用软梯上下时,应设专人监护,并备有带安全绳的救生圈。

(10)施工船舶应根据施工水域的水底土质、水深、水流、风向等,选择合适的锚型及锚缆。

(11)抛锚时,应在专人指挥下进行,并应根据风向、潮流、水底土质等确定抛出锚缆长度和位置,并应避开水下电缆、管道、构筑物及禁止抛锚区。

(12)抛锚过程中,施工船舶的锚机操作者应视锚艇和本船移动的速度以及锚缆的松紧程度松放缆绳,不得突然刹车。

(13)施工船舶不得在未成形的码头、墩台或其他构筑物上系挂缆绳。

(14)在内河施工时,施工船舶位于或跨越航道的锚缆,应采用链式沉缆。

(15)在流速较大的河段作业时,施工船舶的纵轴线应与水流方向基本一致,不宜横流驻位。必须横流驻位时,应编制专项施工方案。

(16)施工船舶穿越桥孔或过江架空电网前,必须预先了解其净空高度、宽度、水深、流速等情况。

(17)在狭窄水道或来往船舶较多的水域施工时,应安排专人值守通信频道,并及时沟通避让方式。

(18)解系缆绳作业时,应符合下列规定:

①解系缆人员应按照指挥人员的命令进行作业,不得擅自操作。

②作业人员不得骑跨缆绳或站在缆绳圈内。向缆桩上带缆时,不得用手握在缆绳圈端部。

③绞缆时应根据缆绳的受力状态适时调整绞缆机运转速度。危险部位有人时,应立即停机。

④船员在撇缆前,应观察周围情况,并向现场人员表明意图。

⑤移船绞缆时,应观察锚缆的状况,不得强行收绞缆绳,亦并不得兜曳其他物件。

⑥陆域带缆时,必须检查地锚的牢固性。缆绳通过的地段,必须悬挂安全警示标志,必要时设专人看护。

⑦施工船舶靠泊后,应根据水位变化及时调节系缆长度。

(19)舷外作业时,应符合下列规定:

①船上应悬挂慢车信号,作业现场应设置安全警示标志。

②作业现场应有监护人员,并备有救生设备。

③船舶在航行中或摇摆较大时,不得进行舷外作业。

④舷外作业应设置安全可靠的工作脚手架或吊篮。

(20)使用船电作业时,应符合下列规定:

①进行船舶电气检修时,应切断电源,并在启动箱或配电板处悬挂"禁止合闸"警示牌。

②配电板或电闸箱附近,应备放扑救电气火灾的灭火器材。

③需带电作业时,必须有专人监护,并采取可靠的防护、应急措施。

④不得私接电源线,禁止使用超过原设计容量的电器。

⑤船舶上使用的移动灯具的电压不得大于50V,电路应设有过载和短路保护。

⑥船舶接岸电,当岸电和船电系统为中性点接地的三相交流系统时,必须将岸电接地线与船体接地设施进行可靠连接。

⑦蓄电池工作间应通风良好,不得存放杂物,并应设置安全警示标志。

(21)进入船舶的封闭处所作业时,应符合下列规定:

①施工船舶均应制定进入封闭处所作业的安全规定。

②应配备必要的通风器材、防毒面具、急救医疗器材、氧气呼吸装置等应急防护设备或设施。

③作业人员进入封闭处所前,应对封闭处所进行通风,并测定封闭处所的空气质量。

④封闭处所外应有监护人员,并确保内外联系畅通。

⑤在封闭处所内动火作业前,必须对受到动火影响的舱室进行测氧、清舱、测爆。通风时严禁输氧换气。作业时,必须将气瓶及电焊机放置在封闭处所外面。

⑥当封闭处所内存在接触性有毒物质时,作业人员应穿戴相应的防护用品。

(22)收放船舶舷梯时,应符合下列规定:

①收放舷梯时,应控制舷梯的升降速度,舷梯上严禁站人。

②舷梯、桥梯的踏步,应设置防滑装置。

③舷梯、桥梯下,应张挂安全网。

(23)救生艇上的设备及其物资应完好有效,并按规定进行救生艇的应急操作演练。

施工船舶不得搭乘或留宿非作业人员。

4)交通工作船:

(1)交通船(艇)上明显位置应悬挂“限载人数”牌、“交通船安全管理规定”牌、安全警示标志牌等。

(2)交通船按规定配备足够、有效的救生器材(救生圈、救生艇)、消防设备(灭火器)以及防渗堵漏器材,定期检查。

(3)上下交通船应有稳固爬梯或搭板,如图11-2所示。

图11-2 爬梯与搭板

(4)应持有有关部门签发的与施工水域相适应的有效证书。

(5)船上配备的消防、救生及通信设施应完好、有效、适用,并按规定进行标识。

(6)应按核定人数载人,不得超员运行或客货混装。

(7)严禁装载或携带易燃易爆及危险有毒物品。

(8)航行中,乘船人员不得站、坐在无安全护栏的舷边。

(9)应清点和记录登船或下船的乘员人数。

(10)在靠泊施工船舶前,应预先与施工船舶取得联系,确定靠泊位置及登船方法。

(11)乘船在上下交通工作船时,应待船舶停稳后,按顺序上下。

5)非自航船的安全操作技术:

(1)起重船除应符合“一般安全规定”的有关规定外,还应符合下列规定:

①作业前,作业人员应熟悉吊装方案,明确联系方式和指挥信号。

②根据吊装要求,应指导驳船选择锚位和系缆位置。

③吊装前,应确保吊钩升降、吊臂仰俯、刹车性能良好。安全装置应正常有效。

④吊装结束后,起重船应退离安装位置,并对起重吊钩进行封钩。

(2)起重船除应符合"一般安全规定"的有关规定外,还应符合下列规定:

①施工前应充分考虑停驻、航行、吊装各个作业阶段和可能出现的工况条件的吃水、稳性、总体强度、甲板强度、局部承载力,以及吊装物自身的强度和稳性等的安全性。当无资料和类似条件下施工的实例时,应进行验算。

②应根据水文气象条件抛锚驻位。吊装作业水域应满足吃水深度要求。

③安装前,应认真检查并确保与安装有关的设备和控制系统处于完好状态。

④起吊或降钩时,应统一指挥,密切配合,协调一致。

⑤吊装下潜时的风力、波高和流速等,不得超过该船的作业技术性能指标。

⑥降钩至起浮物即将处于漂浮状态时,应控制好起浮物的控制缆绳。

⑦起浮物下沉时,应根据风浪、水流及起浮物的牵引方式,缓慢放松控制缆绳,不得撞击船体。

6)根据交通运输部《中华人民共和国水上水下作业和活动通航安全管理规定》,在水上施工作业前,检查施工单位的"水上水下施工作业许可证",以及航行警告、航行通告等有关手续。

7)严格施工船舶进场报验制度,核查施工船舶是否具有海事、船舶检验部门核发的各类有效证件,以及船舶操作人员是否具有与岗位相适应的证书。

8)检查施工船舶是否配备有效的通信和救生设备,并保持设备技术状态良好。

9)施工单位应及时掌握当地气象及水文情况,遇不良海况或大风时应停止水上作业,并采取必要安全措施或转移至安全区域;遇有雨、雾天气,视线不清时,施工船舶必须悬挂信号灯,或按规定鸣号,必要时应停止作业。

2. 疏浚工程安全监理工作要点

(1)检查开工之前,施工单位是否对疏浚水域进行扫床,水下是否有障碍物、废钢铁、战争遗留物和沉船等。

(2)开工之前,发包人应向施工单位提供该施工水域的勘察报告,如不满足施工单位要求,施工单位可自行补钻。检查施工单位选择的挖泥船和施工方案是否符合水域勘察报告的有关要求。

(3)开工前监理部应协助发包人进行测量控制点的移交,审查施工单位设置的施工控制网是否符合规范和满足施工要求。施工单位设立的水尺和潮位遥报仪,经监理工程师验收合格后方可投入使用。水尺设定后要进行同步水位观测比对,以后每月进行一次同步水位观测比对。

(4)检查与审核浚前测量结果,主要是水深测量,以作为挖泥量计算的依据。测量时应采用卫星定位系统定位,每次测量前都要对卫星定位系统数据进行比对,以保证测量精度。

(5)审核施工区域的布置是否易于实施和保证施工安全。

(6)检查疏浚船舶的选择是否适应当地水文、地质和气象等条件。

(7)审核施工单位是否对安全作业提出可行的安全措施。

①当遇到施工船舶不能适应的风、浪、雾的影响时,督促施工单位停止作业,避免发生安全事故。

②检查疏浚船舶的作业吃水是否小于浚前水深;当浚前深水不足时,督促施工单位先用吃水少的挖泥船施工,满足水深要求后,再用吃水大的挖泥船施工。

(8)船舶调遣时安全监理要点如下:

检查施工船舶调遣时,各种证书是否齐全,是否符合航区安全航行的要求,并经过船舶检验部门的检验和港监的批准。

(9)施工过程中安全监理要点如下:

①检查施工单位在航道施工时是否设置明显标志以免发生安全事故。

②对边坡精度有特殊要求的工程,检查施工单位对疏浚设备、施工方法、定位措施、监测方法等提出的限制条件和安全措施,是否符合规范要求。

③巡视检查施工单位开挖时,是否严格控制超挖,如出现滑坡迹象,督促施工单位立即停止施工,并采取补救措施。

④检查施工单位处理有污染的疏浚土时,是否已向环保部门办理许可证。

⑤水上作业船舶如遇有大风、大浪、雾天时,超过船舶抗风浪等级或能见度不良时,督促施工单位停止作业。

3. 吹填作业安全监理工作要点

(1)核查吹填工程的设计图纸,对设计要求、当地水文、气象和地质条件、吹填区土地使用标准文件、疏泥管线铺设条件、吹填区余水的排出条件以及对周围水域的影响,是否满足安全环保要求。

(2)核查取土是否避开水下障碍物、爆炸物、水产养殖以及环境敏感区,取土区是否影响附近建筑物、航道、堤防及海岸的稳定。

(3)核查围埝及排水口的设置是否符合安全要求,围埝是否层层夯实,是否会产生穿孔影响围埝的稳定,严格控制围埝内的水位,以免对围埝造成破坏。

(4)核查排水口的设置是否有利于加长泥浆流程、有利于泥沙沉淀;一般应布置在吹填区的死角,或远离排泥管出口的地方。

(5)核查在整个吹填过程中,施工船舶、排泥、围埝和排水口是否协调工作,并建立有效的通信联系;核查施工单位是否实行巡逻值班制度,施工单位应随时了解吹填进度、泥沙流失情况、堰顶水位、围埝和排水口安全等情况,并对围埝和排水口进行维护。

(6)检查施工人员在排泥管线上作业时,是否穿戴个人安全防护用品。

(7)检查排泥管线昼夜施工时是否设置安全警示标志。

4. 预制构件安全生产监理工作要点

(1)检查施工现场的交通安全工作,施工单位应设立明显标志,并由专人看管和负责指挥,维护交通和施工安全。

(2)检查施工机电设备是否有专人负责保管、修理,确保安全生产。

(3)检查模板作业场地安全设施设置情况;模板作业场地四周应设置围栏、防火通道等,并配备必需的防火器具;作业场内严禁烟火;作业场地应避开高压线路,安全用电。

(4)检查支立模板是否按工序操作规程执行。

(5)检查钢筋加工场地是否满足安全作业要求,机械设备的安装必须牢固、稳定;施工单位作业前应对机械设备进行检查,合格后方可使用;作业后,要清理场地,切断电源,锁好电闸箱。

(6)检查各类钢筋加工机械是否严格按操作规程使用和安全防护设施设置情况;作业时,非作业人员不得进入现场;加工较长的钢筋时,要有专人帮扶,并听从操作人员指挥,不得任意推拉。

(7)检查施工单位是否严格按操作规程使用各类焊接、气割(焊)设备,如电弧焊、交(直)流电焊机、埋弧自动、半自动焊机、对(点)焊机、乙炔气割(焊)等。

(8)检查施工单位是否严格按操作规程使用混凝土搅拌设备。

(9)检查施工现场是否做好各种混凝土输送车辆的安全管理工作,混凝土输送车辆不得超载和超速行驶,车辆停稳后方可卸料。

(10)检查施工单位混凝土施工前搭设脚手架、临时施工通道和作业平台的情况,设置的防护栏杆和安全网是否符合安全生产要求,并处于良好状态。

(11)检查塔式起重机或汽车式起重机浇筑混凝土时,起吊、运送、卸料是否由专人负责;现场施工人员应注意吊斗的升降和移动,检查起重臂移动范围内是否违反规定站人。

(12)检查泵送过程中,布料杆是否会碰到障碍物,尤其应远离高压线路;督促任何人不得接近布料杆下的危险区域,布料杆不能作起重机使用;泵送工作时,变幅应平稳,严禁猛起猛落。

(13)混凝土振捣器应由专人操作,检查作业人员是否穿戴个人安全防护用品;检查振捣器电源是否安装漏电保护装置,接地或接零是否安全可靠;振捣器电缆线应满足操作所需的长度,检查电缆线是否堆压物品,作业人员是否用电缆线拖拉或吊挂振捣器。

(14)施工过程中,作业人员应随时检查支架和模板,发现异常情况及时采取措施;支架和模板的拆除,应按设计和施工规定的程序进行,并应设置禁行区和制定相应安全措施。

5.水上作业安全管理监理工作要点

(1)严格执行《国际海上避碰规则》、港章和施工航行通告以及国家和有关部门的相关规定,加强现场施工人员与设备的施工安全管理。

(2)施工船舶按照规定准确悬挂施工信号,锚泊施工船舶,应设立警戒锚标,指示锚缆方向和锚的位置,用明显的号型、号灯指明可航水域和封航水域,在可航水域与港监协商设置临时航标,以保证过往船舶航行安全,同时在施工区设置信号装置,包括标准水路信号、报警信号、危险标志信号、安全及指示信号等。并在施工中进行维护工作,如有损坏及时补充和维护,以保证安全生产;施工区域所有浮筒管线在通航水域设置指示灯。

(3)辅助船舶在航行时应加强瞭望,注意周围船舶动态,采用安全航速,及早采取避让措施,防止出现紧迫局面。

(4)工地调度室应与当地港监保持通信联系,以便及时获得将要通过施工区的大船的有关信息,并通知在作业的施工船舶提前做好避让准备。

(5)各施工船舶至少配备甚高频无线电话一台,为船舶避让通信联络专用,随时保持与来往船舶和港监通信联系及与工地调度中心保持密切联系;另配备对讲机若干台,与工地调度室和施工船舶之间进行通信。

(6)施工船舶对大型进出港船舶应主动用高频、声号、灯号与对方来往船舶联系,主动避让,做到早让、宽让,确保大型船舶安全通航;所有施工船舶,在来船接近时禁止在航道上掉头,或抢越大船船头,在狭窄和转弯航段禁止追越。所有施工船舶在通行航道内不容许停留。

(7)在规定施工作业区域作业,往返倾倒区按拟定航线航行。

(8)采取一切措施,防止施工船舶、设备及材料的沉没,若发生沉没时,必须打捞清除,并按规定设置沉船或障碍物碍航、作业指示灯,直到打捞工作完成为止。

(9)保证通航措施:当承包人发现水下障碍物时,应立即报告监理机构并以浮标及灯标标明位置,同时必须尽快清除,其施工方法须监理机构批准,以确保安全。

(三)船闸工程安全监理工作要点

1. 土石方开挖工程施工安全监理

1)土方开挖施工安全监理要点

(1)检查施工单位专职安全生产管理人员是否在现场进行监督。

(2)检查施工单位在土方开挖过程中,是否严格按专项施工方案的要求放坡;是否派专人随时检查边坡的稳定状态;如发现有异常现象(如裂缝或部分坍塌等情况)是否及时采取措施。

(3)检查施工单位在土方开挖过程中,同时作业的两台挖土机的安全距离是否符合安全要求;巡视检查在挖土机工作范围内,是否进行其他作业,如有应立即制止。

(4)检查挖土顺序是否由上而下进行,严禁先挖坡角或逆坡挖土。

(5)巡视检查人员上下是否架设支撑靠梯并采取防滑措施。

(6)检查地表上的挖土机作业或停放时,离边坡的距离是否符合安全距离要求。

(7)检查地表上堆放重物时,距土坡安全距离是否满足边坡稳定安全要求。

(8)检查为防止边坡雨水冲刷和浸润线影响边坡稳定,是否安设防冲刷设施、安全护栏和警示标志。

(9)检查为防止人员和物体滚下,是否安设可靠的安全护栏和警示标志,特别是夜间施工的照明及警示标志是否满足安全生产的要求。

(10)施工单位应加强对施工人员的安全生产教育,严禁施工人员从基坑顶向坑底抛扔材料、物品等,以防伤人;监理人员在巡视检查中发现此类不安全施工行为应立即制止。

2)石方开挖安全监理要点

(1)石方爆破作业。

①爆破相关手续是否齐全。

②爆破施工单位资质的审核。

③检查爆破影响范围安全防范措施是否符合施工组织设计的要求,爆破前是否已落实。

④检查爆破器材出厂合格证、质量检验报告。

⑤检查爆破模拟试验结果。

⑥检查爆破孔位置、数量、孔深是否符合设计要求。

⑦检查炸药埋置品种、质量、深度和孔口及塞实情况。

⑧检查雷管线路网络是否符合设计要求。

⑨检查爆破结果是否达到了设计要求。

(2)石方爆破作业,以及爆破器材的管理、加工、运输、检验和销毁等工作应按国家现行的《爆破安全规程》(GB 6722)执行。

(3)爆破器材应按规定要求进行检验,对失效及不符合技术要求的不得使用。

(4)爆破工作必须有专人指挥。确定的危险区边界应有明显的标志、警戒区四周必须派设警戒人员。警戒区内的人、畜必须撤离,施工机具应妥善安置。预告、起爆、解除警戒等信号应有明确规定。

(5)石方地段爆破后,必须确认已经解除警戒,作业面上的悬岩石也经检查处理后,清理石方人员方准进入现场。

2. 混凝土结构施工安全监理

1)模板支立与拆除

(1)检查模板结构、尺寸、位置、刚度和稳定性等是否符合设计要求;是否具有足够承载力、能可靠承受新浇筑混凝土的自重和侧压力及施工过程中所增加的活荷载。

(2)检查模板面板是否平整、拼缝严密,并具有足够的刚度。

(3)检查模板加劲肋是否与金属面板焊接固定,加劲肋的间距是否符合设计要求。

(4)检查模板竖楞间距是否符合设计要求。

(5)检查模板对销螺栓外边是否加套硬塑料管或穿孔的混凝土垫块,对销螺栓的位置是否符合设计要求。

(6)检查模板支撑桁架与稳定机械是否符合安全生产有关规定;桁架上部搭设的操作平台是否符合专项施工技术方案的要求。

(7)检查承包单位专职安全生产管理人员是否在现场进行监督。

(8)巡视检查在基坑或围堰内支模时,基坑是否出现塌方现象,确认无误后,方可进行支模施工。

(9)巡视检查承包单位向基坑内吊送材料和工具时,是否设置安全可靠的溜槽或使用绳索系放;机械吊送是否有专人指挥。模板是否捆绑结实;基坑内的作业人员应避开吊送的料具。

(10)巡视检查承包单位在人工搬运,支立较大模板时,是否有专人指挥,所用的绳索是否有足够的强度,并绑扎牢固。

(11)巡视检查承包单位支立模板时,是否按施工工序进行支立,防止滑动倾覆;当一块或几块模板单独竖立和竖立较大模板时,是否设立了稳固可靠的临时支撑和搭设脚手架及工作台;整体模板合拢后,是否及时用拉杆斜撑固定牢靠。

(12)若用机械吊运模板时,检查、督促承包单位是否已对机械设备和绳索的安全性、可靠性进行自查,符合要求后方可起吊;巡视检查起吊后下面是否站人或通行,如有应立即制止。

(13)巡视检查承包单位拆除模板作业时,是否按专项安全技术方案的要求分段顺序拆除,并不得留有松动或悬挂的模板,严禁硬砸或用机械大面积拉倒。

(14)巡视检查承包单位拆除模板作业时,是否违规进行双层拆除作业;对3m以上模板拆除时,是否采用绳索拉住或用起重设备拉紧缓缓送下的施工方法。

(15)巡视检查混凝土浇筑过程中,模板是否严密不漏浆,如有漏浆现象发生,督促承包单位立即采取措施,以保证工程质量。

2)脚手架

(1)基础和立杆。

①巡视检查脚手架的基础,是否根据脚手架搭设高度、搭设场地土质情况,按照有关规范规定施工。

②巡视检查基础是否做到表面坚实平整、无积水、接触面不滑动、不易沉降等;垫板材质是否符合有关规定;每根立杆底部是否均设置底座或垫板。

③巡视检查脚手架是否设置纵、横向扫地杆及纵、横向扫地杆设置位置、固定方式是否符合有关规范规定。

④巡视检查立杆基础不在同一高度时,高、低处的纵向扫地杆与立杆固定的方式及高低差,是否符合有关规定;靠边坡上方的立杆轴线到边坡的距离是否符合安全距离要求。

⑤巡视检查脚手架底层步距是否符合不大于2m的规定。

⑥巡视检查双管立杆中的副立杆高度是否符合要求,钢管长度一般值不小于6m。

(2)水平杆。

巡视检查纵向水平杆的设置是否在立杆内侧,其长度是否小于3跨;连接方式是否采用对接扣件交错连接或搭接。

(3)剪刀撑与横向斜撑。

①巡视检查双排脚手架是否按有关规定设剪刀撑与横向斜撑,单排脚手架是否按有关规定设剪刀撑。

②巡视检查剪刀撑跨越立杆的根数、宽度、斜杆与地面的倾角等,是否按有关规定设置。

③巡视检查脚手架外侧立面长度和高度上,是否连续设置剪刀撑。

④巡视检查剪刀斜撑的接长,是否采用搭接,接头是否采用对接扣件连接。

⑤巡视检查剪刀撑斜杆是否应用旋转扣件固定在与之相交的横向水平杆伸出端或立杆上,旋转扣件中心线至主节点的距离是否满足有关规定。

(4)脚手板。

巡视检查脚手板是否铺满、绑牢,并防止探头板的出现;脚手板一般均应设置在三根横向水平杆上,并将脚手板两端与其可靠固定,严防倾翻,亦可采用搭接铺设;检查脚手板的任何部分是否与模板相连;检查有坡度的脚手板是否加设防滑木条。

(5)防护栏杆。

巡视检查脚手架是否按规定设置防护栏杆和挡脚板等,其搭设位置、高度等是否符合要求。

(6)其他要求。

①若需在水中搭设脚手架,除前述有关内容外,经常督促承包单位检查受水冲刷情况,如发现松动、变形或沉陷时,督促承包单位及时加固,防止倒塌事故发生;巡视检查在脚手架上的作业人员是否佩戴救生设备。

②巡视检查悬空脚手架是否用栏杆或撑木固定稳妥、牢靠,防止摆动摇晃。

③巡视检查脚手架是否按规定高度设置缆风绳、缆风绳地锚是否设置围栏及缆风绳与地面夹角是否符合有关规定。

④检查拆除脚手架作业时承包单位是否划定禁行区、设置护栏或警戒标志及是否制订相应安全措施。

⑤巡视检查承包单位拆除脚手架作业时，是否按专项安全技术方案的要求分段顺序拆除；是否违规进行双层拆除作业；拆除的脚手杆、板是否用人工传递或吊机吊送，严禁随意抛掷。

3）混凝土浇筑

（1）检查承包单位专职安全生产管理人员是否在现场进行监督。

（2）采用泵送或吊斗运送混凝土施工时，检查其安全技术措施是否符合安全生产要求。

（3）巡视检查承包单位在浇筑混凝土时，是否设专人指挥；检查泵送混凝土输送臂移动范围内是否违反规定站人。

（4）巡视检查混凝土振捣器是否由专人操作，检查作业人员是否穿戴个人安全防护用品；检查振捣器电源是否安装漏电保护装置，接地或接零是否安全可靠；振捣器电缆线应满足操作所需的长度要求，检查电缆线是否堆压物品，作业人员是否用电缆线拖拉或吊挂振捣器等。

3. 闸阀门安装安全监理

（1）检查施工单位作业前是否已对操作人员进行了安全技术交底，操作人员是否已具备对现场工作环境、行驶道路、架空电线、建筑物以及构件质量和分布等情况的全面了解。

（2）检查现场起重机作业是否具备足够的工作场地，并已清除或避开起重臂活动范围内的障碍物。

（3）检查各类起重机是否设有音响清晰的喇叭、电铃或汽笛等信号装置，并在起重臂、吊钩、吊篮（吊笼）、平衡重等转（运）动体上是否标以鲜明的色彩标志。

（4）抽查现场起重吊装指挥人员是否持证上岗；指挥人员作业时应与操作人员密切配合，执行规定的指挥信号；操作人员必须按照指挥人员的信号进行作业，当信号不清或错误时，操作人员不得盲目执行，必须确认后方可执行。

（5）检查操纵室远离地面的起重机，在正常指挥发生困难时，地面及作业层（高处）的指挥人员是否采用对讲机等有效的通信联络方式进行指挥。

（6）在 6 级以上大风或大雨、大雪、大雾等恶劣天气时，督促施工单位停止起重吊装作业；雨、雪过后作业前，应先试吊，确认制动器灵敏、可靠后方可进行作业。

（7）检查起重机指示器、力矩限制器、起重量限制器以及各种行程限位开关等安全保护装置，是否完好齐全、灵敏可靠，且不得随意调整或拆除；严禁利用限制器和限位装置代替操纵机构。

（8）检查操作人员在进行起重机回转、变幅、行走和吊钩升降等动作前，是否发出音响警告信号告诉其他人员注意安全。

（9）检查起重机作业时，起重臂和重物下方是否有人停留、工作或通过；重物吊运时，严禁从人上方通过、严禁用起重机械运输人员，如有发现应立即制止。

（10）检查操作人员是否按规定的起重性能作业及超载；在特殊情况下确需超载使用时，必须经过验算，编写专题报告，制订保证安全的技术措施，经企业技术负责人批准，并有专职安全生产管理人员在现场监护下方可作业。

（11）检查施工单位及操作人员使用起重机时，是否进行斜拉、斜吊和起吊地下埋设或凝固在地面上的重物以及其他不明重量物体的作业，如有发现应立即制止。

(12)巡视检查起吊重物时,是否绑扎平稳、牢固,不得在重物上再堆放或悬挂零星物件;易散落物件是否使用吊笼栅栏固定后方起吊;标有绑扎位置的物件,是否按标记绑扎;吊索与物件的夹角是否符合有关规定;吊索与物件棱角之间是否加设垫块。

(13)检查在起吊荷载到起重机额定起重量90%及以上时,施工单位是否先进行了试吊,并对起重机的稳定性、制动器的可靠性、重物的平稳性、绑扎的牢固性等确认安全后才起吊;检查对易晃动的重物是否设拉绳。

(14)检查重物起升和下降速度是否平衡、均匀,不得突然制动;左右回转是否平稳,不得在回转未停稳前做反向动作;非重力下降式起重机,不得带载自由下降。

(15)检查起吊重物是否长时间悬挂在空中;作业中如遇突发故障,是否采取措施将重物降落到安全地方,并关闭发动机或切断电源后进行检修;在突然停电时,应立即把所有控制器拨到零位,断开电源总开关,并采取措施使重物降到地面。

(16)检查起重使用的钢丝绳是否有生产厂家签发的产品技术性能和质量证明文件;当无证明文件时,必须经过试验合格后方可使用。

(17)检查起重机使用的钢丝绳,其结构形式、规格及强度是否符合该型起重机出厂说明书的要求;钢丝绳与卷筒是否连接牢固,放出钢丝绳时,卷筒上应至少保留三圈,收放钢丝绳时应防止钢丝绳打环、扭结、弯折和乱绳,不得使用扭结、变形的钢丝绳。

4. 围堰拆除施工安全监理

(1)督促施工单位在开挖施工前,结合施工工况、水域环境、通航密度和当地气象条件等情况制订相应的安全技术措施,施工前应组织对船员进行安全技术交底,并做好记录备查。

(2)工程开工前,认真审核工程施工方案中的施工安全技术措施,监督、检查施工单位对水上施工区域及船舶作业、航行的水上、水下、空中及岸边障碍物等进行实地勘察,制订防护性安全技术措施。

(3)施工单位夜间挖泥作业时,施工船舶应按有关规定悬挂信号灯标志;作业区域及周边必须设置充分的照明设施。

(4)施工单位挖泥作业,应在泥驳靠泊本船系缆稳妥后,挖掘机才能进行作业。

(5)挖掘机工作时,作业半径范围内禁止站人,以免造成人身伤亡。

(6)挖掘机起动前,操作员必须事先发出信号;抓斗自由落体时,严禁紧急制动。

(7)水下开挖过程中,督促检查施工单位勤测水深,加强水下地形测量,以保持岸坡稳定。

5. 爆破工程安全监理

1)爆破震动的控制

(1)做好地震波安全距离的确定。根据现行《爆破安全规程》(GB 6722)规定的爆破地震波控制标准,根据水平距离相同时,而建(构)筑物位置低于爆源点时,地震波小,反之则大,以及爆源和建(构)筑物之间有河沟时的地震波小于没有河沟时的地震波的特点,对爆破作业要抓好以下内容:

①严格控制最大一段起爆药量和爆破规模。

②孔内间隔分段装药,孔内、孔间、排间联合微差起爆,取消超深炮孔,选择合理的孔网参数。

③由于爆区后方的地震波感应最大,在选择爆破方向时,避开爆区后方朝向建筑物。

④加强对周边居民点的日常监测工作,通过调整爆破参数,解决爆破震动对居民点的影响。

(2)设置防震孔。

(3)设置空气帷幕减震。

2)爆破安全警戒

爆破施工过程的水中冲击波、飞石等必然对过往船舶、水上水下作业人员、近岸人畜及房屋物品等造成威胁,必须作为一个重点认真对待。

(1)陆上爆破施工飞石的影响。陆上爆破飞石的飞溅范围必须按现行《爆破安全规程》(GB 6722)的规定进行计算。由于周边建筑物较多,必须采取小装药、毫秒微差爆破分段爆破等手段控制一次起爆药量,并采取在孔口压砂袋、覆盖毛毡麻袋等措施减少飞石的数量与飞溅距离。

(2)因此,爆破施工中必须与海事、航道、公安部门密切联系,制定一套稳妥可靠的施工通航、封航方案,并提前公布,取得周边居民、过往船舶的配合。施工单位要配备好上下游封航艇、封航标志,人畜清场、物品防护、警戒到位后方可实施爆破。

6. 道路施工安全监理

(1)施工前严格审查施工方案中的安全技术措施应符合有关规定;作业前应对作业人员进行技术交底、安全教育。

(2)施工过程中应加强机械设备施工安全管理、临时用电管理,专职安全员应到岗,并履行安全岗位职责。

(3)作业现场场地应设置有安全警戒标志牌、指示牌,有效指引对过往人员、车辆、机械实行统一指挥。

(4)作业机械设备的周围不允许站人,要保证机械前进后退自如,现场必须有专人指挥,防止发生人身伤亡事故。摊铺施工时,施工人员要注意及时避让施工机械,服从现场指挥。摊铺和振捣混凝土时,应首先检查振捣器电路是否完好,防止漏电和发生短路,造成事故。振捣施工中应有专人拉软线随振捣器同时前进,防止在振捣施工中发生扭线、压线造成触电事故。

7. 施工船舶安全监理

(1)严格执行《国际海上避碰规则》、港章和施工航行通告以及国家和有关部门的相关规定,加强现场施工人员与设备的施工安全管理。

(2)施工船舶按照现行的有关规定准确悬挂施工信号,锚泊施工船舶,应设立警戒锚标,指示锚缆方向和锚的位置,用明显的号型、号灯指明可航水域和封航水域,在可航水域与港监协商设置临时航标,以保证过往船舶航行安全,同时在施工区设置信号装置,包括标准水路信号、报警信号、危险标志信号、安全及指示信号等。并在施工中进行维护工作,如有损坏及时补充和维护,以保证安全生产;施工区域所有浮筒管线在通航水域设置指示灯。

(3)辅助船舶在航行时应加强瞭望,注意周围船舶动态,采用安全航速,及早采取避让措施,防止出现紧迫局面。

(4)在规定施工作业区域作业,往返倾倒区按拟定航线航行。

(5)采取一切措施,防止施工船舶、设备及材料的沉没,若发生沉没时,必须打捞清除,并按规定设置沉船或障碍物碍航、作业指示灯,直到打捞工作完成为止。

(6)保证通航措施:当施工单位发现水下障碍物时,应立即报告监理机构并以浮标及灯标标明位置,同时必须尽快清除,其施工方法须监理机构批准,以确保安全。

(7)水上作业人员安全措施。

①水上作业人员必须会游泳、体检合格,安全帽、安全带、安全网安全可靠。按规定行走路线行走,夜间施工应有足够照明。六级大风、大雨、浓雾天禁止施工。

②严禁无组织游泳或随便下水做与工作无关的事情,严禁在易燃、易爆处吸烟或带入火种。

③值班前4h不准喝酒,酒后严禁操作。

④乘坐交通艇、水上运输材料、水上施工作业,均需穿救生衣;交通艇须核定限载人数,交通艇及工作船要备有救生设备,运输船舶要核定限载,所有船舶设安全警示牌。

⑤管线队人员从事水上管线连接作业时,必须穿工作服、工作鞋、戴安全帽,并穿适于水上工作的轻便救生衣。

⑥在水上管线作业时,要注意安全,防止人员落水或伤人。

⑦从事水上管线作业人员应随时保持与辅助工作船的联系。

(四)其他工程安全监理工作要点

1. 施工临时及用电设备安全监理控制措施

1)临时用电建设要求

(1)配电线路选用架空布设方式的,架空线布设应满足以下规定:

①架空线必须采用绝缘导线,且必须架设在专用电杆上,严禁架设在树木、脚手架及其他设施上。架空线路宜采用钢筋混凝土杆或木杆。钢筋混凝土杆不得有露筋、宽度大于0.4mm的裂纹和扭曲;木杆不得腐朽,其梢径不应小于140mm。

②架空线在一个档距内,每层导线的接头数不得超过该层导线条数的50%,且一条导线应只有一个接头。架空线路的档距不得大于35m。架空线路的线间距不得小于300mm,靠近电杆的两导线的间距不得小于500mm,如图11-3所示。

图11-3 架空线路布设

③电杆埋设深度宜为杆长的 1/10 再加上 600mm,回填土应分层夯实。在松软土质处宜加大埋入深度或采用卡盘等加固。架空线路进行过道架设时,过道架空线距路面垂直距离不应小于 6m,过道架空线示意图如图 11-4 所示。

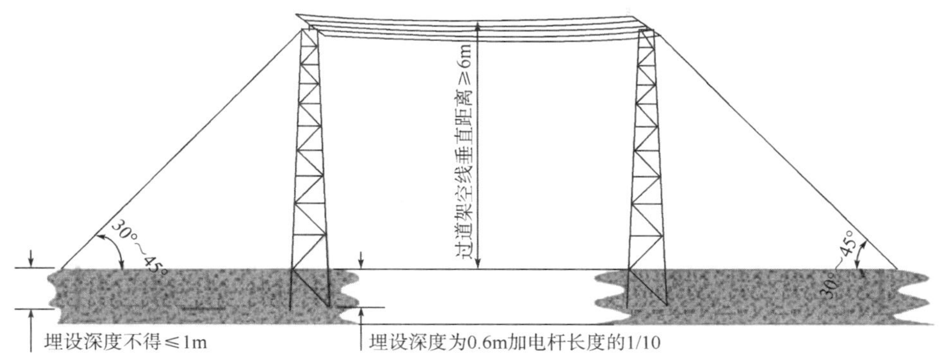

图 11-4 过道架空线示意图

④架空线路绝缘子应按下列原则选择:直线杆采用针式绝缘子;耐张杆采用蝶式绝缘子。

⑤架空线路必须有短路保护、过载保护。

⑥临边临水电缆支设通过防护栏杆设置绝缘瓷瓶,电缆绑扎于绝缘瓷瓶水平敷设,每隔 20m 设置安全警示标识。临水临边电缆布设示意图如图 11-5 所示。

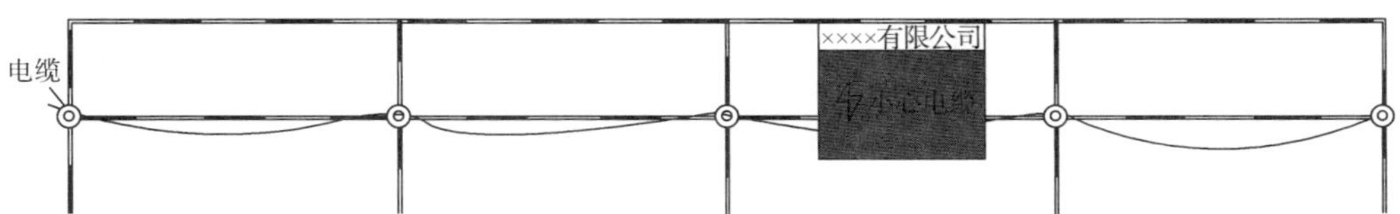

图 11-5 临水临边电缆布设示意图

⑦需设置陆上临时电缆支架的,应采用钢管制作,电缆支架颜色为黄黑相间。陆上电缆支架示意图如图 11-6 所示。

图 11-6 陆上电缆支架示意图

(2)配电箱、开关箱等应满足以下规定:

①配电系统应设置室内总配电屏和室外分配电箱或设置室外总配电箱和分配电箱,实行分级配电如图11-7所示。

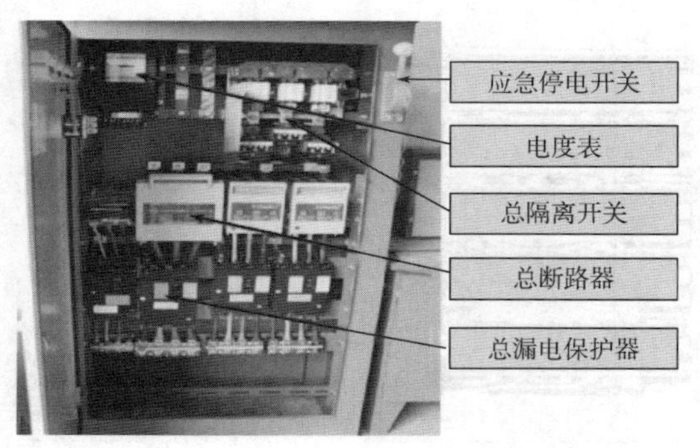

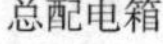

总配电箱

a)一级配电箱

b)二级配电箱

开关箱

塔式起重机专用箱

对焊机专用箱

c)三级配电箱

图11-7 分级配电

②所有配电箱、开关箱均编号配锁,设专人负责管理。

③动力配电箱与照明配电箱宜分别设置,如合置在同一配电箱内,动力和照明线路应分路设置。

④总配电箱应设在靠近电源的地区,分配电箱应装设在用电设备或负荷相对集中的地区。分配电箱与开关箱的距离不得超过30m。开关箱与其控制的固定式用电设备的水平距离不宜超过3m。

⑤配电箱、开关箱应装设在干燥、通风及常温场所,固定可靠,并保证有足够两个人同时作业的空间,其周围不得堆放任何有碍操作、维修的物品,不得有灌木、杂草。配电箱、开关箱必须防雨、防尘,如图11-8所示。

图 11-8 现场配电箱

2)监理控制措施要点

(1)审查施工单位用电施工组织设计、持证上岗、保护用品、外电防护措施,接零保护系统。重复接地装置,必须采用 TN-S 系统,电气设备的保护接零连接。

(2)检查地埋电缆及套管敷设,配电箱与开关箱,实行三级配电两级保护,用电设备开关箱一机一闸一漏一箱。

(3)检查漏保质量,箱内设隔离开关,配电箱周围无杂物;闸具损坏及时更换,箱内回路标记、配电箱外下线布置整齐合理。

(4)检查现场照明,专用回路设置,金属外管接地室内外灯具安装高度,宿舍及夜间加班灯及其他危险场所使用安全电压。

(5)检查用电安全管理,定期检查遥测接地的电阻值,管理内业等。

2. 施工现场作业区监理控制要点

1)基本要求

(1)根据工程规模设置一定数量的休息区、茶水间、吸烟区及临时厕所等,如图 11-9 所示。

图 11-9 场地临时厕所及休息区

(2)现场设置防台防汛物资仓库,物资配备须满足相关规范要求。

(3)设置足够的照明设施,确保施工安全。

(4)施工现场堆放的各类建材物资,应分别按规定的区域或位置实施分类堆放,并按规定设置相应的物品标识牌。

(5)脚手架、支撑体系等须设置标识牌,注明待检、合格等状态。

(6)现场预制构件、实体结构等须设置标识牌,注明部位、浇筑日期、养护情况、验收情况等信息。

(7)施工船舶应遵循安全、就近、便利等原则选取避风港池,日常停泊水域除满足安全要求外应尽可能靠近施工现场。

(8)对于具备条件的,鼓励设置门禁系统,实行全封闭式管理。

(9)施工现场须设置施工铭牌、文明施工告知牌、危险源公示牌、安全警示标识等,如图 11-10所示。

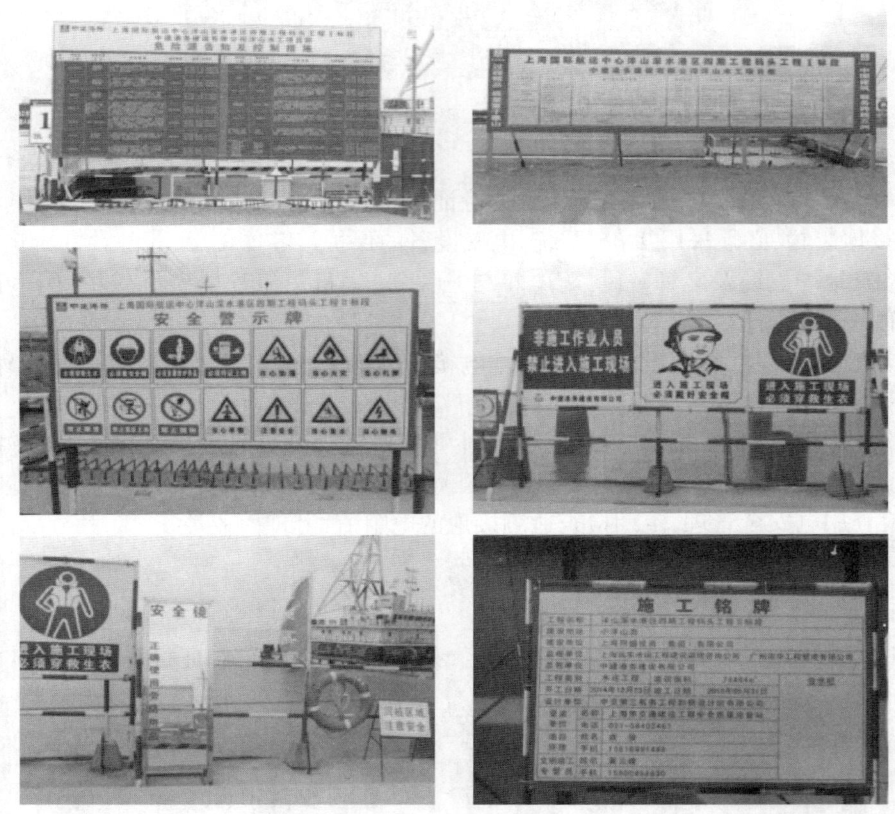

图 11-10　施工现场标识标牌示意图

2)临时防护栏杆

(1)临边防护设施使用的钢管、扣件、安全网等,必须有国家生产许可证、产品合格证、产品检测报告等。一般采用钢栏杆形式。

(2)临边使用的移动式栏杆可由钢管制作,钢管应符合现行《碳素结构钢》(GB/T 700)中 Q235A 钢材的有关规定。栏杆高度 1200mm,可采用 ϕ48mm × 3.5mm 脚手管制作,设置横档 2 档,600mm 高度设置一档,竖向栏杆间隔距离不大于 2m 一档,确保整体强度和刚度。栏杆用红白(黄黑)油漆涂刷,如图 11-11 所示。

3)水上作业通道安全防护

(1)水上作业通道使用模块化的通道板,长度依据现场实际情况来确定,宽度应不小于 600mm,通道板采用型钢制作,宜采用 8mm 厚度钢质网格板铺底,两侧设置安全围护栏杆,高度 1200mm，上下间隔 600mm，采用脚手管设置二道维护栏杆，并设置竖向栏杆。钢管应符合现行《碳素结构钢》（GB/T 700）中 Q235A 钢材的有关规定，焊接用焊条应符合国家标准《非合金钢及细晶粒钢焊条》（GB/T 5117—2012）中的有关规定。

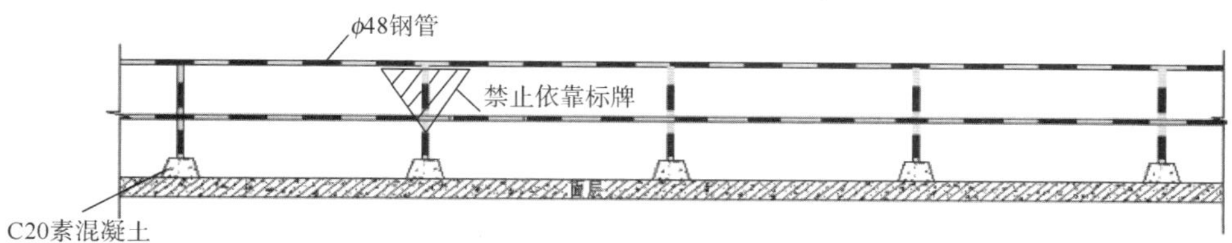

a)

b)

图 11-11　临边防护栏杆

（2）通道板安装时，底部应固定可靠，防止端部滑落。通道板拼接连接时应使用焊接固定。通道和栏杆全部涂刷红白（黄黑）相间，并在栏杆上悬挂警示标识、救生设施等，如图 11-12所示。

图 11-12　通道板安装

4）安全网

（1）水上施工时，结构物外侧空当应满铺安全网。安全网的设置要坚固牢靠，两侧系绳与空挡两侧结构物牢固系好。安全网必须采用中间主筋绳系挂。

(2)水上安全网拉设不能在局部留有空缺,尤其在安全通道出入口附近,应保证安全网封闭、可靠,如图11-13所示。

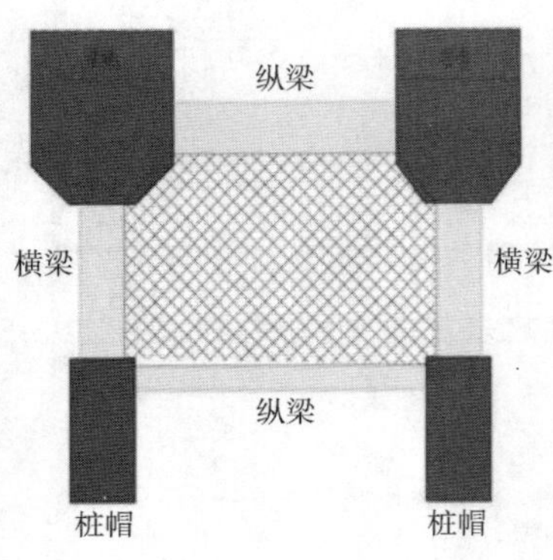

图11-13 水上安全网接设示意图

5)水上施工平台

(1)需布置钻孔、起重等大型设备的施工平台,按大型临时设施管理要求需有设计方案,经监理单位审批、建设单位同意后建设,建设完成经验收合格方可投入使用。

(2)平台设置沉降位移观测点,定期监测和检查维护。

(3)平台四周应设置封闭的安全围护栏杆,并分段放置救生圈及救生绳。

(4)平台临水侧应设置警戒灯和警戒旗,以防止船舶撞击,并设置足够的照明设施。

(5)平台上用水用电应合理规划布置,保证施工生产需要。平台应配备足够的灭火器等消防设施,保证使用安全。

3.重大节日安全监理控制措施

劳动节、国庆节、春节和国家举办的重要活动期间,确保安全生产平安、稳定,是安全监理工作的一个重要监控内容,为此,应做好以下几点安全监理工作:

(1)监督承包人及时发放农民工工资,做到不拖欠、不扣压。

(2)检查和监督承包人对危险物品的管理,特别注意回收、保管工作,防止流入社会,为不法分子所利用。

(3)做好安全宣传教育工作。

(4)安排监理人员值班,加强现场巡视。

4.特殊自然条件施工安全措施

1)防抗热带气旋措施

(1)督促承包人制定工地防台风方案,包括防台风组织机构、防台风组织岗位职责、防台风工作程序、防台风通信网络、防台风值班制度等。

(2)督促承包人提前编制使用防台风锚地计划,在需要使用锚地避风时提前24h向当地港监申请锚地,在得到当地港监同意的指令后,船舶驶入避风锚地。

(3)为确保船舶安全,台风季节前,应组织人员检查船机设备、航行设备、航行仪表、系泊设备、通信、救生、防火、水密装置、堵漏和排水设备,确保设备处于良好状态,组织全体船员学习防台风知识,在思想上、组织上认真做好防台风准备。

(4)施工期间,施工船舶应做好防风安全工作,每天接收天气预报,掌握海上气象动态,警惕热带气旋预兆及“热带低压”的突然袭击,必要时应提前到港内或避风锚地避风。

(5)施工船舶应加强值班,收到热带气旋警报时,船长应组织全体船员全力以赴,按《船舶防台技术操作规则》的要求,在承包人统一部署下做好防台工作。

(6)一旦获悉台风信息,立即组织力量对围堰进行检查,必要时进行突击临时防护,作好必要的加固。

(7)临时设施要采取加固措施,台风之前要逐一检查,做到万无一失。

2)雾季施工安全措施

雾天施工时按航行规则的规定作好施工航行安全工作,防止碰撞,所有施工作业船舶应严格执行《海上雾中航行规则》和港章雾航的规定。施工作业船在雾大时应停止航行,择地下锚。

5.无掩护水域施工监理控制措施

(1)施工单位应根据无掩护水域的工况条件选择船舶稳性、动力设备、抗风浪能力强的施工船舶,其作业性能应满足无掩护水域的工况条件。

(2)施工单位应根据船舶的抗风能力及无掩护水域的水深、风浪、水流及其变化,制定相应的应急预案。

(3)施工现场应根据非自航施工船舶的数量、大小和种类,配备适量适航的监护拖轮和救生设施。

(4)施工前,应选择相对较近、水文气象条件较好的避风锚地。

(5)施工期间,应向气象台站收集中长期天气及海浪预报,并每天按时收听当地的气象和海浪预报,加强对水文气象的分析。

(6)非自航施工船舶应配备防风锚,并应对锚机、锚缆采取适度加固、加长措施。

(7)施工船舶应储备充足的燃油、淡水、缆绳、索具、备件及生活物资和医药用品等。

(8)施工船舶的门窗、舱口、孔洞的水密设施应完好,排水系统应通畅,管系阀门等应灵活有效。必要时,应配备移动式抽水机。

(9)施工船舶停止作业后,应将起重钩、桩锤、抓斗、臂架及属具等进行封固。

6.夜间施工监理控制措施

(1)施工现场或施工船舶,必须设置足够的照明设备,照度应满足施工要求。

(2)施工船舶在航行、作业或停泊时,必须按规定显示号灯、号型。

(3)施工现场的预留孔洞、上下道口、预留沟槽或平台、脚手架等处,均应设置照明设施。

(4)探照灯或其他照明设备的光束,不得直接照射施工船机设备的操驾和指挥人员。

(5)碍航的水上设施或未完工程,必须设置号灯、号型或警示照明标志。

7.雨季施工的安全监理

由于工程所在地雨季施工持续时间较长,而且大风、暴雨等恶劣天气具有突然性,水工及陆域工程施工现场点多面广、施工环境复杂,因此监理工程师应认真审查施工单位编制的雨季施工的安全技术措施(防止触电、防雷、防塌、防洪、防台风等安全技术措施),督促施工单位及时做好雨季施工的各项准备工作,并对在建工程易发地质灾害的关键部位及高空、带电、爆破等危险作业进行检查,加大对防灾和事故隐患的监督力度。

1)督促施工单位合理组织施工

根据雨季施工的特点,督促施工单位将不宜在雨季施工的工程提早或延后安排,对必须在雨季施工的工程制定有效的措施,对复杂地质构造、不利的自然环境和施工工艺、材料可能危及施工生产安全和从业者健康的应提出专项措施。

雨季及洪水期施工应根据当地气象预报及施工所在地的具体情况,及时掌握雨情汛情等气候动态,做好施工期间的防洪排涝工作。遇到大雨、大雾、雷击和6级以上大风等恶劣天气,应当督促施工单位停止进行露天高处、起重吊装和打桩等作业。

2)督促施工单位做好施工现场的排水工作

(1)根据施工总平面图、排水总平面图,利用自然地形确定排水方向,在雨季来临之前,督促施工单位按规定坡度挖好排水沟,确保施工工地的排水畅通。

(2)督促施工单位严格按防汛要求,设置连续、通畅的排水设施和其他应急设施,防止泥浆、污水、废水外流或堵塞下水道和排入河沟。

(3)若施工现场临近高地,应督促施工单位在高地的边缘(现场的上侧)挖好截水沟,防止洪水冲入现场;雨期前应督促施工单位做好施工现场边缘的危石处理,防止滑坡、塌方威胁工地。

(4)督促施工单位在雨期安排专人负责检查排水系统,及时疏浚排水系统,确保施工现场排水畅通。

3)督促施工单位做好雨季施工工作

(1)施工现场的大型临时设施,在雨期前应督促施工单位整修加固完毕,应保证不漏、不塌、不倒、周围不积水,严防水冲入设施内,确保建设者生命财产安全。大风和大雨后,应当检查临时设施地基和主体结构情况,发现问题及时处理。

(2)在雨季施工时,督促施工单位及时排除施工现场积水,人行道的上下坡应挖步梯或铺砂。脚手板、斜道板、跳板上应采取防滑措施。加强对支架、脚手架和土方工程的检查,防止倾倒和坍塌。

(3)督促施工单位做好防台风、大风工作。工程中应防止汛期、台风和大风的侵袭与影响,应注意天气预报。大型施工机械在风力达到六级时,要采取放下臂杆、固定行走装置等措施,以免发生事故。

大风大雨后作业,应当督促施工单位检查起重机械设备的基础、塔身的垂直度、缆风绳和附着结构,以及安全保险装置并先试吊,确认无异常方可作业。轨道式塔机,还应对轨道基础进行全面检查,检查轨距偏差、轨顶倾斜度、轨道基础沉降、钢轨直线度和轨道通过性能等。

(4)督促施工单位做好防雷击工作。工地上较高的建(构)筑物、临时设施及重要库房,如炸药房、油库、发(变)电房、塔架、门式起重机架等,均应加设避雷装置。雷雨天气不得露天进行电力爆破土石方,如中途遇到雷电时,应当迅速将雷管的脚线,电线主线两端连成短路。

(5)督促施工单位搞好脚手架、龙门架等场地的排水工作,防止沉陷倾斜。坑、槽、沟两边要放足边坡,危险部位要另作支撑,搞好排水工作,一经发现紧急情况,应马上停止土方施工。

大风、大雨后,要督促施工单位组织人员检查脚手架是否牢固,如有倾斜、下沉、松扣、崩扣和安全网脱落、开绳等现象,要及时进行处理。

(6)施工现场电源线不得使用裸导线和塑料线,不得沿地面敷设。配电箱必须防雨、防水,电器布置符合规定,电元件不应破损,严禁带电明露。机电设备的金属外壳,必须采取可靠的接地或零保护。手持电动工具和机械设备使用时,必须安装合格的漏电保护器。工地临时照明灯、标志灯,其电压不超过36V,特别潮湿场所、金属管道和容器内的照明灯,电压不超过12V,电气作业人员,应穿绝缘鞋,戴绝缘手套。现场各类机械设备、电气装置、仓库等,应督促施工单位做好防潮防湿工作。

8. 防台风安全监理

(1)督促施工单位根据施工船舶、机械自身特点及现场条件,编制合理的防台计划、方案,确定施工船舶、设备防台避风地点。

(2)全面检查各工地现场深基坑。开挖沟槽支护情况,做好加固工作,防止坍塌事故发生。

(3)检查脚手架、支架搭设是否合理,是否按照标准规范要求设置剪刀撑等。对未按要求设置剪刀撑的工地,要立即责令停止施工,并督促其按要求整改到位。

(4)检查塔式起重机、施工电梯、物料提升机等起重设备的安全性能,重点是设备基础、附墙装置,对陈旧、锈蚀严重或长期不用的设备要立即拆除。

(5)要对施工现场临时用电设施进行检查,重点检查线路的架设,防止用电设备进水而造成触电事故的发生。

(6)与气象部门合作,加强对台风的监测和预测。督促施工单位设置台风安全警戒线,在台风到达警戒线之前做好防台的各项工作。

(7)在收到热带气旋生成报警后,监理工程师要密切关注其动态,督促施工单位随时做好避风准备,一经确定气旋将影响本区域时,要求施工船舶、机械按规定进入避风状态。

(8)在防台风期间,必须保证施工船舶设备处于良好状态,通信联络畅通。

(9)对未完工程和临时性设施采取必要的防风、加固措施;检查工地现场的临时生活设施,对空旷地区、沿海地区的临时工棚立即采取有效的加固措施。台风到来前,搭建在易发生山体滑坡、坍塌的高切坡附近的临时设施内严禁住人,并妥善做好人员的安置转移工作。

9. 高温季节安全监理

(1)本工程夏季气候炎热,高温时间持续较长,监理工程师应督促施工单位制定防暑降温等安全措施。

(2)督促施工单位对职工进行防暑降温知识的宣传教育,使职工知道中暑症状,学会对中暑病人所应采取的应急措施。利用黑板报、墙报、广播、安全人员讲座与示范等形式开展教育活动。

(3)督促施工单位合理调整作息时间,避开中午高温时间作业。当工作需要时,应加强防晒防暑保护措施,严格控制加班加点时间,高温作业人员的工作时间要适当缩短。保证工人有充足的休息和睡眠时间。

(4)对在容器内和高温条件下的作业场所,督促施工单位要采取通风和降温措施。

(5)对露天作业中的固定场所,督促施工单位应搭设歇凉棚,防止热辐射,并经常洒水降温。

(6)督促施工单位对高温作业人员经常进行健康检查,发现有作业禁忌者,应及时调离高温作业岗位。

(7)督促施工单位要保证及时供应符合卫生要求的茶水、清凉含盐饮料、绿豆汤等。督促施工单位及时给职工发放防暑降温的急救药品和劳动保护用品。

(8)督促施工单位加强用火申请和管理,遵守消防规定,加强防火检查,加强易燃、易爆品的管理,防止火灾发生。

(9)督促施工单位对电力线路经常检查,避免因线路破损而引发漏电、火灾事故发生。

第十二章

水运工程费用控制

本章主要介绍水运工程专业的费用控制知识点,公路水运通用的知识点见基础知识篇,两者结合使用。

第一节　工 程 计 量

学习要点

1.《水运工程施工监理规范》(JTS 252—2015)对于工程计量的定义。

2.《水运工程工程量清单计价规范》(JTS/T 271—2020)关于计量工作的规定及计算规则。

3.《内河航运水工建筑工程定额》(JTS/T 275—1—2019)、《内河航运工程参考定额》(JTS/T 275—4—2019)。

4.《沿海港口水工建筑工程定额》(JTS/T 267—1—2019)。

一、工程计量定义

《水运工程施工监理规范》(JTS 252—2015)明确将工程计量定义为:项目监理机构对由施工单位申报、经项目监理机构验收合格工程的工程量进行校验与签认的活动。同时,规范也对工程计量提出了明确的要求,要求项目监理机构的工程计量控制应符合下列规定:

(1)工程计量的方法和时限应按合同文件约定执行。

(2)专业监理工程师应按合同文件约定核实和签认实际完成的工作量。

(3)项目监理机构对施工单位填报的工程量有异议时,应要求施工单位在合同约定的时限内与专业监理工程师共同核实,施工单位不按要求参加核实的,以项目监理机构审核签认的工程量为准。

(4)质量验收不合格、报验资料不全或与合同文件约定不符的工程量不得计量。

二、水运工程工程量计算规则

中华人民共和国交通运输部于2020年10月15日发布的《水运工程工程量清单计价规范》(JTS/T 271—2020)明确规定了水运工程工程量计算规则。监理人在计算工程数量时,当合同文件有明确规定的应该按照合同规定执行,当合同文件没有明确规定的应该按照《水运工程工程量清单计价规范》(JTS/T 271—2020)中的工程量计算规则执行。

《水运工程工程量清单计价规范》(JTS/T 271—2020)规定水运工程工程量计算规则的具体内容介绍如下:

1. 一般规定

(1)工程量计算应依据下列文件:

①招标文件及设计图纸;

②技术规范、工程质量检验标准;

③经有关部门批准的技术经济文件。

(2)施工过程中损耗或扩展而增加的工程量不得计算在工程量清单的工程数量中,所发生的费用可在工程单价中考虑(除非另有规定)。

(3)施工水位应采用设计文件提供的数值。当设计文件未作明确规定时,施工水位可按下列要求确定:

①有潮港采用工程所在地的平均潮位;

②无潮港采用工程所在地施工季节的历年平均水位;

③航道工程的施工水位根据工程现场自然条件、施工工艺和质量等要求,并应以保证水工建筑物结构及各组成部分的完整性为原则。

(4)水工工程与陆域工程界线的划分应根据工程部位、结构要求确定,并应以保证水工建筑物结构及各组成部分的完整性为原则。

(5)水工工程应以施工水位为界,划分水上工程和水下工程。

2. 疏浚工程

(1)挖泥工程量应按设计图纸计算净量。

(2)疏浚岩土的分类分级应根据疏浚岩土的勘察报告和岩土试验报告确定,并应符合现行行业有关标准的规定。

(3)对于有自然回淤的施工区域,施工期自然回淤量应单独计算并计入工程量。

(4)在同一施工区域出现不同疏浚岩土级别时,应分别计算工程量。

(5)吹填工程量应按设计图纸净量,扣除吹填区围堰、子堰等的体积计算;原土体的沉降应单独计算并计入工程量;吹填土体的流失、固结量等可在综合单价中考虑。

3. 航标工程

导航助航设施工程工程量的计算,应区分不同结构形式分别计算。

4. 土石方工程

(1)土类、岩石级别划分应符合现行行业有关标准的规定,并应区分不同级别分别计算工程量。

(2)水下挖泥土类的划分可按表12-1确定。

水下挖泥土质类别 表12-1

土质类别	名称或特征	标准贯入击数 N	液性指数 I_L
Ⅰ	淤泥、淤泥混砂、软塑黏土、可塑黏土、可塑亚黏土、可塑亚砂土	$N \leqslant 8$	$I_L \leqslant 1.5$
Ⅱ	砂、硬塑黏土、硬塑亚黏土、硬塑亚砂土	$N \leqslant 15$	$I_L \leqslant 0.25$

续上表

土质类别	名称或特征	标准贯入击数 N	液性指数 I_L
Ⅲ	坚硬的黏土、砂夹卵石、坚硬亚黏土、坚硬亚砂土	$N \leq 30$	$I_L < 0$
Ⅳ	强风化岩、铁板砂、胶结的卵石和砾石	$N > 30$	—

注：Ⅰ、Ⅱ类土以液性指数为主要判别标准。

(3)土石方开挖及回填工程量应按设计图纸计算净量，回填工程原土体的沉降量应单独计算并计入工程量。

(4)按设计图纸计算填筑工程量时，不应扣除预埋件和面积小于或等于0.2m^2的孔洞所占的体积。

(5)坡度陡于1∶2.5的陆上坡面开挖，应按岸坡挖土方计算。

(6)槽底开挖宽度小于或等于3m，且槽长大于3倍槽宽的陆上开挖工程可按地槽计算。

(7)不满足上条规定且坑底面积≤20m^2的陆上开挖工程，应按地坑计算。

(8)除岸坡、地槽、地坑以外的陆上开挖工程应按一般挖土方计算。

(9)平均高差超过0.30m的陆上土方工程，应按土方挖填以体积计算工程量。反之，应按场地平整以面积计算工程量。

(10)洞室土方开挖断面积大于2.5m^2或石方开挖断面积大于5m^2时，水平夹角不大于6°的应按平洞土石方开挖计算；水平夹角在6°～75°的应按斜井土石方开挖计算；水平夹角大于75°且深度大于上口短边长度或直径的应按竖井土石方开挖计算工程量。平洞、斜井、竖井土石方开挖的工程量应按设计图纸以体积计算。

(11)夹有孤石的土方开挖，大于0.7m^3的孤石应按石方开挖计算。

(12)开挖地槽、地坑应按设计图纸计算工程量。

(13)土方开挖各类槽、坑的计算长度应根据自然地面起伏状况划分成若干段，每段长度一般不宜大于10m。

(14)土方开挖工程量不应计算工作面开挖小排水沟、修坡、铲坡、清除草皮、工作面范围内的小路修筑、交通安全以及必需的其他辅助工作等。

(15)设计坡度陡于1∶2.5，且平均开挖厚度小于5m的石方开挖，应按坡面石方开挖计算。

(16)陆上石方工程沟槽底宽≤7m，且长度大于3倍宽度可按沟槽计算。不满足上述条件，且底面积小于200m^2、深度小于坑底短边长度或直径可按基坑计算。

(17)除坡面、沟槽、基坑、洞室以外的陆上石方开挖应按一般石方计算。

(18)开挖沟槽、基坑石方应按设计图纸计算工程量。

(19)不允许破坏岩层结构的陆上保护层石方开挖，设计坡度不陡于1∶2.5时，应按底部保护层石方开挖计算；设计坡度陡于1∶2.5时，应按坡面保护层石方开挖计算。

(20)陆上石方开挖保护层应按设计图纸计算工程量。

(21)预裂爆破应按预裂面内的岩石开挖计算。

(22)水下挖泥水深应按施工水位与设计挖槽底高程之差扣除平均泥层厚度之半确定。

(23)水下抛填工程应计入原土沉降增加的工程量。

(24)水下抛填水深应按施工水位与设计挖槽底高程之差扣除基床厚度之半确定。

(25)基床夯实范围应按设计文件确定。当设计文件未规定时,可按建构筑物底面尺寸各边加宽 1.0m 确定;分层抛石、夯实可按分层处的应力扩散线各边加宽 1.0m 确定。

(26)基床整平范围的确定应满足下列要求:

①粗平时建构筑物取底面尺寸各边加宽 1.0m,有护面块体时取压脚块底边外加宽1.0m;对于码头基床包括全部前肩范围。

②细平时建构筑物取底面尺寸各边加宽 0.5m,有护面块体时取压脚块底边外加宽0.5m;对于码头基床包括全部前肩范围。

(27)基床理坡工程量应以面积计算。

(28)砌筑工程量应按设计砌体外形尺寸以体积计算。砌体表面加工应按设计要求计算砌体表面展开面积。砌体砂浆勾缝应按不同的砌体材料区分平面、斜面、立面、曲面以及平缝、凸缝,分别按砌体表面展开面积以面积计算。砌体砂浆抹面应按不同厚度区分平面、斜面、立面、曲面、拱面,分别按砌体表面展开面积以面积计算。

(29)沥青混凝土工程量应按设计图纸以面积计算,封闭层按设计图纸或实际测量尺寸以面积计算。

5. 地基与基础工程

(1)基础打入桩应根据不同的土质类别、桩的类别、断面形式、桩长,以根或体积计算混凝土桩工程量,以根或重量计算钢桩工程量。

(2)基础打入桩的土质类别应按表 12-2 划分。

基础打入桩土质级别划分表　　表 12-2

级　别	土　类						
	黏性土		粉土	砂土	碎石土		风化岩
	黏土	粉质黏土					
	I_L	N	N	N	角砾、圆砾	碎石、卵石	N
一	$I_L \geq 0.5$	$N \leq 10$	$N \leq 15$	$N < 30$	—	—	—
二	$0 < I_L < 0.5$	$10 < N \leq 20$	$15 < N \leq 30$	$30 \leq N \leq 50$	稍密、中密	稍密	$N \leq 50$
三	$I_L \leq 0$	$20 < N \leq 30$	$N > 30$	$N > 50$	密实	中密、密实	$50 < N \leq 80$

(3)基础打入桩工程量计算应满足下列要求:斜度小于或等于 8∶1 的基桩按直桩计算;斜度大于 8∶1 的基桩按斜桩计算;在同一节点由一对不同方向的斜桩组成的基桩按叉桩计算;在同一节点中由两对不同方向叉桩组成的基桩组按同节点双向叉桩计算;独立墩或独立承台结构体下的基桩,或含三根及三根以上斜桩且不与其他基桩联系的其他结构体下的基桩按墩台式基桩计算;引桥设计纵向中心线岸端起点至码头前沿线最远点垂线距离大于 500m 时,码头部分的基桩按长引桥码头基桩计算。

(4)陆上施打钢筋混凝土方桩、管桩,当桩顶低于地面 2m 时,应按深送桩计算;设计文件要求试桩时,试桩工程量应单独计算。

(5)基础灌注桩工程量计算应满足下列要求：

①成孔工程量按不同的设计孔深、孔径、土类划分，以根或体积计算；孔深按地面至设计桩底计算。

②灌注桩混凝土工程量根据不同的混凝土强度等级，按设计桩长、桩径计算；扩孔因素不计入工程量。

(6)基础灌注桩土类应按表 12-3 划分。

基础灌注桩土类划分表

表 12-3

土质类别	说　明
Ⅰ	塑性指数大于 10 的黏土、粉质黏土、砂土，以及粉土、淤泥质土、吹填土
Ⅱ	砂砾、混合土
Ⅲ	粒径为 2～20mm 的颗粒含量大于总质量 50% 的角砾、圆砾土质、粒径为 20～60mm 的颗粒含量不大于总质量 20% 的碎石、卵石土质
Ⅳ	粒径为 20～200mm 的颗粒含量大于总质量 20% 的碎石、卵石土质、粒径为 200～500mm 的颗粒含量不大于总质量 10% 的块石、漂石土质和杂填土
Ⅴ	中等风化程度及以上的软质岩石或强风化的硬质岩石、粒径大于 500mm 的颗粒含量大于总质量 10% 的块石、漂石土质
Ⅵ	中等风化程度及以下的硬质岩石或微风化的软质岩石

(7)地下连续墙工程量应根据成槽土类、混凝土强度等级，按设计延米、宽度、槽深以体积计算。

(8)地下连续墙土类应按表 12-4 划分。

地下连续墙土类划分表

表 12-4

土质类别	说明
Ⅰ	塑性指数大于 10 的黏土、粉质黏土、粉土、淤泥质土、冲填土、标准贯入击数 $N \leqslant 10$ 的土层
Ⅱ	砂土、混合土、标准贯入击数 $10 < N \leqslant 30$ 的土层
Ⅲ	粒径为 2～20mm 的颗粒含量大于全重 50% 的角砾、圆砾、粒径为 20～60mm 的颗粒含量不大于全重 20% 的碎石、卵石土层；标准贯入击数 $30 < N \leqslant 50$ 的土层

(9)软土地基加固堆载预压工程量计算应满足下列要求：堆载预压工程量根据不同的预压荷载、堆载料的要求以面积计算；堆载材料用量以体积计算；设计文件未明确堆载材料放坡系数时，放坡系数按 1:1 计算；原土体的沉降，应单独计算工程量。

(10)软土地基加固真空预压工程量根据不同的真空预压要求以面积计算。

(11)软土地基加固联合堆载真空预压时应分别计算堆载工程量和真空预压工程量。

(12)软土地基加固塑料排水板工程量应以根或长度计算。

(13)软土地基加固陆上强夯工程量应根据不同的夯击能量等要求，按设计强夯加固面积计算。夯坑填料量应按体积单独计算工程量。

(14)软土地基加固打砂桩(砂井)工程量应以根或体积计算，袋装法以根或长度计算。

(15)软土地基加固陆上打碎石桩工程量应以根或体积计算。

(16)深层水泥拌和加固水下基础、水泥拌和桩、粉喷桩、旋喷桩工程量，应按设计加固体积计算。

(17)钻孔灌浆中的钻孔工程量应根据设计图纸按设计进尺以长度计算;其灌浆工程量应根据设计图纸按设计灌浆深度以长度计算。

(18)砂砾石层帷幕灌浆、土坝劈裂灌浆工程量,应按设计图纸的有效灌浆长度计算。

(19)岩石层帷幕灌浆、固结灌浆工程量,应按设计图纸计算的有效灌浆长度或设计净干耗灰量计算。

(20)接缝灌浆、接触灌浆工程量,应按设计图纸计算的混凝土施工缝或混凝土坝体与坝基、岸坡岩体的接触缝有效灌浆面积计算。

(21)高压喷射防渗墙灌浆工程量,应按设计图纸的不同墙厚的有效连续墙体截水面积计算。

(22)灌浆压力大于等于3MPa应划分为高压灌浆,小于1.5MPa应划分为低压灌浆,其余应划分为中压灌浆。

(23)化学灌浆中的灌浆工程量应根据不同的灌浆材料、裂缝部位、缝宽和缝深以重量计算。

(24)压水试验工程量应按试验段计算。

(25)沉井下沉工程量,应根据设计图纸按设计沉井平面投影面积乘以下沉深度计算。

6. 混凝土工程

(1)混凝土及钢筋混凝土的工程量应根据设计图纸以体积计算。不应扣除钢筋、铁件、螺栓孔、三角条、吊孔盒、马腿盒等所占体积和单孔面积在0.2m^2以内的孔洞所占体积。

(2)陆上现浇混凝土工程量计算应满足下列要求:

①陆上现浇混凝土基础工程:独立基础根据断面形式以体积计算;带形基础根据断面形式以体积计算,其中有肋带形基础的肋高与肋宽之比在4∶1以内时按有肋带形基础计算,超过4∶1时底部按板式基础计算,底板以上部分的肋按墙计算;无梁式满堂基础的扩大角或锥形柱墩并入满堂基础内计算工程量,箱式满堂基础按无梁式满堂基础、柱、梁、板、墙等项目分别计算工程量;除块形以外其他类型的设备基础分别按基础、梁、柱、板、墙等项目计算。

②陆上现浇混凝土柱:柱高自柱基上表面算至顶板或梁的下表面,有柱帽时柱高自柱基上表面算至柱帽的下表面;牛腿并入柱身以体积计算。

③陆上现浇混凝土梁:基础梁按全长计算体积;主梁按全长计算,次梁算至主梁侧面;梁的悬臂部分并入梁内一起计算;梁与混凝土墙或支撑交接时,梁长算至墙体或支撑侧面;梁与主柱交接时,柱高算至梁底面,梁按全长计算;梁板结构的梁高算至面板下表面。

④陆上现浇混凝土板:平板按板混凝土实体体积计算;伸入支撑内的板头并入板体积内计算。

⑤陆上现浇混凝土墙:墙体的高度由基础顶面算至顶板或梁的下表面,墙垛及突出部分并入墙体积内计算;墙体按不同形状、厚度分别计算体积。

⑥预制梁、板、柱的接头和接缝现浇混凝土工程量应单独计算。

⑦陆上现浇混凝土廊道、坑道、沟涵、管沟计算工程量时可将底板、墙体、顶板合并整体计算。陆上现浇混凝土拨车机基础、牵引器基础、夹轮器基础、带排水沟的挡土墙工程量,按不同作用可分别整体计算。

⑧陆上现浇混凝土池:池底板、池壁、顶板分别计算;池底板的坡度缓于1∶1.7的按平面底板计算,陡于1∶1.7的按锥形底板计算;池壁高度从底板上表面算至顶板下表面,带溢流槽的池壁将溢流槽并入池壁体积计算;污水处理系统中澄清池中心结构按整体计算。

⑨陆上现浇混凝土卸车坑：底板、墙体、梁、面板、漏斗分别计算；火车轨道梁和框架梁单独计算，其他梁按断面形式分别计算；漏斗按整体计算，并算至墙体或梁的侧面。

⑩陆上现浇混凝土筒仓：筒仓底板上的各种支座混凝土并入底板计算；底板顶面以上至顶板底面以下为筒壁，筒壁工程量计算扣除门窗洞口所占体积，各仓间连接部分并入筒壁计算；钢制漏斗的混凝土支座环梁及板，算至筒壁内表面，现浇混凝土漏斗将环梁、板并入漏斗一并计算；筒仓顶板、进料口和顶面设备支座混凝土一并计算。

(3)翻车机房基础工程量计算应满足下列要求：

①翻车机房基础混凝土按不同结构部位分为底板、墙体、梁、板、柱等分别计算体积。

②当单侧翼板长度为墙身厚度的2.5倍以上时按带翼板墙计算；当单侧翼板长度为墙身厚度的2.5倍以下时按出沿墙计算，其翼板及出沿部分并入墙身体积计算。

③翻车机房基础的扶壁并入与其连接的墙体体积内计算。

④底板、墙体等为防渗而设置的闭合块混凝土单独计算工程量。

(4)通航建筑物及挡泄水建筑物混凝土工程量计算应符合下列规定：

①闸首混凝土工程量计算：以闸首底板与边墩的施工缝为界划分边墩与底板，分别计算工程量；带输水廊道的实体边墩以廊道顶高程以上1.5m为界，带输水廊道的空箱边墩以廊道顶板顶高程为界，分别计算工程量；闸首的门槛、检修平台、消力槛等并入底板计算，帷幕墙单独计算；边墩顶部的悬臂板、胸墙、挡浪墙、磨耗层、踏步梯等工程量单独计算。

②闸室混凝土工程量计算：分离式以底板与闸墙竖向分缝处为界，整体式以底板与闸墙连接处底板顶高程为界划分闸墙与底板；墙体顶部的靠系船设施、廊道以及墙体上的阶梯可并入墙体计算。

③平底板工程量应包括齿槛体积；空箱底板应包括隔墙、分流墩、消力梁及面板，孔洞体积应扣除；反拱底板的拱部结构应按反拱底板计算，拱上结构应按梁计算。

④闸墙和系船墩上的系船环、系船钩等孔洞体积不应扣除。

⑤边墩、闸墙与其他混凝土构件交接时除另有说明外，其他混凝土构件均应计算至边墩和闸墙外表面。

⑥消力槛、消力齿、消力墩、消力梁、消力格栅等工程量，应分别计算；消力池如直接设置在底板上可并入底板计算工程量。

⑦升船机基础工程量应按轨道梁、连系梁、滑轮井、绳槽、车挡、托辊墩等分别计算。

⑧泄水闸底板、闸墩、溢流坝、溢流面、厂房等工程量应分别计算。

(5)其他现浇混凝土工程量计算应满足下列要求：

①胸墙、导梁及帽梁的工程量，不扣除沉降缝、锚杆、预埋件、桩头嵌入部分的体积。

②挡土墙、防浪(汛)墙的工程量，不扣除各种分缝体积。

③堆场地坪、道路面层，按不同厚度分别计算，不扣除各种分缝体积。

(6)水上现浇混凝土工程量计算应符合下列规定：

①水上现浇混凝土构件工程量应区分不同形状按设计图纸以体积计算。

②水上现浇混凝土桩帽、帽梁、导梁工程量，不应扣除桩头嵌入部分的体积。

③水上现浇混凝土桩基式墩台、墩帽、台身、支座工程量，不应扣除桩头嵌入墩帽的体积。

④水上现浇混凝土码头面层、磨耗层工程量不应扣除分缝体积。

⑤水上现浇预制构件接缝、节点、堵孔工程量,应按不同接缝种类以体积计算。

(7)混凝土及钢筋混凝土预制构件的预制和安装工程量应分别按设计图纸分别以体积和件计算。预制混凝土空心方桩、大管桩和 PHC 桩的工程量,应扣除中空体积。

7. 钢筋工程

(1)现浇、预制构件的钢筋工程量应按设计图纸以重量计算。

(2)混凝土预制构件钢筋工程量应按预应力和非预应力分别计算。

(3)设计图纸未标示的搭接钢筋、架立钢筋、空心方桩胶囊定位钢筋、灌注桩、地下连续墙悬吊钢筋及其他加固钢筋等的工程量可在工程单价中考虑。

8. 金属结构制作安装工程

(1)金属结构制作工程量应按设计图纸以重量计算。

(2)钢材重量应按设计图纸计算,不应扣除切肢、断边及孔眼的重量。多边形或不规则形钢板应按外接矩形计算。

(3)除锈、刷涂料工程量应按设计要求以展开面积计算。

(4)闸阀门、拦污栅制作工程量,应根据不同的门型、单扇门重,按钢结构本体、止水件、防腐处理等分别计算。门重应包括门体重量和安装于门叶上的运转支撑件的重量。

(5)钢轨、系船柱等各种成品件、闸阀门、拦污栅、启闭机及其他金属构件的安装工程量,应包括本体、附件及埋件,并按设计图纸及相应的计量单位分别计算。

9. 设备安装工程

(1)港口装卸、配套设备安装工程量,应按不同的规格、能力、高度及重量,分别以台、套或重量计算。

(2)航运枢纽设备、修造船厂设备安装工程量,按其不同的规格、能力及结构形式,分别以台、套、扇或重量计算。

(3)启闭机与电气设施安装工程量应按设计图示数量计算。启闭机电动机接线端子以内应按启闭机安装计算;启闭机设备主体第一个外接法兰或管接头以外的管道铺设以及设备用油应单独计算。启闭机设备的轨道铺设应单独计算。

(4)航运枢纽发电主要设备,由设备本体和附属设备及埋件组成,其安装工程量应按设计图示数量计算。航运枢纽滑触线、水力机械辅助设备、发电电压设备、发电机—电动机静止变频启动装置、发电电压母线、接地装置、高压电气设备、一次拉线、控制保护测量及信号系统设备、直流系统设备、电工试验室设备等其他机电设备安装工程量,应按设计图示数量计算。

(5)用电系统设备、照明系统、电缆敷设、计算机监控系统设备、计算机管理系统设备、工业电视系统设备、通信系统设备、消防系统设备、通风空调采暖及其监控设备、机修设备、电梯设备等其他机电设备安装工程量应按设计图纸计算。

(6)航运枢纽安全监测设备安装工程量应按各种仪器设备的种类规格分别计算。

10. 其他工程

(1)土工织物、尼龙编织布及竹笆、荆笆的铺设工程量,应按设计图纸以覆盖面积计算;材料搭接工程量可在工程单价中考虑。

(2)栽植树木、乔灌木、竹类、攀缘植物、水生植物等工程量,应按设计图示品种以数量或面积计算。栽植绿篱类工程量,应按设计图示品种以长度计算;栽植片植绿篱、色带、花卉及植草等工程量,应按设计图示品种以面积分别计算。

(3)伐树及挖树根工程量,树身直径在0.20m以上的应按不同的树身直径,以棵计算。挖除树身直径在0.20m以内的小树及竹(苇)根,铲草皮等工程量,应按面积计算。

(4)拆除混凝土、钢筋混凝土、土石堤、围埝、砌体等工程量,应按体积计算。

(5)清理障碍物工程量,应按设计图示或实际测量结果按相应计量单位计算。

(6)拔钢板桩工程量,应按不同桩长以根或重量计算。

(7)预应力锚索工程的工程量,应按嵌入结构体内的有效设计长度以根或重量计算。

第二节　工程费用支付

学习要点

1. 水运工程费用支付原则。
2. 水运工程工程量清单内支付项目及方法。
3. 水运工程工程量清单外支付项目及方法。
4. 合同中止后的支付内容及方法。
5. 异常恶劣的气候条件的定义和对费用支付的影响。

一、水运工程费用支付原则

工程费用支付的目标是组织和协调好发包人与承包人之间的收支行为,使他们双方发生的每一笔工程费用都符合合同的要求,而且公平合理。为了达到这一目标,监理人就必须站在公正的立场上,不偏不倚,客观、准确地评价承包人的施工质量,认真进行工程计量,仔细计算各项工程费用,及时地签发付款证书,一方面使承包人及时得到费用补偿,另一方面使已支出费用的发包人能按时得到质量合格的工程实体。由此可见,监理人在工程费用支付中责任重大,为了真正做好这一工作,监理人必须遵循以下基本原则。

1. 支付必须以工程计量为基础

准确的实际工程量只有通过计量才能获得,对于单价合同,计量是支付的基础,可以说,没有准确的计量就不可能有准确的支付。由于工程计量最根本的前提是工程质量必须合格,所以工程费用的支付就必须在质量监理和准确计量的基础上进行。因此,在费用支付过程中,应当对这两个环节的工作进行严格检查和认真分析,以确保费用支付准确可靠。

2. 支付必须以《水运工程工程量清单计价规范》为依据

《水运工程工程量清单计价规范》(JTS/T 271—2020)第1.0.3条规定,“实行工程量清单计价招标投标的水运工程,最高投标限价、标底和投标报价的编制、合同价款的确定与调整、工程价款的结算应执行本规范。”可见发包人在招标时按照《水运工程工程量清单计价规范》(JTS/T 271—2020)编制工程量清单,承包人在投标报价时也是按照《水运工程工程量清单计价规范》(JTS/T 271—2020)的要求进行竞争报价的,签订合同时承包人的工程量清单报价是工程承包合同的重要组成部分,监理人在进行工程计量时同样也是按照《水运工程工程量清单计价规范》(JTS/T 271—2020)和合同文件的要求进行计量的。因此《水运工程工程量清单计价规范》(JTS/T 271—2020)是费用支付时的依据。工程量清单编制说明、清单项目的工程量和特征描述、工程量计算规则等都是招标文件中的核心文件,直接体现买、卖双方的权利和义务;对于报价单中没有单价的工程细目,其单价为零,但承包人必须完成合同文件和图纸所规定的全部工作内容并达到规定的要求。因为根据工程量清单计价规范的规定,对于某些没有单价的工程细目,其费用已作为摊销费摊入到其他细目的单价之中。对于有单价的工程细目,则以此单价计算工程费用,但应注意其单价的包容程度。单价的包容程度一方面是指单价的价值构成,另一方面是指单价中所包含的工程或工作内容。

单价的价值构成是指为完成工程量清单中一个质量合格的规定计量单位项目所需的所有费用、并考虑风险因素的价格。

单价所包含的工程或工作内容是指该计量单位项目的特征描述所规定应包含的内容。工程量清单中的每一个工程项目,都会有一定的概括性、包容性,概括和包容得最完整的是一些包干的工作项目——工作包干或费用包干。

3. 支付必须坚持合同条款和日常记录相结合原则

对于一个整体工程项目,除了工程量清单内的常规支付外,还有许多工程量清单以外的费用需要支付,这些支付费用在招标时往往无法准确估计或者根本不可能预先估计的,无法在工程量清单中一一予以列明。但是,这些费用的支付又是工程费用支付中极其重要的内容,通常要花费监理人大量的精力。例如,物价上涨或新的法规的颁布、工程变更、索赔等费用支付在工程量清单中没有,也无法明确,但在合同条款中给出了明确的规定。驻地监理人只有将合同条款的规定与工程实施中的日常记录结合起来,方能做好这些费用的支付工作。

4. 支付必须及时

工程费用支付是资金运动中的一个环节,而且还是关键环节。资金的运动,其本质特征之一就是资金具有时间价值,因此,资金运动的内在规律和特征要求监理人按时签认和支付工程费用。同时,工程施工活动的特点也决定了要进行进度款的支付,其原因在于施工生产需要占用大量的资金,而承包人没有能力或不愿意垫付如此巨大的资金。因此,监理人必须按时进行工程费用的支付。

除此之外,工程费用结算的特点决定了必须由监理人出具其签认的支付证书。及时支付工程费用不仅是合同本身的要求,它还是财务部门和银行结算的要求。

5. 支付必须遵循严格的程序

工程费用的支付必须遵循严格的程序。为了确保工程费用支付的合理性、合法性和准确性,每个工程项目的合同文件都对费用支付作出了严格的规定。这些程序具体规定了各项费用的支付条件、支付方法和申报、计算、复核、审批等要求,因而,从组织上和技术上确保支付质量。

二、水运工程清单项目支付主要方式

《水运工程工程量清单计价规范》(JTS/T 271—2020)规定的工程量清单内项目包括分项工程项目、一般项目、计日工项目三种。结合工程费用支付的主要形式,本节仅对分项工程项目的进度款支付、竣工结算支付、最终结清支付,以及一般项目支付和计日工支付作详细介绍。

(一)进度款支付

进度款支付一般以月(或者合同约定时间)为时间间隔,亦称中期支付。虽然,其支付内容非常广泛,但都是按照工程量清单计价规范的要求进行的。

1. 进度款支付的内容

承包人在向监理人提交的支付申请中,所包括的是这一个月完成施工任务的全部工作,以及为这些工作他有权获得的款额。主要内容包括:

(1)本月已完成的永久工程价值;

(2)所完成工程量清单中其他表列项目的价值;

(3)按照合同规定他有权得到的其他费用。

2. 进度款支付的程序

1)进度款支付申请

承包人应在每个付款周期末,按监理人批准的格式和专用合同条款约定的份数,向监理人提交进度付款申请单,并附相应的支持性证明文件。除专用合同条款另有约定外,进度付款申请单应包括下列内容:

(1)截至本次付款周期末已实施工程的价款;

(2)根据合同条款应增加和扣减的变更金额;

(3)根据合同条款应增加和扣减的索赔金额;

(4)根据合同条款约定应支付的预付款和扣减的返还预付款;

(5)根据合同条款约定应扣减的质量保证金;

(6)根据合同条款应增加和扣减的其他金额。

2)进度款支付的审定

监理人应在合同规定的时间内对承包人的付款申请进行审定。审定应包括下列内容:

(1)付款申请的格式和内容应满足合同要求;

(2)各项证明文件及有关手续齐全;

(3)核对当月完成的工程量;

(4)核对根据合同条款应增加和扣减的费用;

(5)审核并修正承包人的支付申请,将需扣留、扣回和扣减款项从承包人应得金额中扣除后,计算付款净金额;

(6)将付款净金额与合同中规定的进度款支付的最小限额相比较(每次进度款支付的最低限通常为合同总价的2%左右)。若净金额大于最小限额,监理人应向发包人签发进度款支

付证书,副本抄送承包人;若净金额小于最小限额,则暂不签发进度款支付证书,转入下期支付一并签发;

(7)对前期已支付的工程款项发现的问题或前期支付证书的错误进行纠正;

(8)审查无误后计量监理人签字。

审核中若发现所列出的数量不正确或者任何一个工程项目的质量不符合要求,则可调整承包人的付款申请表。

3)进度款支付证书的签发

监理人在接到承包人的进度款支付申请后,应及时审核付款申请,并在合同规定的时间内,由总监理工程师复核审查无误后签发进度款支付证书。

4)发包人付款

发包人应及时审定支付款额,在合同规定的时间给承包人付款。

3. 关于进度款支付的规定

1)《中华人民共和国标准施工招标文件》中的通用合同条款第17.3.3和17.3.4项,关于工程进度付款证书和支付时间明确规定如下:

(1)监理人在收到承包人进度付款申请单以及相应的支持性证明文件后的14天内完成核查,提出发包人到期应支付给承包人的金额以及相应的支持性材料,经发包人审查同意后,由监理人向承包人出具经发包人签认的进度付款证书。监理人有权扣发承包人未能按照合同要求履行任何工作或义务的相应金额。

(2)发包人应在监理人收到进度付款申请单后的28天内,将进度应付款支付给承包人。发包人不按期支付的,按专用合同条款的约定支付逾期付款违约金。

(3)监理人出具进度付款证书,不应视为监理人已同意、批准或接受了承包人完成的该部分工作。

(4)进度付款涉及政府投资资金的,按照国库集中支付等国家相关规定和专用合同条款的约定办理。

(5)在对以往历次已签发的进度付款证书进行汇总和复核中发现错、漏或重复的,监理人有权予以修正,承包人也有权提出修正申请。经双方复核同意的修正,应在本次进度付款中支付或扣除。

2)《水运工程标准施工招标文件》(JTS 110—8—2008)中的专用合同条款第17.3款规定:

(1)工程进度支付的方式和时间:按照月度工程计量的____%(不少于80%)支付;当工程款支付达到合同总价____%(不少于80%)时,停止支付;待工程全部竣工验收合格后支付至全部工程结算值的95%;尾款5%待工程缺陷责任期满60天内付清,尾款不计利息。

(2)若发包人在合同约定的支付限期满14天后未予支付,承包人可向发包人发出催付款的通知,发包人在收到承包人通知后仍不能按要求支付,承包人可在发出催付款通知14天后暂停施工,发包人承担延期支付的利息和违约责任以及停工损失。

(二)竣工结算支付

《中华人民共和国标准施工招标文件》中的通用合同条款第17.5款关于竣工结算支付规定如下:

1. 竣工付款申请单

(1)工程接收证书颁发后,承包人应按专用合同条款约定的份数和期限向监理人提交竣工付款申请单,并提供相关证明材料。除专用合同条款另有约定外,竣工付款申请单应包括下列内容:竣工结算合同总价、发包人已支付承包人的工程价款、应扣留的质量保证金、应支付的竣工付款金额。

(2)监理人对竣工付款申请单有异议的,有权要求承包人进行修正和提供补充资料。经监理人和承包人协商后,由承包人向监理人提交修正后的竣工付款申请单。

2. 竣工付款证书及支付时间

(1)监理人在收到承包人提交的竣工付款申请单后的 14 天内完成核查,提出发包人到期应支付给承包人的价款送发包人审核并抄送承包人。发包人应在收到后 14 天内审核完毕,由监理人向承包人出具经发包人签认的竣工付款证书。监理人未在约定时间内核查,又未提出具体意见的,视为承包人提交的竣工付款申请单已经监理人核查同意;发包人未在约定时间内审核又未提出具体意见的,监理人提出发包人到期应支付给承包人的价款视为已经发包人同意。

(2)发包人应在监理人出具竣工付款证书后的 14 天内,将应支付款支付给承包人。发包人不按期支付的,按合同条款的约定,将逾期付款违约金支付给承包人。

(3)承包人对发包人签认的竣工付款证书有异议的,发包人可出具竣工付款申请单中承包人已同意部分的临时付款证书。存在争议的部分,按合同条款中有关争议事项解决条款的约定办理。

(4)竣工付款涉及政府投资资金的,按相关合同条款的约定办理。

(三)最终结清支付

《中华人民共和国标准施工招标文件》中的通用合同条款第 17.6 款关于最终结清支付规定如下:

1. 最终结清申请单

(1)缺陷责任期终止证书签发后,承包人可按专用合同条款约定的份数和期限向监理人提交最终结清申请单,并提供相关证明材料。

(2)发包人对最终结清申请单内容有异议的,有权要求承包人进行修正和提供补充资料,由承包人向监理人提交修正后的最终结清申请单。

2. 最终结清证书和支付时间

(1)监理人收到承包人提交的最终结清申请单后的 14 天内,提出发包人应支付给承包人的价款送发包人审核并抄送承包人。发包人应在收到后 14 天内审核完毕,由监理人向承包人出具经发包人签认的最终结清证书。监理人未在约定时间内核查,又未提出具体意见的,视为承包人提交的最终结清申请已经监理人核查同意;发包人未在约定时间内审核又未提出具体意见的,监理人提出应支付给承包人的价款视为已经发包人同意。

(2)发包人应在监理人出具最终结清证书后的 14 天内,将应支付款支付给承包人。发包人不按期支付的,按相关合同条款的约定,将逾期付款违约金支付给承包人。

(3)承包人对发包人签认的最终结清证书有异议的,按合同条款中有关争议事项解决条款的约定办理。

(4)最终结清付款涉及政府投资资金的,按相关合同条款的约定办理。

(四)一般项目支付

《水运工程工程量清单计价规范》(JTS/T 271—2020)的一般项目清单中列入了暂列金额、规费、保险费、安全文明施工费、施工环保费等16个项目,计量单位均以"项"计算。在一般项目中暂列金额的大小是由招标人确定,其中规费、税金和安全文明施工费等必须按国家有关部门的规定计算,在投标时属于不可竞争费用。

1. 暂列金额支付

1)暂列金额的定义和性质

暂列金额是指已标价工程量清单中所列的暂列金额,用于在签订协议书时尚未确定或不可预见变更的施工及其所需材料、工程设备、服务等的金额,包括以计日工方式支付的金额。在《水运工程工程量清单计价规范》(JTS/T 271—2020)中暂列金额被列入一般项目清单,项目编号是100100101×××。可见暂列金额具有不可预见费(或者备用金)的性质。

2)暂列金额的使用权

暂列金额只能按照监理人的指示和决定动用,是由监理人直接控制的,因此,未经监理人的批准,承包人对暂列金额项目进行的任何工作均不予支付。

动用暂列金额时,监理人应审批承包人提交的相应工程的施工组织计划及其所需的人工费、材料费、机械台班费、设备费及相应的计算说明,并与发包人就暂列金额的支付进行协商。如果该款项全部或部分未经动用,则应从合同价格中减去未动用的暂列金额。

3)暂列金额的执行者

动用暂列金额进行的工作由承包人或指定的分包人完成。

4)暂列金额的支付条件

根据监理人的要求,承包人应提交有关暂列金额项目开支的全部报价、发票、凭证、账目和数据,经审核后,监理人才能开具相应的支付证书,给予费用支付。

5)暂列金额的支付价格

暂列金额项目的支付价格有两种方式,一是按工程量清单的报价和标书附录中的费率或价格支付,如果由指定的分包人完成这些工作,则按合同规定的办法进行支付;二是按计日工的计价方式进行支付。

2. 其他项目支付

其他项目是由投标人结合自身的具体情况进行竞争报价,这些项目的费用支付,通常可以结合工程施工的实际完成情况或者形象进度进行支付。其中规费、保险费、安全文明施工费、施工环保费四项费用是不可竞争费用;生产及生活房屋、临时道路、临时用水、临时通信、临时用地、临时码头、预制厂建设、临时工作项目、临时用电等项目都是为了完成工程项目所采取的临时设施,项目投标人可以竞争报价,在支付时可以控制在项目总金额以内,按照实际(或者形象)进度的完成情况支付,有复耕要求的必须扣除复耕需要的费用,复耕任务完成后付清费用;施工措施项目费用可以按照形象进度的完成情况支付;竣工文件编制项目费用可以在竣工结算支付时进行支付。

（五）计日工项目支付

计日工也是工程量清单中标明的支付项目，根据合同条件规定，监理人可指令承包人按计日工完成特殊的、较小的变更工程或附加工程。因此，计日工具有暂列金额性质。

凡以计日工的形式进行的工程，必须有监理人的指令。未经监理人批准，承包人不得以计日工的形式进行任何工作，当然，发包人也不会支付任何款项。

监理人指令使用计日工时，要认真、负责地检查、旁站、记录，承包人应每日填写有关该计日工工程的下列报表：

1）用工清单

包括从事该项工程的人数、工种和工作时间。值得注意的是，用于计日工的劳动力，未经监理人的同意不得加班，否则，不支付加班费用。

2）材料清单

包括材料名称、单位、单价和实际数量。未经监理人认可的材料不得使用。

3）机械、设备清单

包括机械、设备类型、实际使用工时和单价。用于计日工的施工机械应由承包人提供，因故障或闲置的施工机械不支付费用。

4）费用清单

监理人应根据承包人在投标文件中列出的计日工劳务、计日工材料、计日工机械与设备的单价计算其费用，汇总形成费用清单，并附上证明其价值的收据和凭证等资料。必须注意，除非监理人在使用计日工之前同意，否则计日工工作承包人无权任意分包。

三、水运工程清单外项目支付

工程费用支付除了清单内项目支付外，还有许多其他的支付项目，它们虽然没有列在工程量清单内，但是均属工程承包合同条件规定的支付范围，将这些支付内容统称为清单外项目支付。

尽管它在工程费用支付中所占比例较小，但其灵活性比清单内项目支付大，比较难以把握和控制，这些内容的支付是监理人费用监理工作中的重点和难点。

清单外项目支付一般包括：预付款支付、质量保证金支付、变更费用支付、索赔费用支付、价格调整费用支付、逾期竣工违约金支付、提前竣工奖金支付、逾期付款违约金支付共八项。其中，变更费用、价格调整费用和索赔费用的支付另列章节介绍。

（一）预付款支付

1. 预付款的定义

预付款是发包人提供给承包人用作开办费用的款项，是使承包人在合同签约后尽快动员，作好施工准备，并用于工程初期各项费用支出的一笔费用。《中华人民共和国标准施工招标文件》中的通用合同条款第 17.2.1 项规定，预付款用于承包人为合同工程施工购置材料、工程设备、施工设备、修建临时设施以及组织施工队伍进场等。预付款的额度和预付办法在专用合同条款中约定。预付款必须专用于合同工程。

2. 预付款的性质

发包人要求承包人提交履约保函是承包人对发包人的承诺,承包人中标后得到发包人支付的预付款,也表示发包人对承包人的一种承诺,对购销双方的交易活动都是正常的。工程项目动员预付款既是发包人对承包人的承诺,又是发包人对承包人的支持。预付款的支持性与承诺性决定了它是无息的,是有借有还的。《中华人民共和国标准施工招标文件》通用合同条款第17.2.2项关于预付款保函提出了明确规定,"除专用合同条款另有约定外,承包人应在收到预付款的同时向发包人提交预付款保函,预付款保函的担保金额应与预付款金额相同。保函的担保金额可根据预付款扣回的金额相应递减"。

3. 预付款额度

《中华人民共和国标准施工招标文件》中规定预付款的额度(占合同总价的比例)在招标文件或承包合同中有明确规定,一般规定的范围是合同价的10%~20%,最多不超过合同价的20%。《水运工程标准施工招标文件》(JTS 110—8—2008)中则规定:施工合同签订生效28天内,或计划开工日期前,发包人向承包人支付不少于合同总价10%的工程预付款。

4. 动员预付款支付依据

根据合同通用条件规定,在承包人完成下述工作后的14天内,监理人应按投标书附件中规定的额度向发包人提交动员预付款证书,其副本交承包人保存。承包人应完成的工作内容:

(1)签订合同协议书;

(2)提交履约银行保函;

(3)提交预付款保函。

发包人在收到监理人开具的动员预付款证书后14天内核批,并采用进度款支付的形式支付给承包人,支付的货币种类按投标书附件的规定办理。

承包人在提交履约保函的同时,还应向发包人提交由国内银行,或外国银行通过其驻中国的银行,或承包人指定的、为发包人所接受的外国银行出具的不得撤销的、无条件的银行保函。银行保函的正本由发包人保存,该保函在发包人将预付款全部扣回之前一直有效,但其担保的金额将随着预付款的逐次扣回而减少,执行上述要求所需费用由承包人承担。

5. 预付款的扣回

《中华人民共和国标准施工招标文件》中的通用合同条款第17.2.3项规定,"预付款在进度付款中扣回,扣回办法在专用合同条款中约定。在颁发工程接收证书前,由于不可抗力或其他原因解除合同时,预付款尚未扣清的,尚未扣清的预付款余额应作为承包人的到期应付款"。预付款以逐次从进度款支付中扣除的方式通常有以下两种:

(1)第一种方法是按时间等额扣回,即规定在一定的时间内全部予以扣回。其扣回的时间开始于进度款支付证书中工程量清单项目累计支付金额超过合同总价20%的当月,止于合同规定竣工日期前3个月的当月。在这段时间内,从每月进度款支付证书中等额扣回。扣回的货币种类和比例与付款的货币种类和比例相一致。

其计算公式为:

$$G=\frac{F}{E-(D-1)-3} \tag{12-1}$$

式中：G——每月扣除动员预付款数额；

F——已付预付款总额；

E——合同工期（月）；

D——进度款支付证书中工程量清单项目累计支付额达到合同总价 20% 的时间（月）。

【例 12-1】 某建设工程项目合同价为 30000 万元，合同工期为 36 个月，动员预付款在标书附录中规定的额度为合同价的 20%，到第 4 个月时累计支付工程款金额为 6200 万元，试计算扣回动员预付款的金额。

解：已知 $D=4$，$E=36$，$F=30000\times20\%=6000$（万元）

则，$G=\frac{F}{E-(D-1)-3}=\frac{6000}{36-(4-1)-3}=200$（万元/月）

答：前 3 个月不扣，从第 4 个月开始，每月扣回动员预付款为 200 万元，30 个月内扣完。

（2）第二种方法是按当月支付金额的比例扣回，即在一定的工程支付金额范围内予以扣回。扣回的时间同样开始于进度款支付证书中工程量清单项目累计支付金额超过合同总价的 20% 的当月，但止于支付金额累计达合同总价 80% 的当月。在此期间，按进度款支付证书当期完成的工程款占合同总价 60% 的比例予以扣回。扣回的货币种类和比例与付款时的货币种类和比例相一致。

计算公式为：

$$G=\frac{M\times B}{\text{合同价}\times60\%} \tag{12-2}$$

式中：G——在进度款支付证书中应该扣回预付款的数额；

M——进度款支付证书当期完成的工程量清单项目金额；

B——已付预付款金额。

第一种方法，每月的扣回额度是不变的，与每期应支付的工程款多少没有关系，因而简单易掌握；但是，当工程进度缓慢或因其他原因工程款支付不多的情况下，会出现扣回额大于或接近工程款支付额，而使进度款支付证书出现负值或接近于零。第二种方法是按支付金额的比例予以扣回，即规定在一定的工程支付金额范围内予以扣回。这种方法与每期应支付的工程款有直接关系，每次扣回金额随每次的工程支付额不同而改变，每次都需要计算，比较麻烦；但是，相对于按月等值扣除的方法要合理些，也就是说，工程项目完成额多，则多扣，完成额少，则少扣。

（二）质量保证金支付

质量保证金是发包人持有的一种保证。为了确保在工程建设中和竣工移交后一段时间内承包人仍然能够完全履行合同义务（修补工程缺陷的义务），使永久工程能正常运用，监理人根据合同条件的规定，从支付给承包人的款项中替发包人暂时扣留的一种款项。《中华人民共和国标准施工招标文件》中的通用合同条款第 1.1.5.7 目规定，质量保证金（或称保留金）是指按第 17.4.1 项约定用于保证在缺陷责任期内履行缺陷修复义务的金额。

1. 质量保证金的性质

设置质量保证金的目的在于使承包人能完全履行合同,如果承包人未能履行合同中规定应承担的责任,则扣除质量保证金成为发包人的财产,监理人可以用质量保证金支付属承包人义务而发生的费用。

从另一个方面讲,质量保证金对承包人的意义重大。对资金运动过程分析可见,承包人在每次进度款支付中都可以分离出一定的利润,但在资金需求量大的时候,为了顺利地进行施工,他将所分离出的利润再投入下一阶段工程施工,可以改善其资金状况;直到工程后期,其资金状况明显好转,逐渐集中分离利润,到竣工时,发包人所扣留的质量保证金总额几乎可以说全都是承包人的纯利润。这部分款项能否尽早取走,对承包人十分重要。因此,质量保证金对承包人在缺陷责任期继续履行合同义务具有很强的约束。

2. 质量保证金的扣留

(1)根据合同条件的规定,扣除质量保证金的总额为合同总价的5%。

(2)从第一次工程量清单项目支付开始,发包人每次从付给承包人的款额中,按其中永久性工程付款金额的10%扣留,直到累计扣留总额达合同总价的5%为止。所谓永久性工程通常可以理解为工程量清单中所有分项工程的总和。

(3)如果合同有规定:承包人在提交第一次付款申请,或者在此之前提交一份由发包人认可的银行保函,其担保金额为合同总价的5%时,可不扣质量保证金。则监理人就不再替发包人从进度款支付证书中扣留质量保证金。

(4)《中华人民共和国标准施工招标文件》中的通用合同条款第17.4.1项规定,“监理人应从第一个付款周期开始,在发包人的进度付款中,按专用合同条款的约定扣留质量保证金,直至扣留的质量保证金总额达到专用合同条款约定的金额或比例为止。质量保证金的计算额度不包括预付款的支付、扣回以及价格调整的金额”。

3. 质量保证金的退还

如果承包人按期完成全部工程并通过验收,发包人可以分两次将质量保证金退还给承包人。第一次:当颁发整个工程的交接证书时,监理人应开具退还一半质量保证金的证明书,在退还的质量保证金中应当扣除已经使用的质量保证金金额,发包人根据监理人开具的支付证书,向承包人退还质量保证金。第二次:当合同工程项目的缺陷责任期满时,另一半质量保证金将由监理人开具证书退还给承包人,同时扣除已使用的质量保证金金额。

《中华人民共和国标准施工招标文件》中的通用合同条款第17.4.2项规定,“在第1.1.4.5目约定的缺陷责任期满时,承包人向发包人申请到期应返还承包人剩余的质量保证金金额,发包人应在14天内会同承包人按照合同约定的内容核实承包人是否完成缺陷责任。如无异议,发包人应当在核实后将剩余保证金返还承包人”。

《中华人民共和国标准施工招标文件》中的通用合同条款第17.4.3项规定,在约定的缺陷责任期满时,承包人没有完成缺陷责任的,发包人有权扣留与未履行责任剩余工作所需金额相应的质量保证金余额,并有权根据第19.3款约定要求延长缺陷责任期,直至完成剩余工作为止。按照第19.3款约定,“由于承包人原因造成某项缺陷或损坏使某项工程或工程设备不能按原定目标使用而需要再次检查、检验和修复的,发包人有权要求承包人相应延长缺陷责任期,但缺陷责任期最长不超过2年”。

4. 缺陷责任期

缺陷责任期自实际竣工日期起计算,在全部工程竣工验收前,经发包人提前验收的单位工程,其缺陷责任期的起算日期相应提前。《水运工程标准施工招标文件》(JTS 110—8—2008)的专用合同条款19.1款规定:(1)疏浚工程不设缺陷责任期;(2)水工工程缺陷责任期为一年;(3)其他工程由发包人设定。

5. 缺陷责任

《中华人民共和国标准施工招标文件》中的通用合同条款第19.2款规定,承包人应在缺陷责任期内对已交付使用的工程承担缺陷责任。在缺陷责任期内,发包人对已接收使用的工程负责日常维护工作,在使用过程中发现已接收的工程存在新的缺陷或已修复的缺陷部位或部件又遭损坏的,承包人应负责修复,直至检验合格为止;监理人和承包人应共同查清缺陷和(或)损坏的原因,经查明属承包人原因造成的,应由承包人承担修复和查验的费用;经查验属发包人原因造成的,发包人应承担修复和查验的费用,并支付承包人合理利润;承包人不能在合理时间内修复缺陷的,发包人可自行修复或委托其他人修复,属承包人原因造成的,应由承包人承担修复和查验的费用,属发包人原因造成的,发包人应承担修复和查验的费用,包括合理的利润。

(三)逾期竣工违约金支付

由于承包人原因,未能按合同进度计划完成工作,或监理人认为承包人施工进度不能满足合同工期要求的,承包人应采取措施加快进度,并承担加快进度所增加的费用。由于承包人原因造成工期延误,承包人应支付逾期竣工违约金。逾期竣工违约金的计算方法在专用合同条款中约定。承包人支付逾期竣工违约金,不免除承包人完成工程及修补缺陷的义务。

逾期竣工违约金是承包人延误合同工期,使发包人造成损失而给予的一种赔偿,不是罚款。

1. 开、竣工日期

《中华人民共和国标准施工招标文件》中的通用合同条款第11.1和11.2款规定,监理人应在开工日期7天前向承包人发出开工通知,监理人在发出开工通知前应获得发包人同意,工期自监理人发出的开工通知中载明的开工日期起计算;承包人应在承包合同约定的期限内完成合同工程,实际竣工日期在接收证书中写明。

承包人完成合同工程或某区段或某单项工程的实际施工工期,开始于监理人发出的开工通知中载明的开工日期,终止于交接证书写明的竣工日期,按天计算。即:

$$\text{实际施工工期(天)} = \text{合同工期} + \text{批准的延长工期} \pm \text{竣工逾期工期} \tag{12-3}$$

$$\text{逾期竣工时间(天)} = \text{实际施工工期} - \text{合同工期} - \text{批准的延长工期} \tag{12-4}$$

如果在合同工程竣工之前,已对合同工程内的某区段或单项工程签发了交接证书,且上述交接证书中写明的竣工日期并未延误,而是合同工程中的其他部分产生了工期延误,则合同工程的逾期竣工违约金应予减少,减少的幅度按已签发交接证书的某区段或某单项工程的价值占合同工程价值的比例计算。但这一规定,不应该影响逾期竣工违约金的限额。

2. 逾期竣工违约金的限额

《水运工程标准施工招标文件》(JTS 110—8—2008)在专用合同条款 11.5.1 项规定,“由于承包人原因造成工期延误,承包人应向发包人支付逾期竣工违约金。逾期竣工违约金的计算方法为:工期延误天数 $\times P_1$,其中 P_1:________。逾期竣工违约金累计最高不得超过合同总价的 5% 。” P_1 数值的大小必须在专用合同条款中约定。

3. 逾期竣工违约金的支付

逾期竣工违约金应从承包人履约保证金或进度款支付证书或最终支付证书中扣除,但要注意,此项扣除不应解除承包人对完成该项工程的义务或合同规定的其他义务和责任。

(四)提前竣工奖金支付

既然承包人拖延工期要支付违约金,那么,提前竣工承包人理应得到奖励。为了调动承包人的积极性,使其合理地加快工程进度,从而提前完成工程施工,使发包人提早收益,因此在合同条件中设立了与逾期竣工违约金相对应的提前竣工奖金。

《中华人民共和国标准施工招标文件》通用合同条款第 11.6 款规定,发包人要求承包人提前竣工,或承包人提出提前竣工的建议能够给发包人带来效益的,应由监理人与承包人协商采取加快工程进度的措施和修订合同进度计划。发包人应承担承包人由此增加的费用,并向承包人支付专用合同条款约定的相应奖金。

《水运工程标准施工招标文件》(JTS 110—8—2008)在专用合同条款第 11.6.1 项规定,“发包人________(同意或不同意)向承包人支付提前工期奖。提前工期奖金的计算方法为:提前工期天数 $\times P_2$,其中 P_2:________。提前工期奖金累计最高不得超过合同总价的 5% 。” P_2 数值的大小必须在专用合同条款中约定。

(五)逾期付款违约金支付

1. 关于逾期付款违约金的有关规定

如果发包人在合同规定的时间内没有向承包人付款,则发包人在以后除了按款额付款外,还应向承包人支付逾期付款违约金;逾期付款违约金常常按迟付款利息的方式计算,按合同文件规定的利率,从规定的付款截止日期起至恢复付款日止,按照日复利率计算利息。

显而易见,逾期付款违约金对于发包人来说是一种约束,监理人应督促发包人按合同有关规定,及时付款给承包人。《中华人民共和国标准施工招标文件》通用合同条款第 17.3 款规定,发包人应在监理人收到进度付款申请单后的 28 天内,将进度应付款支付给承包人,发包人不按期支付的,按专用合同条款的约定支付逾期付款违约金。

2. 计算公式

逾期付款违约金可按下式计算:

$$\text{FKWYJ} = P[(1+r)^n - 1] \tag{12-5}$$

式中:FKWYJ——逾期付款违约金;

P——逾期付款的金额;

r——日复利率；

n——逾期付款天数。

关于日复利率 r，世界银行推荐值为0.033%～0.04%，具体多少应以合同文件的规定为准。逾期付款违约天数指发包人的实际付款时间超过规定进度款支付或最终支付的截止日期的天数。

3. 计算示例

【例12-2】 某工程项目第8期进度款支付证书，支付净额为5650000元，监理人于3月28日收到承包人的进度付款申请，监理人于4月7日发出支付证书，而发包人直到6月5日才支付该证书的付款，按照《中华人民共和国标准施工招标文件》通用合同条款第17.3款规定，如果 $r=0.033\%$，那么这笔逾期付款违约金为多少？

解：

（1）逾期付款天数计算：6月4天，5月31天，4月30天，3月3天。

$n=(3+30+31+4)-28=40$ 天，

$P=5650000$ 元。

（2）逾期付款违约金计算：

$$
\begin{aligned}
\text{FKWYJ} &= P\times[(1+r)^n-1]\\
&=5650000\times[(1+0.033\%)^{40}-1]\\
&=75060\ \text{元}
\end{aligned}
$$

答：应当支付逾期付款违约金75060元。

（六）合同中止后的支付

在工程施工中，意外情况十分严重时将会导致合同中止的局面。合同中止往往是由不可抗力、承包人违约、发包人违约等三个方面的原因引起的。

1. 不可抗力导致合同中止的支付

不可抗力（特殊风险）是指承包人和发包人在订立合同时不可预见，在工程施工过程中不可避免发生并不能克服的自然灾害和社会性突发事件，如地震、海啸、瘟疫、水灾、骚乱、暴动、战争和专用合同条款约定的其他情形。

《中华人民共和国标准施工招标文件》第21.1.2项规定，不可抗力发生后，发包人和承包人应及时认真统计所造成的损失，收集不可抗力造成损失的证据。合同双方对是否属于不可抗力或其损失的意见不一致的，由监理人按第3.5款商定或确定。发生争议时，按第24条的约定办理。

除专用合同条款另有约定外，不可抗力导致的人员伤亡、财产损失、费用增加和（或）工期延误等后果，由合同双方按以下原则承担：

（1）永久工程，包括已运至施工场地的材料和设备的损害，以及因工程损害造成的第三者人员伤亡和财产损失由发包人承担。

（2）承包人设备的损坏由承包人承担。

（3）发包人和承包人各自承担其人员伤亡和其他财产损失及其相关费用。

（4）承包人的停工损失由承包人承担，但停工期间应监理人要求照管工程和清理、修复工程的金额由发包人承担。

(5)不能按期竣工的,应合理延长工期,承包人不需支付逾期竣工违约金。发包人要求赶工的,承包人应采取赶工措施,赶工费用由发包人承担。

(6)不可抗力发生后,发包人和承包人均应采取措施尽量避免和减少损失的扩大,任何一方没有采取有效措施导致损失扩大的,应对扩大的损失承担责任。

《中华人民共和国标准施工招标文件》第21.3.4项规定,合同一方当事人因不可抗力不能履行合同的,应当及时通知对方解除合同。合同解除后,承包人应按照第22.2.5项约定撤离施工场地。已经订货的材料、设备由订货方负责退货或解除订货合同,不能退还的货款和因退货、解除订货合同发生的费用,由发包人承担,因未及时退货造成的损失由责任方承担。合同解除后发包人应在解除合同后28天内向承包人支付下列金额,承包人应在此期限内及时向发包人提交要求支付下列金额的有关资料和凭证:

(1)合同解除日以前所完成工作的价款。

(2)承包人为该工程施工订购并已付款的材料、工程设备和其他物品的金额。发包人付还后,该材料、工程设备和其他物品归发包人所有。

(3)承包人为完成工程所发生的,而发包人未支付的金额。

(4)承包人撤离施工场地以及遣散承包人人员的金额。

(5)由于解除合同应赔偿的承包人损失。

(6)按合同约定在合同解除日前应支付给承包人的其他金额。发包人应按本项约定支付上述金额并退还质量保证金和履约担保,但有权要求承包人支付应偿还给发包人的各项金额。

2. 承包人违约导致合同中止的支付

《中华人民共和国标准施工招标文件》第22.1.1项规定,在履行合同过程中发生下列情况属承包人违约:

(1)承包人违反第1.8款或第4.3款的约定,私自将合同的全部或部分权利转让给其他人,或私自将合同的全部或部分义务转移给其他人。

(2)承包人违反第5.3款或第6.4款的约定,未经监理人批准,私自将已按合同约定进入施工场地的施工设备、临时设施或材料撤离施工场地。

(3)承包人违反第5.4款的约定,使用了不合格材料或工程设备,工程质量达不到标准要求,又拒绝清除不合格工程。

(4)承包人未能按合同进度计划及时完成合同约定的工作,已造成或预期造成工期延误。

(5)承包人在缺陷责任期内,未能对工程接收证书所列的缺陷清单的内容或缺陷责任期内发生的缺陷进行修复,而又拒绝按监理人指示再进行修补。

(6)承包人无法继续履行或明确表示不履行或实质上已停止履行合同。

(7)承包人不按合同约定履行义务的其他情况。

承包人无法继续履行、明确表示不履行或实质上已停止履行合同的情形属严重违约,发包人可通知承包人立即解除合同;对承包人发生的其他违约情况,监理人可向承包人发出整改通知,要求其在指定的期限内改正。监理人发出整改通知28天后,承包人仍不纠正违约行为的,发包人可向承包人发出解除合同通知。合同解除后,发包人可派员进驻施工场地,另行组织人员或委托其他承包人施工。发包人因继续完成该工程的需要,有权扣留使用承包人在现场的材料、设备和临时设施。但发包人的这一行动不免除承包人应承担的违约责任，也不影响发包人根据合同约定享有的索赔权利。

《中华人民共和国标准施工招标文件》第22.1.4和22.1.5项规定，因承包人违约合同解除后的估价、付款、结清和协议利益，按照以下原则处理：

(1)合同解除后，监理人按第3.5款商定或确定承包人实际完成工作的价值，以及承包人已提供的材料、施工设备、工程设备和临时工程等的价值。

(2)合同解除后，发包人应暂停对承包人的一切付款，查清各项付款和已扣款金额，包括承包人应支付的违约金。

(3)合同解除后，发包人应按第23.4款的约定向承包人索赔由于解除合同给发包人造成的损失。

(4)合同双方确认上述往来款项后，出具最终结清付款证书，结清全部合同款项。

(5)发包人和承包人未能就解除合同后的结清达成一致而形成争议的，按第24条的约定办理。

(6)因承包人违约解除合同的，发包人有权要求承包人将其为实施合同而签订的材料和设备的订货协议或任何服务协议利益转让给发包人，并在解除合同后的14天内，依法办理转让手续。

由此可见，承包人违约导致合同中止的支付与特殊风险导致合同中止的情况不同，承包人违约导致合同中止的付款规定对承包人带有惩罚性。

3.发包人违约导致合同中止的支付

《中华人民共和国标准施工招标文件》第22.2.1项规定，在履行合同过程中发生下列情形的，属发包人违约：

(1)发包人未能按合同约定支付预付款或合同价款，或拖延、拒绝批准付款申请和支付凭证，导致付款延误的。

(2)发包人原因造成停工的。

(3)监理人无正当理由没有在约定期限内发出复工指示，导致承包人无法复工的。

(4)发包人无法继续履行或明确表示不履行或实质上已停止履行合同的。

(5)发包人不履行合同约定其他义务的。

发包人发生除第22.2.1(4)目以外的违约情况时，承包人可向发包人发出通知，要求发包人采取有效措施纠正违约行为。发包人收到承包人通知后的28天内仍不履行合同义务，承包人有权暂停施工，并通知监理人，发包人应承担由此增加的费用和(或)工期延误，并支付承包人合理利润。

当下列情况之一时，承包人可以提出由于发包人违约解除合同的要求：

(1)发包人无法继续履行或明确表示不履行或实质上已停止履行合同时，承包人可书面通知发包人解除合同。

(2)由于发包人发生违约情况时，承包人向发包人发出要求纠正违约行为通知，并且采取了暂停施工的进一步措施。承包人按合同规定暂停施工28天后，发包人仍不纠正违约行为的，承包人可向发包人发出解除合同通知。但承包人的这一行动不免除发包人承担的违约责任，也不影响承包人根据合同约定享有的索赔权利。

《中华人民共和国标准施工招标文件》第22.2.4和22.2.5项规定,因发包人违约解除合同的,发包人应在解除合同后28天内向承包人支付下列金额,承包人应在此期限内及时向发包人提交要求支付下列金额的有关资料和凭证:

(1)合同解除日以前所完成工作的价款。

(2)承包人为该工程施工订购并已付款的材料、工程设备和其他物品的金额。发包人付还后,该材料、工程设备和其他物品归发包人所有。

(3)承包人为完成工程所发生的,而发包人未支付的金额。

(4)承包人撤离施工场地以及遣散承包人人员的金额。

(5)由于解除合同应赔偿的承包人损失。

(6)按合同约定在合同解除日前应支付给承包人的其他金额。发包人应按本项约定支付上述金额并退还质量保证金和履约担保,但有权要求承包人支付应偿还给发包人的各项金额。

(7)因发包人违约而解除合同后,承包人应妥善做好已竣工工程和已购材料、设备的保护和移交工作,按发包人要求将承包人设备和人员撤出施工场地。承包人撤出施工场地应遵守第18.7.1项的约定,发包人应为承包人撤出提供必要条件。

(七)工程停工后的支付

对于水运工程建设项目,在其施工过程中由于诸多影响因素,承包人的管理水平参差不齐,所以在施工活动的组织和安排上,难免会出现各种停工现象,使工程无法按进度计划正常进行。毫无疑问,一旦发生停工,将会对工程的投资效益产生严重影响,因此,发包人会高度重视对这类现象的控制。同样,工程停工也将给承包人造成损失。

由于工程停工的现象和种类较多,不可能在此做全面阐述,因此,下面只简单介绍合同执行过程中需要监理人处理的各种停工的支付问题。

首先,应当明确,无论是什么原因导致停工,都将对工程的竣工和交付使用产生不利影响,从而使发包人的利益受到损害。例如,现场管理费用和监理费用增加,资金占用时间延长,项目效益推迟产生等。在现金流量图上将表现为建设期加长,成本升高,效益减少,从而使投资回收期延长,投资收益率下降。尽管出现这种情况时,发包人可以要求承包人进行适当赔偿,例如要求承包人支付拖期违约损失偿金,但也只能在很小的程度上减少所造成的损失,而对发包人遭受的各种潜在损失是无法补偿的。

其次,一旦停工,承包人也会受到损失,例如,承包人的人员将窝工、设备闲置、管理费用增加等,即使发包人给予一定的补偿,也只是一部分成本,而非利润。

总之,无论从哪方面来说,工程停工都是不利的,会直接导致工期延长和费用增加,但相比于承包人,发包人将受到更大的损害。

1. 发包人导致的停工及费用支付

由发包人造成的停工情况见表12-5。表12-5所示都是指合同中应由发包人支付的情况。表中所指成本分为两类:一类由于发生了各种事件,监理人要求承包人进行有关工作,这些工作的成本包括直接费和管理费。另一类是由于出现这些情况,承包人的工作停止进行,此时只支付人员窝工的工时费和机械设备的闲置费。总之,由于发包人方面的原因而造成的停工,应根据合同中相应的规定和条款,对承包人给予补偿。这种补偿的具体计算应视现场情况及随后采取措施的内容和设备的闲置情况来定,并且一般只支付成本。

停工原因及支付处理汇总表　　表 12-5

序号	停工原因	支付处理
1	合同文件内容出错	只付成本,不付利润
2	图纸延迟发出	只付成本
3	有关放线资料不准确	针对资料出错的补救工程,付成本加利润;若因此停工,只付成本
4	发包人风险造成的破坏	只付成本,不付利润
5	化石、矿石、文物等	根据现场情况,采用不同措施,通常情况只付成本
6	由于其他承包人的原因	视承包人被要求的工作情况付款,为其他承包人提供服务;付成本加利润;由于其他承包人的原因停工,付成本
7	样品与试验	监理人下令的附加试验,付成本,无利润
8	工程的揭露	合格:付成本加利润;不合格:不付费用
9	工程暂停	工程中所产生的成本,不付利润
10	工地占用	只付成本,不付利润
11	后续法规	只付成本
12	延期付款	付延期部分利息及停工费用

2. 承包人导致的停工及费用支付

由于承包人自己的工作失误或所承担的风险而导致工程停工,其所有费用必须由承包人自己承担。只是往往由于工程情况比较复杂,承包人总是设法将自己应承担的费用说成是由于发包人的原因,从而要求费用赔偿。因此,监理人必须掌握现场情况,对一些问题当机立断,明确其责任在谁。

《中华人民共和国标准施工招标文件》第 12.1 款规定,因为下列因素引起的暂停施工,造成的费用增加和(或)工期延误由承包人承担:

(1)承包人违约引起的暂停施工。

(2)由于承包人原因为工程合理施工和安全保障所必需的暂停施工。

(3)承包人擅自暂停施工。

(4)承包人其他原因引起的暂停施工。

(5)专用合同条款约定由承包人承担的其他暂停施工。

同时,一旦明确属于承包人责任,承包人除了自己负担有关损失外,如果停工影响到工程的竣工或影响到其他承包人的工作,则对于影响竣工的情况,应向发包人支付拖期违约损失偿金,如果严重影响工作,承包人还可能被发包人驱逐;还应向被其影响的其他承包人支付相应的款项,只是这种支付也是通过发包人进行,一般从负有责任的承包人付款中扣减来实现。

3. 异常恶劣的气候条件

根据《水运工程标准施工招标文件》(JTS 110—8—2008)规定,异常恶劣的气候条件是指水运工程水域施工作业难以正常进行或须采取其他补救措施才能进行的气候条件。一般包括以下情况:

(1)持续高温:连续三日日最高气温 38℃以上。

(2)持续低温:连续三日日最低气温-20℃以下。

(3)大风天气:施工水域日风力在6级以上且持续时间不少于4h,或阵风大于8级。

(4)暴雨天气:日降雨量50mm及以上,或降雨强度大于20mm/h。

(5)暴雪天气:日降雪量10mm及以上。

(6)流速或波浪:内河3.5m/s及以上流速,海上2m及以上的大浪和强浪。

(7)水淹:施工场地大部或全部被潮水、洪水或雨水淹没超过1天。

(8)大雾:定点施工船舶能见度小于50m的雾天超过1天;运动船舶按有关规定。

如果承包人因上述所指的异常恶劣气候而停工,则一方面发包人不但不能要求承包人赔偿,而且还应给予工程延期,另一方面承包人也不能向发包人提出停工的费用补偿要求。

第三节　水运工程变更支付

相关法律、法规关于水运工程变更的规定。

一、《中华人民共和国标准施工招标文件》关于工程变更的规定

1. 变更的范围和内容

《中华人民共和国标准施工招标文件》第15.1款指出,除专用合同条款另有约定外,在履行合同中发生以下情形之一,应按照本条规定进行变更。

(1)取消合同中任何一项工作,但被取消的工作不能转由发包人或其他人实施。

(2)改变合同中任何一项工作的质量或其他特性。

(3)改变合同工程的基线、高程、位置或尺寸。

(4)改变合同中任何一项工作的施工时间或改变已批准的施工工艺或顺序。

(5)为完成工程需要追加的额外工作。

2. 变更权和变更程序

《中华人民共和国标准施工招标文件》第15.2款指出,在履行合同过程中,经发包人同意,监理人可按第15.3款约定的变更程序向承包人作出变更指示,承包人应遵照执行。没有监理人的变更指示,承包人不得擅自变更。

《中华人民共和国标准施工招标文件》第15.3.1项对变更的提出程序明确规定如下:

(1)在合同履行过程中,可能发生第15.1款约定情形的,监理人可向承包人发出变更意向书。变更意向书应说明变更的具体内容和发包人对变更的时间要求,并附必要的图纸和相关资料。变更意向书应要求承包人提交包括拟实施变更工作的计划、措施和竣工时间等内容的实施方案。发包人同意承包人根据变更意向书要求提交的变更实施方案的,由监理人按第15.3.3项约定发出变更指示。

(2)在合同履行过程中,发生第15.1款约定情形的,监理人应按照第15.3.3项约定向承包人发出变更指示。

(3)承包人收到监理人按合同约定发出的图纸和文件,经检查认为其中存在第15.1款约定情形的,可向监理人提出书面变更建议。变更建议应阐明要求变更的依据,并附必要的图纸和说明。监理人收到承包人书面建议后,应与发包人共同研究,确认存在变更的,应在收到承包人书面建议后的14天内作出变更指示。经研究后不同意作为变更的,应由监理人书面答复承包人。

(4)若承包人收到监理人的变更意向书后认为难以实施此项变更,应立即通知监理人,说明原因并附详细依据。监理人与承包人和发包人协商后确定撤销、改变或不改变原变更意向书。

3. 变更估价

《中华人民共和国标准施工招标文件》第15.3.2项对变更的估价程序明确规定如下:

(1)除专用合同条款对期限另有约定外,承包人应在收到变更指示或变更意向书后的14天内,向监理人提交变更报价书,报价内容应根据第15.4款约定的估价原则,详细开列变更工作的价格组成及其依据,并附必要的施工方法说明和有关图纸。

(2)变更工作影响工期的,承包人应提出调整工期的具体细节。监理人认为有必要时,可要求承包人提交要求提前或延长工期的施工进度计划及相应施工措施等详细资料。

(3)除专用合同条款对期限另有约定外,监理人收到承包人变更报价书后的14天内,根据第15.4款约定的估价原则,按照第3.5款商定或确定变更价格。

4. 变更指示

《中华人民共和国标准施工招标文件》第15.3.3项对变更指示规定如下:

(1)变更指示只能由监理人发出。

(2)变更指示应说明变更的目的、范围、变更内容以及变更的工程量及其进度和技术要求,并附有关图纸和文件。承包人收到变更指示后,应按变更指示进行变更工作。

5. 变更的估价原则

《中华人民共和国标准施工招标文件》第15.4款对变更的估价原则明确规定,除专用合同条款另有约定外,因变更引起的价格调整按照本款约定处理。

(1)已标价工程量清单中有适用于变更工作的子目的,采用该子目的单价。

(2)已标价工程量清单中无适用于变更工作的子目,但有类似子目的,可在合理范围内参照类似子目的单价,由监理人按第3.5款商定或确定变更工作的单价。

(3)已标价工程量清单中无适用或类似子目的单价,可按照成本加利润的原则,由监理人按第3.5款商定或确定变更工作的单价。

二、《水运工程施工监理规范》(JTS 252—2015)关于工程变更的规定

(1)项目监理机构应从项目使用功能、工程质量、安全、费用和工期等方面审核工程变更实施方案,对施工单位报送的工程变更费用进行审核。在工程变更实施前,应与建设单位、施工单位按合同约定确定或协商变更工程的计价原则、计价方法和价款。

(2)对采用计日工计价的任何一项变更工作,在实施过程中,项目监理机构应派人监督管理并做好记录,对施工单位提交的计日工报表和相关凭证每天进行复核签认,对发生的费用进行审核签认,并报送建设单位审批后列入工程进度款支付。

第四节　工 程 索 赔

学习要点

1. 索赔的基本程序。

2.《中华人民共和国标准施工招标文件》关于索赔处理的规定。

3. 索赔费用的处理。

4. 常见索赔证据。

5. 索赔费用的支付。

内容精要

一、索赔的基本程序

在国际工程实践中,索赔工作通常按照以下步骤执行:承包人提出索赔意向通知—承包人对索赔事件进行分析—承包人提交索赔报告—监理人审查、分析、处理承包人的索赔要求。具体如下:

1. 承包人提出索赔意向通知

在索赔事件发生后,承包人会抓住索赔机会,迅速作出反应,在合同规定的时间内(28 天)向监理人和发包人递交索赔意向通知,声明将为此索赔事件提出索赔。该项通知是承包人就具体的索赔事件向监理人和发包人表示的索赔愿望和要求。如果超出这个期限,监理人和发包人有权拒绝承包人的索赔要求。

2. 承包人对索赔事件进行分析

一旦索赔事件发生,承包人应进行索赔处理工作,直到正式向监理人和发包人提交索赔报告。这一阶段要做许多具体的、复杂的工作,主要有:

(1)事态调查,找准索赔机会。通过对合同实施的跟踪、分析、诊断,发现了索赔机会,对它进行详细的调查和跟踪,以了解事件经过、前因后果,掌握事件详细情况。

(2)索赔事件原因分析。即分析这些干扰由谁引起,它的责任该由谁来负担。一般只有非承包人责任的干扰事件才有可能提出索赔。在实际工作中,干扰事件责任常常是多方面的,故必须进行责任分解,划分各人的责任范围,按责任大小分担损失。这里特别容易引起合同双方争执。

(3)索赔根据分析、研究索赔理由。主要是指对合同条文的研究分析,必须按合同规定判明这些干扰事件是否违反合同,是否在合同规定的赔(补)偿范围之内。只有符合合同规定的索赔要求才有合法性,才能成立。

(4)损失调查,即为干扰事件的影响分析。它主要表现为工期的延长和费用的增加。如果干扰事件不造成损失,则无索赔可言。损失调查的重点是收集、分析、对比实际和计划的施工进度,工程成本和费用方面的资料,在此基础上计算索赔值。

(5)收集证据。索赔事件一发生,承包人应该抓紧证据的收集工作,并在干扰事件持续期间一直保持有完整的当时记录,这是索赔有效的前提条件。如果在索赔报告中提不出证明其索赔理由、干扰事件的影响、索赔值计算等方面的详细资料,索赔是不能成立的。在实际工程中,许多索赔要求因没有或缺少书面证据而得不到合理的解决。承包人应按监理人的要求做好并保持当时记录,并接受监理人的审查。

(6)起草索赔报告。索赔报告是上述各项工作的结果和总结,它是由合同管理人员在其他项目管理职能人员配合和协助下起草的;它表达了承包人的索赔要求和支持这个要求的详细依据;它将经由监理人、发包人、或调解人、或仲裁人的审查、分析、评价,所以它决定了承包人的索赔地位,是索赔要求能否获得有利和合理解决的关键。

3.承包人提交索赔报告

承包人必须在合同规定的时间内向监理人和发包人提交索赔报告,或经监理人同意的合理时间内递交索赔报告。如果干扰事件持续时间长,则承包人应按监理人要求的合理时间间隔,提交中间索赔报告(或阶段索赔报告),并于干扰事件影响结束后的 28 天内提交最终索赔报告。

4.监理人审查、分析、处理承包人的索赔要求

监理人在处理索赔问题中有以下权力:

(1)在承包人提出索赔意向通知后,监理人有权指令承包人作当时记录,并可以随时检查这些记录。

(2)监理人对承包人的索赔报告进行分析,通过分析索赔理由、索赔事件过程、索赔值计算,以评价索赔要求的合理性和合法性。如果认为理由不足,可以要求承包人作出解释,或进一步补充证据,或要求承包人修改索赔要求,除去不合理的索赔要求或索赔要求中的不合理部分。监理人作出索赔处理意见,并提交发包人。

(3)发包人在接到监理人的处理意见后,继续审查、批准承包人的索赔要求。此时常常需要承包人作出进一步的解释和补充证据,监理人也需就处理意见作出说明。三方就索赔的解决进行磋商,这里可能有复杂的谈判过程,经过多次讨价还价。对达成一致意见的,或经监理人和发包人认可的索赔要求(或部分要求),承包人有权在工程进度付款中获得支付。如果达不成协议,则监理人有最后决定的权力。如果有一方或双方都不满意监理人的处理意见(或决定),则产生了争议,双方可以按照合同规定的程序解决争议。

(4)对合理的索赔要求,监理人有权将它纳入中期支付中,出具付款证书,发包人应在合同规定的期限内支付。

总之,从承包人递交索赔报告到最终获得赔偿的支付是索赔的解决过程。这个阶段工作的重点是,通过谈判,或调解,或仲裁,使索赔得到合理的解决。监理人应该依据合同赋予的权力,认真做好审查、分析工作,力求提出承包人和发包人双方容易接受的、合理的处理意见,为使索赔得到合理解决奠定基础。

二、《中华人民共和国标准施工招标文件》关于索赔处理的规定

1.承包人提出索赔

根据合同约定,承包人认为有权得到追加付款和(或)延长工期的,应按以下程序向发包

人提出索赔:

(1)承包人应在知道或应当知道索赔事件发生后28天内,向监理人递交索赔意向通知书,并说明发生索赔事件的事由。承包人未在前述28天内发出索赔意向通知书的,丧失要求追加付款和(或)延长工期的权利。

(2)承包人应在发出索赔意向通知书后28天内,向监理人正式递交索赔通知书。索赔通知书应详细说明索赔理由以及要求追加的付款金额和(或)延长的工期,并附必要的记录和证明材料。

(3)索赔事件具有连续影响的,承包人应按合理时间间隔继续递交延续索赔通知,说明连续影响的实际情况和记录,列出累计的追加付款金额和(或)工期延长天数。

(4)在索赔事件影响结束后的28天内,承包人应向监理人递交最终索赔通知书,说明最终要求索赔的追加付款金额和延长的工期,并附必要的记录和证明材料。

2.承包人索赔处理程序

(1)监理人收到承包人提交的索赔通知书后,应及时审查索赔通知书的内容、查验承包人的记录和证明材料,必要时监理人可要求承包人提交全部原始记录副本。

(2)监理人应按第3.5款商定或确定追加的付款和(或)延长的工期,并在收到上述索赔通知书或有关索赔的进一步证明材料后的42天内,将索赔处理结果答复承包人。

(3)承包人接受索赔处理结果的,发包人应在作出索赔处理结果答复后28天内完成赔付。承包人不接受索赔处理结果的,按第24条约定的争议解决方式办理。

3.承包人提出索赔的期限

(1)承包人按第17.5款的约定接受了竣工付款证书后,应被认为已无权再提出在合同工程接收证书颁发前所发生的任何索赔。

(2)承包人按第17.6款的约定提交的最终结清申请单中,只限于提出工程接收证书颁发后发生的索赔。提出索赔的期限自接受最终结清证书时终止。

4.发包人提出索赔

(1)发生索赔事件后,监理人应及时书面通知承包人,详细说明发包人有权得到的索赔金额和(或)延长缺陷责任期的细节和依据。发包人提出索赔的期限和要求与承包人提出索赔的期限和要求相同,延长缺陷责任期的通知应在缺陷责任期届满前发出。

(2)监理人按第3.5款商定或确定发包人从承包人处得到赔付的金额和(或)缺陷责任期的延长期。承包人应付给发包人的金额可从拟支付给承包人的合同价款中扣除,或由承包人以其他方式支付给发包人。

5.争议的解决方式

发包人和承包人在履行合同中发生争议的,可以友好协商解决或者提请争议评审组评审。合同当事人友好协商解决不成、不愿提请争议评审或者不接受争议评审组意见的,可在专用合同条款中约定,采用向约定的仲裁委员会申请仲裁或者向有管辖权的人民法院提起诉讼方式中的一种解决。

1)友好解决

在提请争议评审、仲裁或者诉讼前,以及在争议评审、仲裁或诉讼过程中,发包人和承包人均可共同努力友好协商解决争议。

2)争议评审

友好协商解决不了的争议可采用争议评审,争议评审的程序是:

(1)成立争议评审组。发包人和承包人应在开工日后的28天内或在争议发生后,协商成立争议评审组。争议评审组由有合同管理和工程实践经验的专家组成。

(2)提交申请报告。由申请人向争议评审组提交一份详细的评审申请报告,并附必要的文件、图纸和证明材料,申请人还应将上述报告的副本同时提交给被申请人和监理人。

(3)提交答辩报告。被申请人在收到申请人评审申请报告副本后的28天内,向争议评审组提交一份答辩报告,并附证明材料。被申请人应将答辩报告的副本同时提交给申请人和监理人。

(4)举行调查会。争议评审组在收到合同双方报告后的14天内(专用合同条款另有约定除外),邀请双方代表和有关人员举行调查会,向双方调查争议细节;必要时争议评审组可要求双方进一步提供补充材料。

(5)作出书面评审。在调查会结束后的14天内(专用合同条款另有约定除外),争议评审组应在不受任何干扰的情况下进行独立、公正的评审,作出书面评审意见,并说明理由。在争议评审期间,争议双方暂按总监理工程师的指令执行。

(6)执行评审意见。发包人和承包人接受评审意见的,由监理人根据评审意见拟定执行协议,经争议双方签字后作为合同的补充文件,并遵照执行。

3)仲裁或起诉

发包人或承包人不接受评审意见,并要求提交仲裁或提起诉讼的,应在收到评审意见后的14天内将仲裁或起诉意向书面通知另一方,并抄送监理人,但在仲裁或诉讼结束前应暂按总监理工程师的指令执行。

合同争议发生后,除双方均同意停工外,双方都应继续履行合同,否则视为违约。

三、索赔费用的审查

1.索赔报告中通常存在的问题

发包人和承包人在对待同一索赔事件的态度上是相反的,对索赔事件的处理总希望能对自己有利,任何一份索赔报告,都会存在漏洞和薄弱环节。在索赔报告中常见的问题如下:

(1)对合同理解的错误。承包人片面地从自己的利益和观点出发解释合同,这是一种正常现象。人们对合同常常不能客观地全面地分析,都作有利于自己的解释,导致索赔要求存在片面性和不客观性。索赔报告中没有贯彻合同精神,或没有正确引用合同的条文,所以索赔理由不足。

(2)承包人有推卸责任,转移风险的企图。在索赔报告中所列的干扰事件可能全部是或部分是承包人管理不善造成的问题,或索赔要求中包括属于合同规定是承包人自己风险范围内的损失。

(3)扩大事实,夸大干扰事件的影响,或提出一些不真实的干扰事件和没有根据的索赔要求。

(4)在索赔报告中未能提出支持其索赔的详细资料,无法对索赔要求作出进一步解释,属于索赔证据不足,或没有证据。

(5)索赔值的计算不合理,多估冒算,漫天要价。按照通常的索赔策略,索赔者常常要扩大索赔额,给自己留有充分的余地,以争取有利的解决。例如将自己因管理不善造成的损失和属于自己风险范围内的损失纳入索赔要求中;扩大干扰事件的影响范围;采用对自己有利但不合理的计算方法等。所以索赔值常常会有虚假成分,甚至可能太过离谱。

这些问题在索赔报告中屡见不鲜。如果认可这样的索赔报告,则发包人在经济上要受到损失,而且这种解决也是不合理的、不公平的。所以监理人对承包人的索赔报告必须进行全面、系统分析、评价、反驳,以找出问题,剔除不合理的部分,为索赔的合理解决提供依据。

2. 监理人对索赔报告的审查

监理人对承包人提交的索赔报告可以从以下几个方面进行审查、核实。

1)审查索赔事件的真实性

不真实,不肯定,没有根据或仅出于猜测的事件是不能提出索赔的。事件的真实性可以从以下两个方面证实:

(1)承包人索赔报告中的证据。不管事实怎样,只要承包人在索赔报告中未提出事件经过的有力证据,监理人可要求承包人补充证据,或否定索赔要求。

(2)监理人注意合同跟踪。从合同管理中寻找承包人不利的因素和条件,构成否定承包人索赔要求的证据。

2)分清索赔事件的责任

有些干扰事件和损失往往是存在的,但责任并不完全在发包人。通常有以下三种情况:

(1)责任在于索赔者承包人自己,由于承包人自己疏忽大意,管理不善造成损失,或在干扰事件发生后未采取有效的措施降低损失,或未遵守监理人的指令和通知等。

(2)干扰事件是其他方面原因引起的,不应由发包人赔偿。

(3)合同双方都有责任,则应按各自的责任分担损失。

3)分析索赔理由

监理人应在审查索赔报告的同时,努力为发包人寻找对发包人自己有利的合同条文,尽力推卸发包人的合同责任;或找到对承包人不利的合同条文,使承包人不能推卸或不能完全推卸自己的合同责任,这样可以从根本上否定承包人提出的索赔要求。例如:

(1)承包人未能在合同规定的索赔有效期内提出索赔,故该索赔无效。

(2)索赔事件在合同规定的承包人应承担的风险范围内,不能提出索赔要求,或应从索赔中扣除这部分。

(3)索赔要求不在合同规定的赔(补)偿范围内,如合同未明确规定,或未具体规定补偿条件、范围、补偿方法等。

(4)索赔事件的责任虽然是发包人的责任,但合同规定发包人没有赔偿责任,例如合同中有对发包人的免责条款,或合同规定不予赔偿等。

4)分析索赔事件的影响程度和范围

首先分析索赔事件和影响之间是否存在因果关系,分析干扰事件的影响范围。如在某工程中，承包人负责的某种材料未能及时运达工地，使分包人分包的工程受到干扰而拖延，但拖延天数在该工程活动的自由时差范围内，不影响工期。且承包人已事先通知分包人，而施工计划又允许人力作调整，则不能对工期和劳动力损失提出索赔。又如发包人拖延交付图纸造成工程延期，但在此期间，承包人又未能按合同规定日期安排劳动力和管理人员进场，则工期可以顺延，但工期延长对费用影响比较小，不存在对承包人窝工费用的赔偿。又如干扰事件发生后，承包人能够但没有采取积极措施来避免或降低损失，未能及时通知监理人，而是听之任之，扩大了干扰事件的影响范围和影响量，则造成扩大部分的损失应由承包人自己承担。

5）审查索赔证据的可靠性

对证据不足、证据不当或仅具有片面证据的索赔，监理人可认为该索赔的证据缺乏可靠性，索赔不成立。证据不足，即证据不足以证明干扰事件的真相、全过程或证明事件的影响，需要重新补充。证据不当，即证据与本索赔事件无关或关系不大，证据的法律证明效力不足。片面的证据，即承包人仅具有对自己有利的证据。

例如合同双方在合同实施过程中，对某问题进行过两次会谈，作过两次不同决议，则按合同变更次序，第二次决议（备忘录或会议纪要）的法律效力应优先于第一次决议。如果在该问题相关的索赔报告中仅出具第一次会议纪要作为双方决议的证明，则它是片面的、不完全的。

又例如，尽管对某一具体问题合同双方有过书面协商，但未达成一致意见，或无最终确定，或没有签署附加协议，则这些书面协商无法律约束力，不能作为证据。

6）审核索赔费用的计算

监理人在对索赔项目和索赔内容审核的基础上，还应该对承包人关于索赔费用的计算进行审查，主要审查用于费用计算的单价和费率。在监理工作实践中，可按前文的规定和原则确定单价或者费率。

四、常见索赔证据

（1）招标文件、施工合同文本及附件，其他各种签约（如备忘录、修正案等），经认可的工程实施计划、各种工程图纸、技术规格书等。这些索赔的依据可在索赔报告中直接引用。

（2）双方的往来信件。

（3）各种会议纪要。在施工合同履行过程中，发包人、监理人和承包人定期或不定期的会谈所做出的决议或决定，是施工合同的补充，应作为施工合同的组成部分，但会议纪要只有经过各方签署后才可作为索赔的依据。

（4）施工进度计划和具体的施工进度安排。施工进度计划和具体的施工进度安排是工程变更索赔的重要证据。

（5）施工现场的有关文件。如施工记录、施工备忘录、施工日报、工长或检查员的工作日记、监理人填写的施工记录等。

（6）工程照片。照片可以清楚、直观地反映工程具体情况，照片上应注明日期。

（7）气象资料。

（8）工程检查验收报告和各种技术鉴定报告。

(9)工程中送停电、送停水、航行通告、道路开通和封闭的记录和证明。

(10)官方的物价指数、工资指数。

(11)各种会计核算资料。

(12)建筑材料的采购、订货、运输、进场、使用方面的凭据。

(13)国家有关法律、法令、政策文件。

五、索赔费用的支付

一旦确定了索赔金额,就应当及时支付给承包人,一般在中期支付证书中将其作为一个支付项目来处理。

然而,由于索赔的争议较大,所以许多索赔项目往往需要经历一段时间才能处理完毕。因此,如果出现整项索赔没有结果的情况,通常可将监理人已经认可的那一部分在中期支付中进行暂定支付,这种支付就是一项持续索赔的临时付款。由此可见,索赔的处理过程虽然繁杂,但是索赔费用的支付却十分简单。

总之,索赔在施工合同中是经常出现的,并且费用可观,监理人应针对各种索赔原因采取切实有效的措施,从而达到有效地控制索赔费用,降低工程造价的目的。其中最关键的一条就是按合同文件要求认真做好各项工作,全面熟悉有关工地及其环境、工程计划、合同条件、技术规格书以及招投标等方面的业务,使自己在索赔费用支付中处于有利地位。

第五节　价格调整费用支付

学习要点

1. 现价指数、定基物价指数、环比物价指数、价格调价指数 PAF、固定常数 C_0、可调系数 C_i 等概念及其相互关系。

2. 我国《水运工程标准施工招标文件》(JTS 110—8—2008)在专用合同条款中,关于"物价波动引起的价格调整方法"的规定及计算方法和注意事项。

一、价格调整的原因

实行价格调整是国际竞争性招标项目中的一则惯例,因为合同中列明的有关价格调整的条款,体现了发包人和承包人公平、合理地分担价格的意外风险,从而既让投标人报价时能够合理地计算标价,免除中标后因为发生劳力、原材料等价格上涨带来的风险,又保证发包人能够获得较真实和可靠的报价,以及在工程结算时能在一个合理的价格水平上承受工程费用。由此可见,合同价并非一经签订便不能再改变,只要符合合同条件的规定就可以进行价格调整。价格调整在保证合同双方顺利执行合同方面起着重要的作用,是一条公平、合理的规定。价格调整涉及两个方面：一是工程项目施工中所耗用的主要大宗材料的价格变动；二是后继法规及其他有关政策的改变而产生的费用。将上述两方面费用计算出来后，在“进度款支付”中支付。

二、价格调整的方法

对合同价格调整的方法，根据“世界银行采购指南”中的分类方法一般可以分为两种。

第一种方法是根据地方劳动力和规定的材料等基本价格与现行价格的差值予以某种约定的方式加以补偿，通常称之为票证法或票据法。这里的基本价格意指投标截止日期前28天的（材料或者人工等）价格；现行价格指在提交投标书后，工程实施中采购（材料或者人工等）的价格。这种方法与国内基本建设内部管理施工法的材料价差补差方法类似。一般做法是在投标时发包人应给出明确条件，注明补差材料名称及材料最终数量的限定，并随投标文件提交指定材料合法的基本价格证明文件。同时，发包人还将注明在项目实施过程中与基本价格组成内容相应的现行价格的组成内容，以及对承包人提交的现行价格文件的合法性提出明确规定。由于现行价格随市场升、降的不稳定性，将会给监理人处理价格调整带来不少的麻烦。因此，某一种材料可能在多次进度款支付中都出现调整，有的可能往返出现多退少补的情况，甚至要到最终支付时才能最后解决调价费用计算。特别是证明价格的合法性文件，在遇到票据管理混乱时，会给监理人的审查工作带来极大的困难。

第二种方法是规定一种固定公式，把全部合同价格分成若干组成部分，然后按各部分的价格指数进行综合调整，通常称之为公式法。

三、用公式法进行价格调整

1. 基本思路

用公式法进行价格调整的基本思路是：首先将合同总价定为1，其次确定其价格不变部分所占的比例，然后找出调价各部分价值占合同总价的比例再乘以相应的现价与基价之比，确定出一个调价指数，最后用合同总价乘以调价指数，即为价格补差额。具体的公式为：

$$\text{调价补差额} = \text{合同总价} \times \text{调价指数} \tag{12-6}$$

也可表示为：

$$\text{调整后的价格} = \text{合同总价} \times (1 + \text{调价指数}) \tag{12-7}$$

2. 公式法调整的优点

公式法比票证法具有更好的操作性，因为公式法的数字均可从现有的合同中获得，而影响调价的基本数据——物价指数一般来自官方材料、公布指数的时间相对固定，如我国目前由国家统计局每年公布一次，因而调价时间也比较固定。这种方法易于被发包人和承包人接受，而且监理人在处理价格调整时证据充分、方便可靠。

3. 公式法调价计算程序

1）先确定基价或基价指数 P_{0i}

基价指数是指投标截止日期所在月份的前1个月，某种材料（或费用）在原产地国家的地区或政府物价局、统计局、建设行业行政主管部门公布流通使用的价格指数。

2)确定现价或现价指数 P_{1i}

现价指数是指出具进度款支付证书前1个月中,材料原产地政府机关最新公布流通使用的价格指数。现价指数应与基价指数的确定方法相一致。在实际工作中,可根据招标文件的规定,以每年集中进行一次价格调整为宜,这样可以充分利用国家每年公布一次的物价指数。

现价指数按指数选择基期的不同分为定基物价指数和环比物价指数。定基物价指数以某一固定期为基期所计算的相对价格指数;环比物价指数是以计算期的前一时期为基期所计算的相对价格指数,以一个月(季)度期限编制的环比物价指数为月(季)度环比物价指数,以一个年度期限编制的环比物价指数为年度环比物价指数。国际上习惯使用定基物价指数,我国每次公布的各种物价指数常常是环比物价指数,在计算时首先要将环比物价指数换算成定基物价指数,以每年公布一次的年度环比物价指数为例,例如,某工程于1995年招、投标,1995年底签订合同,工程于1999年竣工,要对1998年的工程费用进行调整(一次性调整),就必须先将1998年与1995年相比的定基物价指数算出。若1996、1997、1998三年的环比物价指数分别为110、112、114,那么1998年的现价指数 P_{1i} 不是114,而是 $110 \times 112 \times 114 \times 100^{-2} = 140$。也就是说,以1995年为基期(1995年的定基物价指数为100),1998年的定基物价指数为140。

3)确定物价比值系数 b_i

物价比值系数为现价指数与基价指数之比。即:

$$b_i = \frac{P_{1i}}{P_{0i}} \tag{12-8}$$

式中:b_i——第 i 项影响价格因素(如劳动力、某项材料、机械折旧与维修和燃料等)的现价指数与基价指数之比;

P_{1i}——第 i 项影响价格因素(如劳动力、某项材料、机械折旧与维修和燃料等)的现价指数;

P_{0i}——第 i 项影响价格因素(如劳动力、某项材料、机械折旧与维修和燃料等)的基价指数。

4)确定可调系数 C_i

可调系数是指影响价格的各种材料或因素的费用所占合同总价的权重系数。即:

$$C_i = \frac{W_i}{\mathrm{CP}} \tag{12-9}$$

式中:C_i——第 i 项影响价格因素的可调系数;

W_i——第 i 项影响价格因素的金额;

CP——合同总价。

5)确定固定常数(总价不变系数)C_0

固定常数是指在支付中不进行调整价格的金额占合同总价的权重系数,即价格不变部分所占有的比例(也称为总价不变系数),指合同价中一部分不受物价上涨、下调影响的费用占总费用的比例。不进行调整的金额是指固定的间接费、利润、税金以及发包人以固定价格提供的材料等。世界银行在推荐公式时固定价的比例一般为15%~20%。计算公式为:

$$C_0 = 1 - \sum C_i \tag{12-10}$$

6)确定价格调价指数 PAF

$$\mathrm{PAF} = C_0 + \sum b_i C_i - 1 \tag{12-11}$$

7)确定价格调整补差额

$$\mathrm{ADJ} = \mathrm{LCP}(\text{或者 FCP}) \times \mathrm{PAF} \tag{12-12}$$

式中： ADJ——价格调整补差额；

LCP(或者 FCP)——价格调整内合同基价中人民币部分(或者外币部分)；

PAF——物价调价指数。

四、货币限额与兑换率

国际市场上货币的兑换率不断发生变化,而兑换率的改变就意味着货币价格发生变化。另外,由于工程施工所在国外汇管理条例的改变,实行货币限制或货币兑换限额,也可能使合同价格发生变化。因此,货币限额与兑换率发生变化也存在着价格调整问题,在合同条款中本着兼顾发包人和承包人双方利益的原则,对这方面作出了明确的规定。

1. 货币限额

通用合同条款规定,在送交投标书截止日期之前的 28 天后,如果在本工程施工或拟施工所在国的政府或政府授权机构,对支付合同价款所用的一种或几种货币,实行货币限额、货币兑换限额,则发包人应赔偿承包人由此而引起的任何损失或伤害,且不妨碍承包人在这种事情发生时有权行使的任何其他权力或应得的补偿。

2. 货币的兑换率及比例

根据通用合同条款的规定,如果合同规定以一种或多种外国货币,全部或部分地向承包人支付款项,则此项支付不应受上述指定的一种或多种外国货币于本工程施工所在国货币之间的兑换率的变化影响。其兑换率应当是投标截止日期以前 28 天的当日由本工程施工所在国中央银行确定的通行兑换率,并应于投标之前,由发包人通知承包人,或在投标书中予以规定。除非合同另有规定,此种兑换率在合同执行过程中保持不变。同样,货币的比例也应按投标书中列明的执行。

五、《中华人民共和国标准施工招标文件》关于价格调整的规定

1. 物价波动引起的价格调整

除专用合同条款另有约定外,因物价波动引起的价格调整按照《中华人民共和国标准施工招标文件》第 16.1 款约定处理。可以采用价格指数(公式法)调整价格差额,或者采用造价信息(信息指导价)调整价格差额两种方法来处理。

(1)采用价格指数调整价格差额。

因人工、材料和设备等价格波动影响合同价格时,根据投标函附录中的价格指数和权重表约定的数据,按以下公式计算差额并调整合同价格。

$$\Delta P = P_0 \times \left[A + \left(R_1 \times \frac{F_{t1}}{F_{01}} + R_2 \times \frac{F_{t2}}{F_{02}} + \cdots + R_n \times \frac{F_{tn}}{F_{0n}}\right) - 1\right] \tag{12-13}$$

式中：　ΔP——需调整的价格差额；

P_0——按合同约定的付款证书中承包人应得到的已完成工程量的金额，此项金额应不包括价格调整、不计质量保证金的扣留和支付、预付款的支付和扣回。按合同规定的变更及其他金额已按现行价格计价的，也不计在内；

A——定值权重(即不调部分的权重)；

R_1、R_2、…、R_n——各可调因子的变值权重(即可调部分的权重)，为各可调因子在投标函投标总报价中所占的比例；

F_{t1}、F_{t2}、…、F_{tn}——各可调因子的现行价格指数，指合同文件约定的付款证书相关周期最后一天的前42天的各可调因子的价格指数；

F_{01}、F_{02}、…、F_{0n}——各可调因子的基本价格指数，指基准日期的各可调因子的价格指数。

以上价格调整公式中的各可调因子、定值和变值权重，以及基本价格指数及其来源在投标函附录价格指数和权重表中约定。价格指数应首先采用有关部门提供的价格指数，缺乏上述价格指数时，可采用有关部门提供的价格代替。

在使用价格指数调整价格差额计算公式时，应该注意以下几点：

第一，在计算调整差额时得不到现行价格指数时，可暂时用上一次调整差额计算的价格指数计算，并在以后的付款中再按实际价格指数进行调整。

第二，由于按《中华人民共和国标准施工招标文件》第15.1款约定的变更导致原定合同中的权重不合理时，公式中权重的调整由监理人与承包人和发包人协商后进行调整。

第三，由于承包人原因未在约定的工期内竣工的，则对原约定竣工日期后继续施工的工程，在使用价格调整公式时，应采用原约定竣工日期与实际竣工日期的两个价格指数中较低的一个作为现行价格指数。这是因承包人工期延误后的价格调整的原则。

(2)采用造价信息调整价格差额

在施工期内，因人工、材料、设备和机械台班价格波动影响合同价格时，人工、机械使用费按照国家或省、自治区、直辖市建设行政管理部门、行业建设管理部门或其授权的工程造价管理机构发布的人工成本信息、机械台班单价或机械使用费系数进行调整；需要进行价格调整的材料，其单价和采购数应由监理人复核，监理人确认需调整的材料单价及数量，作为调整工程合同价格差额的依据。

2. 法律变化引起的价格调整

在基准日后，因法律变化导致承包人在合同履行中所需要的工程费用发生除第16.1款约定以外的增减时，监理人应根据法律、国家或省、自治区、直辖市有关部门的规定，按第3.5款商定或确定需调整的合同价款。

六、《水运工程标准施工招标文件》关于价格调整的规定

《水运工程标准施工招标文件》(JTS 110—8—2008)在专用合同条款16.1.3项规定，物价波动引起的价格调整方法：

(1)主要材料价格变化幅度超过______%时，超过______%的部分调整材料价差，并计列相应的税金、教育附加费和城市建设维护费；

（2）主要材料名称：____________________；

（3）主要材料基准价格：投标截止前28天，工程所在地建设主管部门公布的信息价格；

（4）结算期主要材料价格：工程计量前28天，工程所在地建设主管部门公布的信息价格；

（5）工程所在地无建设主管部门公布的信息价格时：____________________。

可见按照《水运工程标准施工招标文件》（JTS 110—8—2008）的规定，主要材料价格变化幅度没有超过合同规定幅度时，一律不调整材料价差；超过合同规定幅度时，仅仅对超过合同规定的部分进行调整材料价差；约定的主要材料名称、不调整材料价差的价格变化幅度、工程所在地没有建设主管部门公布的信息价格时采用什么价格都必须在专用合同条款中约定。

第六节　工程价款结算

1. 工程价款结算概念、意义、类别以及编制依据及程序。

2. 工程价款结算的计价依据和审查内容。

一、工程价款结算概述

根据《建设工程价款结算暂行办法》的规定，所谓工程价款结算是指对建设工程的发包承包合同价款进行约定和依据合同约定进行工程预付款、工程进度款、工程竣工款结算的活动。工程价款结算应按合同约定办理，合同未作约定或约定不明的，发、承包双方应依照下列规定与文件协商处理：

（1）国家有关法律、法规和规章制度。

（2）国务院建设行政主管部门，省、自治区、直辖市或有关部门发布的工程造价计价标准计价办法等有关规定。

（3）建设项目的补充协议、变更签证和现场签证，以及经发、承包人认可的其他有效文件和其他依据。

1. 工程价款结算的意义

工程价款结算的意义主要表现在：

（1）工程价款结算是反映工程进度的主要指标，在施工过程中，工程价款的结算依据之一就是按照已完成的工程量进行结算，也就是说，承包人完成的工程量越多，所应结算的工程价款就应越多，能够真实地反映工程的施工进度。

（2）工程价款结算是加速资金周转的重要环节。承包人能够尽快尽早地结算回工程价款，有利于偿还债务，也有利于资金回笼，降低内部运营成本。通过加速资金周转，提高资金使用的有效性。

（3）工程价款结算是考核经济效益的重要指标，对于承包人来说，只有工程价款如数结算，承包人才能获得相应的利润，进而取得良好的经济效益。

2. 工程价款结算的分类

根据工程建设的不同时期以及结算对象的不同,工程价款结算分为预付款结算、中间结算和竣工结算。

1) 预付款结算

预付款又叫工程备料款,是指在承包方自行采购建筑材料的情况下,根据工程承包合同,在工程开工前,发包方按年度预计完成工程量造价总额的一定比例预先支付承包方的工程材料款。工程预付款的结算是指在工程后期随工程所需材料储备逐渐减少,预付款以抵冲工程价款的方式陆续扣回。

2) 中间结算

中间结算是指在工程建设过程中,承包方根据实际完成的工程数量计算工程价款与发包方办理的价款结算。

3) 竣工结算

竣工结算是指承包方按合同规定的内容全部完工、交工后,承包方与发包方按照合同约定的合同价款及合同价款调整内容进行的最终工程价款结算。

3. 工程价款的结算方式

根据工程性质、规模大小、资金来源、工期长短以及承包方式不同,工程价款结算采用的方式也不同。按现行规定,我国建筑安装工程价款的结算主要有以下几种方式:

1) 按月结算

实行旬末或月中预支,月终结算,竣工后清算的方法。跨年度竣工的工程,在年终进行工程盘点,办理年度结算。我国现行建筑安装工程价款结算中,相当一部分是实行按月结算。

2) 竣工后一次结算

建设项目或单项工程全部建筑安装工程建设期在 12 个月以内,或者工程承包合同价值在 100 万元以下的,可以实行工程价款每月月中预支,竣工后一次结算。

3) 分段结算

当年开工,当年不能竣工的单项工程或单位工程按照工程形象进度,划分不同阶段进行结算,分段结算可以按月预支工程款,分段的划分标准,由各部门、自治区、直辖市、计划单列市规定。

4) 目标结款方式

在工程合同中,将承包工程的内容分解成不同的控制界面,以发包人验收控制界面作为支付工程价款的前提条件。即将合同中的工程内容分解成不同的验收单元,当承包人完成单元工程内容并经发包人(或其委托人)验收后,发包人支付构成单元工程内容的工程价款。

5) 结算双方约定的其他结算方式

略。

二、水运工程工程价款结算

工程预付款和工程进度款的计算与支付已在前面的章节介绍,这里仅介绍工程竣工结算和其他(特殊)费用结算的内容。

1. 安全施工方面的费用

承包人应遵守工程建设安全生产有关管理规定,严格按照安全标准组织施工,并随时接受行业安全检查人员依法实施的监督检查,采取必要的安全防护措施,消除事故隐患。由于承包人安全措施不力造成事故的责任和因此发生的费用,由承包人承担。

发包人应对其在施工场地的工作人员进行安全教育,并对他们的安全负责。发包人不得要求承包人违反安全管理的规定进行施工。因发包人原因导致的安全事故,由发包人承担相应责任及发生的费用。

承包人在动力设备、输电线路、地下管道、密封防震车间、易燃易爆地段以及临街交通要道附近施工时,施工开始前应向监理工程师提出安全防护措施,经工程师认可后实施,防护措施费用由发包人承担。

实施爆破作业,在放射、毒害性环境中施工(含储存、运输、使用)及使用毒害性、腐蚀性物品施工时,承包人应在施工前 14 天以书面通知工程师,并提出相应的安全防护措施,经工程师认可后实施,由发包人承担安全防护措施费用。

发生重大伤亡及其他安全事故,承包人应按有关规定立即上报有关部门并通知工程师,同时按政府有关部门要求处理,由事故责任方承担发生的费用。

发包人和承包人对事故责任有争议时,应按政府有关部门的认定处理。

2. 专利技术及特殊工艺涉及的费用

发包人要求使用专利技术或特殊工艺,应负责办理相应的申报手续并承担申报、试验、使用等费用;承包人提出使用专利技术或特殊工艺,应取得监理工程师认可,承包人负责办理申报手续并承担有关费用。

擅自使用专利技术侵犯他人专利权的,责任者依法承担相应责任。

3. 文物和地下障碍物涉及的费用

在施工中发现古墓、古建筑遗址等文物及化石或其他有考古、地质研究等价值的物品时,承包人应立即保护好现场并于 4 小时内以书面形式通知监理工程师,监理工程师应于收到书面通知后 24 小时内报告当地文物管理部门。承包人按文物管理部门的要求采取妥善保护措施,发包人承担由此发生的费用,顺延延误的工期。

施工中出现影响施工的地下障碍物时,承包人应于 8 小时内以书面形式通知监理工程师,同时提出处置方案,监理工程师收到处置方案后 24 小时内予以认可或提出修正方案,发包人承担由此发生的费用,顺延延误的工期。

所发现的地下障碍物有归属单位时,发包人应报请有关部门协同处置。

三、工程竣工结算及其审查

1. 工程竣工结算的含义

工程竣工结算是指承包单位按照合同规定的内容全部完成所承包的工程,经验收质量合格,并符合合同要求之后,向发包单位进行的最终工程价款结算。工程竣工结算分为单位工程竣工结算、单项工程竣工结算和建设项目竣工总结算。

2. 工程竣工结算支付流程

(1)工程接收证书颁发后,承包人应按约定的份数和期限向监理人提交竣工付款申请单,并提供相关证明材料。竣工付款申请单应包括下列内容:竣工结算合同总价、发包人已支付承包人的工程价款、应扣留的质量保证金、应支付的竣工付款金额。

(2)监理人对竣工付款申请单有异议的,有权要求承包人进行修正和提供补充资料。经监理人和承包人协商后,由承包人向监理人提交修正后的竣工付款申请单。

(3)监理人在收到承包人提交的竣工付款申请单后的14天内完成核查,提出发包人到期应支付给承包人的价款送发包人审核并抄送承包人。发包人应在收到后14天内审核完毕,由监理人向承包人出具经发包人签认的竣工付款证书。监理人未在约定时间内核查,又未提出具体意见的,视为承包人提交的竣工付款申请单已经监理人核查同意;发包人未在约定时间内审核又未提出具体意见的,监理人提出发包人到期应支付给承包人的价款视为已经发包人同意。

(4)发包人应在监理人出具竣工付款证书后的14天内,将应支付款支付给承包人。发包人不按期支付的,按合同约定,将逾期付款违约金支付给承包人。承包人对发包人签认的竣工付款证书有异议的,发包人可出具竣工付款申请单中承包人已同意部分的临时付款证书。

存在争议的部分,按合同约定办理。

3. 工程竣工结算编审

(1)单位工程竣工结算由承包人编制,发包人审查。实行总承包的工程,由具体承包人编制,在总包人审查的基础上,发包人审查。

(2)单项工程竣工结算或建设项目竣工总结算由总(承)包人编制,发包人可直接进行审查,也可以委托具有相应资质的工程造价咨询机构进行审查。政府投资项目,由同级财政部门审查。单项工程竣工结算或建设项目竣工总结算经发、承包人签字盖章后有效。

承包人应在合同约定期限内完成项目竣工结算编制工作,未在规定期限内完成的并且提不出正当理由延期的,责任自负。

4. 工程竣工结算价款的支付

工程竣工结算办理完毕,发包人应根据确认的竣工结算书在合同约定的时间内向承包人支付工程竣工结算价款。《中华人民共和国标准施工招标文件》中规定,发包人应在监理人出具竣工付款证书后的14天内,将应支付款支付给承包人。发包人不按期支付的,按合同规定,向承包人支付逾期付款违约金。

第十三章

水运工程环境保护监理

第一节　水运工程施工对环境的影响

学习要点

依据《水运工程建设项目环境影响评价指南》(JTS/T 105—2021)对水环境影响、大气环境影响、声环境影响等进行分析。

内容精要

一、水环境影响

水运工程建设施工期水污染主要来自施工过程中产生的生产废水、施工人员的生活污水、施工船舶的含油污水、生活污水,以及疏浚、吹填、抛泥、水下炸礁等作业对水体的污染等。

1. 水运工程建设防治水污染的措施

(1)对于限制污染的施工区域,在疏浚船舶选型上,优先选用污染较轻的挖泥船种;在使用耙吸船舶施工时,应适当控制侧扬和溢流的施工方式。

(2)合理安排施工船舶的数量、位置及施工进度,尽量将靠近养殖区的疏浚作业以及疏浚土外抛的时间安排在水产养殖非高峰期进行。

(3)陆域吹填时,为防止泥沙随排水流入海域,在吹填区四周设置抛石围堤,让排水在吹填区内经过较长距离的沉淀过程后变得较为澄清,再从溢流口排出。

(4)吹填围堰应有闭水或过滤功能,以保证泥沙不经堰体泄漏;必要时,围堰外尤其是溢流口处,可以再设置过滤网,进一步降低溢出水体的悬浮物浓度。

(5)做好施工设备的日常检查维修工作,杜绝吹泥管沿线以及自航耙吸船或泥驳在航行中途发生大量泥浆泄漏事故。

(6)如施工区域附近有养殖场,应加以注意并采取保护措施,在施工期间加强附近水域的水质监测。

此外,对施工人员在施工过程中产生的生活污水,要妥善处理。对于施工机械维修过程中产生的含油污水应予以收集,送交污水处理厂或油污回收船处理,不得直接排入水体。

2. 疏浚物海上倾倒过程中的环保对策

(1)抛泥区设置明显的标志。

(2)挖泥船到位倾倒。

(3)确保舱门密闭,严防泥浆泄漏。

(4)在主要经济鱼类繁殖期(一般为4~7月)应尽可能地减少倾倒量。

(5)在实施倾倒作业期间须开展全过程的海洋环境监测工作,及时掌握倾倒对海洋环境影响状况,以便及时调整倾倒作业方案,防止对海洋环境产生损害。

二、大气环境影响

1. 环境空气质量标准分级

环境空气质量标准分为三级。一类区执行一级标准;二类区执行二级标准;三类区执行三级标准。

2. 水运工程建设防治大气污染的措施

国内外对于施工过程中的粉尘污染的防治,一般都采用以防为主,以治为辅,重在过程控制的原则,力求从根本上抑制尘源的产生和扩散。综观各类防尘处理技术,基本上采取如下措施:湿法除尘、干法除尘、机械物理方法。

三、声环境影响

水运工程建设防治噪声的措施主要包括以下几个方面:

(1)声源控制。

(2)传声途径的控制。

(3)接收者的防护。

(4)其他措施。

对施工车辆进行统一调配管理,有效减少车辆进出场会车鸣笛的次数,控制车流密度,从而减轻交通噪声对周围环境的影响。

第二节 水运工程施工环境保护监理要点

1. 依据《水运工程施工环境监理规范》(JTS 252-1—2018)对施工活动污染防治和生态保护与恢复等进行监理。

2. 掌握各分项工程施工期环境监理工作要点。

一、码头工程施工的环境保护监理要点

1. 主体工程施工的环境保护监理要点

(1)加强施工管理,对散装含尘物料应设挡风墙,并合理堆放物料,减少迎风面积,同时定时洒水,减少大风对料堆表面细小颗粒物的侵蚀引起的扬尘量。

(2)运送散装含尘物料的车辆应用篷布遮盖,以防物料飞扬,限制砂石料运输车辆的超载,防止沿途洒落。

(3)石灰、水泥和沙料等的拌和,建议采用站拌方式,拌和站应配备除尘设备。

(4)对施工便道定期洒水,减少二次扬尘散发量;路面铺设中沥青的熬炼、拌和过程,应采取密封罐或其他避免露天作业直接排放的手段,尽量减少烟气的排放与危害。

(5)施工期生活污水和施工废水由各施工单位负责处理,施工单位应建立施工废水管理和处理规划,不允许随意排放。

(6)油污水应设接收容器,尽量回收利用,污水处理达标率100%;运营期含油污水、生活污水、生产废水应有治理规划与措施。

(7)施工期垃圾不得随意抛弃或填埋,施工中产生的危险废物按有关规定处理;施工单位应加强施工管理,制订施工期垃圾的管理和回收处理计划。施工垃圾定点集中堆放,尽量回收利用,不能利用的应运往市政垃圾处理厂无害化处理。

(8)施工机械设备应尽量采用低噪声设备,进行定期维护;淘汰车况不符合施工要求的施工车辆和施工机械,车辆和机械要定期维护、检修。

(9)固定设备与挖掘机、运输车辆等的进气、排气口设置消声器;高噪声机械应安装减振和减噪设施,必要时在高噪声机械周围设置临时简易声屏障。

(10)严格组织和控制施工时间,禁止高噪声机械在夜间施工。

(11)运输车辆有可能对运输路线两侧的居民区造成噪声超标的影响,在运输过程中应严格限制车速和单位时间内的车流量,车辆穿行城镇时应适当降低车速,以降低对城镇居民的干扰,并禁鸣喇叭。

2. 配套工程的环境保护监理要点

(1)监督检查施工场地各项环保措施是否到位及环保措施是否达到预期效果。

(2)监督检查运输道路及车辆是否有物料飞扬以及环保措施实施情况。

(3)监督检查拌和站是否符合环保要求以及各项环保措施是否到位。

(4)监督检查施工生活污水及施工废水处理情况、处理设施到位及使用情况。

(5)监督检查施工垃圾处理处置情况。

(6)监督检查施工机械设备选择及运行情况。

二、疏浚工程环境保护监理要点

1. 审核环境保护体系

审核环境保护目标是否明确,环境保护体系机构是否健全,人员职责是否符合,重点审查制定环境保护措施是否全面和符合工程实际情况。

2. 审查船舶资质

船舶进场前,项目监理部按照合同要求,对船舶的资质进行审核,包括船型大小、船员资质、防止空气污染证书、防止油污证书、防止生活污水污染证书等,符合要求才能允许船舶进场施工。

3. 建设单位委托有资质的环保监测单位

在工程施工前要求建设单位委托具有环保护主管部门颁发的合格资质证书的单位进行环境监测工作,确保环境保护项目监测指标均严格控制在标准范围内。

三、地基处理施工的环境保护监理要点

(1)监督检查是否按强振冲施工工艺及要求进行施工。

(2)监督检查施工中产生的淤泥、废渣等固体废料的处理处置情况。

(3)监督检查办公区人员生活污水及生活垃圾处理处置情况。

(4)监督检查施工机械产生的废机油及垃圾的处理处置情况。

四、后方陆域施工环保监理要点

陆上工程施工包括振冲施工、施工排水、钢筋工程、混凝土工程、构件预制工程、土方回填等过程都会对周边环境造成影响。

基础工程施工期的环境保护,重点是防止机械开挖土方、施工排水、混凝土施工等对水环境、生物、噪声、大气等环境因素的影响。

(1)重点关注基础施工过程对周边环境影响。熟悉工程环境影响报告书,同时结合实地踏勘,对地基施工及周边水生环境以及保护对象进行识别和确认。

(2)对在建码头后方,应会同建设方对现场初始的自然特征进行客观的文字描述和完整的影像记录,建立档案,以作为将来恢复的依据和参考。

(3)向建设方就基础工程工作提出要求,重点应关注临时防护设施的选择以及实施的时间(如生态防护),并通过巡视进行日常的监督和管理。

(4)对于不可避免开挖工程,明确并严格控制开挖界线,不得任意扩大开挖范围。

(5)监理人员应熟悉工程环境影响报告书,同时结合实地踏勘,对项目所在区域所涉及水域的保护目标和保护范围进行识别和确认,并通过文字和图像的形式明确告知建设方,未达标准,不得排入一类水域;排入其他水域时,必须符合相应的水质标准,不符合时要进行水质处理,如油污水应进行隔油处理。

(6)禁止装卸有毒有害物料;装载散料应采取防洒漏的措施,如可设置装卸溜槽。

(7)开挖土方要进行覆盖处理,防止雨水冲刷流失,污染水域。

(8)设置必要的垃圾箱。

五、施工临时用地环境保护监理要点

(1)熟悉工程环境影响评价文件和水土保持方案文件,同时实地踏勘,对项目所在区域可

能涉及的生态敏感点进行识别和确认。

(2)临时用地的规划、布置，应充分考虑环境保护的要求，全面规划、合理布局、统筹安排，规划施工便道、办公区等建设用地。避免因选址不慎，造成对环境的人为干扰。

六、临时施工道路环保监理要点

(1)临时施工道路的开辟和修筑以及运输车辆的行驶会破坏地表植被，包括耕地、园地、林地以及牧草地等。为此，应规划好临时施工道路的路线走向，以减少植被破坏为首要原则，尽量利用现有道路；若无现成道路可利用，则应严格控制施工道路修筑边界，路线走向必须绕开各种生态敏感点(区)。

(2)对于施工道路边界上可能出现的土质裸露边坡，应有临时防护设施；在条件允许的地区，宜采用生态防护措施，可在施工道路修建的同时进行复绿；在气候条件恶劣地区，应有防止土壤侵蚀的工程防护措施，以防止土壤的自然侵蚀。

(3)施工便道属临时性质，施工车辆来往频繁，容易损坏，应及时修补保持平整。设立施工道路养护、维修专职人员，随时保持运行状态良好，减少扬尘污染。

(4)运输车辆行驶产生的扬尘影响植物(作物)正常的繁殖和发育过程，应通过路面硬化处理以及定期清扫、洒水抑制扬尘的发生，路面应始终保持湿润。对施工车辆要求限速行驶，在主要环境敏感点附近，行驶时速宜控制在15km以内。施工废气、粉尘排放应当符合国家规定的环境空气质量标准。

(5)施工噪声应当符合国家规定的施工场界排放标准(该阶段施工场界噪声的限值昼间75dB，夜间55dB)。居民区附近禁止施工便道的作业，必要时应报当地环保部门批准，并公告居民才能夜间作业。

(6)施工结束后，必须恢复临时占用土地原有的土地利用功能。对现场初始的地形地貌、地表植被等自然特征应有客观的文字描述和完整的影像记录，以作为将来进行恢复的依据和参考。

七、材料堆放场环境保护监理要点

(1)对临时借地材料堆放场，应按照临时用地审批文件规定的内容和要求，并结合现场的实际情况划定。在施工结束后，必须恢复原有的土地利用功能。对现场初始的地形地貌、地表植被等自然特征应有客观的文字描述和完整的影像记录，作为将来进行恢复的依据和参考。

(2)水泥、石灰等堆置和洒落会通过改变土壤的理化性质，破坏土壤的结构以及土壤微生物的理化环境，从而降低土壤肥力。因此水泥、石灰要有指定地点堆置，并且应采取密封存放的方式，控制其扬尘；存放点地面应做硬化处理，硬化处理前应剥离地表熟土，并集中保存。施工结束后，应去除硬化地面，将保存的熟土回填，并恢复初始地表植被。对于堆置点附近可能被污染的土壤应进行改良，恢复其肥力。

(3)材料仓库和临时材料堆放场要防止物料散漏污染。仓库四周应有疏水沟系，防止雨水浸湿，水流引起物料流失。

(4)油料不堆放在民用水井及河流湖泊附近,并采取措施,防止雨水冲刷进入水体。

(5)多风天气(或大风来临前)应注意对物料加以覆盖,减少扬尘。

八、拌和场和预制场环境保护监理要点

拌和场和预制场潜在环境影响如表13-1所示。监理人员应做好以下几项工作:

拌和场和预制场潜在环境影响　　表13-1

序号	活动内容	潜在影响
1	拌和场、砂石场、轧石场	①扬尘;②废水;③噪声;④固体废弃物
2	预制场	①废水;②噪声;③固体废弃物

(1)稳定土拌和场、水泥混凝土拌和场、沥青混凝土拌和场等各种拌和场以及砂石场等不得设在饮用水源地保护区内。对临时借地范围要有明确两边界,以便控制对临时借地外围土地的不合理占用。

(2)场地平整将对沿线植被及动物栖息地造成永久性的破坏;此外,表层土壤的剥离容易造成土壤结构的破坏和肥力的下降。对于剥离和开挖的土壤,应予以保存,既可用于其他地面的土地改良,也可用于沿线受破坏土地的恢复。在土壤的再利用之前,应有专门的场地用于堆置和保存。

(3)拌和场和预制场地向周围环境排放噪声应当符合施工场界排放标准(该阶段施工场界噪声限值为昼间70dB,夜间55dB)。拌和场的声源位置较高,声级又强,一般屏障等治理措施很难达标,简易可行的办法就是远离,因此对拌和场的选址应严格把关。

(4)大型拌和场(预制场)应配有除尘装置;砂石料场应及时洒水;砂石装卸时应尽量降低落差。施工人员应配有防尘用具以保护工人健康。小型临时拌和场地应离敏感点大于100m,并应尽量避开下风向有人群的地段。

(5)冲洗砂石料后的废水悬浮物含量大,需建沉淀池,悬浮物沉淀后再行排放。部分废水澄清后可用于建筑工地洒水防尘。

(6)混凝土搅拌车应定点清洗,设置临时沉淀池对清洗水沉淀处理后方能外排。有条件者也可采取废水回收处理后循环使用。

(7)混凝土养护可以直接用薄膜或塑料溶剂喷刷在混凝土表面,待溶液挥发后,与混凝土表面结合成一层塑料薄膜使混凝土与空气隔离。

(8)夜间施工,强光照射会干扰植被和动物的生活节律,严重时会导致植物的死亡以及动物生理紊乱而影响其种群繁衍。在附近有保护物种的情况下,应缩短夜间施工时间,必要时在施工区域周围设置高于光源的挡光墙。

(9)拌和场及砂石场、轧石场距离学校、医院、疗养院、城乡居民区和有特殊要求的地区不宜小于300m,减少它们对环境敏感点的粉尘和噪声。

(10)在堆土场、灰土拌和场的周围设土工布围栏,既防止泥土、灰料等进入水体、农田,雨季又可拦截泥沙。土工布围栏的做法是:用宽65cm的土工布,每3m设置直径不小于5cm的立柱,土工布固定在立柱上,并将15cm压埋在地下。

第三节　水运工程施工环境保护措施和监理方法

学习要点

1. 各施工阶段环境监理工作措施和监理方法。

2. 水运工程施工环境保护监理方法。

一、水运工程施工环境保护措施

(一)施工准备阶段措施

(1)对已开工的标段进行环保审查,并编制相应的审查报告。

(2)审核施工组织设计,具体项目的施工组织设计中应包括"三废"排放环节,排放的主要污染物及设计中采用的治理技术、措施、污染物的最终处置方法和去向以及清洁生产等内容。

(3)审核施工承包合同中的环境保护专项条款,建设单位在与施工单位签订的承包合同条款中应有环境保护方面内容,施工承包单位必须遵循的环境保护有关要求应以专项条款的方式在施工承包合同中体现,并在施工过程中据此加强监督管理、检查、监测,减少施工期对环境的污染影响,同时应对施工单位的文明施工素质及施工环境管理水平进行审核。

(二)施工阶段措施

1. 监督内容

(1)监督检查各施工工艺污染物排放环节是否按环保对策执行环境保护措施、措施落实情况及效果。

(2)监督检查施工过程中各类机械设备是否依据有关法规控制噪声污染。

(3)监督检查建筑工地生活污水和生活垃圾是否按规定进行妥善处理处置。

(4)监督检查机动船舶是否有与其生活污水产生量相适应的处理装置或存储器。

(5)监督检查施工船舶生活垃圾的日常收集、分类存储和处理情况。

(6)监督检查大型施工船舶是否安装油水分离器,其运转中产生的机舱油污水由其自备的油水分离器处理;监督检查其他小型船舶运转中产生的油污水及其他生活垃圾交接收船收集的情况。

(7)监督检查挖泥作业的船舶是否漏泥,挖泥船必须到指定的抛泥区卸泥,严禁随便乱抛。

(8)冲洗机械设备的含油废水须经隔油池处理达标后排放。

(9)监督检查施工现场道路是否畅通,排水系统是否处于良好的使用状态,施工现场是否积水。

(10)施工期间对施工人员做好环境保护方面的培训工作,培养大家爱护环境、防止污染的意识。

(11)参与调查处理施工期的环境污染事故和环境污染纠纷。

(12)监督检查土石方填筑及堆放情况。

2. 具体监理控制措施

1)水体防污染监理控制措施

(1)施工单位应严格执行国家有关水域环境生态保护的规定,合理选择施工船机和施工工艺,采取有效措施,减少施工对周边水域的影响。为减少疏浚物进入疏浚区水域,施工作业人员应尽量缩短试喷的时间,并在确认耙子弯管与船体吸泥管口的连接完全对位后才开始疏浚作业,以免疏浚物从连接处泄漏而污染水域。

(2)施工单位应调整好泥舱溢流口的位置,控制好溢流口的泥浆浓度,减少入水泥浆,减轻溢流对附近海域的水体污染。要求施工单位减少溢流时间,挖满泥舱后,立即航行至抛泥区,减少泥浆水流进附近海域。施工中要求施工单位专人经常检查泥门紧闭情况,防止运泥过程中泥门漏泥。

(3)施工前施工单位做好交底工作,船舶在进行油类作业过程中,遵守相关规章制度,采取防油污染的措施,防止出现跑油、漏油情况。船舶在港修理时需清理油舱、机舱残油舱,先向海事部门申请,经批准后方能进行,且必须由有资质的接收单位进行回收处理,并出具相关的接受证明。

(4)要求施工单位按照合同投入性能好的船舶,选择对环境影响较小的疏浚设备。在施工中要加强对周边环境监测,根据监测结果选择合适的施工方案,减少污染,确保周围海域水质不受污染。

2)噪声防污染监理控制措施

(1)施工中要求施工单位尽量选用低噪声设备和施工工艺,对高噪声机械设备使用减振坐垫、隔声装置降低噪声,并安装消声器或采用消声罩控制噪声传播;严格控制打桩时间,高噪声设备操作人员应佩戴个人防噪设施;经过居民区和施工生活区的运输车辆应限制车速和禁鸣喇叭。

(2)所有施工船都应严格按航行规范控制汽笛的鸣号,减少对周边环境的噪声污染。采取噪声控制措施,船舶发电机必须安装消声器,尽量控制噪声污染。做好各种机械的检查、维护,减少施工噪声,控制噪声源在100dB以下。机舱施工的作业人员要佩戴耳塞,做好个人防护措施,防止损害身体。项目监理工程师施工前对参与施工的船舶设施均进行检查,符合要求才允许施工。

(3)做好各种机械的检查、维护,减少施工噪声,控制噪声源在100dB以下;如在最近边界线处测得施工船机噪声超过75dB,则立即停止施工,并采取有效措施把噪声降至允许范围,再恢复施工。

(4)施工前对参与施工的船舶均进行检查,确保其满足施工噪声控制的要求。

(5)在靠近居住区施工时,夜间尽量不安排操作,以免噪声扰民,噪声不能超过60dB。

3)大气防污染监理控制措施

施工单位在施工过程中产生的废气必须按国家现行大气污染物综合排放标准的要求达标排放,监理工程师在施工过程中检查施工用油检测报告是否符合《交通运输部关于印发船舶大气污染物排放控制区实施方案的通知》（交海发〔2018〕168 号）文件及相关规定要求，特别是施工船舶产生的硫氧化物、氮氧化物等指标必须满足要求后方能使用。

4）废弃固体物防污染监理控制措施

（1）施工船舶在水域内定点作业、施工船舶产生的船舶垃圾不得在海域内排放；要求船舶设置临时垃圾储存设施，防止流失，不准随意排放。施工弃渣和固体废弃物必须按要求委托有资质的单位回收，并出具接收证明，并做好接收台账记录。监理工程师定期对台账记录进行检查，确保施工单位能持续做好相关工作。

（2）施工产生的生活垃圾等固体废弃物统一收集后送城市垃圾处理厂处理，不得随意抛弃或填埋。

（3）施工区内设置垃圾箱和卫生责任区，并确定责任人和定期清扫的周期。

（4）施工垃圾定点集中堆放尽量回收利用，不能回收利用的与生活垃圾一起处理。

（5）施工期产生的疏浚物抛入指定的抛泥区，不得随意抛弃。

5）疏浚土监理控制措施

（1）施工单位严格执行经审批的疏浚土外抛管理方案，落实相关措施，监理工程师严格审核施工单位所上报的船舶证书及卸泥许可证，从根源上杜绝无证照船舶进入施工现场非法施工。安排监理人员在施工船舶上全过程旁站，确保疏浚土抛卸到批准的卸区，发现违规卸泥现象根据合同规定进行严格处理。

（2）与建设单位、海事、港航等主管部门加强沟通，通力合作，在卸泥船上加装卫星定位系统，对船舶运输轨迹、艘次进行动态监督管理，实现全方位监控，杜绝乱卸泥现象发生。

（3）监理工程师应使用网络通信软件等对施工船舶的航行轨迹、抛泥次数等进行记录，每周定期上报建设单位，将船舶的轨迹航行次数作为计量的依据，必要时对测图进行核对，确保疏浚土能按要求运输到卸泥区，通过这种模式大大减少了乱抛乱卸现象，水体得到有效保护。

6）节能减排监理控制措施

监理督促施工单位科学组织施工设备资源，投入高能效的耙吸式挖泥船施工，提高施工效率以提高能效。应用疏浚工程电子图形控制系统辅助各种挖泥船施工，加强挖泥过程工艺参数控制，提高挖泥效率以提高能效。在保证船舶安全的前提下提高船舶装舱率和装载量以节省运泥能耗。

7）生态保护监理控制措施

在近海中有许多珍稀水生动物，在施工过程中须密切注意施工区及其周边水域的水质变化。如发现因疏浚施工引起水质变化而对这些动物产生不良影响，则应立即采取措施，必要时可短暂停工；禁止将有毒有害废物直接排到海里，施工单位定期提供监测报告，密切关注生态环境实际情况，保证生态环境的健康。

8）海洋生物保护监理控制措施

对于船舶卸泥活动区域，施工船舶必须做好泥门的关闭，尽可能减少疏浚物泄漏影响水体，施工船舶进入水域航道航行时，须控制好航速，防止航速过快造成对海洋生物的伤害。监理通过公开网站“船讯网”对船舶进行查询，如果发现船舶通过海洋生物区域时未按规定船速运行，应及时在微信工作群要求施工单位控制船速，不得干扰海洋生物生活作息。另外海洋生物对航行船舶的噪声非常敏感，船舶在通过海洋生物活动区域时，必须控制噪声，防止对海洋生物的正常生活造成影响。

9)水土保持措施

施工过程中分别采取相应的工程措施、植物措施和临时措施进行水土流失综合治理,及时恢复植被或复耕。监理单位应结合水土保持工程特点,制定相应的监理工作办法。在施工阶段进行进度控制、投资控制、质量控制、合同管理、信息管理和组织协调。水土保持工程施工监理过程中,监理人员对主体工程水土保持项目、关键工序应进行旁站监理;对植树、种草、小型护坡、排水等工程可进行巡视检查。

(三)竣工验收阶段措施

1.组织初验

(1)工程完工、竣工文件编制完成后,承包人向环境监理工程师提交初验申请报告。

(2)环境监理工程师审核初验报告。

(3)环境监理工程师会同业主代表,组织承包人、设计代表对工程现场和工程资料进行检查。

(4)环境总监理工程师召集初验会议,讨论决定是否通过初验,并向业主提出工程环境初验报告。

2.协助业主组织环保竣工验收

(1)完成环保竣工验收小组交办的工作。

(2)安排专人保存收集环保竣工验收时政府环保主管部门的所需资料。

(3)提出工程运行前所需的环保部门的各种批件,并予以协助办理。

3.整理环境监理竣工资料

环境监理竣工资料在合同规定的时间内提交业主,主要内容有:

(1)环境监理实施细则。

(2)工程环境监理报告书。

二、水运工程施工环境保护监理方法

1.旁站监理

对施工过程可能造成污染环保事件及其他同类型工程施工进行旁站监理,确保在施工过程中不出现环保事件。

环境监理人员应对重要环节进行旁站监理,并填写旁站记录表,重要环节应包括下列内容:

(1)专项环境保护方案的实施过程。

(2)污染物排放量较大或排放浓度较高,可能造成环境污染的施工过程。

(3)环境污染事故的整改过程。

2.巡视监理

项目监理机构应采取巡视的方式对施工单位施工环境保护措施的实施进行监督管理,重点污染环节应加强检查。巡视检查应包括下列主要内容：

(1)施工环境保护方案中污染防治措施的落实情况。

(2)生态保护、水土保持措施落实情况。

(3)污染物处理设施的运行维护情况。

3. 环境记录检查

项目监理机构应检查下列施工单位施工环境保护管理记录：

(1)进场作业人员施工环境保护教育培训记录。

(2)施工环境保护交底记录。

(3)施工环境保护措施检查及整改复查记录。

(4)施工单位对施工环境保护措施执行情况的记录。

4. 环境监测

监督施工单位对水体、空气、施工噪声等进行测量，对不符合要求者，应指令施工单位整改。

5. 指令文件

(1)环保监理人员对施工单位施工环保中存在的问题，通过发出监理工程师通知等指令和要求的书面文件，责令施工单位限期予以改正。

(2)如遇下列情况，环保监理人员报项目总监理工程师同意后由项目总监下达“暂停施工指令”：

①施工现场环保条件未经环保监督部门审查/审查不合格的施工单位擅自施工的，环保设施未经检验而擅自使用的。

②对监理工程师查出的事故隐患拒不整改或整改不合格的。

③对已发生的环保事件未进行有效处理而继续作业的。

④使用无合格证明文件的环保用具或擅自替换、变更工程材料的。

(3)如因时间紧迫，监理工程师来不及做出正式的书面指令，可用口头指令下达给施工单位，但随后应及时补充书面文件对口头指令予以确认。

6. 使用支付手段和合同手段

施工单位在施工中即使工程质量满足规范的要求，但环保管理混乱，发生或存在上述条款中问题时，监理工程师在进度工程款签发时，有权停止签发施工单位部分或全部工程款。情节严重的，监理单位有权建议建设单位解除施工承包合同。对分包单位监理单位有权指令总包单位解除分包合同。

第四节 《水运工程施工环境监理规范》的主要内容

依据《水运工程施工环境监理规范》(JTS 252-1—2018)在工程施工期间针对施工活动中污染防治和生态保护与恢复等监理工作。

1. 了解基本规定。
2. 熟悉施工准备环境监理。
3. 掌握施工期环境监理。
4. 掌握交工及竣工验收环境监理。
5. 掌握环境文件与资料。

一、施工环境监理基本规定

(1)监理单位应根据工程性质、环境影响特点、周边环境敏感情况等因素,配备相应的环境监理人员和必要的环境监测仪器设备,在项目总监理工程师的统一领导下开展环境监理工作。

(2)从事环境监理工作的人员应熟悉环境保护法律法规,掌握环境保护相关知识,并取得相应资格。

(3)环境监理应遵循下列主要依据:

①国家、行业和地方相关的环境保护法律法规。

②工程环境影响评价报告和批复。

③国家、行业和地方的相关技术标准。

④监理合同、施工合同以及有关补充协议。

⑤经批准的工程设计文件和工程设计变更文件。

(4)施工环境监理阶段应包括施工准备期、施工期交工验收、竣工验收;环境监理的工作范围应包括工程施工区域和工程环境影响区域。

(5)施工环境监理应包括下列工作:

①审批施工单位施工组织设计中的环境保护专章或专项环境保护实施方案,审查施工单位的环境管理体系,评估体系运行的有效性。

②编制监理规划中的环境保护篇章,编制环境监理实施细则。

③根据合同要求进行工程全过程、全方位环境保护监理,确保环境保护目标的实现。

④定期向建设单位报告环境监理工作的情况。

⑤协助环境污染事故调查处理。

⑥参与竣工环境保护验收工作等。

(6)施工环境监理工作应达到下列目标:

①工程施工过程中产生的噪声、振动、废气污水等排放符合相应的标准和要求,固体废物得到妥善处置。

②生态环境保护和恢复措施符合环境影响评价及批复要求。

(7)施工环境监理根据监理工作和工程需要应开展必要的监理监测,监理监测的测点选择、监测频次、监测时间、监测项目等,应根据施工进度计划、环境保护重点等确定。

二、施工准备期环境监理

1）施工准备期环境监理工作

（1）根据设计文件环境影响评价报告和批复，核实工程附近环境保护目标。

（2）编制监理规划中的环境保护篇章以及环境监理实施细则。

（3）对施工单位提交的工程开工报审表中有关环境保护的内容进行审查。

（4）参加设计交底，明确环境监理工作内容。

（5）在第一次工地会议上向建设单位和施工单位明确与环境监理有关的事项。

（6）审批施工组织设计中的环境保护实施方案、专项环保方案。

（7）审批与环境保护有关的工程开工条件。

（8）监督检查施工营地、临时道路、预制场、临时材料堆场临时环保设施等的布置情况和建设过程，控制其环境影响，并符合环境保护相关要求。

2）监理规划中的环境保护篇章内容

（1）工程环境监理依据。

（2）工程环境监理目标。

（3）环境监理人员构成、职责分工和进场计划。

（4）工程环境监理范围。

（5）工程环境监理工作内容。

3）环境监理实施细则

（1）工程主要环境影响因子。

（2）施工工序的主要环境影响控制点及控制措施。

（3）施工过程中需重点关注的环境敏感点。

（4）工程环境监理实施方案。

三、施工期环境监理

1）施工期环境监理工作

（1）审查施工组织设计、专项施工方案或变更施工方案中的环境保护措施，并要求施工单位向环境监理机构进行环保措施报审。

（2）对施工现场环境保护措施的实施情况进行巡视或旁站，检查环境保护措施的执行情况和成效。

（3）检查施工单位的环境保护工作记录。

（4）向施工单位发出环境保护监理指令。

（5）组织召开与环境保护有关的会议。

（6）对环境保护措施的实施情况及监理情况进行连续记录。

（7）协助环保主管部门和建设单位处理突发环保事件。

2）环境监理交底

环境监理交底应落实监理规划和环境监理实施细则中的要求，并应包括下列内容：

(1)与环境保护相关的法律法规和技术标准等。

(2)合同约定的参建各方环境保护的责任、权利和义务。

(3)环境监理工作内容、基本程序和方法。

(4)有关环境监理报表的填报要求。

(5)环境保护资料的报审与管理要求。

(6)需要建设单位配合的工作等。

3)疏浚挖泥施工环境监理人员的监督检查工作

(1)监督疏浚装舱溢流时间,减少对水质的影响。

(2)监督疏浚物质运输过程中的泄漏情况。

(3)按国家海洋倾废管理条例的要求对海上抛泥作业进行监督。

(4)内河航道施工时,监督弃泥场的选择及弃泥场挡泥墙、截水沟和排水沟的设置情况。

(5)在取水口及其水源保护区水域内疏浚挖泥时,监督布设防污屏等减缓对水源影响措施的实施情况。

(6)监督环境敏感目标水域悬浮物的变化,必要时进行取样监测。

4)吹填工程环境监理工作

(1)环境监理人员应监督施工单位做好下列工作:

①吹填作业在围堰工程建成后进行。

②确保堤身安全,防止漏泥造成环境污染事故。

③吹泥口和泄水口之间距离符合要求,泄水口排放的悬浮物浓度满足排放标准。

(2)环境监理人员应巡视围堰漏泥情况,发现泄漏,应当场责令施工单位整改,并旁站监督整改过程。

(3)环境监理人员应观察泄水水质情况,必要时进行取样监测。

5)环境监理人员应监督施工单位做好大气环境保护工作

(1)运输道路及时洒水,控制扬尘。

(2)粉状材料采用罐装或袋装,粉煤灰采用湿装湿运。

(3)控制粉状物料堆场扬尘,加棚覆盖或洒水抑尘。

(4)沥青混凝土拌和场设置在环境敏感点下风向,并与敏感点保持不小于规定的距离。

(5)锅炉大气污染物排放浓度和烟囱高度达到相关排放标准的要求。

6)环境监理人员应监督施工单位做好声环境保护工作

(1)控制施工噪声对附近集中居民点的影响,停止夜间高噪声作业的施工。

(2)对产生强烈噪声或振动的污染源按设计要求进行专项防治。

(3)环境监理人员应按环境影响区域的声环境质量标准对各类噪声污染的来源、治理措施及效果进行监督检查,并要求施工单位对噪声控制情况进行记录。

7)环境监理人员应监督施工单位做好固体废物的处理工作

(1)环境监理人员应督促施工单位做好固体废物的处理工作,施工产生的弃土弃渣、生活垃圾、沥青废料、试验室垃圾等各类固体废物应得到妥善处理。

(2)环境监理人员应对各种固体废物的分类处理措施进行监督检查,确保固体废物无害化处理，工程所在现场应清洁整齐。

(3)环境监理人员应要求施工单位对陆上施工、生活垃圾处理情况进行记录。

8)水下爆破施工的环境监理工作

(1)审查施工单位编制的水下爆破专项环境保护实施方案。

(2)监督施工单位在施工初期采用较小药量试爆，驱赶鱼类。

(3)在生态敏感水域施工时，对水下爆破施工时段进行监督，避开鱼类的洄游期、繁殖期。

(4)加强对爆破区附近水域鱼损情况的观察。

9)取弃土施工的环境监理工作

(1)结合实地踏勘，按照设计文件对取、弃土场选址和范围进行识别和确认。

(2)取、弃土场不能占用森林、草地和湿地。

(3)监督施工单位对取土场进行必要的生态恢复。

(4)监督施工单位对弃土场采取防止水土流失的相应防护措施。

10)临时用地的环境监理工作

(1)对临时用地可能涉及的生态敏感点进行识别和确认，避开各类生态敏感点。

(2)根据土地利用情况，向施工单位提出临时用地选址的限制性要求，并跟踪检查。

(3)监督检查施工单位将施工占用的农、林等生产用地，在施工结束后恢复原有的土地功能。

(4)监督施工单位对剥离的表层土予以保存，在施工后做好土地恢复。

(5)要求施工单位对植被的破坏以及恢复情况进行记录。

11)环境污染事故处理程序

(1)施工过程中，环境监理人员应加强重点污染环节的检查控制，及时发现环境污染事故。

(2)发现事故后，环境监理人员应立即报告建设单位，书面通知施工单位暂停施工，并督促施工单位根据主管部门的意见，采取有效的环保措施。

(3)环境监理人员应审批施工单位事故处理方案，督促施工单位做好善后工作，对事故处理情况进行总结，并督促施工单位提交事故调查报告。

(4)环境监理人员应积极参与和协助对污染事故进行的调查。

12)巡视和旁站监理

(1)环境监理人员应对施工过程中的环境保护情况进行巡视检查，及时发现影响环境的不利因素和污染事故苗头，监督施工单位采取措施加以排除，并填写巡视记录表。

(2)对巡视检查中发现的环保隐患应督促施工单位及时处理。

(3)环境监理人员应对重要环节进行旁站监理，并填写旁站记录表。重要环节应包括下列内容：

①专项环境保护方案的实施过程。

②污染物排放量较大或排放浓度较高，可能造成环境污染的施工过程。

(4)巡视和旁站所发现的环保问题，应要求施工单位予以整改。对一般性或操作性的问题，可采取口头通知形式，口头通知无效或存在污染隐患时，环境监理人员应及时发出整改通知单,要求施工单位整改,并检查整改结果。

13)环境保护专题会议

(1)环境保护专题会议应确定下列内容:

①环境保护实施方案。

②环境保护效果。

③设计变更对环境的影响变化并提出完善建议。

④重大环境保护问题的处理措施以及相关工作安排等。

(2)环境保护专题会议应符合下列规定:

①专题会议应由总监理工程师或专业环境监理工程师主持,建设单位代表、施工单位及其他有关人员应参加会议,必要时应邀请有关专家或上级主管部门参加会议。

②专题会议应由环境监理人员做好记录,并形成会议纪要,由总监理工程师签发。

14)交工验收环境监理

(1)环境监理单位在交工验收前应进行环境保护工作初验。环境保护工作初验应包括下列内容:

①现场检查临时工程和临时设施的清理情况及环境、生态恢复措施的实施情况。

②检查施工单位环境保护资料的完整性。

③检查合同约定的其他各项环境保护目标和措施的完成情况,遗留环境保护问题的整改情况。

④对该项工程是否可进行下一步的交工验收提出意见和建议。

(2)环境监理资料应包括下列内容:

①监理规划。

②环境监理实施细则。

③环境监理所建立的施工标段的环境管理台账及环境检查记录。

④环境监理所发整改通知单,签发的指令及回复单等。

⑤与建设单位、施工单位、设计单位往来的环境保护文件。

⑥与环境保护有关的会议记录和纪要。

⑦环境监理阶段总结,包括周报、月报、季报年报等。

⑧环境监理工作总结报告。

⑨相关主管部门要求的其他资料。

(3)环境监理人员应按要求参加交工验收。

15)竣工验收环境监理

(1)竣工验收前环境监理应包括下列主要内容:

①定期检查施工单位对交工环境保护验收提出的环境保护遗留问题整改措施的落实情况;根据工程具体情况对施工单位的整改计划做出调整,并督促实施。

②对环境保护设施试运行情况进行检查,未达到相关环境保护要求的,及时督促其整改。

③督促施工单位按合同及有关规定完成施工环境保护竣工资料的整理、归档,编写施工环境保护工作总结报告。

④整理完成环境监理竣工资料，并编写环境监理工作总结报告。

(2)对需要进行单项验收的环保工程，环境监理人员应协助建设单位组织验收工作，对环保工程进行验收。

(3)环境监理人员应参加工程竣工环境保护验收，并提交环境监理工作总结报告。

四、环境监理资料

环境监理主要资料除监理规划、环境监理实施细则外，还应包括环境监理记录、环境监理月报和环境监理工作总结报告等。

1.环境监理记录

(1)会议记录，包括第一次工地会议、平常工地会议、监理例会、工地协调及其他非例会会议的记录等。

(2)环境监理人员的日报表。

(3)环境监理日志，环境监理人员所负责的工地及其职责范围内环境监理的主要工作、每天工作的重大决定，对施工单位的环境保护指令，发生的污染纠纷及可能的解决办法等的记录。

(4)环境监理巡视记录，环境监理人员巡视现场时发现的主要环境问题及处理意见的记录。

(5)对施工单位的指令，环境监理人员发出的正式函件及口头指令，同时记录口头指令得到正式确认的方式和时间，体现在各种环境监理表格中的指令也要保留。

(6)施工单位有关环境保护的报告或请示，正式例行报告报表、各种正式函件、口头承诺的记录等。

2.环境监理月报

(1)本月工程进度概况。

(2)环境监理工作执行情况。

(3)环境监理现场监理及整改落实情况。

(4)下月集中整改问题及整改措施。

(5)下月环境监理工作计划。

3.环境监理工作总结报告

(1)工程概况。

(2)工程主要环境影响。

(3)工程施工期环境监理开展情况。

(4)工程环境监理工作成果和取得的环境绩效。

4.监理文件与资料归档要求

(1)环境监理文件必须完整、准确、系统地反映工程环境监理活动全过程。

(2)环境监理文件与保存应符合国家有关部门的规定。

(3)不归档的环境监理文件与资料应分类整理,与工程直接相关的文件资料,竣工后应移交建设单位保管。

第五节　环境影响评价和水土保持报告

学习要点

1.环境影响报告书主要内容。

2.环境影响评价程序、方法。

3.水环境、大气环境、声环境、固体废物的环境影响评价。

4.水土保持方案报告书主要内容与编制要求。

内容精要

根据《中华人民共和国环境影响评价法》《建设项目环境影响评价分类管理名录》《环境影响评价技术导则　地下水环境》(HJ 610—2016)和《水运工程建设项目环境影响评价指南》(JTS/T 105—2021)等文件的有关规定,阐述了水运工程工程分析、环境现状、生态影响评价、水环境影响评价、大气环境影响评价、声环境影响评价、土壤环境与固体废物影响分析、环境风险评价、环境保护措施、环境影响评价结论等内容。

一、环境影响报告书

(1)建设项目概况;

(2)建设项目周围环境现状;

(3)建设项目对环境可能造成影响的分析、预测和评估;

(4)建设项目环境保护措施及其技术、经济论证;

(5)建设项目对环境影响的经济损益分析;

(6)对建设项目实施环境监测的建议;

(7)环境影响评价的结论。

二、环境影响评价基本规定

(1)水运工程建设项目环境影响评价应结合水运工程建设项目的特点、所在区域的环境特征及环境功能区划要求环境敏感程度,合理确定环境影响评价的工作内容。

(2)环境影响报告书应反映环境影响评价的全部工作内容,文字简洁,并附图表和照片,数据应可靠、有效,环境保护措施应具有针对性和可操作性,评价结论应明确、可信。

(3)环境影响报告书编制应符合现行《建设项目环境影响评价技术导则　总纲》(HJ 2.1)的相关要求,并应包括下列主要内容:

①工程分析;

②环境现状调查与评价;

③环境影响预测与评价;

④环境保护措施及其可行性论证；

⑤环境影响经济损益分析；

⑥环境管理与监测计划；

⑦环境影响评价结论。

(4)环境影响报告表的编制应按国家现行《建设项目环境影响报告表》的统一格式和水运工程建设项目的特点编制。

(5)水环境、大气环境、声环境、土壤环境、地下水环境、生态环境影响和风险评价等级可分为三个影响评价等级，并符合表13-2～表13-4的规定。

海港建设项目评价等级划分表　　表13-2

港口性质	工程特性	影响区域	生态影响评价等级	水环境影响评价等级		
				水文动力环境	冲淤环境	水质和沉积物环境
干散货码头工程	新开港区	重要生境	一	一	一	一
		一般区域	二	一	二	二
	现有港区	重要生境	二	一	一	二
		一般区域	二	二	二	二
油气化工码头工程	新开港区	重要生境	一	一	一	一
		一般区域	二	一	二	二
	现有港区	重要生境	二	一	二	二
		一般区域	二	二	三	三
集装箱、多用途、通用和件杂货码头等工程	新开港区	重要生境	一	一	二	二
		一般区域	二	二	二	二
	现有港区	重要生境	二	二	三	三
		一般区域	三	三	三	三
滚装、客运和游艇码头工程	新开港区	重要生境	一	一	一	一
		一般区域	二	二	二	二
	现有港区	重要生境	二	二	二	二
		一般区域	三	三	三	三
注：影响区域涉及自然保护地和生态保护红线的建设项目生态影响评价等级均应为一级。						

河港建设项目评价等级划分表　　表13-3

港口性质	工程特性	影响区域	生态影响评价等级	水环境影响评价等级		
				水文动力环境	冲淤环境	水质和沉积物环境
干散货码头工程	新开港区	重要生境	一	一	一	一
		一般区域	二	二	二	二
	现有港区	重要生境	二	二	二	二
		一般区域	三	三	三	三

续上表

港口性质	工程特性	影响区域	生态影响评价等级	水环境影响评价等级		
				水文动力环境	冲淤环境	水质和沉积物环境
油气化工码头工程	新开港区	重要生境	一	一	一	一
		一般区域	二	二	二	二
	现有港区	重要生境	二	二	二	二
		一般区域	三	三	三	二
集装箱、多用途、通用和件杂货码头等工程	新开港区	重要生境	二	一	一	二
		一般区域	三	一	一	三
	现有港区	重要生境	二	二	二	三
		一般区域	三	三	三	三
滚装、客运和游艇码头工程	新开港区	重要生境	一	一	一	二
		一般区域	二	二	二	二
	现有港区	重要生境	二	二	二	二
		一般区域	三	三	三	三
注:影响区域涉及自然保护地和生态保护红线的建设项目生态影响评价等级均应为一级。						

航道、航运枢纽和通航建筑物建设项目评价等级划分表 表13-4

工程性质	影响区域	生态影响评价等级	水环境影响评价等级		
			水文动力(情势)环境	冲淤环境	水质和沉积物环境
航道工程	重要生境	一	二	一	二
	一般区域	二	二	二	二
航运枢纽工程	重要生境	一	一	一	一
	一般区域	二	一	二	二
通航建筑物工程	重要生境	一	一	一	一
	一般区域	二	二	二	二
注:影响区域涉及自然保护地和生态保护红线的建设项目生态影响评价等级均应为一级。					

(6)环境评价重点应包括下列内容:

①工程建设对环境保护对象、水文动力、生物栖息环境生态多样性等自然环境污染影响和生态环境的破坏影响应作为评价重点。

②码头建设项目应根据运输货种确定评价重点,并满足下列要求:

a.干散货码头评价重点为粉尘的污染预测和防尘除尘措施;对于有管控要求的区域,颗粒物污染预测和防尘除尘措施作为评价重点;

b.油气化工码头评价重点为挥发性有机物及其他特征污染物的污染、操作性和船舶碰撞风险事故、安全事故产生的次生和伴生污染事故的风险预测、环境保护和事故风险应急措施及应急预案;

c. 危险货物集装箱码头评价重点为事故风险预测和事故风险应急措施；

d. 船舶事故溢油或溢液风险作为评价重点。

③码头建设项目生态环境重点评价内容应为水生生物生境改变、洄游通道的阻碍、水生生物珍稀保护物种的保护和减缓影响及补偿措施。

④航道、通航建筑物和航运枢纽建设项目评价重点应为水文情势变化分析、水生生物生境改变、洄游通道的阻隔水生生物珍稀保护物种的保护和减缓影响及补偿措施。

⑤渠化建设项目评价重点可参照航道建设项目确定。

⑥修造船水工建筑物评价重点可参照码头建设项目确定。

三、工程环境评价分析

建设项目说明应包括工程概况施工方案和运营方案。

工程概况说明应包括工程规模、建设内容和主要技术经济指标。施工方案说明应包括主要施工内容、工程量及施工组织。运营方案说明应主要包括运营组织及管理方式。

根据水运工程类型，建设项目说明应重点明确下列内容。

1. 码头建设项目

(1) 工程建设指标，主要包括码头泊位吨级数量、设计船型、装卸货种、设计吞吐量、工程占用水陆域面积和工程投资等；

(2) 工程总体布置，包括码头区、堆场场区装卸设施生产辅助区集疏港道路铁路等陆域布置，以及防波堤、港池、进港航道等水域布置；

(3) 水工建筑物主要结构形式、尺度等；

(4) 主要装卸工艺及设备、辅助设施和环境保护措施，运营期作业方式及能耗、水耗指标等；

(5) 主要施工内容，包括码头水工结构疏浚和陆域形成等施工方案。

2. 航运枢纽建设项目

(1) 工程建设指标，主要包括通航建筑物等级、航道等级、电站装机容量，工程运营方案及指标；

(2) 工程布置方案及建设内容，包括主要建构筑物总体布置；

(3) 工程主要建(构)筑物结构形式；

(4) 施工方案，主要包括导流截流、施工临时设施枢纽坝体施工方式等；

(5) 枢纽上游库区淹没土地现状，淹没区人口与组成、工矿企业、城镇和专业设施等；

(6) 施工及运营期环境保护措施移民搬迁安置，生产、生活设施恢复或安排等措施。

3. 航道建设项目

(1) 工程建设指标，主要包括航道等级、航道尺度、通航代表船型运量、船舶流量等；

(2) 工程布置及建设内容，主要包括整治构筑物护滩、护岸、筑坝等布置及尺度，水下疏浚、炸礁区位置，抛泥区或回用造陆位置，工程配套设施及环境保护措施等；

(3) 整治构筑物、土石方工程施工方案；

(4) 内河航道建设项目有通航建筑物、锚地及服务区、新建改建扩建桥梁时，说明相关建

设内容和布置方式施工方案;

(5)航道运营方式及航道维护方案。

4.通航建筑物建设项目

(1)工程建设指标,主要包括通航建筑物建设标准,通航代表船型、船舶流量等;

(2)工程总体布置,主要包括通航建筑物及主要建筑物、引航道等尺度,工程配套设施及环境保护措施;

(3)通航建筑物施工期导流通航等施工方案;

(4)船舶过闸运营方案。

四、施工期污染分析

(1)施工期污染分析应根据施工作业方案识别说明污染物排放特征。

(2)航运枢纽建设项目有搬迁安置和设施复建时,应分析其对环境的影响。

(3)污染物排放种类和数量应根据施工内容、施工设备类型及规模、施工时段等进行分析计算确定。

(4)生产生活场所、施工设备、车辆船舶等应计算生产废水和生活污水的发生量和主要污染物总量。

五、水环境影响评价

(1)涉海水运工程建设项目应分析引起的潮流流场流态、流速、流向空间分布及潮位等变化情况;内河水运工程建设项目应分析河流流态空间分布。库区或水工建筑物上下游回水区和减少区范围、水位、流量、河势等变化情况。

(2)一级、二级评价应包括对水文动力环境可能产生的环境影响范围、影响程度定量结论,三级评价应包括对水文动力环境可能产生的环境影响范围、影响程度的定量或定性结论。

(3)一级、二级评价应包括对环境保护目标和周边水动力环境敏感水域的影响程度定量结论;三级评价应包括对环境保护目标和周边水动力环境敏感水域的影响程度定性结论。

(4)涉海水运工程建设选址位于半封闭的港湾内时,一级、二级评价应定量分析对港湾纳潮量、水体交换能力的影响程度。

(5)评价应明确建设项目水文动力环境变化对生态环境影响是否可接受的评价结论,不可接受时应提出修改建设方案或重新选址等建议。

六、大气环境影响评价

(1)评价达标区范围内的建设项目环境影响程度,应预测建设项目建成后各污染物对预测范围的贡献浓度,叠加或减去区域污染源以及其他在建拟建污染源环境影响,并叠加环境质量现状浓度。

(2)评价不达标区范围内的建设项目环境影响程度,应在各预测点上叠加达标规划中达标年的目标浓度,分析达标年的保证率日平均质量浓度和年平均质量浓度的达标情况。

(3)叠加目标浓度可选用达标规划方案中的污染源清单参与预测,也可直接叠加达标规划模拟的浓度场。无达标规划方案情况下,也可计算实施区域削减方案后预测范围的年平均质量浓度变化率,并判断削减是否带来区域环境质量整体改善。

(4)建设项目边界外有环境质量短期浓度超标时,应计算大气防护距离。

(5)污染物排放量核算应涵盖建设项目的新增污染源和改建、扩建污染源。

(6)评价结果的各种图、表、污染物排放量核算结果格式应符合现行《环境影响评价技术导则　大气环境》(HJ 2.2)中的有关规定。

七、声环境影响评价

(1)评价工作等级可分为三个级别,一级为详细评价,二级为一般性评价,三级为简要评价。

(2)评价内容。

①影响评价应根据噪声预测结果和评价标准,分析施工期、运营期噪声的影响程度、范围、项目边界和敏感目标的达标情况。

②一级、二级评价的噪声预测应覆盖全部敏感目标,并应给出对各敏感目标的预测值及项目边界噪声值、受影响的人口分布、噪声超标的范围和程度。

③三级评价应给出项目对环境有影响的主要噪声源的数量、位置和噪声级,分析项目建成后项目边界噪声达标情况并给出达标分析结论。

④建设项目边界、敏感目标超标时应确定引起超标的主要声源。

⑤影响评价应分析建设项目对声环境质量的影响。

⑥内河航道建设项目航段分布于城镇区或城镇规划区时,应绘制等声级线图并分析噪声影响范围和程度。

⑦根据噪声预测结论,应制定噪声防治对策;涉及城镇规划区时,应提出噪声防护控制距离建议。

八、固体废物环境影响评价

(1)固体废物影响评价应包括估算施工期和运营期固体废物产生量,并应根据固体废物性质分析收集转运、处理处置等不同环节产生的环境影响,对来自疫区船舶垃圾应按卫生检疫部门的要求处置。

(2)船舶固体废物产生量可根据设计船型装载货种、船舶航区等进行估算。

(3)陆域固体废物可采用类比法或统计法分别估算生活垃圾、工业固体废物、危险废物的发生量。

(4)固体废物影响分析应说明污染特征、影响方式和途径、收集、储存和转运等要求。

(5)施工弃土、弃渣存在污染时,应说明对环境污染的主要污染因子和污染途径,并提出处理处置方式和要求。

(6)工业固体废物分析应说明综合利用和处理处置途径。

(7)危险废物应根据发生量和性质重点分析污染影响,并按有关规定提出收集、储存、转运等要求。

九、水土保持方案报告

1. 水土保持方案分阶段编制要求

(1)水土保持方案编制分为可行性研究、初步设计、技术设计三个阶段。

(2)新建、扩建项目的水土保持方案,其内容和深度应与项目主体工程所处的阶段要求相适应。

(3)已建、在建项目须直接编制达到初步设计或技术设计阶段深度要求的水土保持设计。

2. 可行性研究阶段

根据《开发建设项目水土保持方案编报审批管理规定》所规定的内容和建设项目可行性研究报告,编制水土保持方案报告书。水土保持方案报告书应包括以下主要内容:

(1)建设项目区责任范围及其周边环境概况。

(2)项目区水土流失及水土保持现状。

(3)生产建设中排放废弃固体物的数量和可能造成的水土流失及其危害。

(4)水土流失防治初选方案。

(5)水土保持投资估算。

3. 初步设计阶段

根据水行政主管部门批准的水土保持方案(可行性研究阶段)报告书,对各项水土流失防治工程进行初步设计。初步设计阶段应包括以下主要内容:

(1)水土保持初步设计依据。

(2)水土流失防治责任范围及面积。

(3)开发建设造成的水土流失面积数量预测。

(4)水土流失防治工程的初步设计,重点工程应有较详细典型设计。

(5)水土保持投资概算。

(6)实施的保证措施(机构、人员、经费和技术保证等)。

4. 水土保持方案报告书的主要内容

1)方案编制总则

(1)结合开发建设项目的特点阐述编制水土保持方案的目的和意义。

(2)编制依据:

①法律法规依据。

②项目建议书、可行性研究报告等。

③环境影响评价大纲及报告书。

④水土保持方案编制大纲及审查意见。

⑤水土保持方案编制委托书(合同)或任务书。

(3)采用技术标准:

包括有关水土保持的国家标准、行业标准、地方标准等。

2)建设项目地区概况

(1)建设项目名称、位置(应附平面位置图)、建设性质、总投资等主要技术经济指标。

(2)建设规模、防治责任范围、工程布局(应附平面图)。

(3)项目区地形地貌、地质、土壤地面物质、植被等。

(4)项目区及其周边地区气象、水文、河流及泥沙等。

(5)项目区及周边地区人口、土地利用、经济发展方向和水平等社会经济状况。

(6)项目区发展规划。

(7)建设项目施工工艺、采挖及排弃固体废弃物的特点等。

(8)项目区水土流失现状及防治情况。

3)生产建设过程中水土流失预测

(1)水土流失预测时段的划分。

(2)预测的内容和方法:

①扰动原地貌、损坏土地和植被的面积。

②弃土、弃石、弃渣量。

③损坏水土保持设施的面积和数量。

④可能造成水土流失的面积及流失总量。

⑤可能造成的水土流失危害。

(3)预测结果及综合分析。

4)水土流失防治方案

(1)方案编制的原则和目标。

(2)建设项目的防治责任范围(应附图说明)、本方案的设计深度。

(3)水土流失防治分区及水土保持措施总体布局(应附平面布置图)。

(4)分区防治措施布局(大型建设项目还应另行编制分区防治附件)。

(5)方案实施进度安排及其工程量(应列表说明)。

(6)水土流失监测。

5)水土保持投资估(概)算及效益分析

(1)水土保持投资估(概)算:

①编制依据。

②编制方法。

③总投资及年度安排(应列表说明)。

(2)效益分析。主要分析和预测方案实施后,控制水土流失、恢复和改善生态环境、恢复土地生产力、保障建设项目安全、促进地区经济发展的作用和效益。

6)方案实施的保证措施

(1)组织领导和管理措施。

(2)技术保证措施。

(3)资金来源及管理使用办法。

7)附水土保持方案(含大纲审查意见)

5. 水土保持方案的制定

(1)方案编制原则和目标:方案编制的原则应符合国家对水土保持、环境保护的总体要求;水土保持方案是项目建设设计的组成部分,并为项目服务;水土保持工程必须与主体工程同时设计、同时施工、同时投产使用。项目竣工验收时,应当同时验收水土保持工程,并有水行政主管部门参加。

方案的目标应实现本规范总则中提出的水土流失防治要求,根据国家水土保持的总体部署,结合工程实际,提出各阶段防治目标和具体部署。

(2)建设项目的责任范围、设计深度的确定:

①建设项目防治责任范围。根据"谁开发谁保护,谁造成水土流失谁负责治理"的原则和本规范总则的要求,确定开发建设项目单位水土流失防治的责任范围。

②方案编制深度。根据水土保持方案阶段划分的规定,编制的方案或设计应符合其所属阶段的内容和设计深度的要求。

(3)水土流失防治分区及水土保持措施总体布局:

①防治分区。开发建设项目地形地貌变化较大,其扰动和破损地面的方式多种多样,应根据建设项目区的地貌类型、建设时序、造成水土流失特点、项目主体工程布局、防治责任区不同等进行分区,根据水土流失防治的轻重缓急,确定防治重点,提出水土保持措施的总体布局。

②分区防治措施。根据防治分区,确定各区采取的防治措施及其布局。除文字说明外,要有治理措施设计图。大型建设项目,主要防治区的防治措施可另行编制。

(4)方案实施进度安排:伴随项目主体工程建设,同时对水土保持工程进度作出安排,提出各计划年度的具体工作量。

(5)水土流失监测:应提出建设期和生产运行期的水土流失监测项目、监测方法及保障措施。监测项目一般应包括影响水土流失主要因子、水土流失量及其危害变化以及方案实施后效益等方面的监测。

6. 水土保持投资估(概)算及效益分析

1)水土保持投资估(概)算

(1)编制依据。方案中采取的各项防治措施大都属于水利工程、水土保持的范畴,其估(概)算编制原则上应采用水利行业的标准,水利行业没有的标准可参照项目所属行业或地方有关标准进行计算。

根据国家有关规定,投资估(概)算应将水土保持设施补偿费和水土流失监测费列出。水土保持设施补偿费的范围和款额按各省(自治区、直辖市)的规定计缴。监测费根据开发建设项目监测的实际需要计算。

(2)编制方法。根据水利工程投资估(概)算编制的有关规定编制。

(3)总投资及年度安排。将各项防治措施的投资分类进行汇总,一般分建筑工程、植物措施、临时工程和其他费用四部分,并用表分列,分类汇总。投资的年度安排依据防治措施的实施进度进行计算。

2)防治措施效益分析开发建设项目水土保持效益主要以减轻和控制水土流失为主,通过对治理程度、拦渣量、林草植被覆盖率、土地整治情况的分析,根据调查了解的治理后的减水减沙资料,预测水土流失控制量、减沙量、减轻洪水危害、防止土地沙化及改善生态环境等方面的效益,以及做好水土保持对项目区防洪保安、增加经济收益的作用。

第十四章

涉及法律、法规及交通运输部门规章、规范及文件

第一节　法律、法规及部门规章

(1)《中华人民共和国建筑法》

(2)《中华人民共和国航道法》

(3)《中华人民共和国港口法》

(4)《中华人民共和国安全生产法》

(5)《中华人民共和国民法典》第三编合同

(6)《中华人民共和国招标投标法》

(7)《中华人民共和国环境保护法》

(8)《建设工程质量管理条例》(2000 年 1 月 30 日国务院令第 279 号,2017 年 10 月 7 日第一次修订,2019 年 4 月 23 日第二次修订)

(9)《建设工程安全生产管理条例》(2003 年 11 月 24 日国务院令第 393 号)

(10)《生产安全事故报告和调查处理条例》(2007 年 4 月 9 日国务院令第 493 号)

(11)《中华人民共和国招标投标法实施条例》(2011 年 11 月 30 日国务院令第 613 号,2017 年 3 月 1 日第一次修订,2018 年 3 月 19 日第二次修订,2019 年 3 月 2 日第三次修订)

(12)《公路水运工程安全生产监督管理办法》(交通运输部令 2017 年第 25 号)

(13)《公路水运工程质量监督管理规定》(交通运输部令 2017 年第 28 号)

(14)《公路水运工程监理企业资质管理规定》(交通运输部令 2022 年第 12 号)

(15)《建筑工程施工许可管理办法》(住房和城乡建设部令 2014 年第 18 号,2018 年 9 月 28 日修改,2021 年 3 月 30 日修改)

(16)《危险性较大的分部分项工程安全管理规定》(住房和城乡建设部令 2018 年第 37 号)

(17)《水运建设市场监督管理办法》(交通运输部令 2016 年第 74 号)

(18)《港口工程建设管理规定》(交通运输部令 2018 年第 2 号,2019 年 11 月 28 日修改)

(19)《航道工程建设管理规定》(交通运输部令 2019 年第 44 号)

(20)《公路水运工程质量检测管理办法》(交通运输部令 2023 年第 9 号)

(21)与水运工程建设相关的其他法律、法规及交通运输部门规章等

第二节　水运工程标准、规范、规程、办法、指南

(1)《水运工程质量检验标准》(JTS 257—2008)
(2)《水运工程施工监理规范》(JTS 252—2015)
(3)《水运工程机电专项监理规范》(JTS 252—1—2013)
(4)《水运工程施工安全防护技术规范》(JTS 205—1—2008)
(5)《水运工程测量规范》(JTS 131—2012)
(6)《水运工程混凝土施工规范》(JTS 202—2011)
(7)《水运工程混凝土质量控制标准》(JTS 202—2—2011)
(8)《码头结构施工规范》(JTS 215—2018)
(9)《船闸工程施工规范》(JTS 218—2014)
(10)《防波堤与护岸施工规范》(JTS 208—2020)
(11)《码头结构设计规范》(JTS 167—2018)
(12)《船厂水工工程施工规范》(JTS/T 229—2022)
(13)《海港工程高性能混凝土质量控制标准》(JTS 257—2—2012)
(14)《水运工程施工通则》(JTS 201—2011)
(15)《港口道路与堆场设计规范》(JTS 168—2017)
(16)《港口道路与堆场施工规范》(JTS 216—2021)
(17)《疏浚与吹填工程施工规范》(JTS 207—2012)
(18)《疏浚与吹填工程设计规范》(JTS 181—5—2012)
(19)《海港工程钢筋混凝土结构电化学防腐蚀技术规范》(JTS 153—2—2012)
(20)《港口工程后张法预应力混凝土大管桩设计与施工规程》(JTS 181—2016)
(21)《航道工程设计规范》(JTS/T 181—2016)
(22)《水运工程混凝土试验检测技术规范》(JTS/T 236—2019)
(23)《水运工程地基设计规范》(JTS 147—2017)
(24)《水运工程塑料排水板应用技术规程》(JTS 206—1—2009)
(25)《水运工程大体积混凝土温度裂缝控制技术规程》(JTS/T 202—1—2022)
(26)《水运工程结构防腐蚀施工规范》(JTS/T 209—2020)
(27)《航道整治工程施工规范》(JTS 224—2016)
(28)《港口货运缆车安全设施技术规范》(JTS 197—2011)
(29)《起重机械安全规程　第1部分:总则》(GB/T 6067.1—2010)
(30)《起重机　试验规范和程序》(GB/T 5905—2011)
(31)《港口设备安装工程技术规范》(JTS 217—2018)
(32)《水运工程建设项目投资估算编制规定》(JTS 115—2014)
(33)《水运工程工程量清单计价规范》(JTS/T 271—2020)
(34)《航道整治工程水下检测与监测技术规程》(JTS/T 241—2020)
(35)《公路水运工程安全生产条件通用要求》(JT/T 1404—2022)

(36)《港口工程后张法预应力混凝土长管节管桩设计与施工规程》(JTS/T 167—17—2020)

(37)《水运工程施工标准化建设指南》

(38)《钢结构工程施工质量验收标准》(GB 50205—2020)

(39)《港口机械钢结构表面防腐涂层技术条件》(JT/T 733—2021)

(40)《码头附属设施技术规范》(JTS 169—2017)

(41)《内河航标技术规范》(JTS/T 181-1—2020)

(42)《沿海导助航工程设计规范》(JTS/T 181-4—2023)

(43)《内河助航标志工程设计规范》(JTS/T 181-7—2023)

(44)《水运工程爆破技术规范》(JTS 204—2023)

(45)《机械设备安装工程施工及验收通用规范》(GB 50231—2009)

(46)《港口工程竣工验收规程》(JTS 125—1—2021)

第三节 交通运输部门有关水运工程施工、监理文件

(1)《水运工程标准施工监理招标文件》(JTS 110—10—2012)

(2)《水运工程标准施工招标文件》(JTS 110—8—2008)

(3)《公路水运工程平安工地建设管理办法》(交安监发〔2018〕43 号)

(4)《交通运输部办公厅关于印发公路水运品质工程评价标准(试行)的通知》(交办安监〔2017〕199 号)

(5)《公路水运工程监理信用评价办法》(交质监发〔2012〕774 号)

(6)《公路水运工程试验检测信用评价办法》(交安监发〔2018〕78 号)

(7)《水运建设项目文件材料立卷归档管理办法》(交办发〔2009〕225 号)

(8)《关于打造公路水运品质工程的指导意见》(交安监发〔2016〕216 号)

(9)《"平安百年品质工程"建设研究推进方案》(交办安监〔2018〕047 号)

(10)《交通运输部办公厅关于加强公路水运工程平安工地建设的指导意见》(交办安监〔2023〕64 号)